EYESHIELD 21
AF533048
4 EIN EINGESCHÜCHTERTER MANN
Story
Riichiro Inagaki
Zeichnungen
Yusuke Murata

Was bisher geschah

Der schüchterne Zehntklässler Sena Kobayakawa führt von klein auf ein Leben als Lakai. Das muss sich ändern! Also tritt er dem American-Football-Klub der Deimon-Oberschule bei. Obwohl er eigentlich nur der Manager der Devil Bats ist, nimmt er heimlich als Spieler teil – unter dem Decknamen Eyeshield 21. Im ersten Spiel des Frühlingsturniers fährt Senas Team einen Sieg gegen die Koigahama-Oberschule ein.
Langsam erkennt der schüchterne Junge, wie cool Football ist. Doch im zweiten Spiel unterliegen die Devil Bats der starken Ojo-Oberschule.

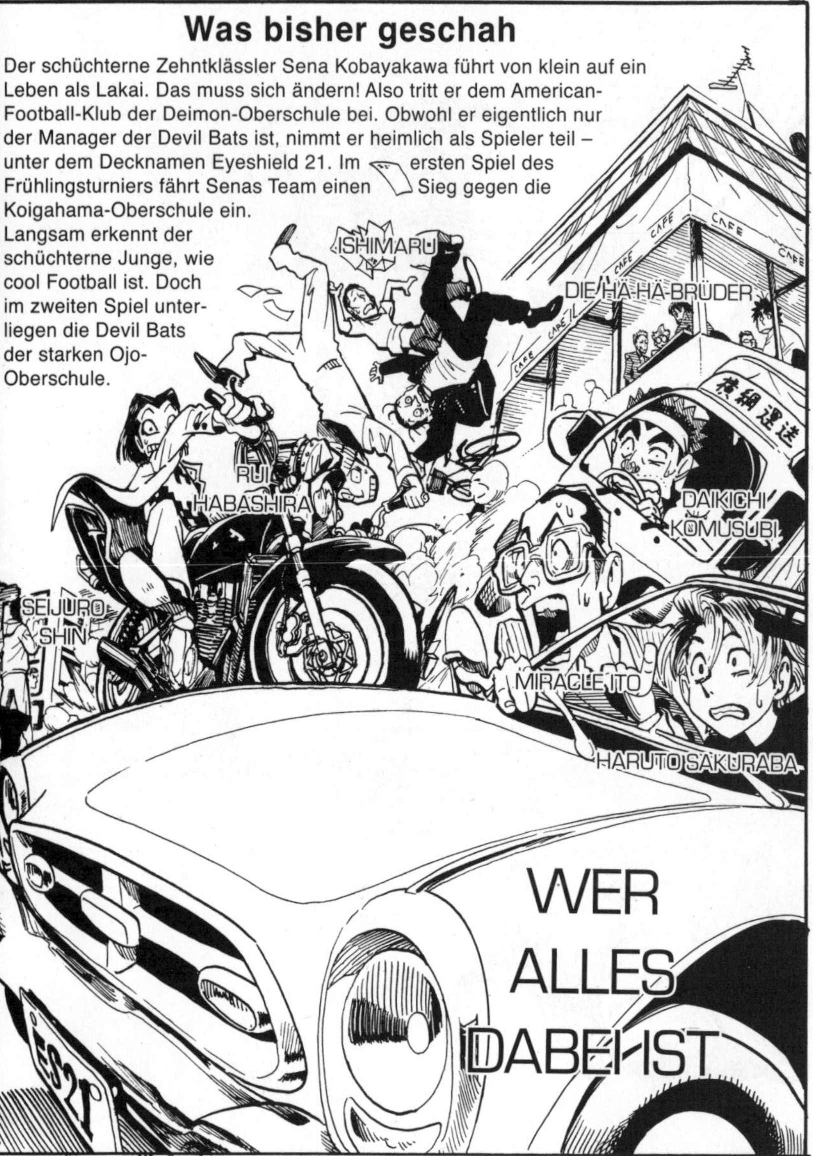

* Spedition Yokozuna

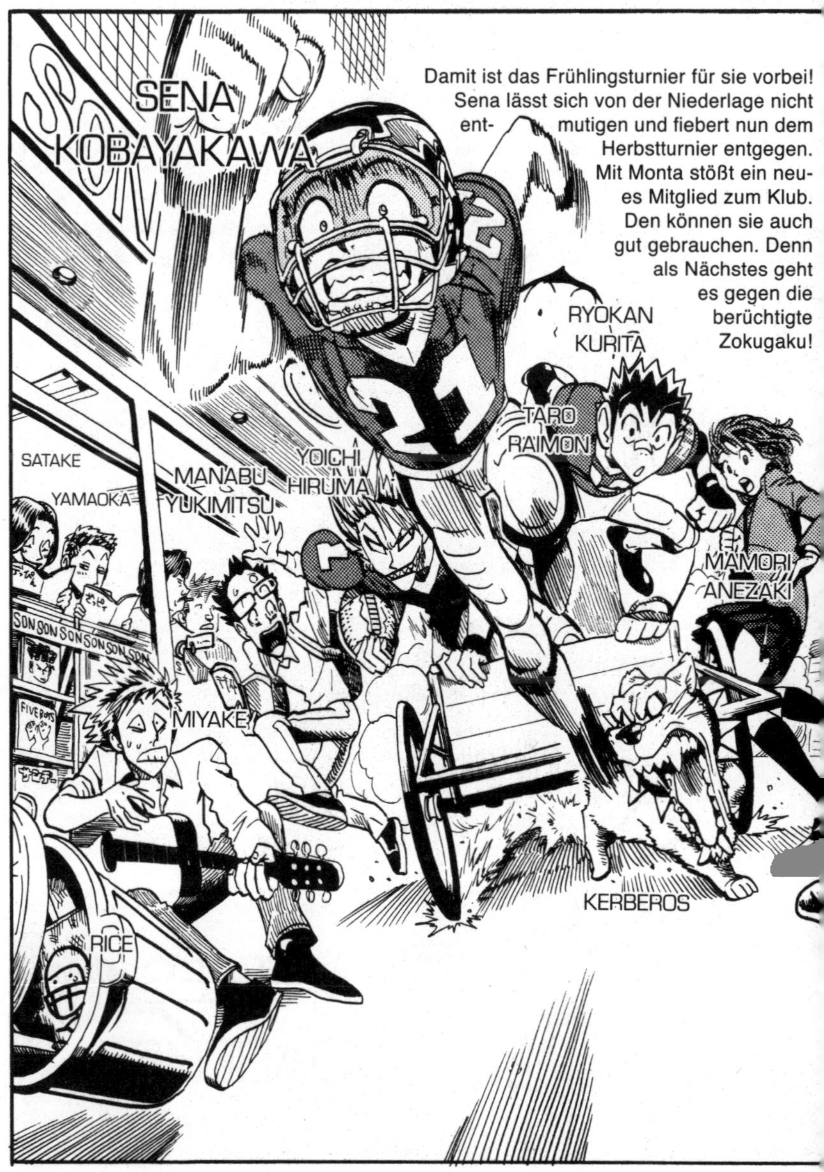

Damit ist das Frühlingsturnier für sie vorbei!
Sena lässt sich von der Niederlage nicht entmutigen und fiebert nun dem Herbstturnier entgegen.
Mit Monta stößt ein neues Mitglied zum Klub.
Den können sie auch gut gebrauchen. Denn als Nächstes geht es gegen die berüchtigte Zokugaku!
SENA KOBAYAKAWA
RYOKAN KURITA
TARO RAIMON
YOICHI HIRUMA
MANABU YUKIMITSU
SATAKE
YAMAOKA
MAMORI ANEZAKI
MIYAKE
KERBEROS
RICE
SON SON SON SON SON SON
FIVE BOYS

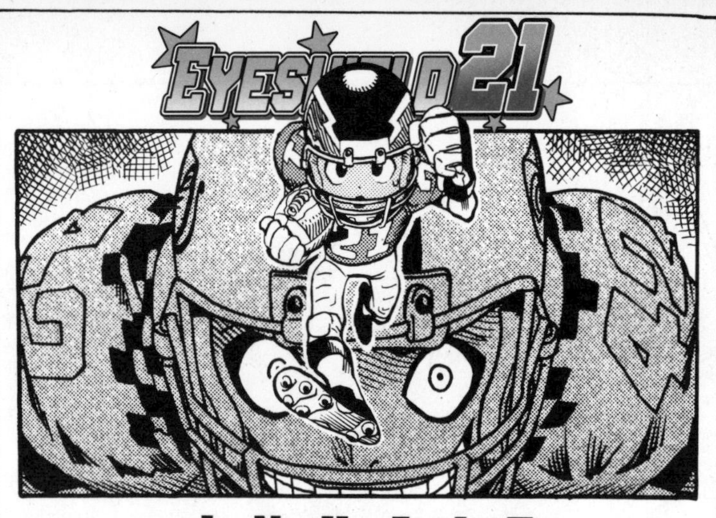

INHALT

4 EIN EINGESCHÜCHTERTER MANN

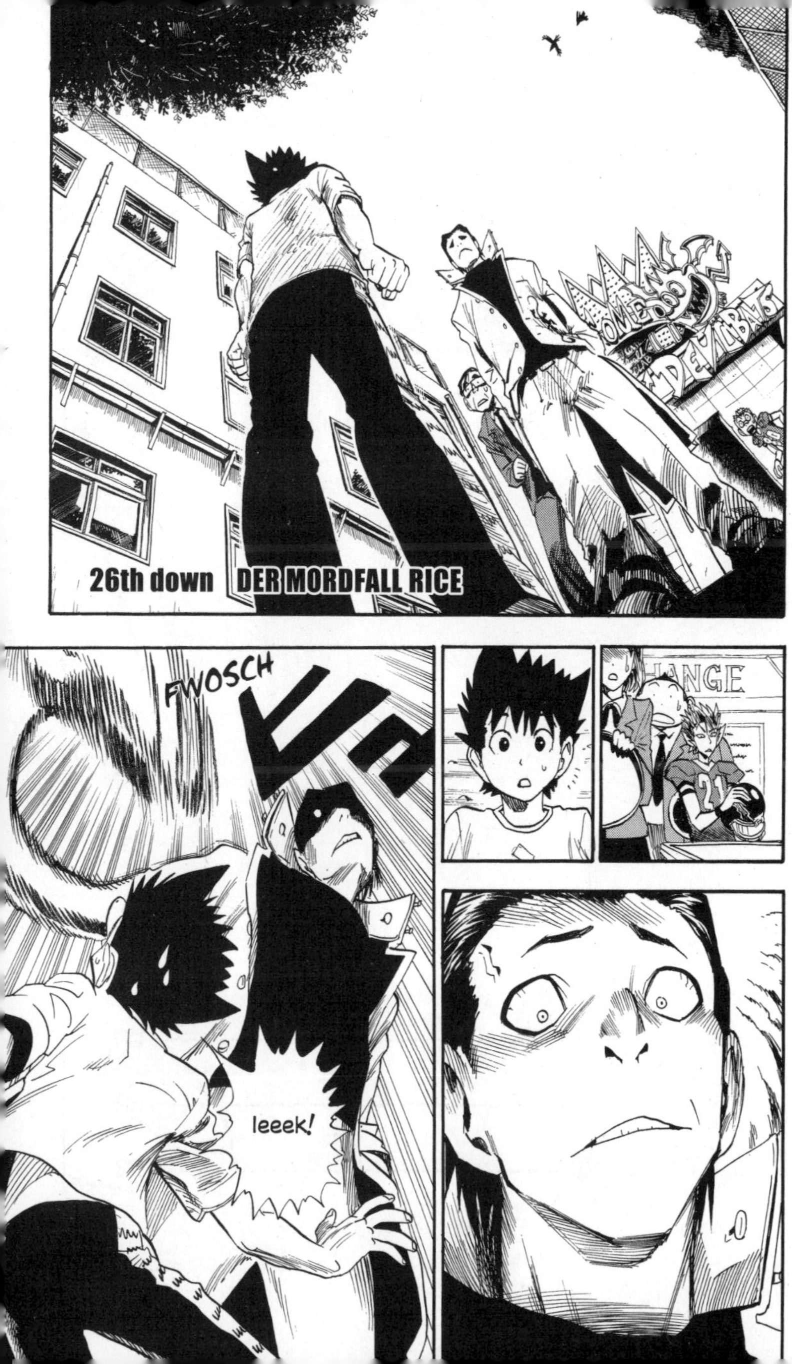

26th down DER MORDFALL RICE

FWOSCH

Ieeek!

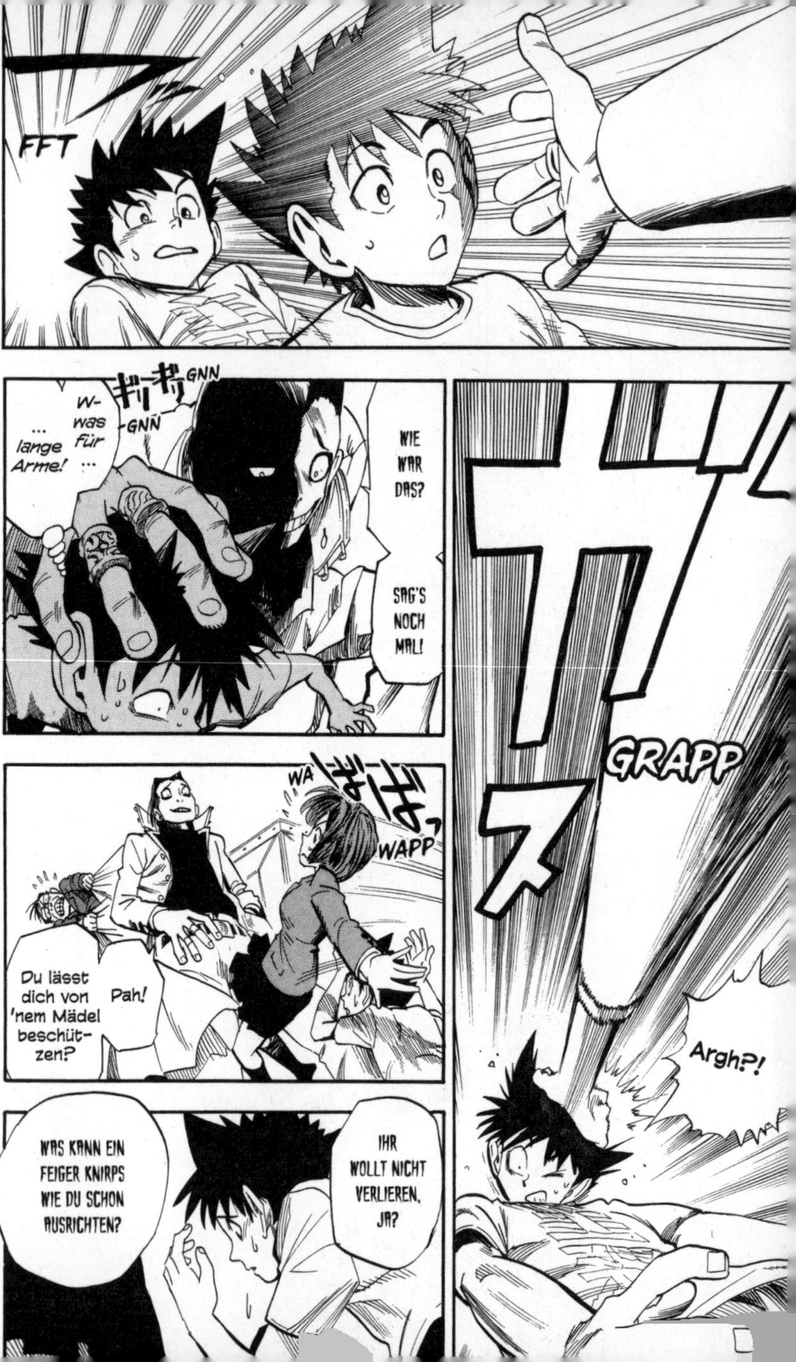

FFT

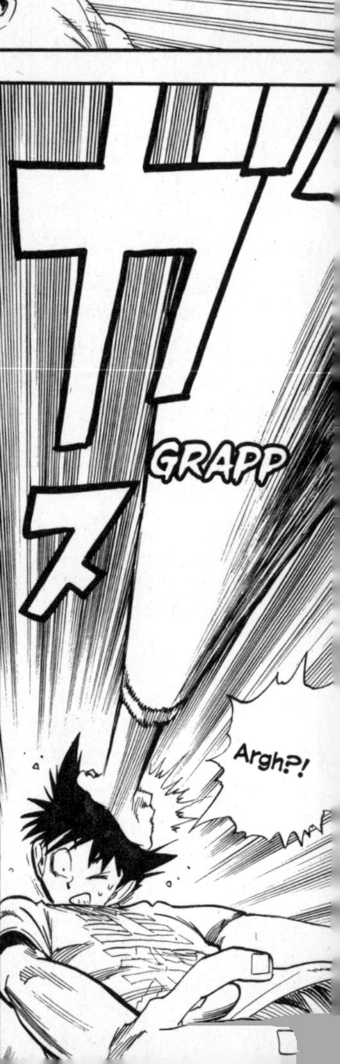

GNN -GNN
WIE WAR DAS?
SAG'S NOCH MAL!
W-was für ...
... lange Arme!

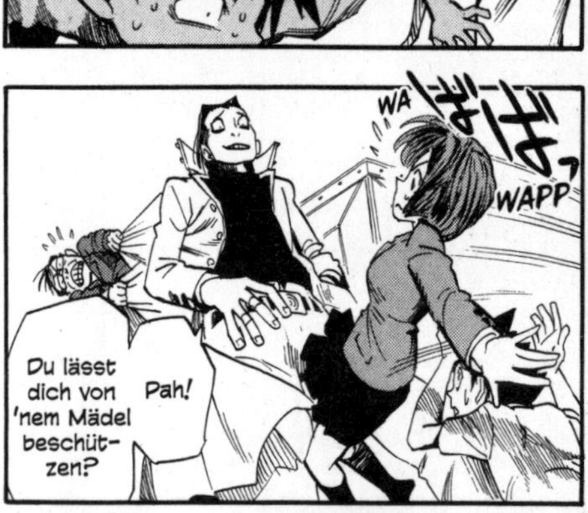

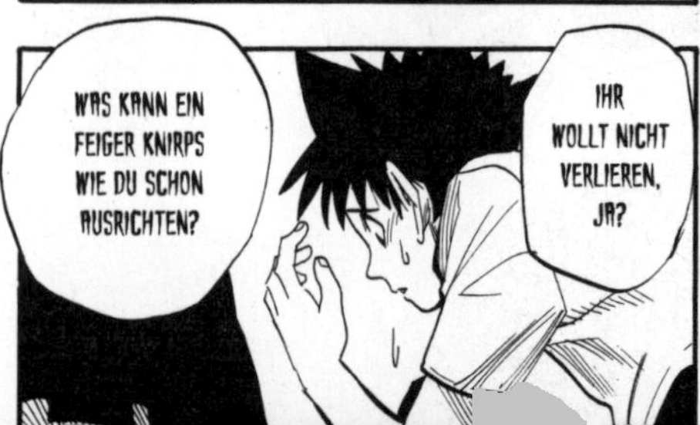

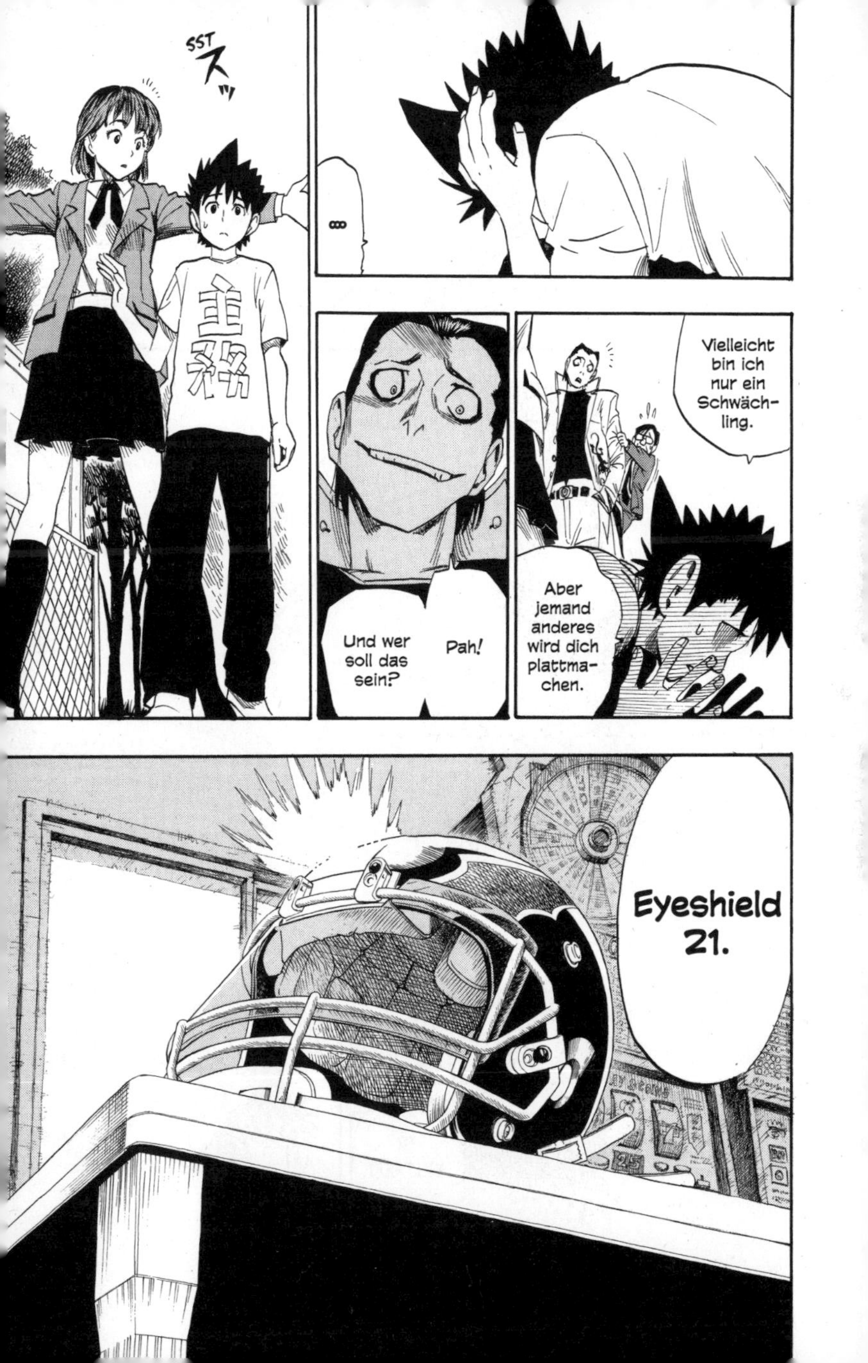

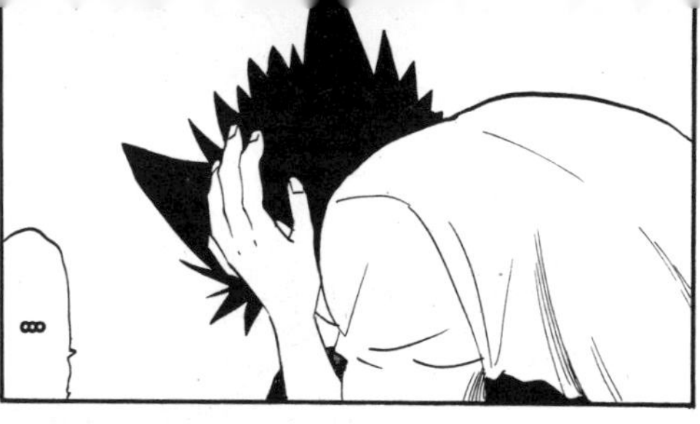

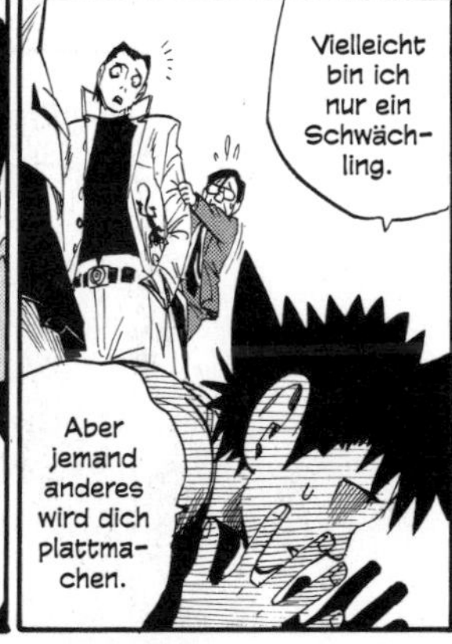

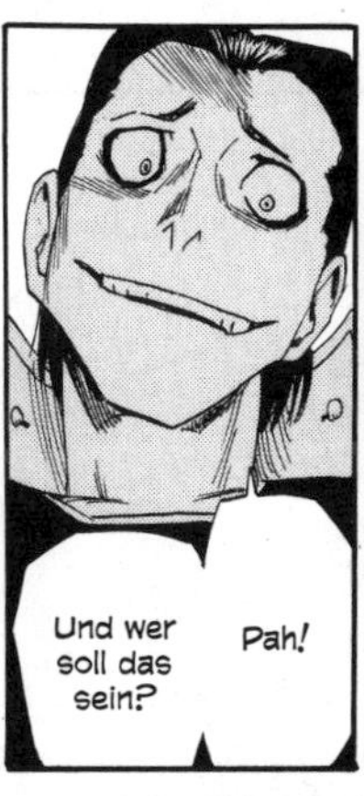

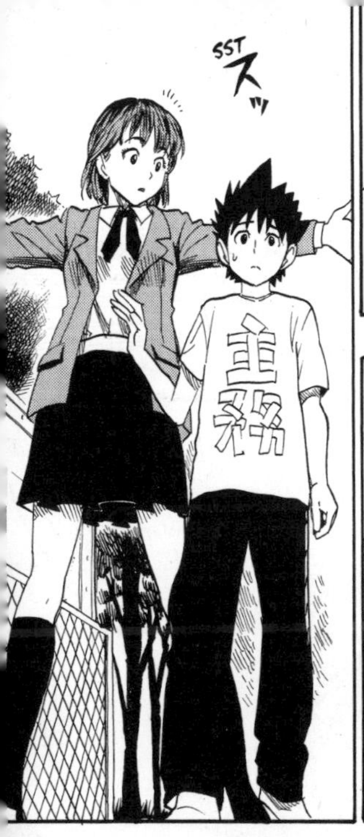

Eyeshield 21.

26th down
DER MORDFALL RICE

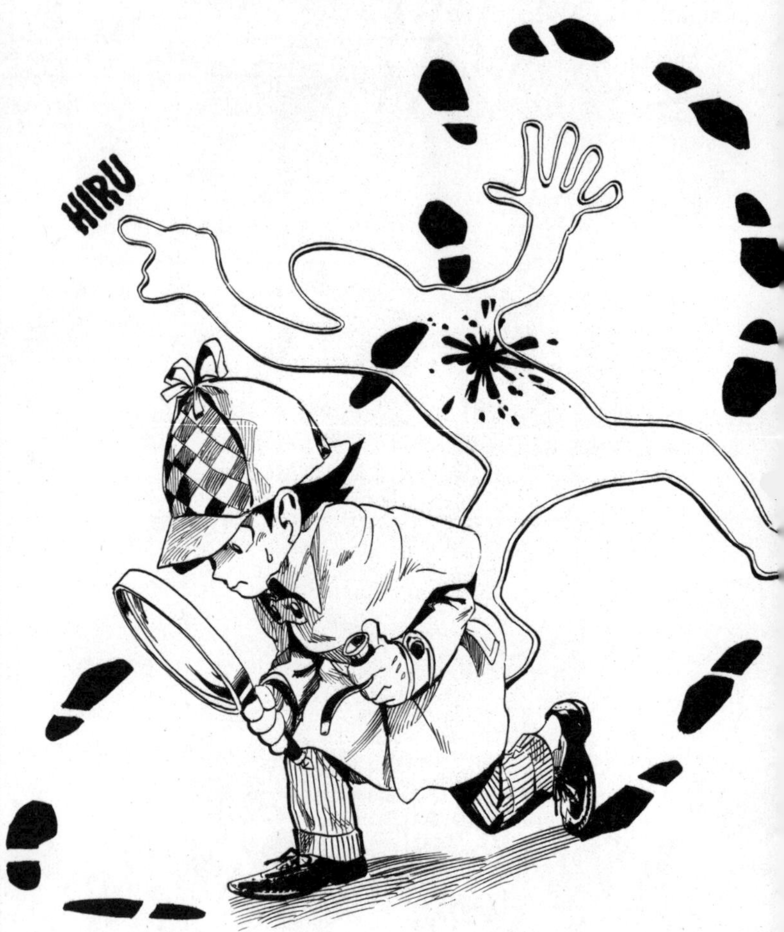

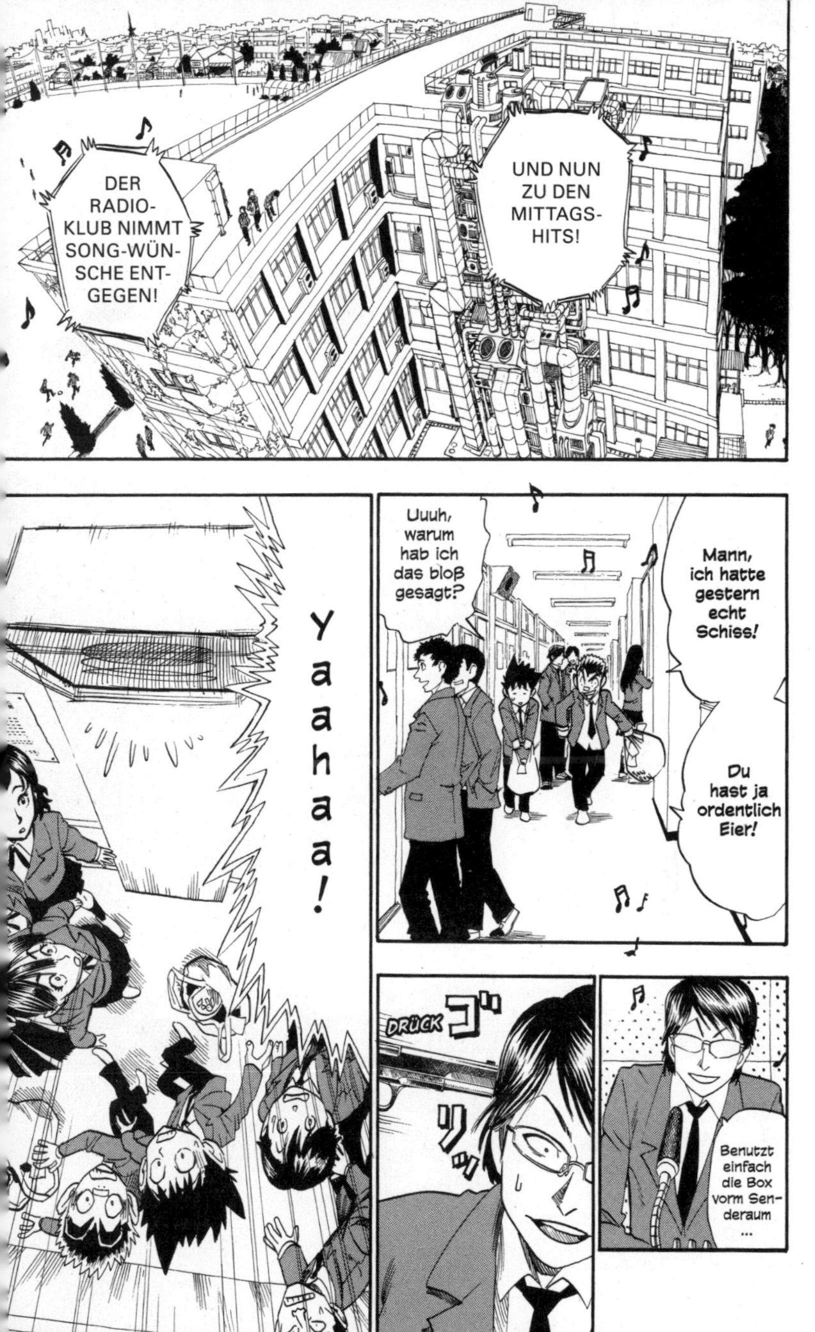
UND NUN ZU DEN MITTAGS-HITS!
DER RADIO-KLUB NIMMT SONG-WÜN-SCHE ENT-GEGEN!
Mann, ich hatte gestern echt Schiss!
Du hast ja ordentlich Eier!
Uuuh, warum hab ich das bloß gesagt?
Benutzt einfach die Box vorm Sender-aum ...
DRÜCK
Yaahaaa!

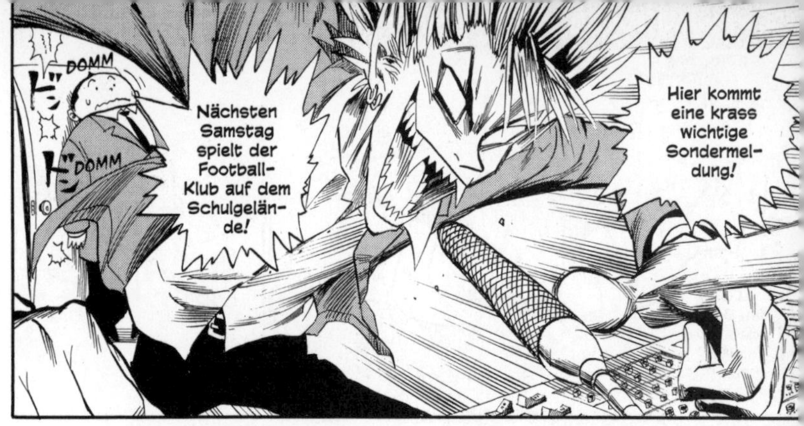

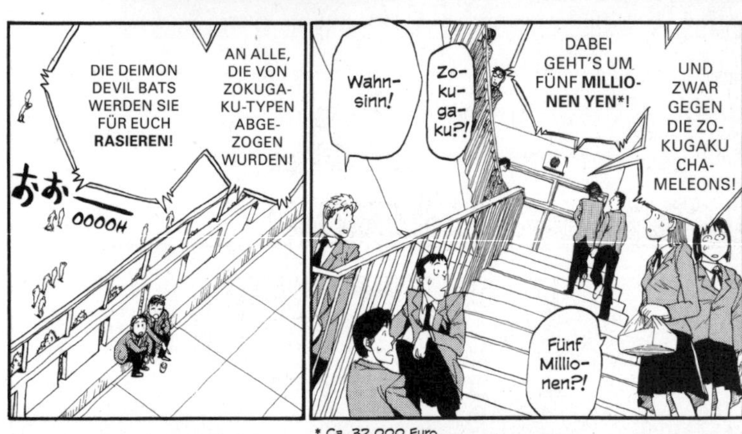

* Ca. 32.000 Euro.

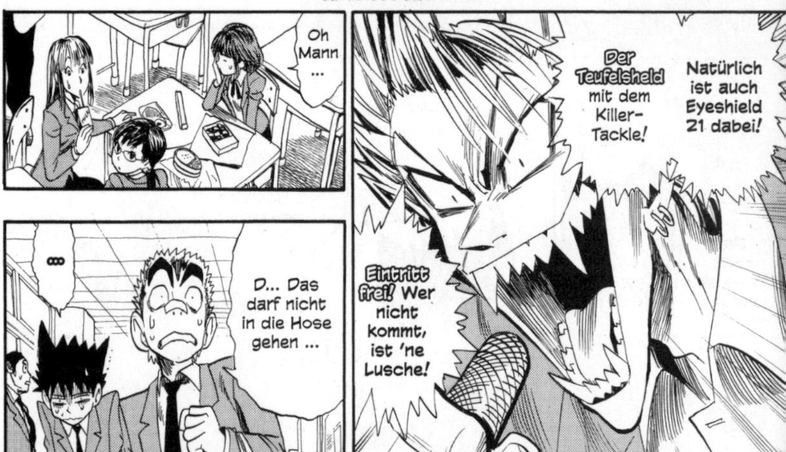

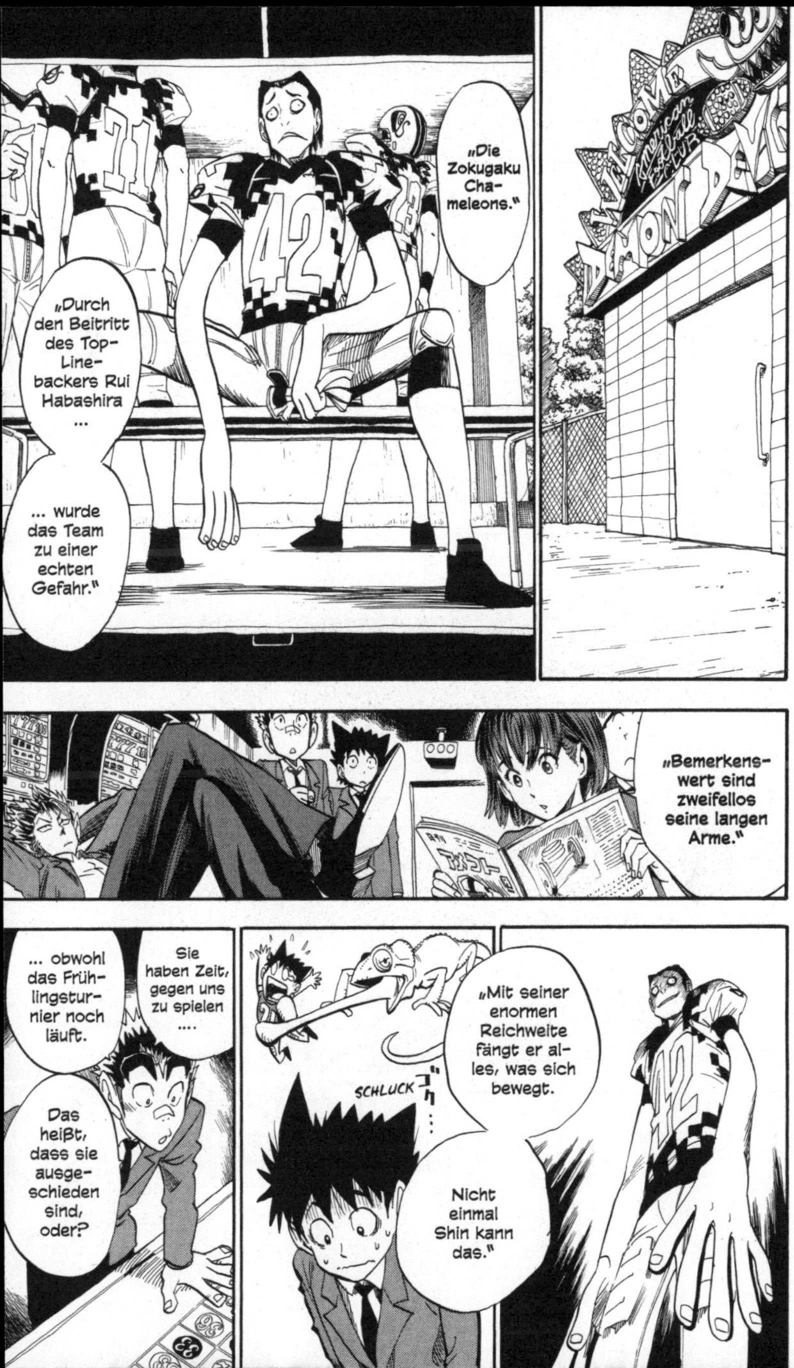

„Die Zokugaku Chameleons."

„Durch den Beitritt des Top-Linebackers Rui Habashira ...

... wurde das Team zu einer echten Gefahr."

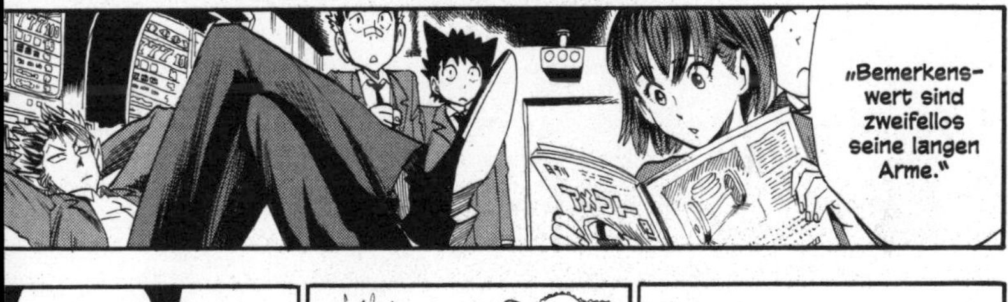

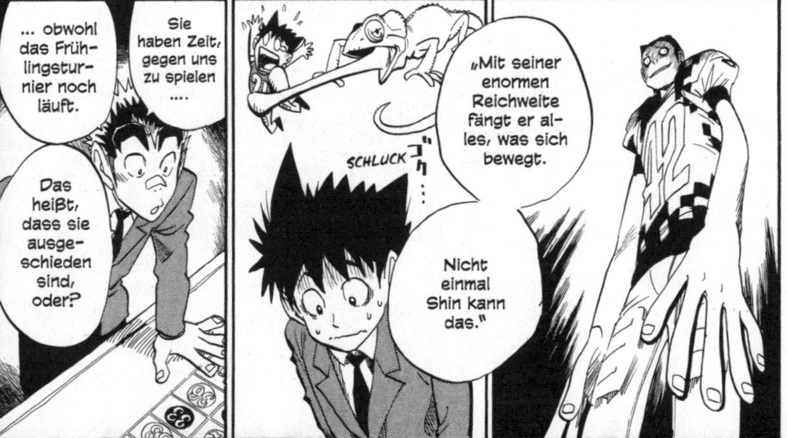

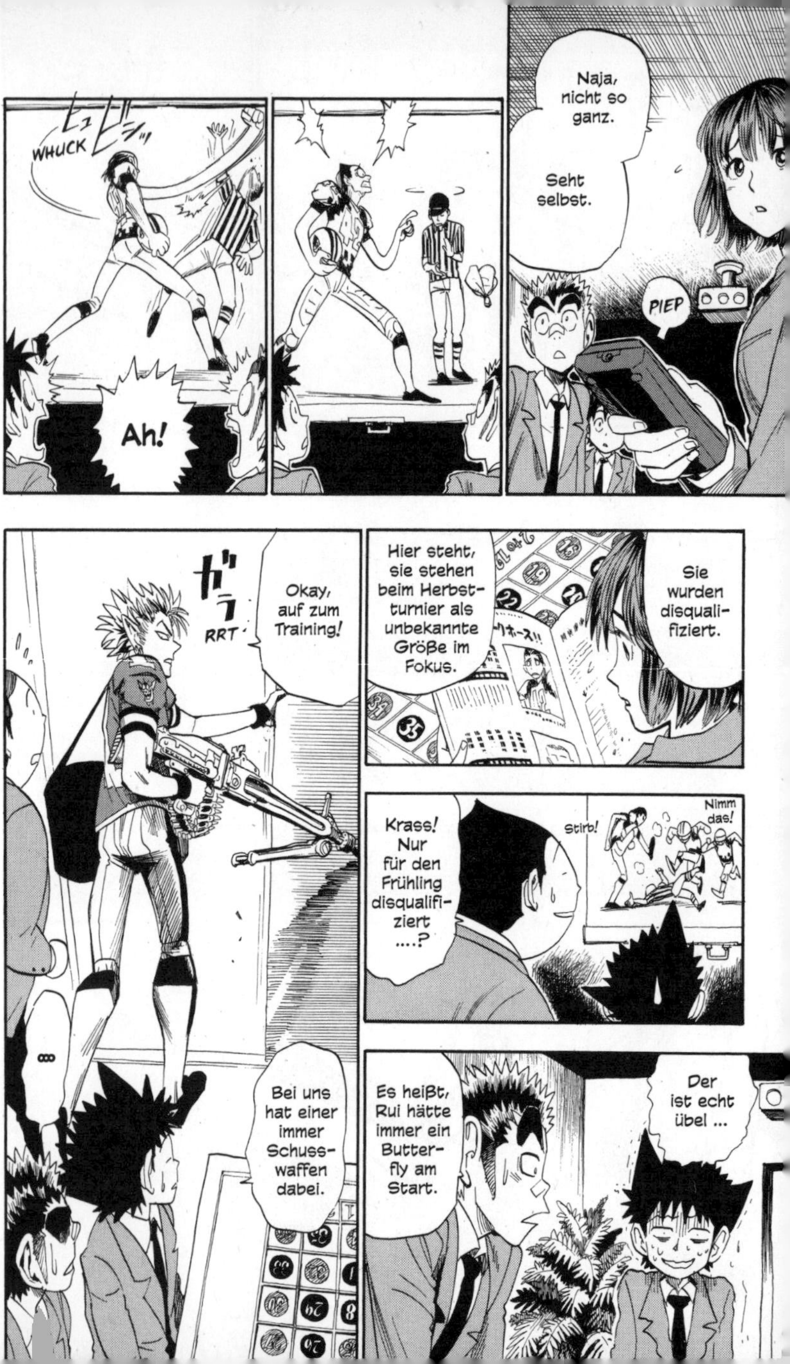

Naja, nicht so ganz.
Seht selbst.
PIEP
WHUCK
Ah!
Sie wurden disqualifiziert.
Hier steht, sie stehen beim Herbstturnier als unbekannte Größe im Fokus.
Nimm das!
Stirb!
Krass! Nur für den Frühling disqualifiziert ....?
Der ist echt übel ...
Es heißt, Rui hätte immer ein Butterfly am Start.
RRT
Okay, auf zum Training!
Bei uns hat einer immer Schusswaffen dabei.
...

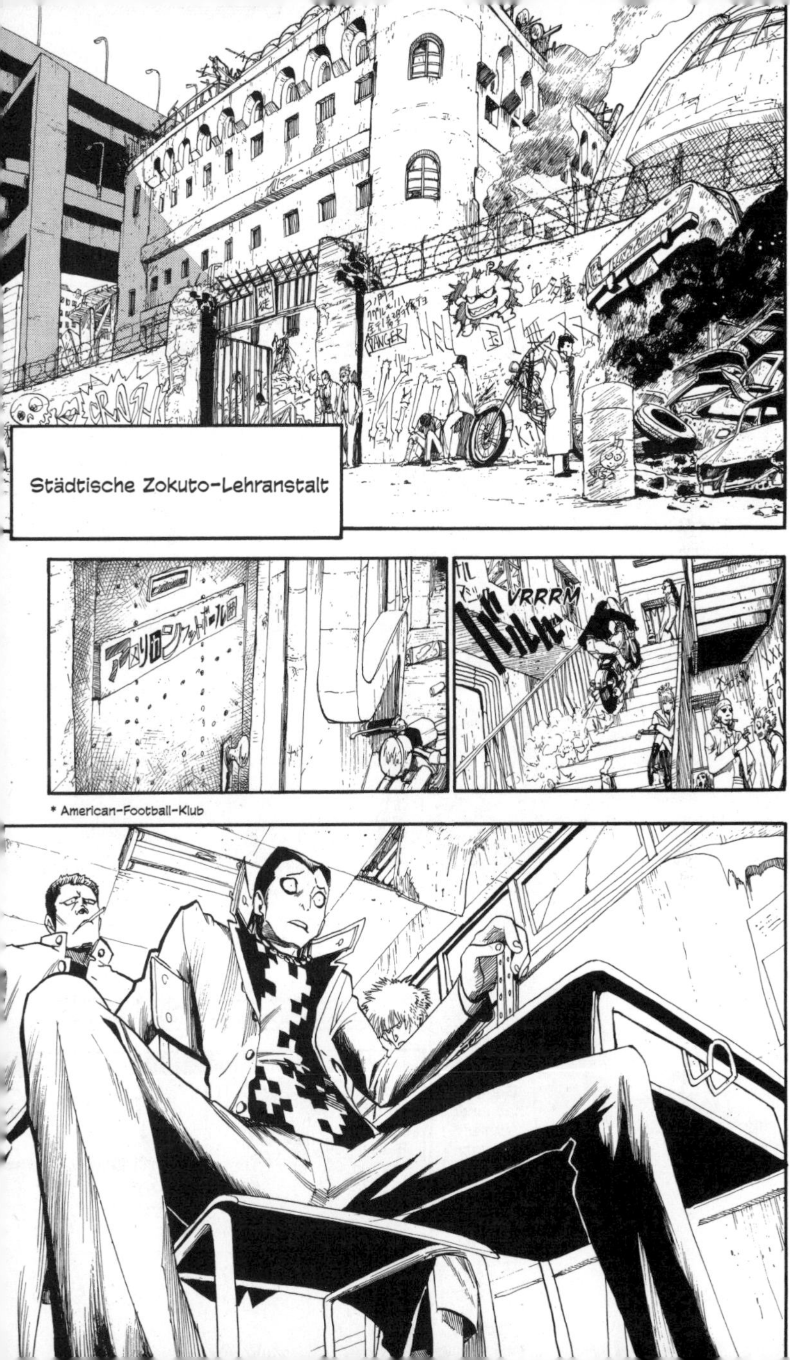

Städtische Zokuto-Lehranstalt

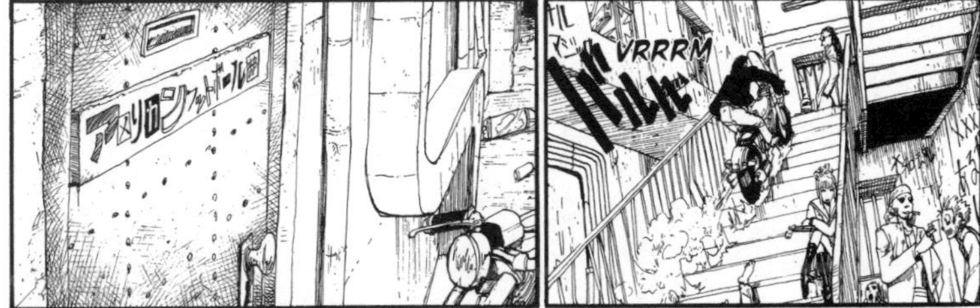

* American-Football-Klub

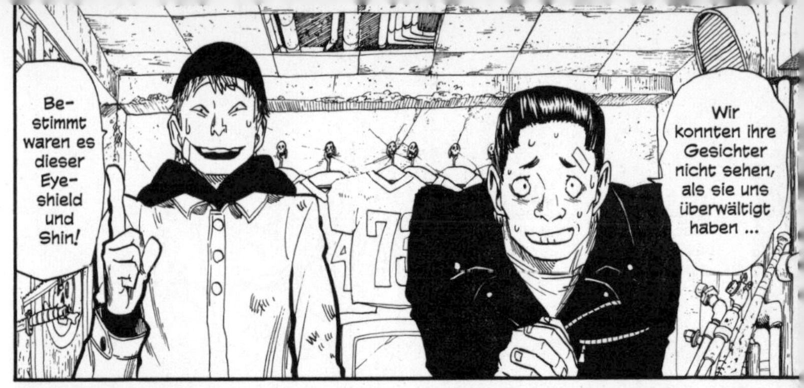

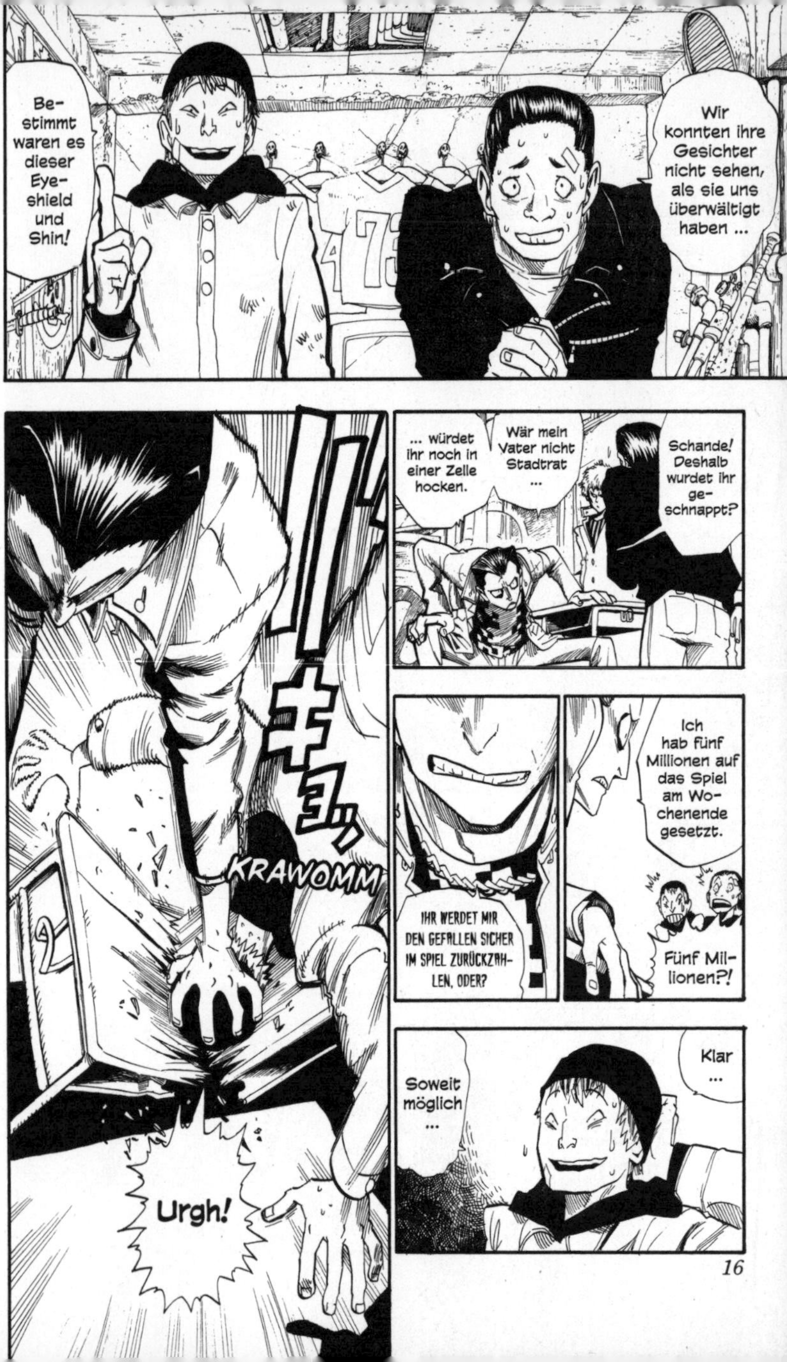

Schande! Deshalb wurdet ihr geschnappt?

Wär mein Vater nicht Stadtrat ...

... würdet ihr noch in einer Zelle hocken.

Ich hab fünf Millionen auf das Spiel am Wochenende gesetzt.

Fünf Millionen?!

IHR WERDET MIR DEN GEFALLEN SICHER IM SPIEL ZURÜCKZAHLEN, ODER?

Klar ...

Soweit möglich ...

KRAWOMM

Urgh!

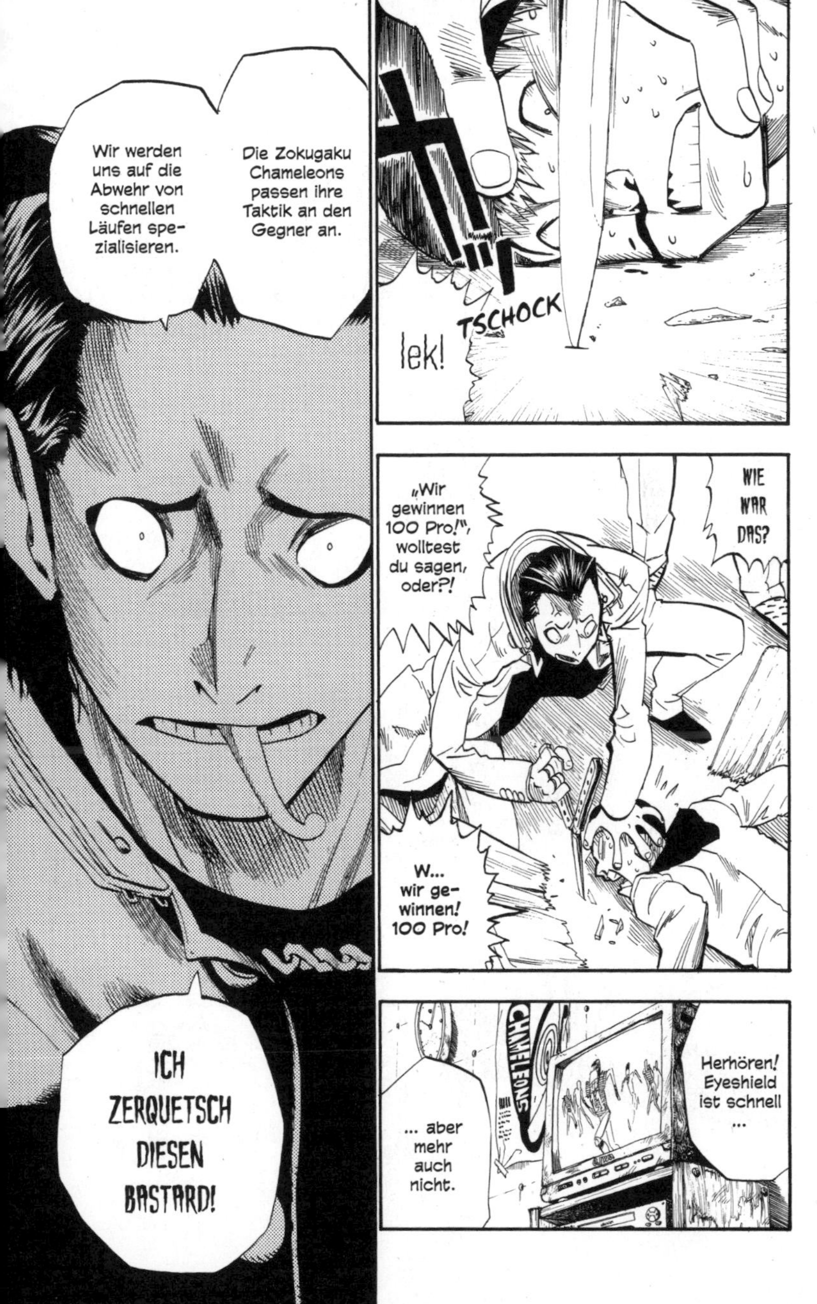
TSCHOCK
Iek!
WIE WAR DAS?
W... wir gewinnen! 100 Pro!
„Wir gewinnen 100 Pro!", wolltest du sagen, oder?!
Herhören! Eyeshield ist schnell ...
... aber mehr auch nicht.
CHAMELEONS
Die Zokugaku Chameleons passen ihre Taktik an den Gegner an.
Wir werden uns auf die Abwehr von schnellen Läufen spezialisieren.
ICH ZERQUETSCH DIESEN BASTARD!

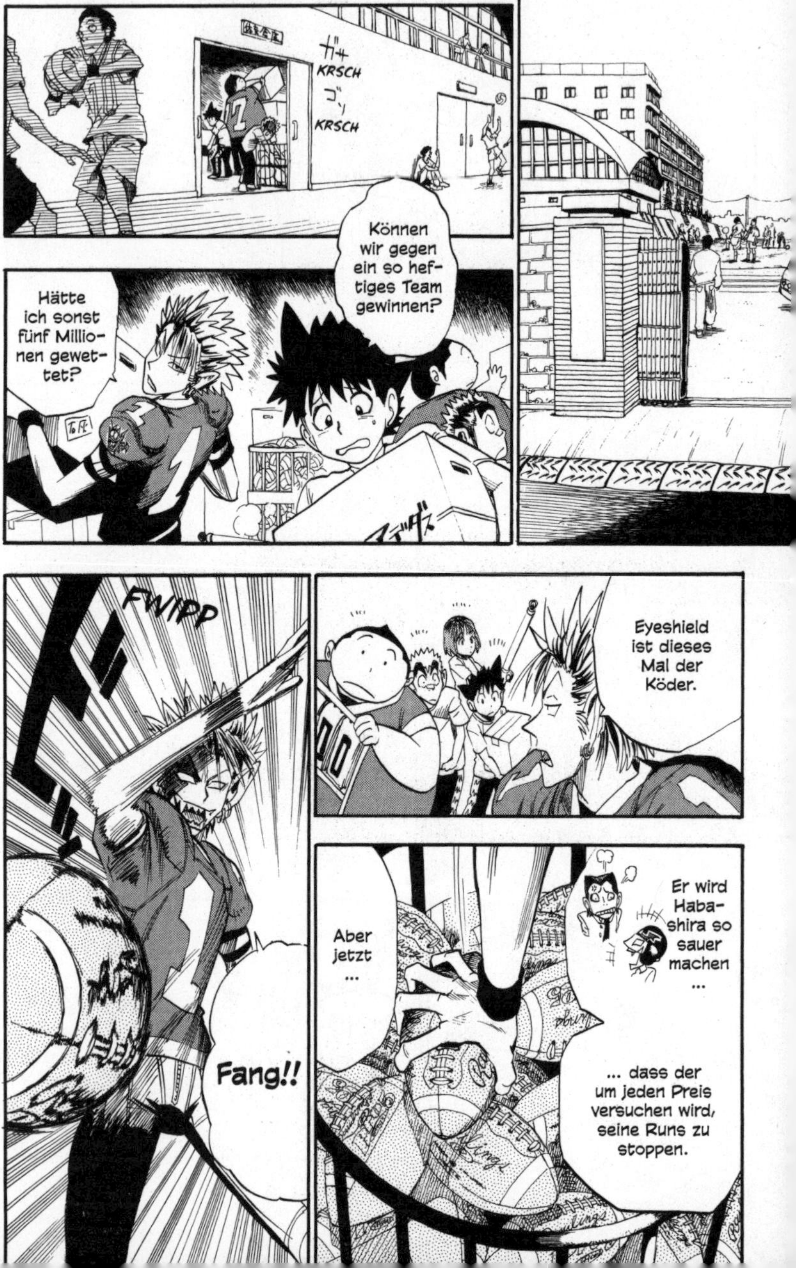

ガチャ
KRSCH
ゴッ
KRSCH

Können wir gegen ein so heftiges Team gewinnen?

Hätte ich sonst fünf Millionen gewettet?

Eyeshield ist dieses Mal der Köder.

FWIPP

Er wird Habashira so sauer machen ...

Aber jetzt ...

Fang!!

... dass der um jeden Preis versuchen wird, seine Runs zu stoppen.

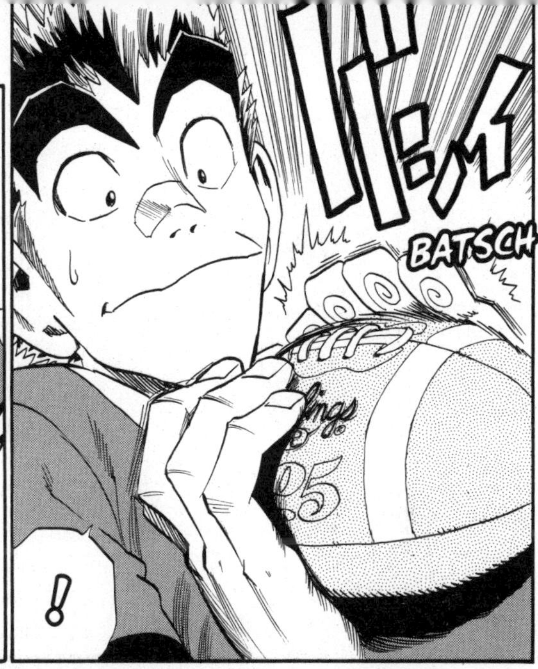
BATSCH
!

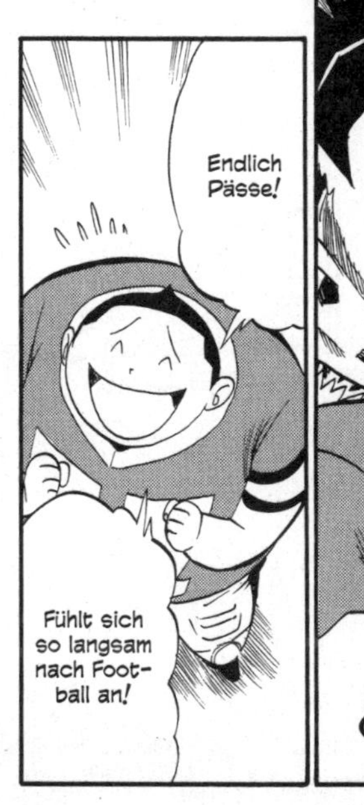
Endlich Pässe!
Fühlt sich so langsam nach Foot-ball an!

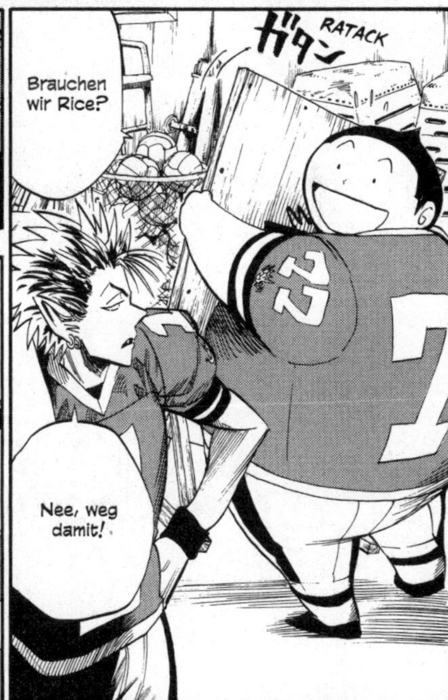
RATACK
Brauchen wir Rice?
Nee, weg damit!

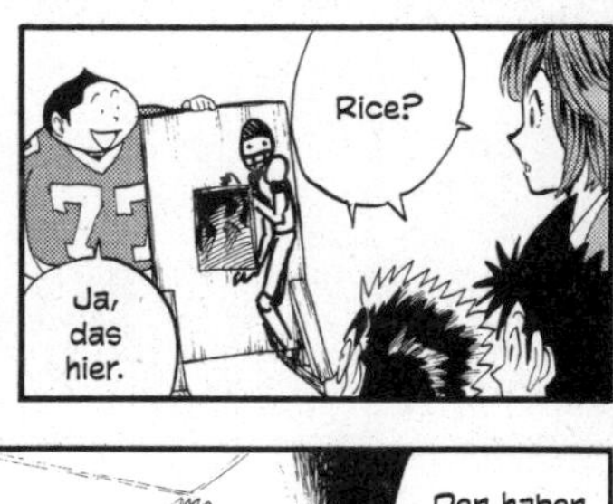
Rice?
Ja, das hier.

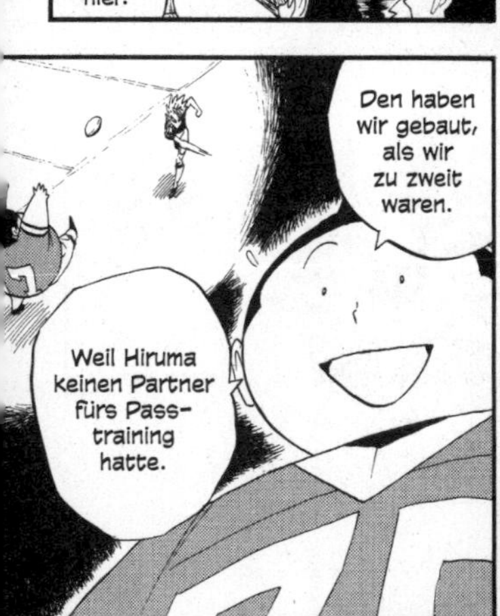
Den haben wir gebaut, als wir zu zweit waren.
Weil Hiruma keinen Partner fürs Pass-training hatte.

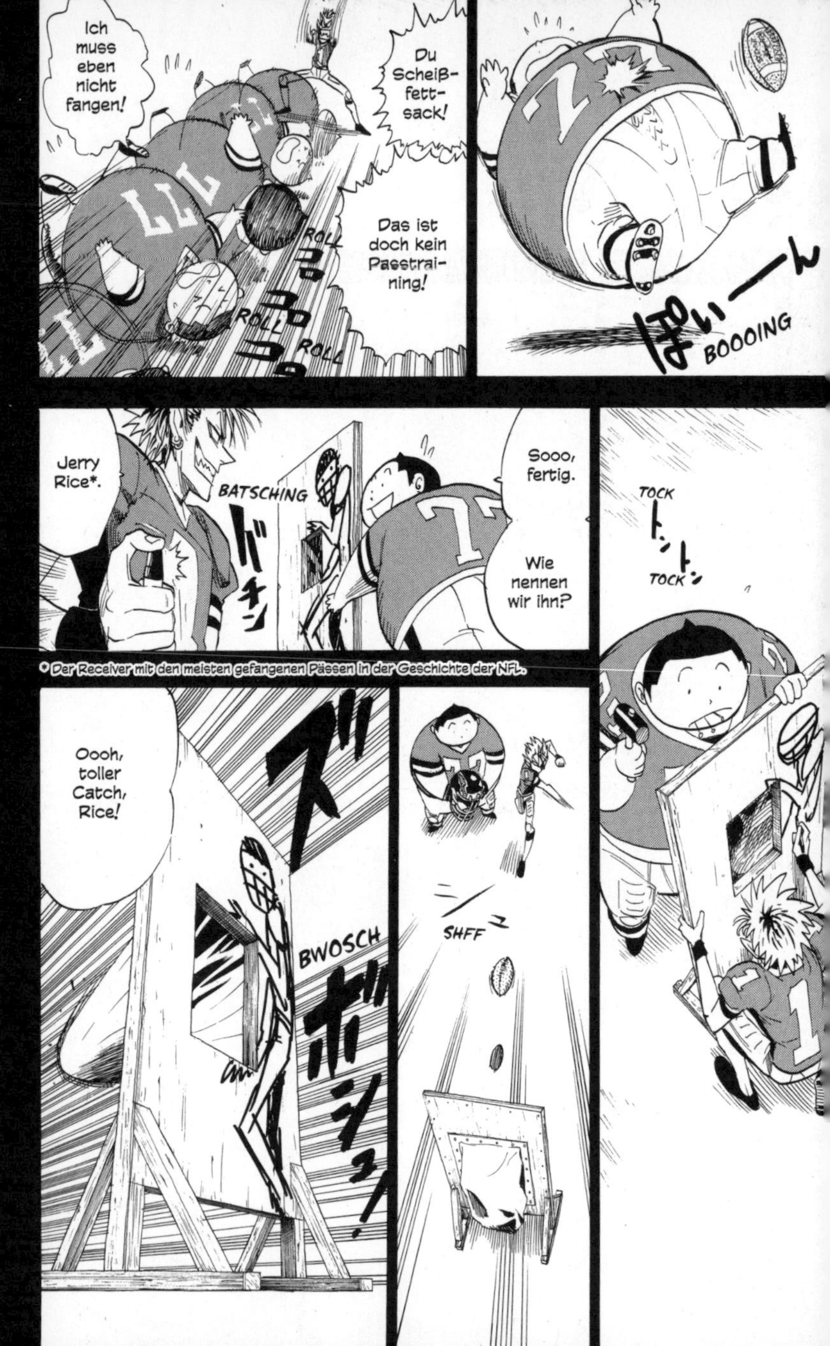

* Der Receiver mit den meisten gefangenen Pässen in der Geschichte der NFL.

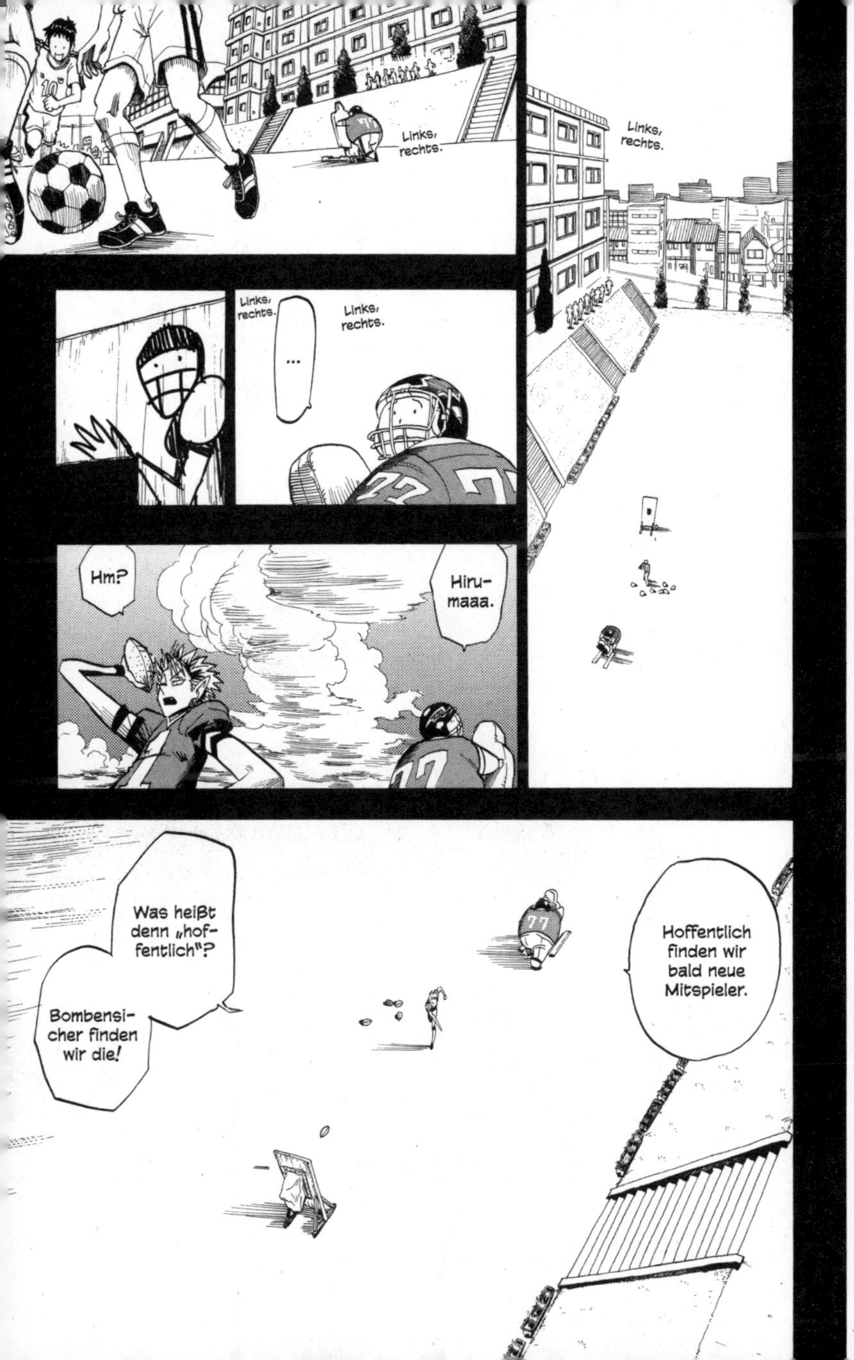
Links, rechts.
Links, rechts.
Links, rechts.
Links, rechts.
...
Hiru-maaa.
Hm?
Hoffentlich finden wir bald neue Mitspieler.
Was heißt denn „hof-fentlich"?
Bombensi-cher finden wir die!

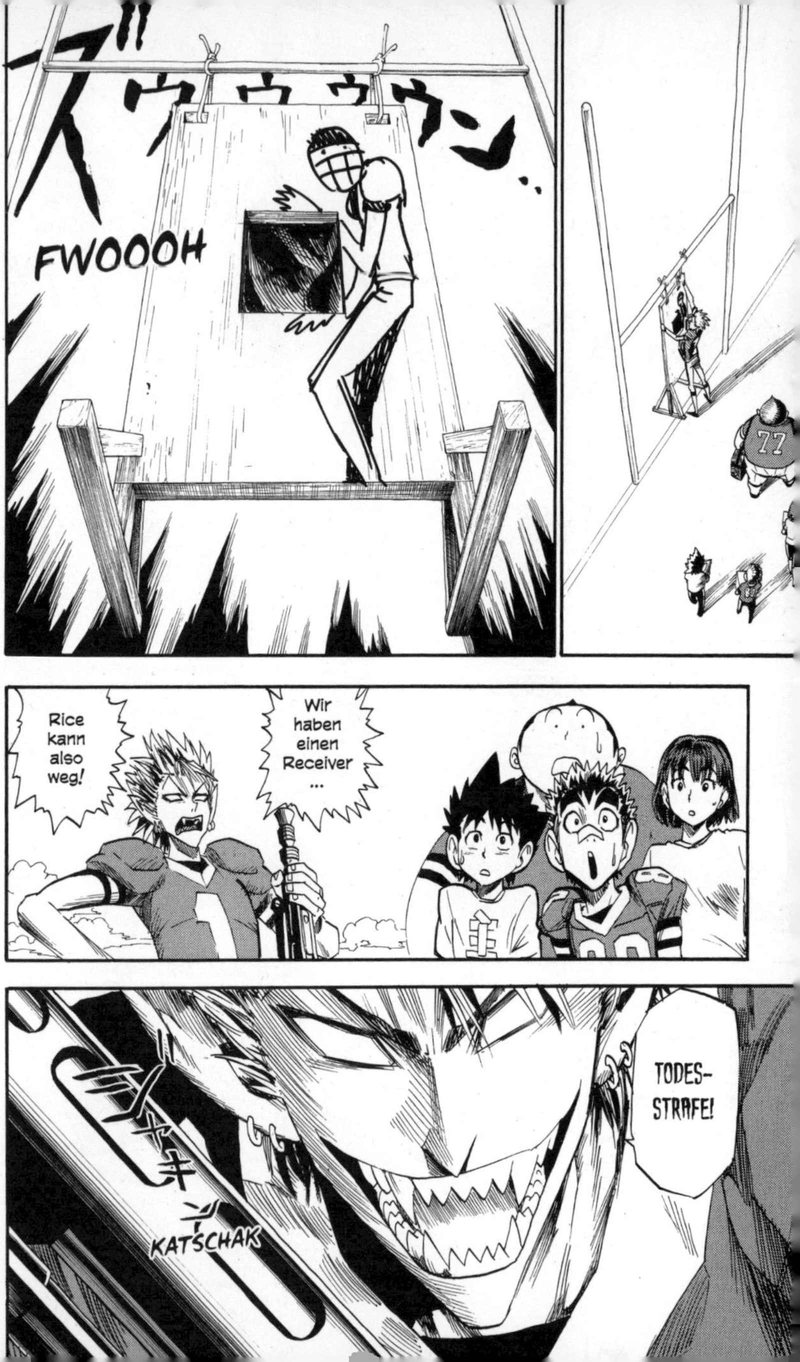

ズウウウウン…

FWOOOH

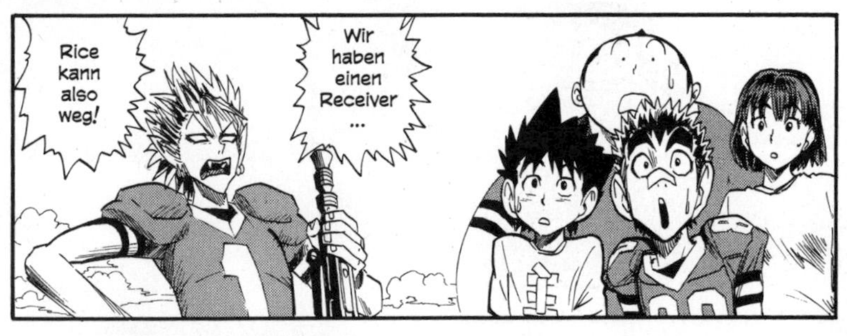

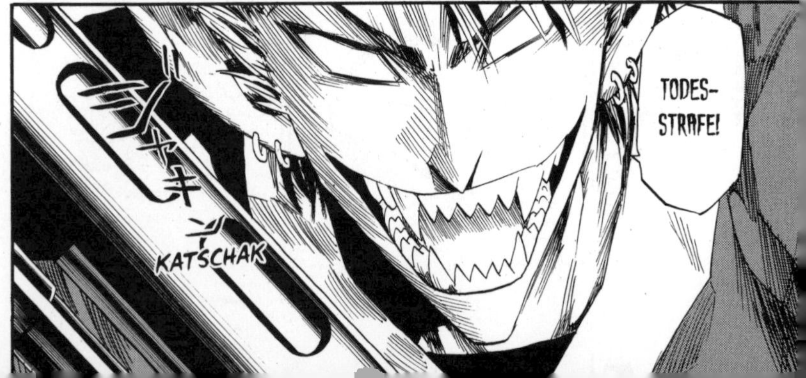

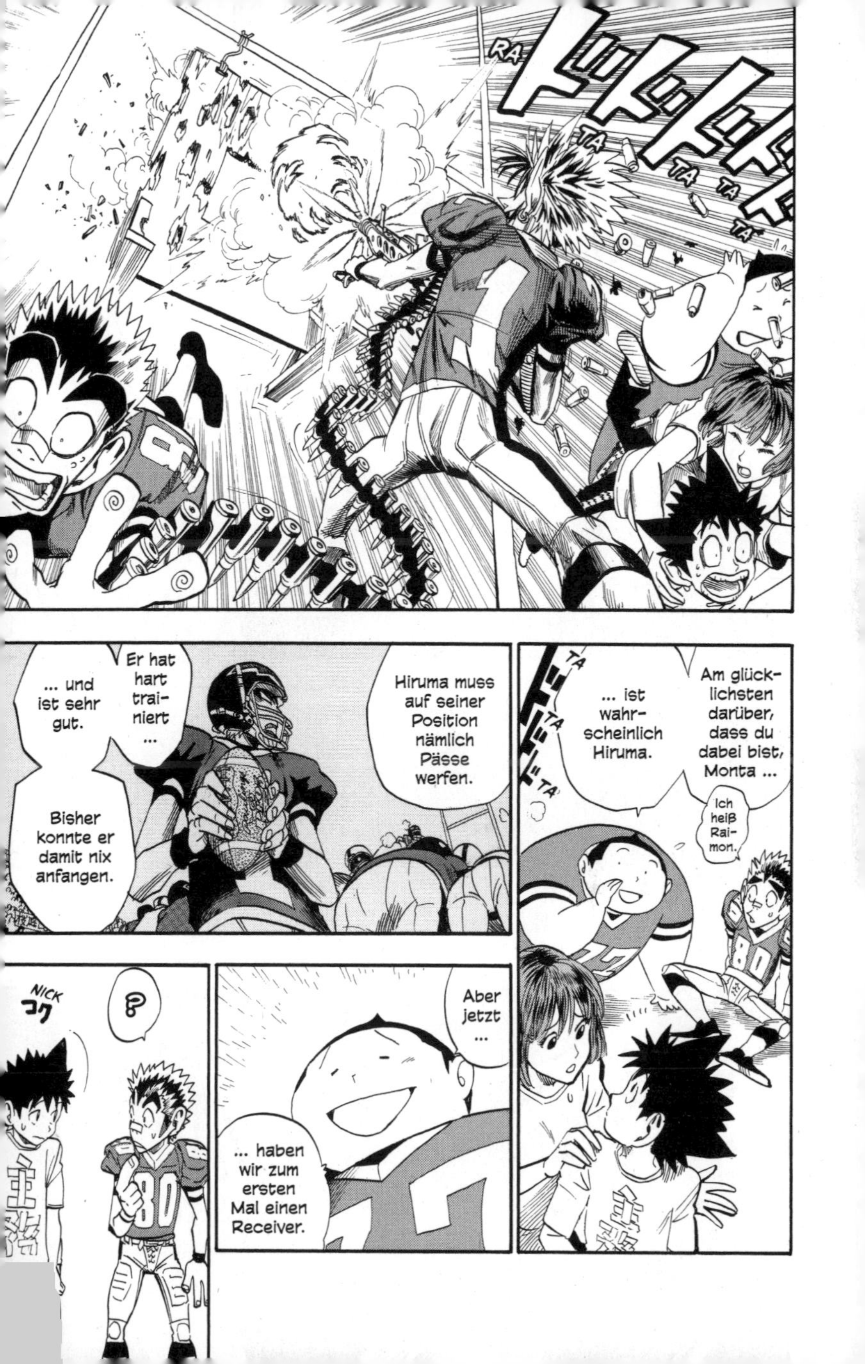

RA
TA
TA
TA
TA

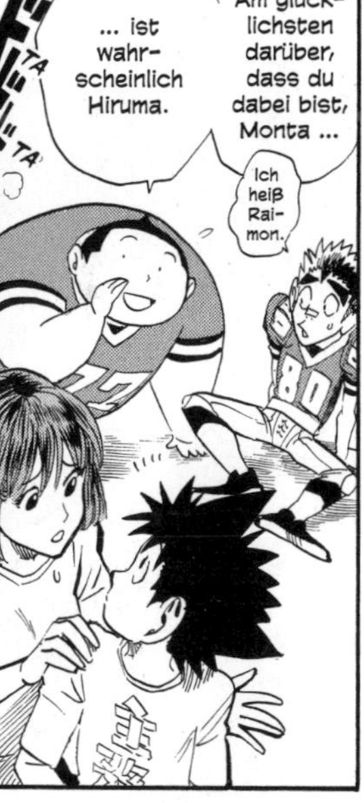

Hiruma muss auf seiner Position nämlich Pässe werfen.
Er hat hart trainiert ...
... und ist sehr gut.
Bisher konnte er damit nix anfangen.

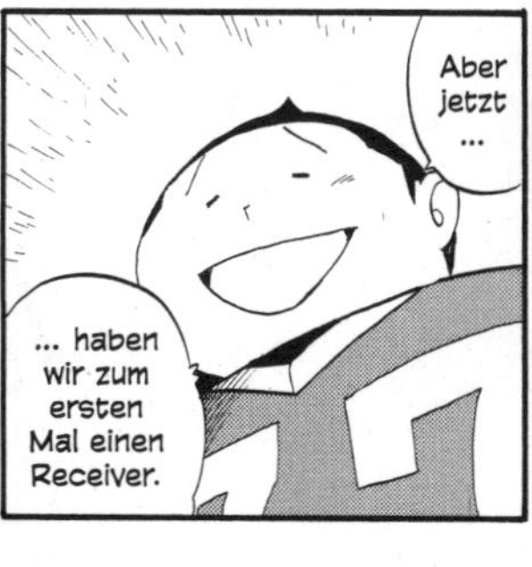

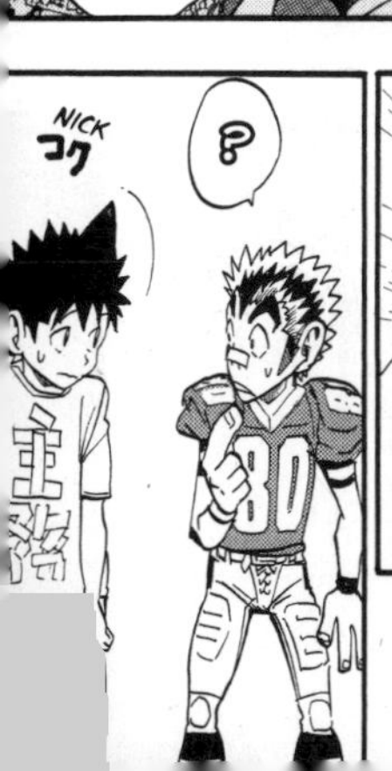

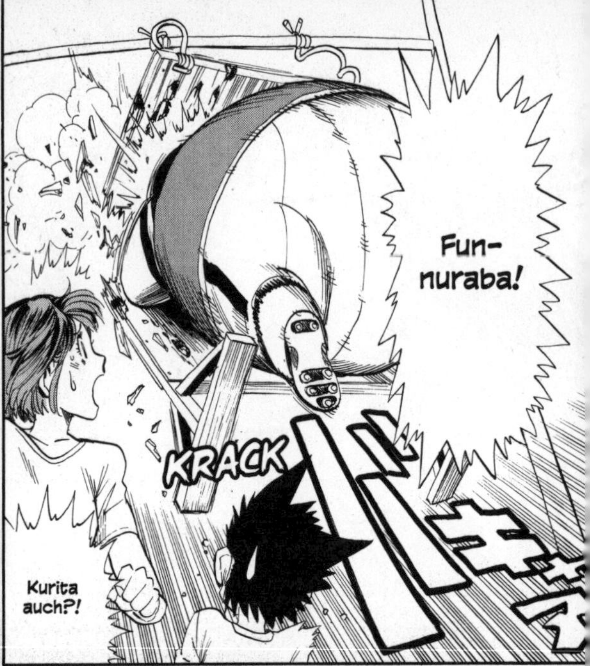
Fun-
nuraba!
KRACK
Kurita auch?!
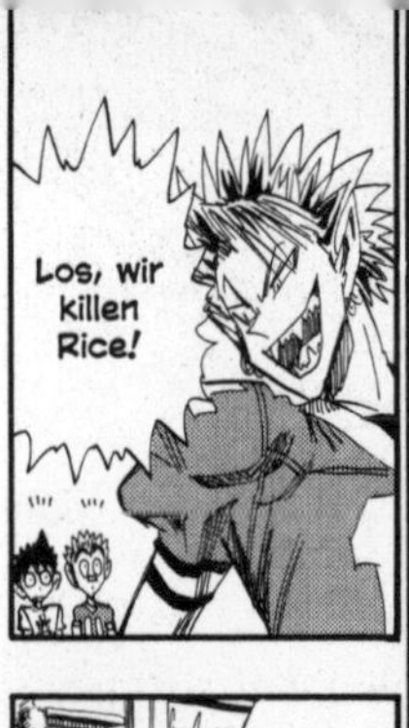
Los, wir killen Rice!
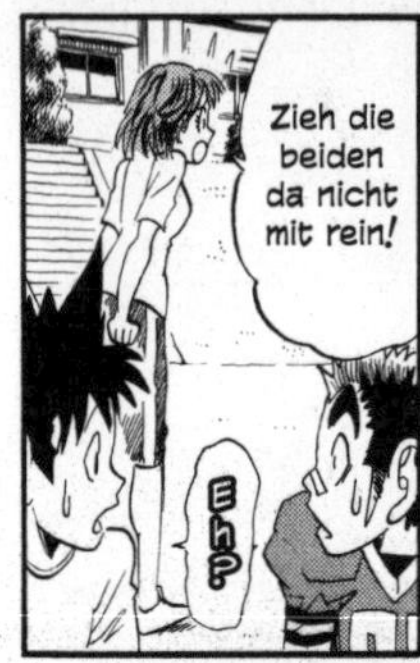
Zieh die beiden da nicht mit rein!
Ehp
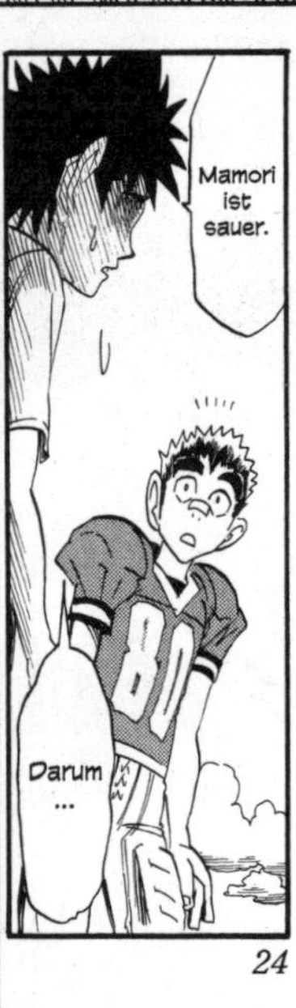
Mamori ist sauer.
Darum ...
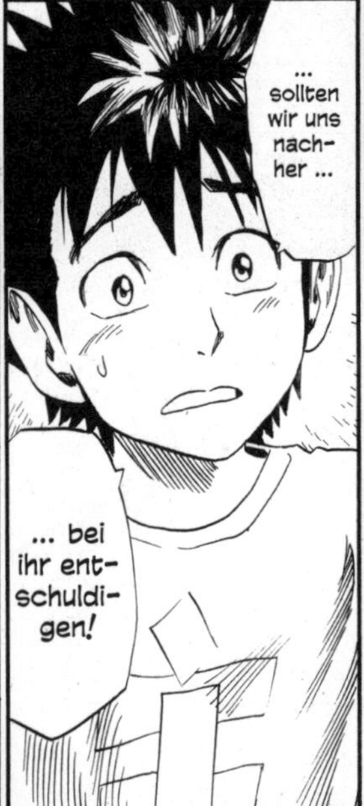
... sollten wir uns nach-her ...
... bei ihr ent-schuldi-gen!
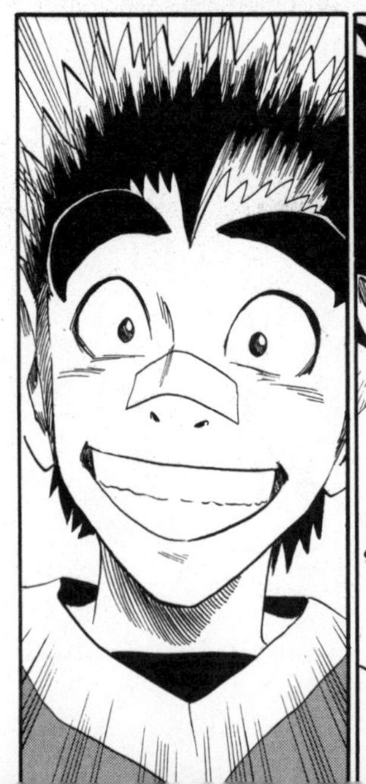

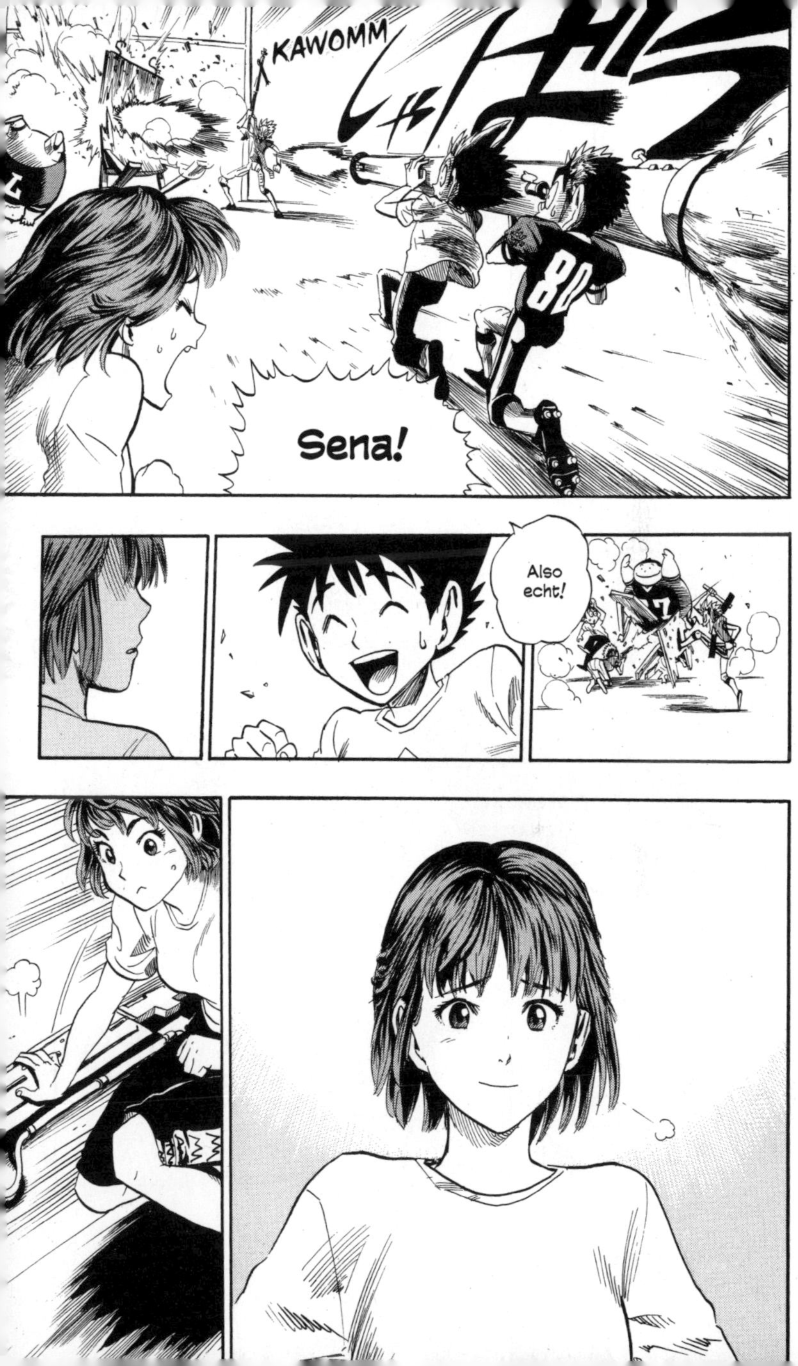

KAWOMM

Sena!

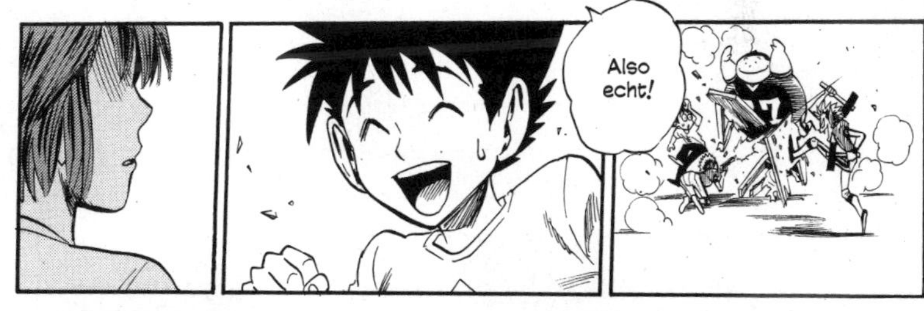

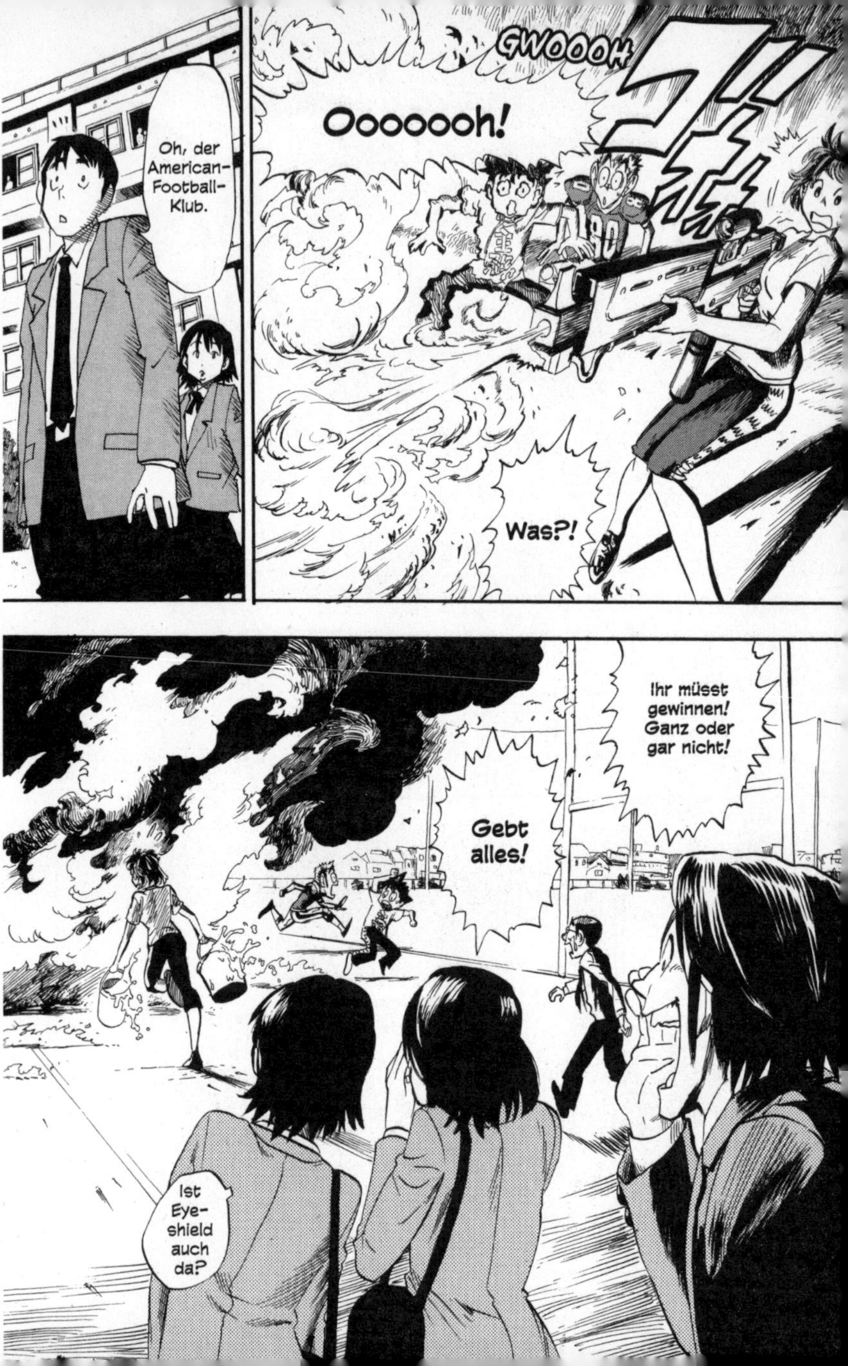

GWOOOH

Ooooooh!

Was?!

Oh, der American-Football-Klub.

Ihr müsst gewinnen! Ganz oder gar nicht!

Gebt alles!

Ist Eyeshield auch da?

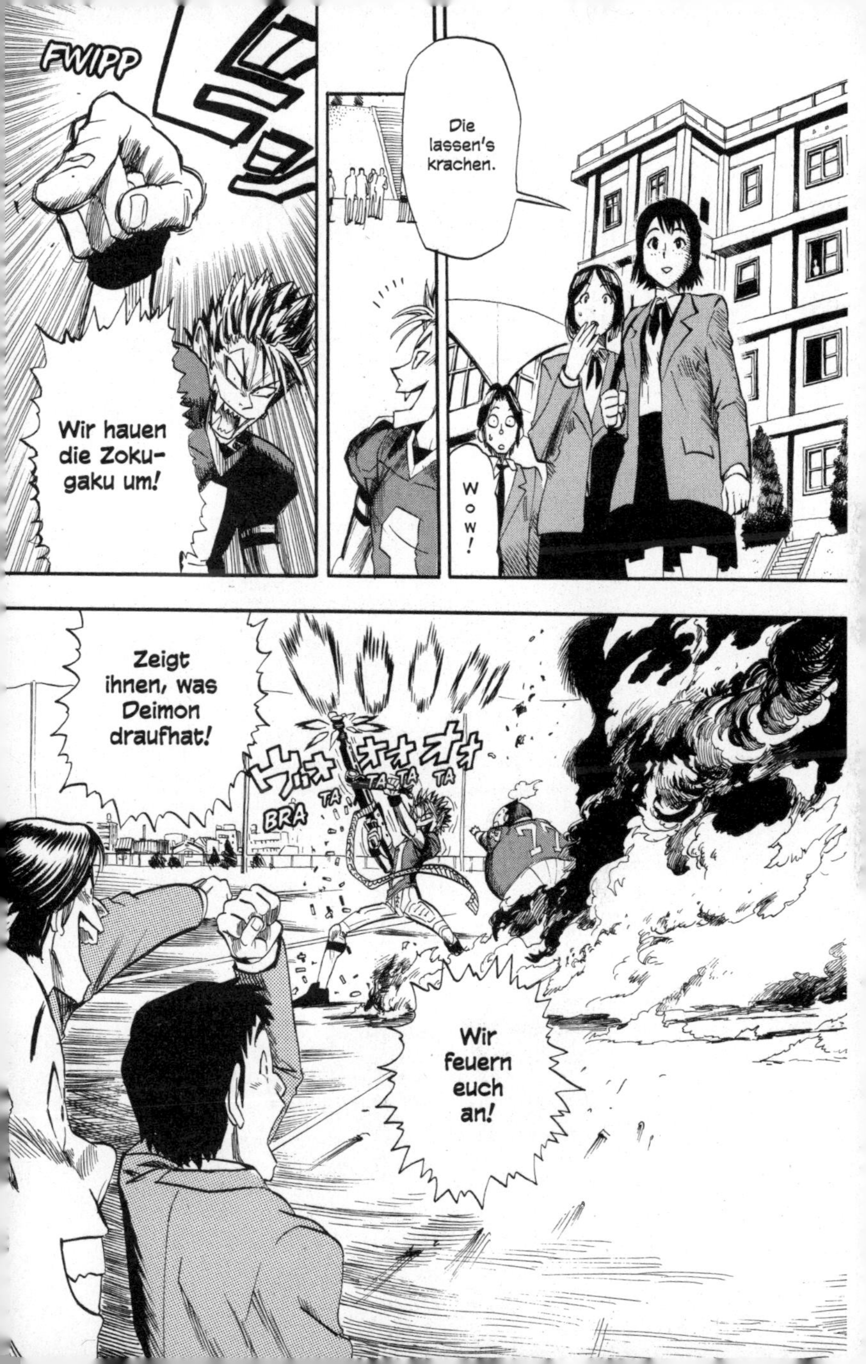

Die lassen's krachen.

WOW!

FWIPP

Wir hauen die Zoku-gaku um!

Zeigt ihnen, was Deimon draufhat!

BRA TA TA TA TA

Wir feuern euch an!

Betreuerin Mamori Anezakis 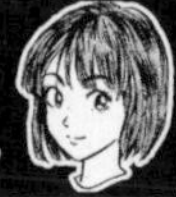 **DEVIL-BATS-TAGEBUCH**

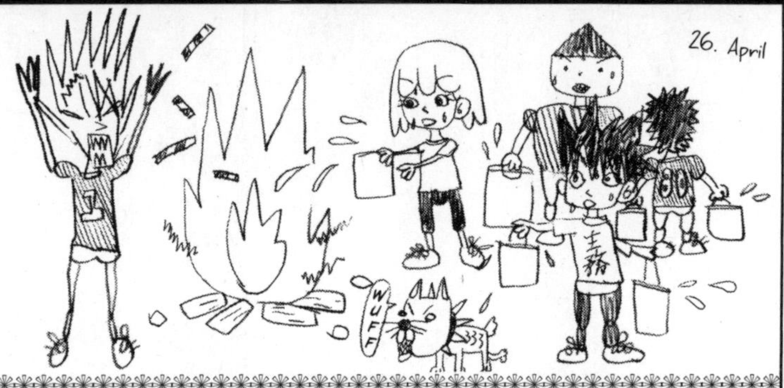

Alle schleppten wie blöd Wassereimer.
Deshalb konnten wir das Feuer auf dem
Schulhof irgendwie löschen!

Irgendein Störenfried hat aber die ganze Zeit
von der Seite Feuerwerkskörper reingeworfen ...

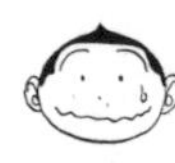 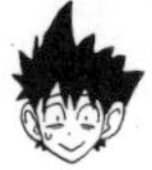 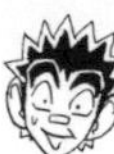 (Die Zeichnung ist ja … pfff.)

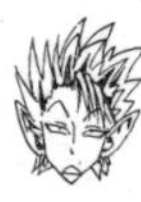 Was soll dieses Kindergartengekritzel?

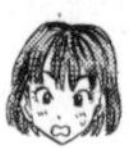 H-halt die Klappe!

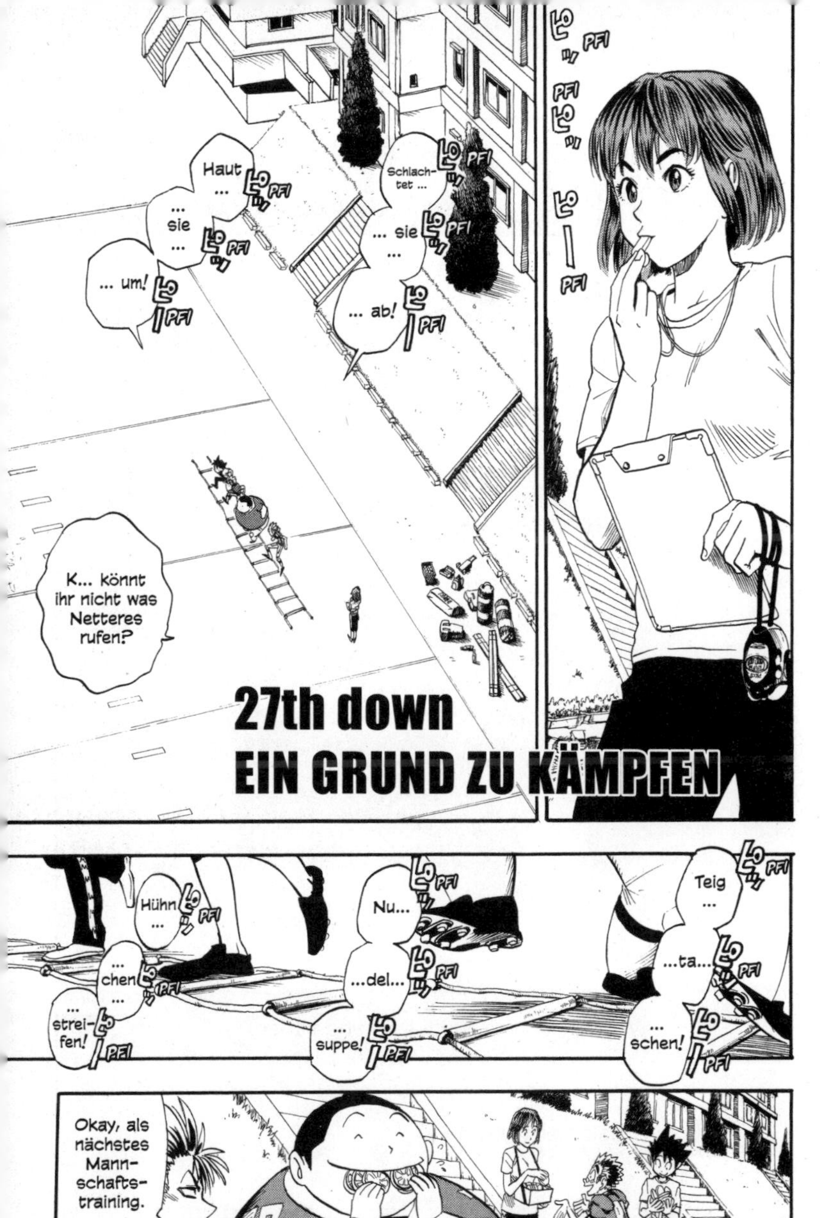

PFI PFI PFI
Schlachtet ... PFI
... sie ... PFI
... ab! PFI
Haut ... PFI
... sie ... PFI
... um! PFI
K... könnt ihr nicht was Netteres rufen?
27th down
EIN GRUND ZU KÄMPFEN
Teig ... PFI
...ta... PFI
... schen! PFI
Nu... PFI
...del... PFI
... suppe! PFI
Hühn ... PFI
... chen ... PFI
... strei-fen! PFI
Okay, als nächstes Mannschafts-training.

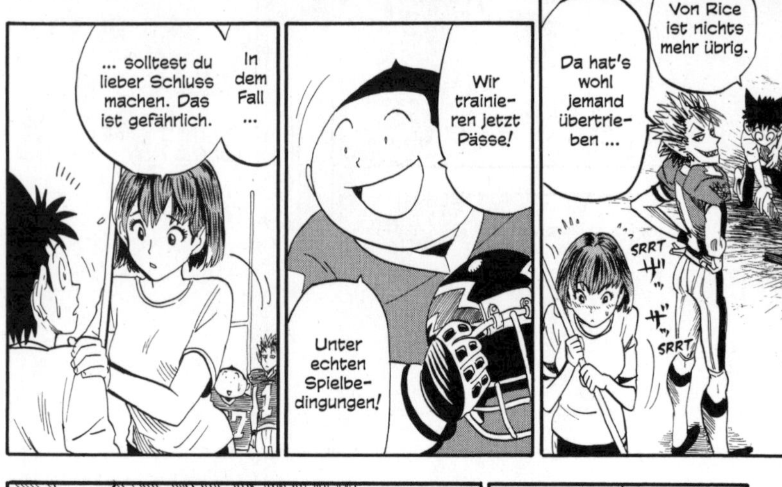
Von Rice ist nichts mehr übrig.
Da hat's wohl jemand übertrieben ...
SRRT
SRRT
Wir trainieren jetzt Pässe!
Unter echten Spielbedingungen!
In dem Fall ...
... solltest du lieber Schluss machen. Das ist gefährlich.
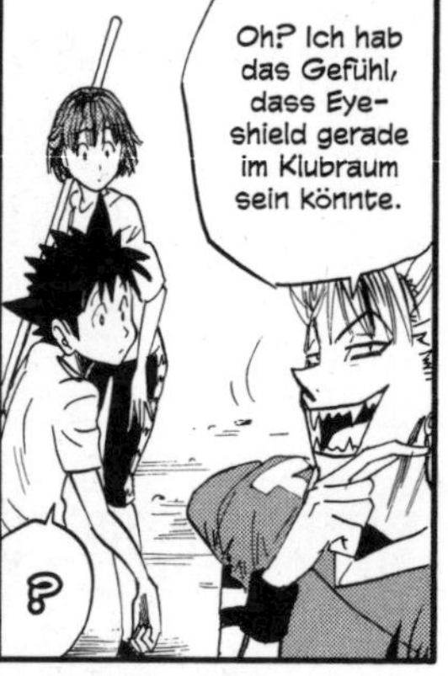
Oh? Ich hab das Gefühl, dass Eyeshield gerade im Klubraum sein könnte.
?
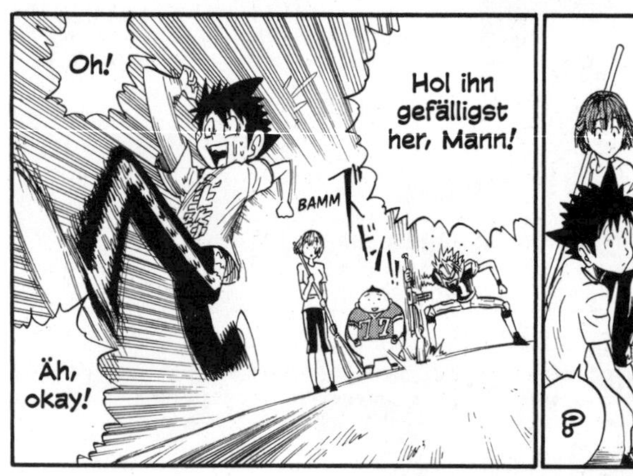
Hol ihn gefälligst her, Mann!
BAMM
Oh!
Äh, okay!
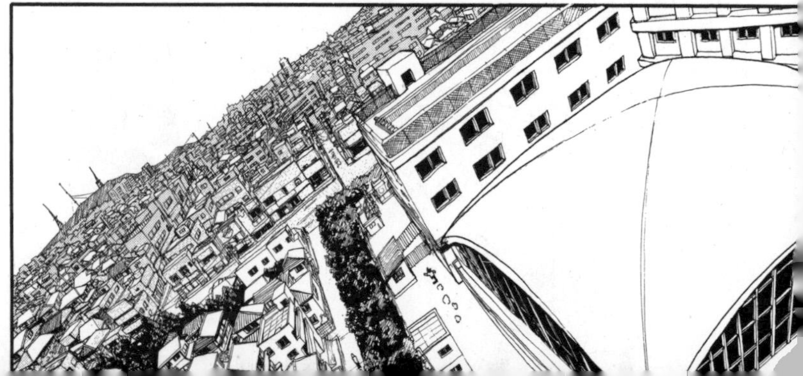

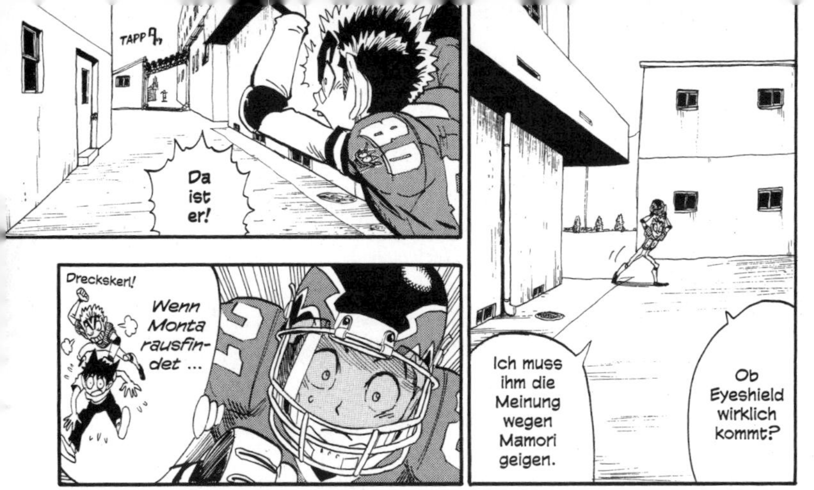
TAPP
Da ist er!
Ob Eyeshield wirklich kommt?
Ich muss ihm die Meinung wegen Mamori geigen.
Wenn Monta rausfindet ...
Dreckskerl!

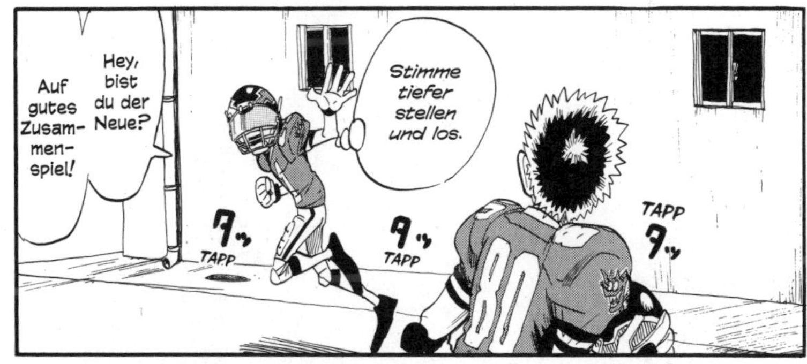
Stimme tiefer stellen und los.
Hey, bist du der Neue?
Auf gutes Zusammenspiel!
TAPP
TAPP
TAPP

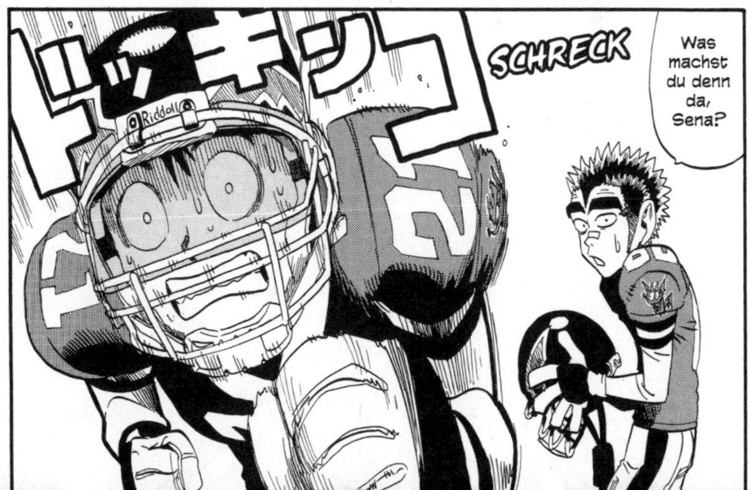
Was machst du denn da, Sena?
SCHRECK
Riddell

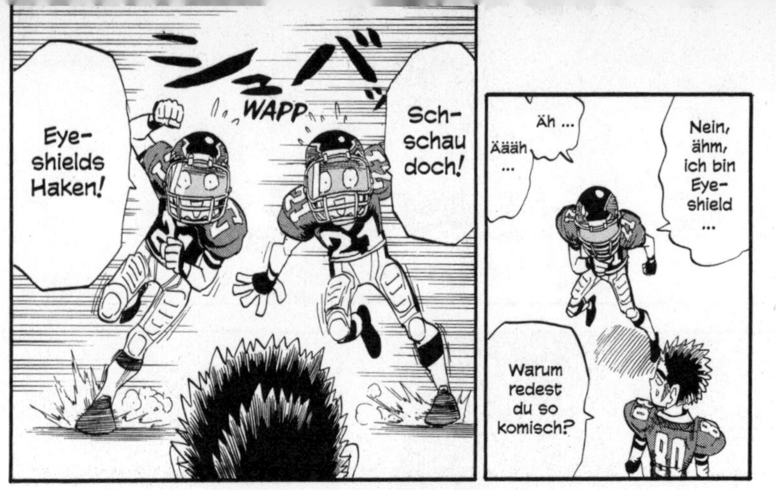
Nein, ähm, ich bin Eyeshield ...
Äh ...
Äääh ...
Warum redest du so komisch?
Sch-schau doch!
シュバッ
WAPP
Eyeshields Haken!

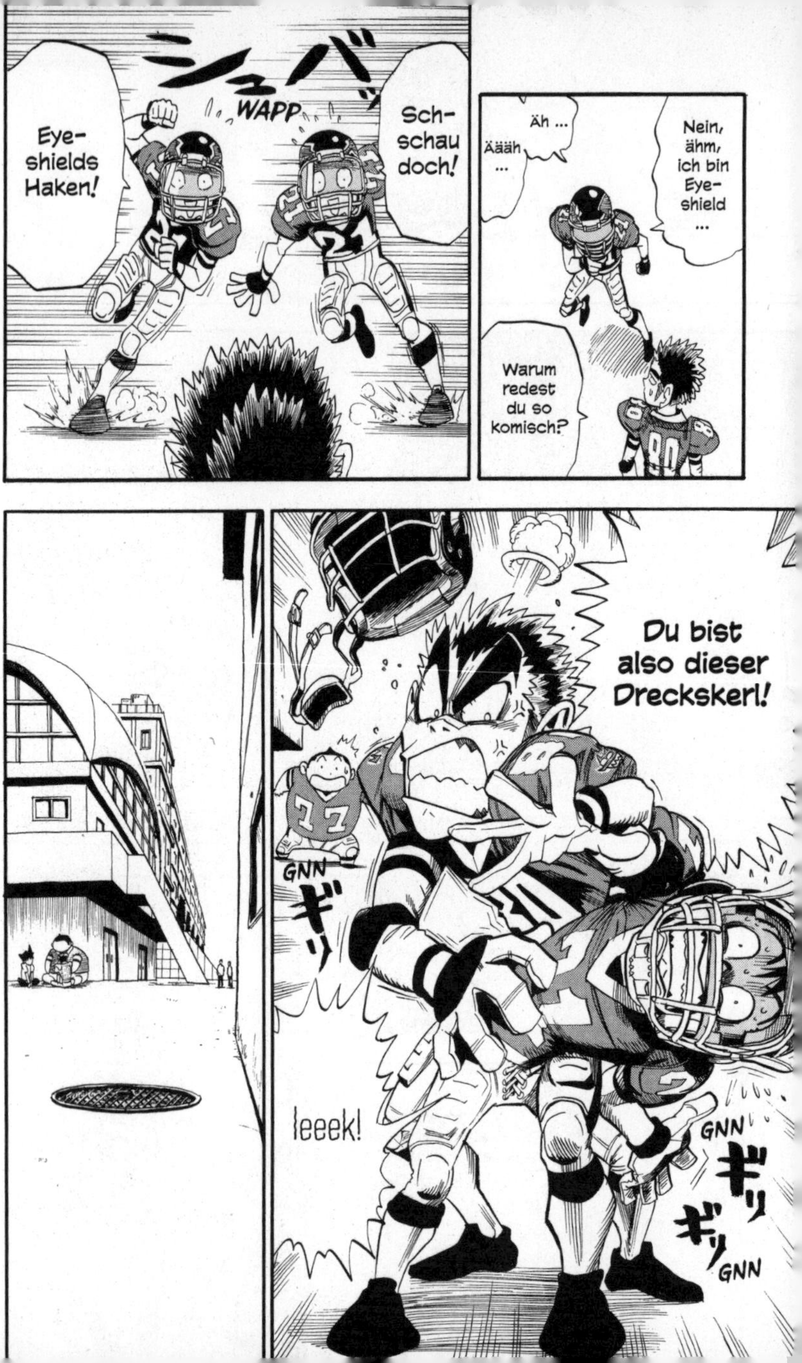

Du bist also dieser Dreckskerl!
GNN
ギリ
ギリ
GNN
ギリ
GNN
Ieeek!

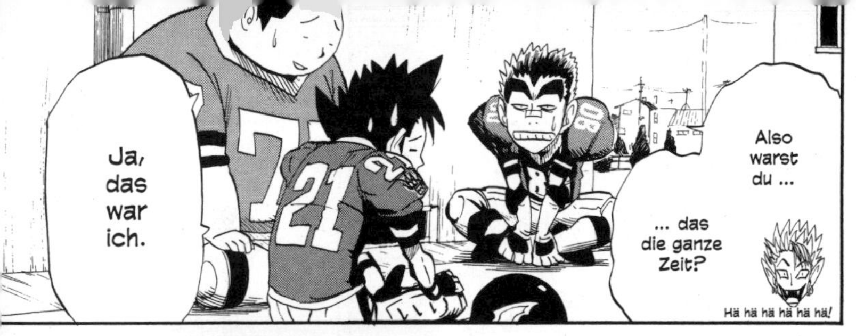
Also warst du ...
... das die ganze Zeit?
Hä hä hä hä hä hä!
Ja, das war ich.

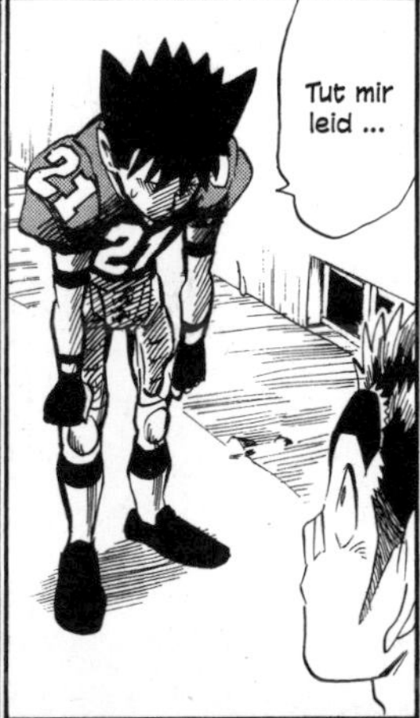
Tut mir leid ...

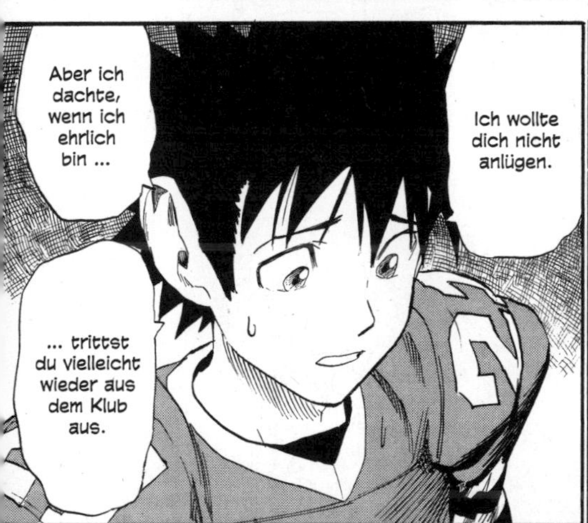
Ich wollte dich nicht anlügen.
Aber ich dachte, wenn ich ehrlich bin ...
... trittst du vielleicht wieder aus dem Klub aus.

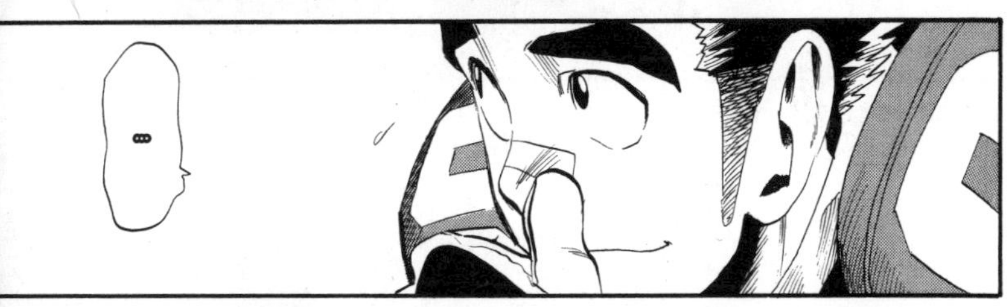
...

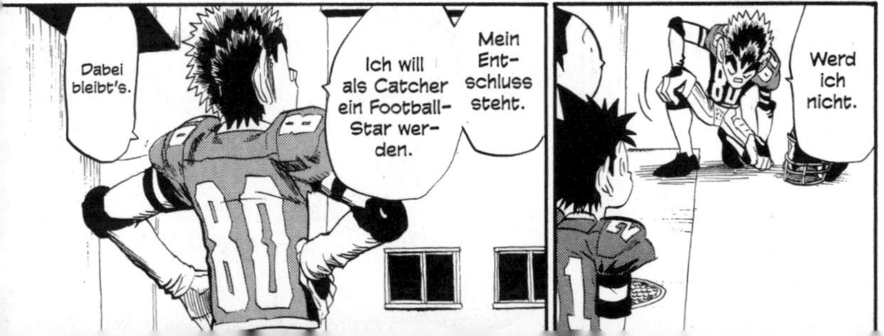
Werd ich nicht.
Mein Entschluss steht.
Ich will als Catcher ein Football-Star werden.
Dabei bleibt's.

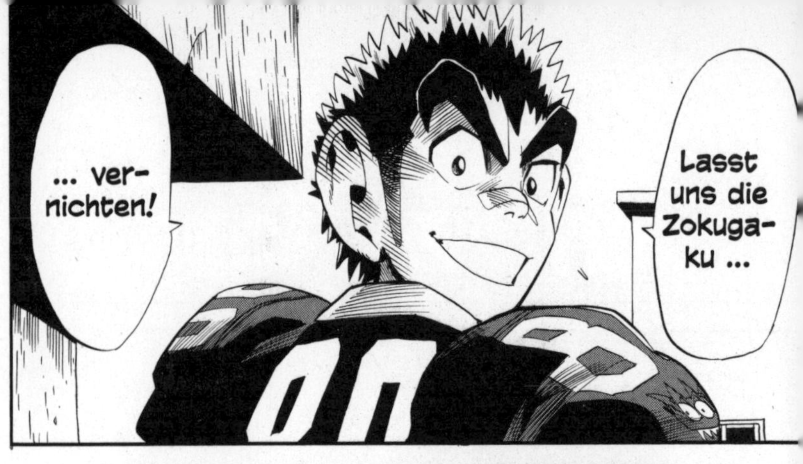
Lasst uns die Zokugaku ...
... vernichten!

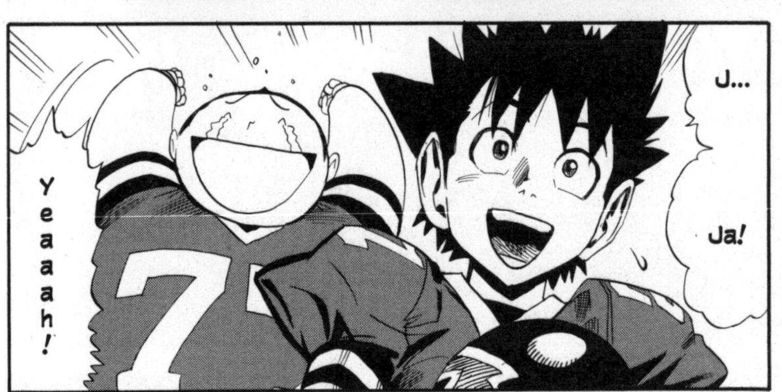
J...
Ja!
Yeaaaah!

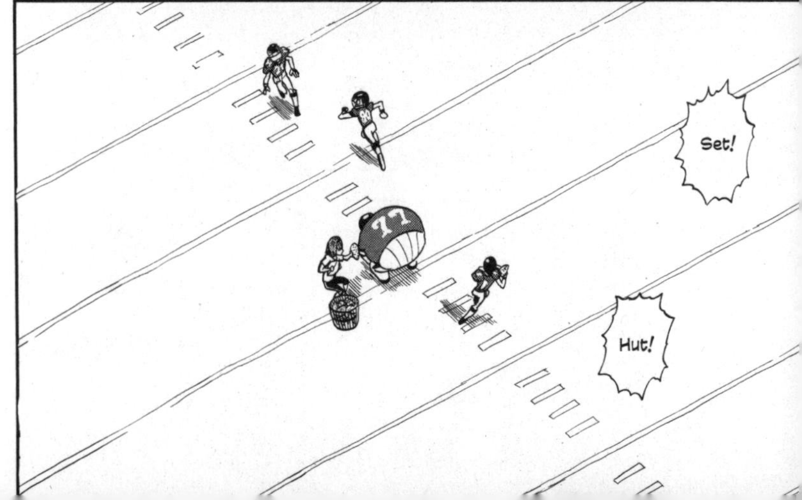
Set!
Hut!

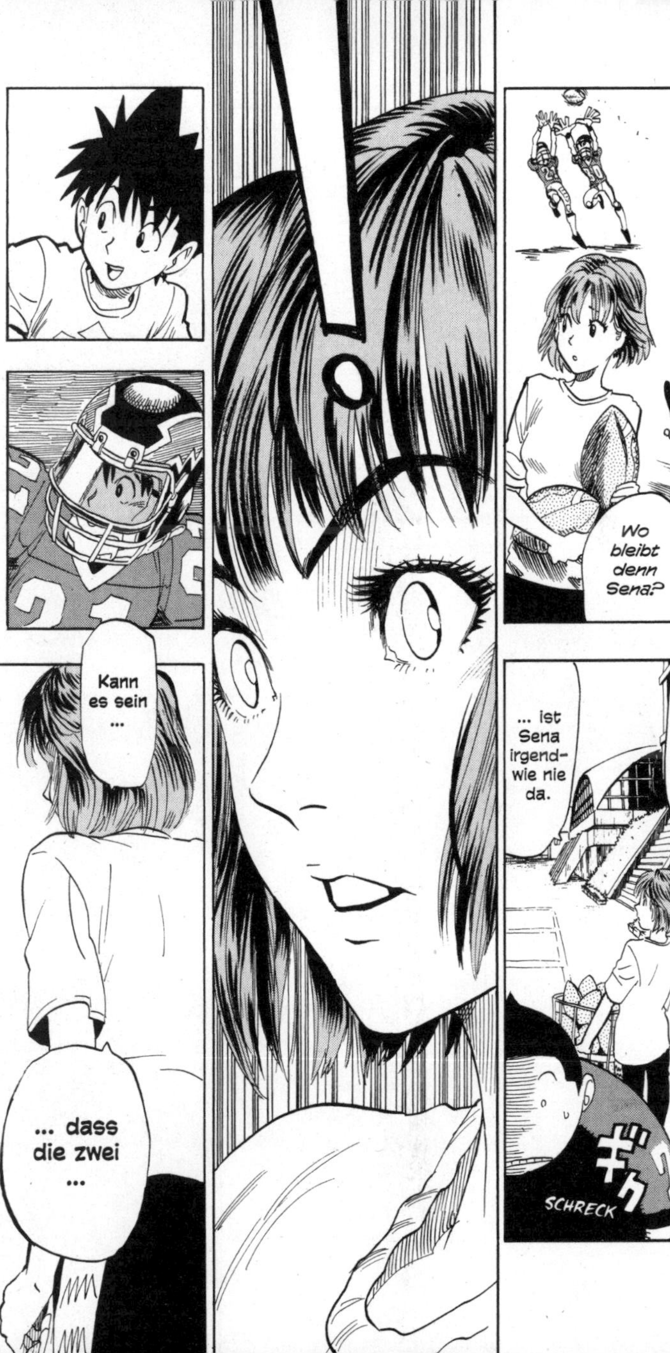
Hm?
Wo bleibt denn Sena?
Wenn Eyeshield auftaucht ...
... ist Sena irgendwie nie da.
SCHRECK
Kann es sein ...
... dass die zwei ...

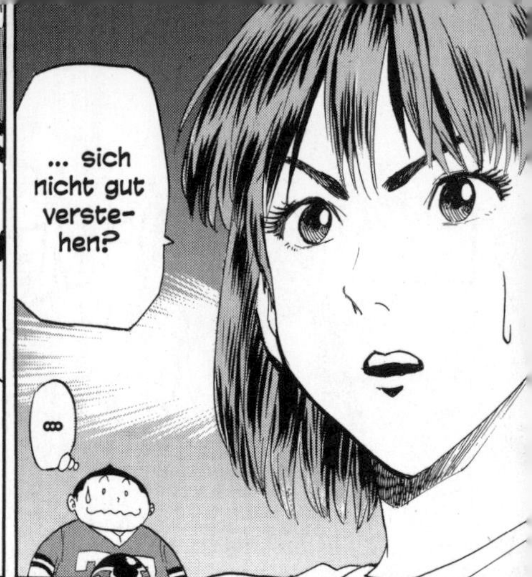
... sich nicht gut verste-hen?
...

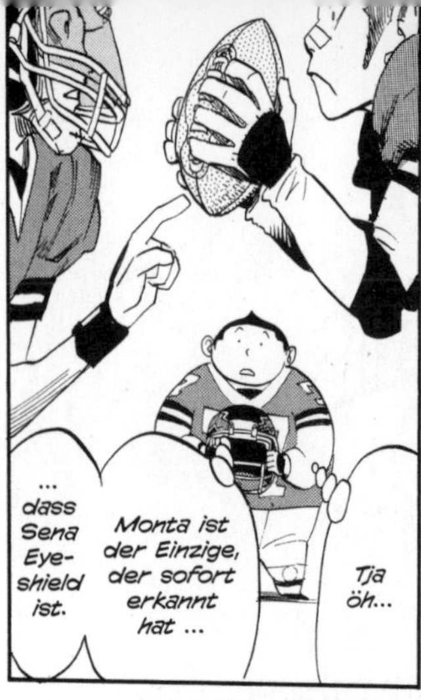
Tja öh...
Monta ist der Einzige, der sofort erkannt hat ...
... dass Sena Eye-shield ist.

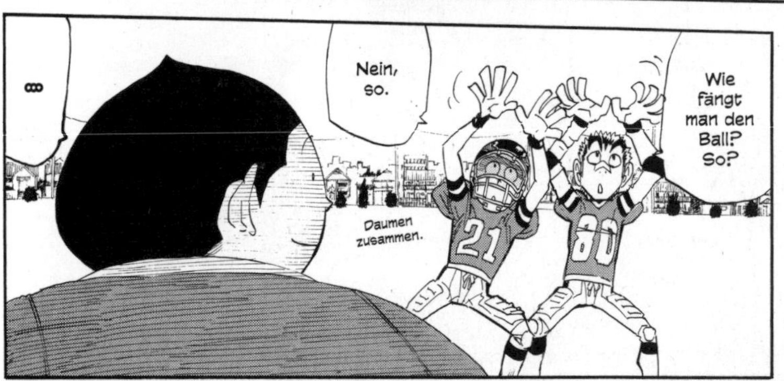
Wie fängt man den Ball? So?
Nein, so.
Daumen zusammen.
...

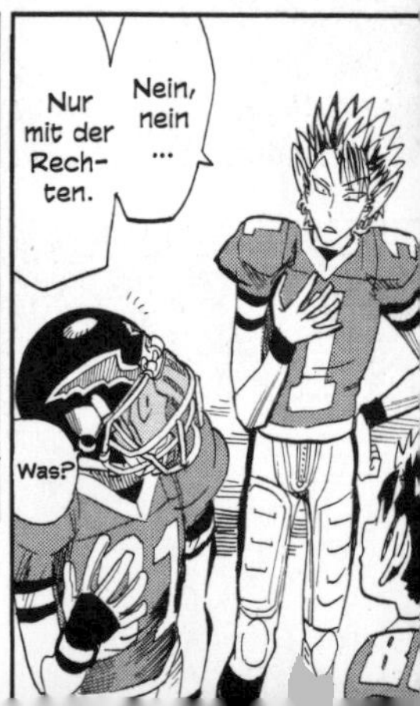
Nein, nein ...
Nur mit der Rech-ten.
Was?

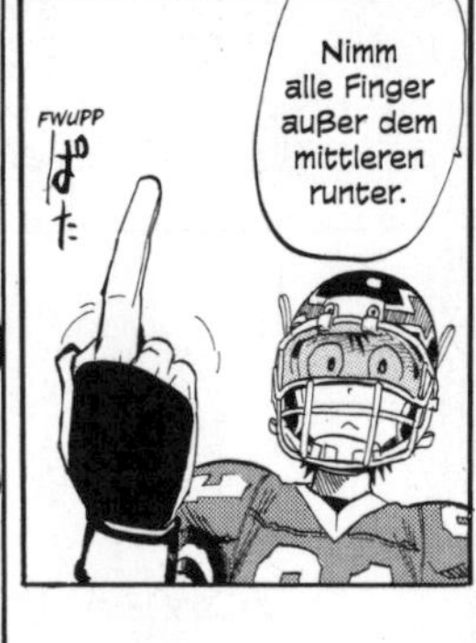
Nimm alle Finger außer dem mittleren runter.
FWUPP

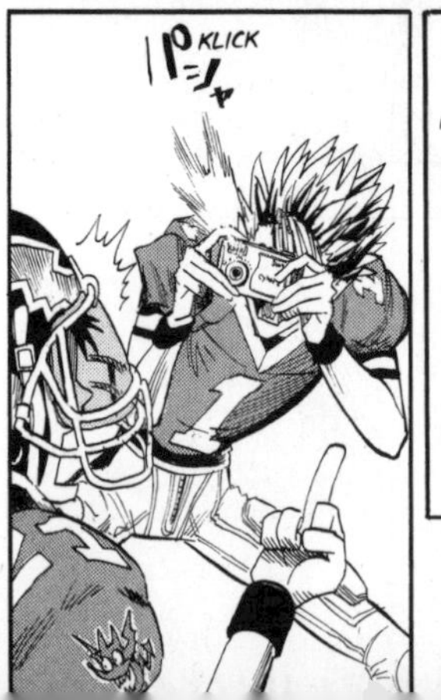
KLICK

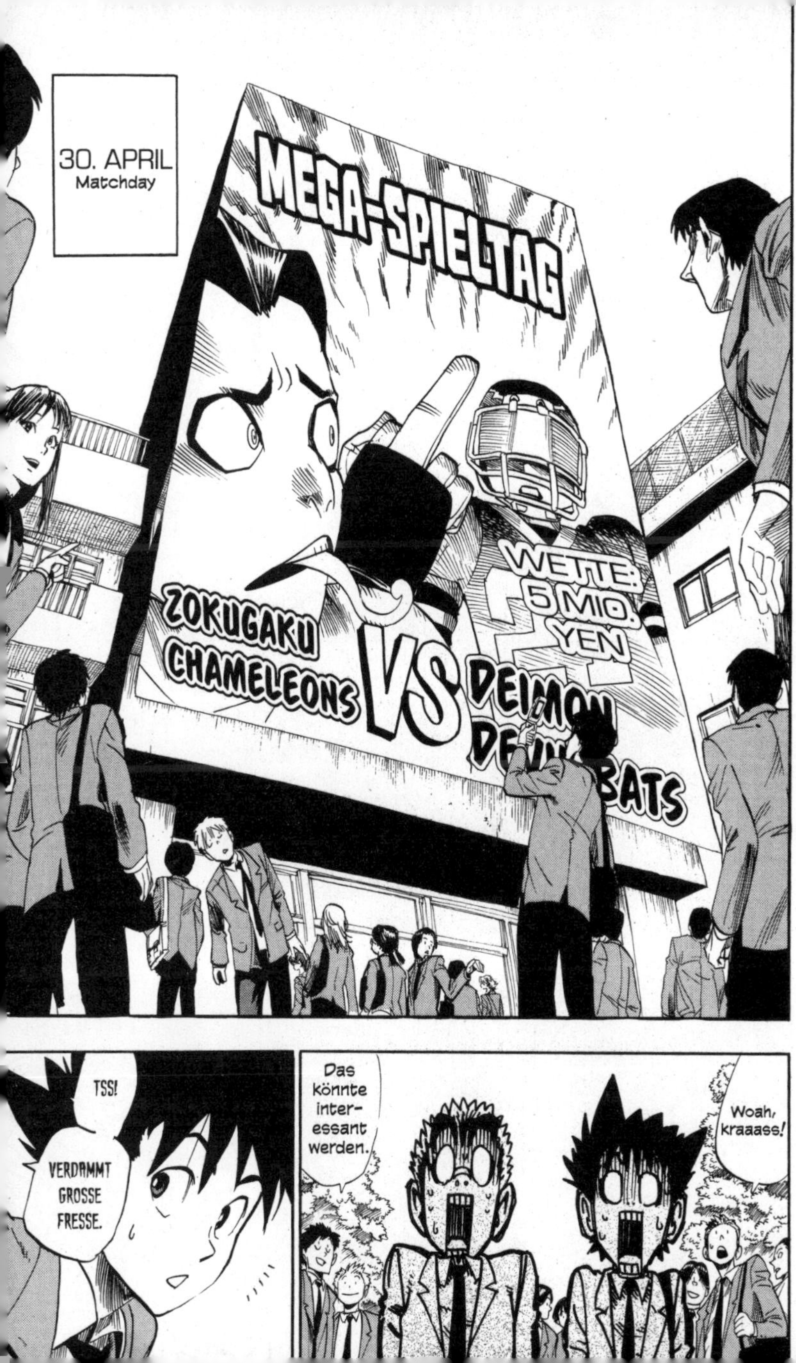

30. APRIL
Matchday

MEGA-SPIELTAG

WETTE: 5 MIO. YEN

ZOKUGAKU CHAMELEONS VS DEIMON

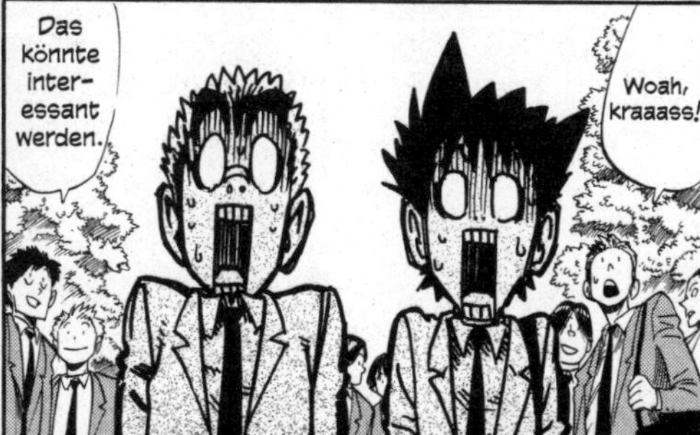

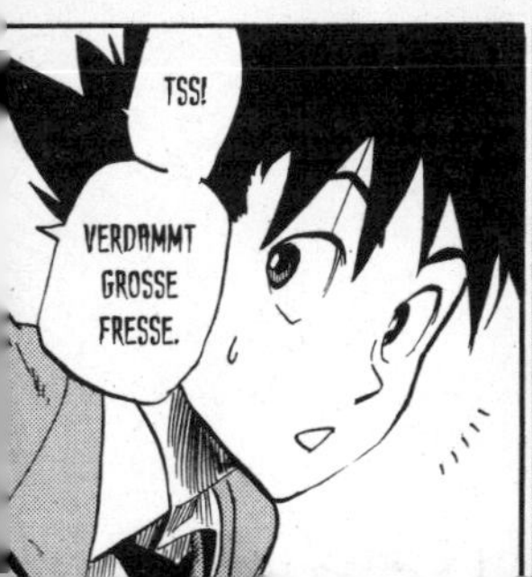

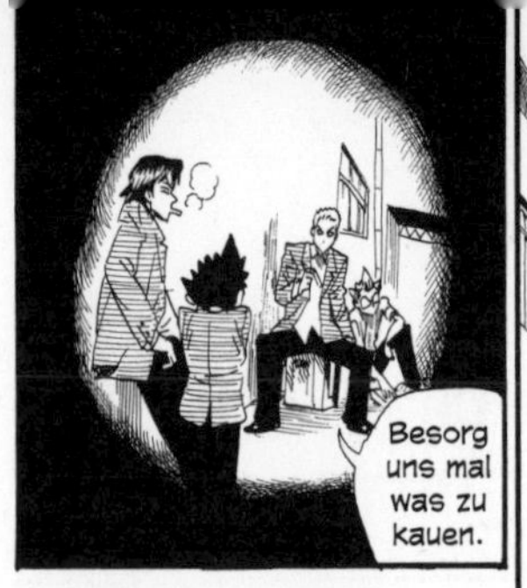
Besorg uns mal was zu kauen.
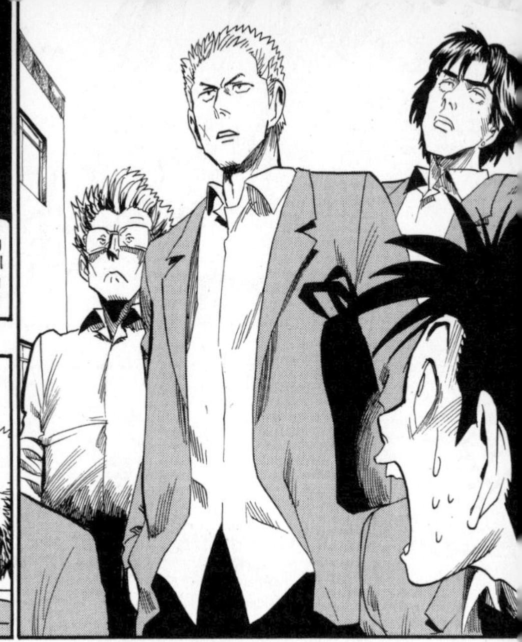
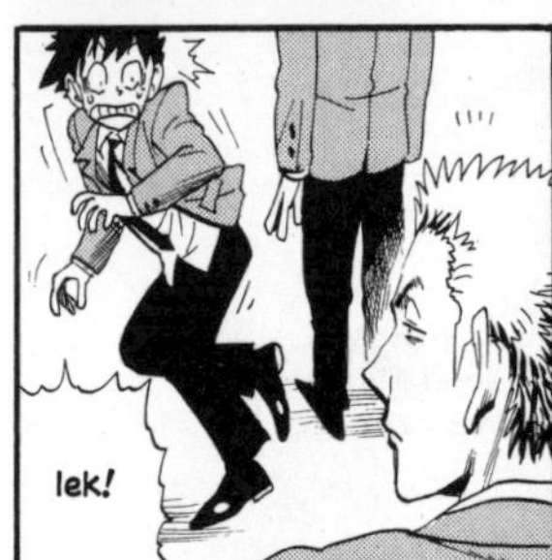
Iek!
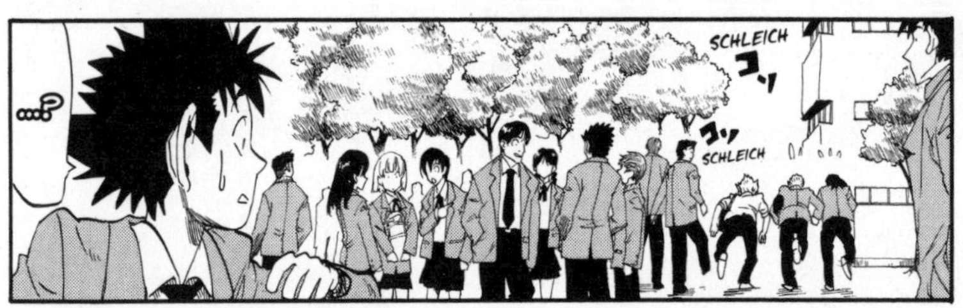
SCHLEICH
SCHLEICH
...?
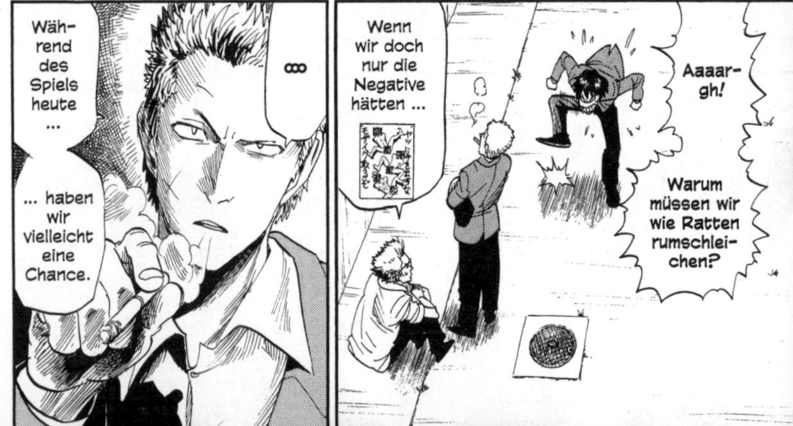
Aaaargh!
Warum müssen wir wie Ratten rumschleichen?
Wenn wir doch nur die Negative hätten ...
...
Während des Spiels heute ...
... haben wir vielleicht eine Chance.

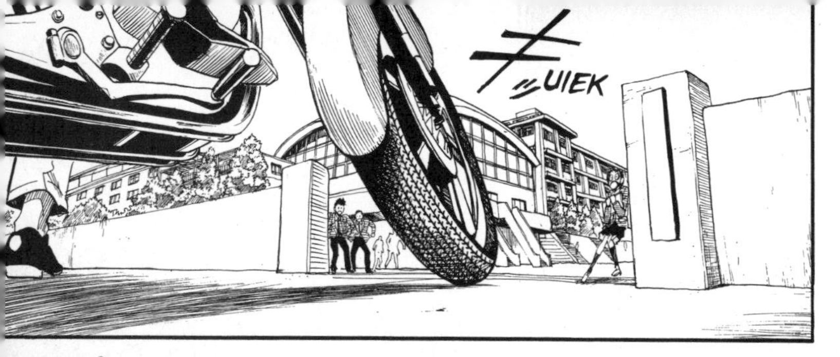

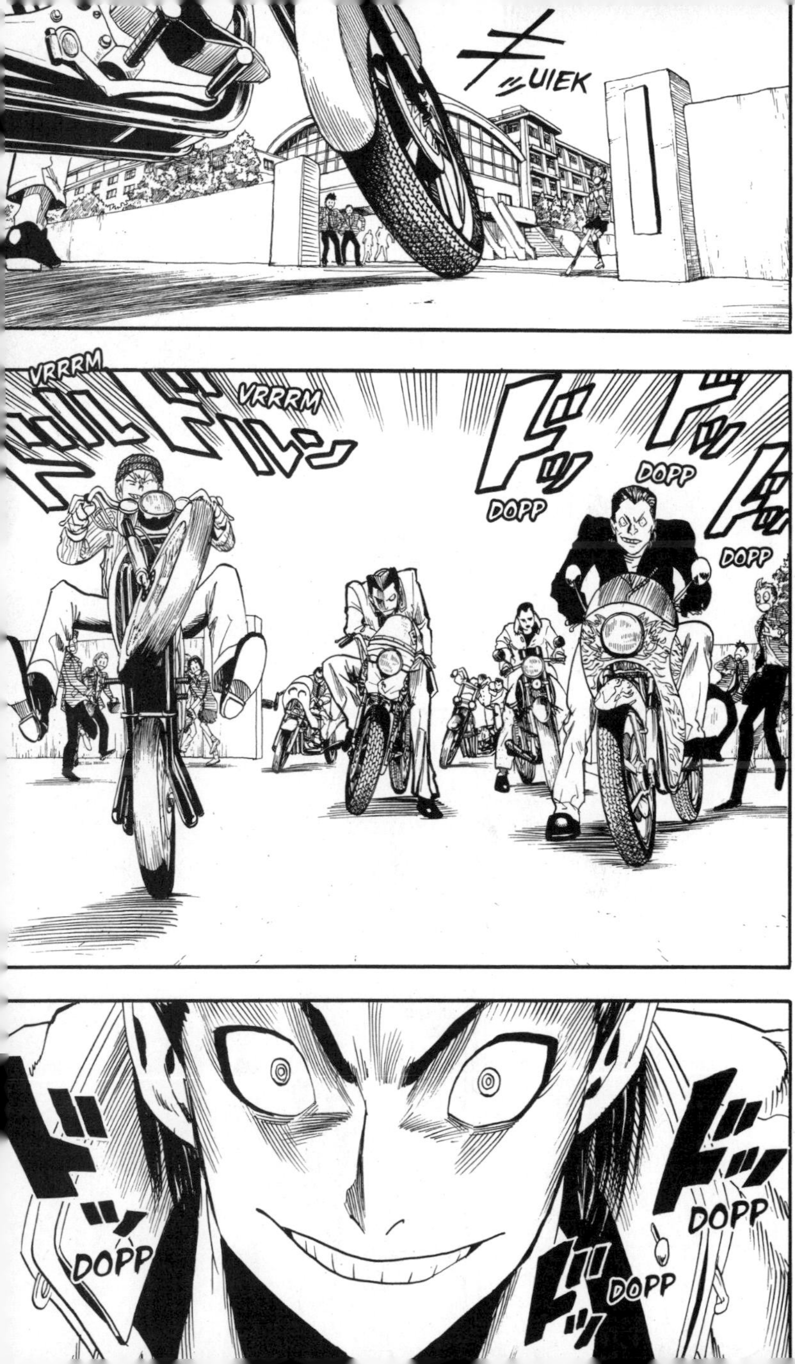

DOPP
DOPP
DOPP
VRRRM
VRRRM

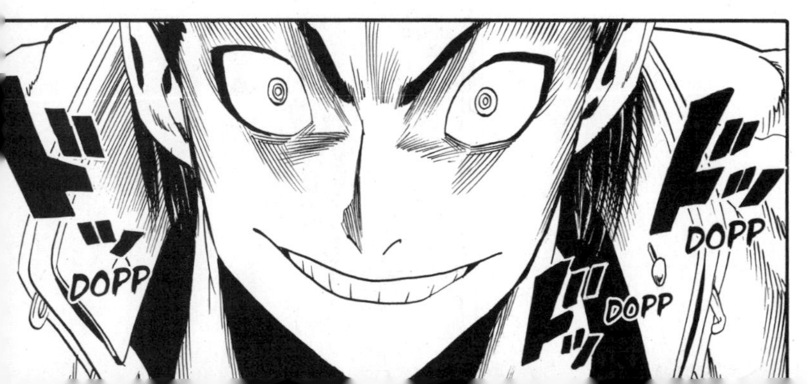

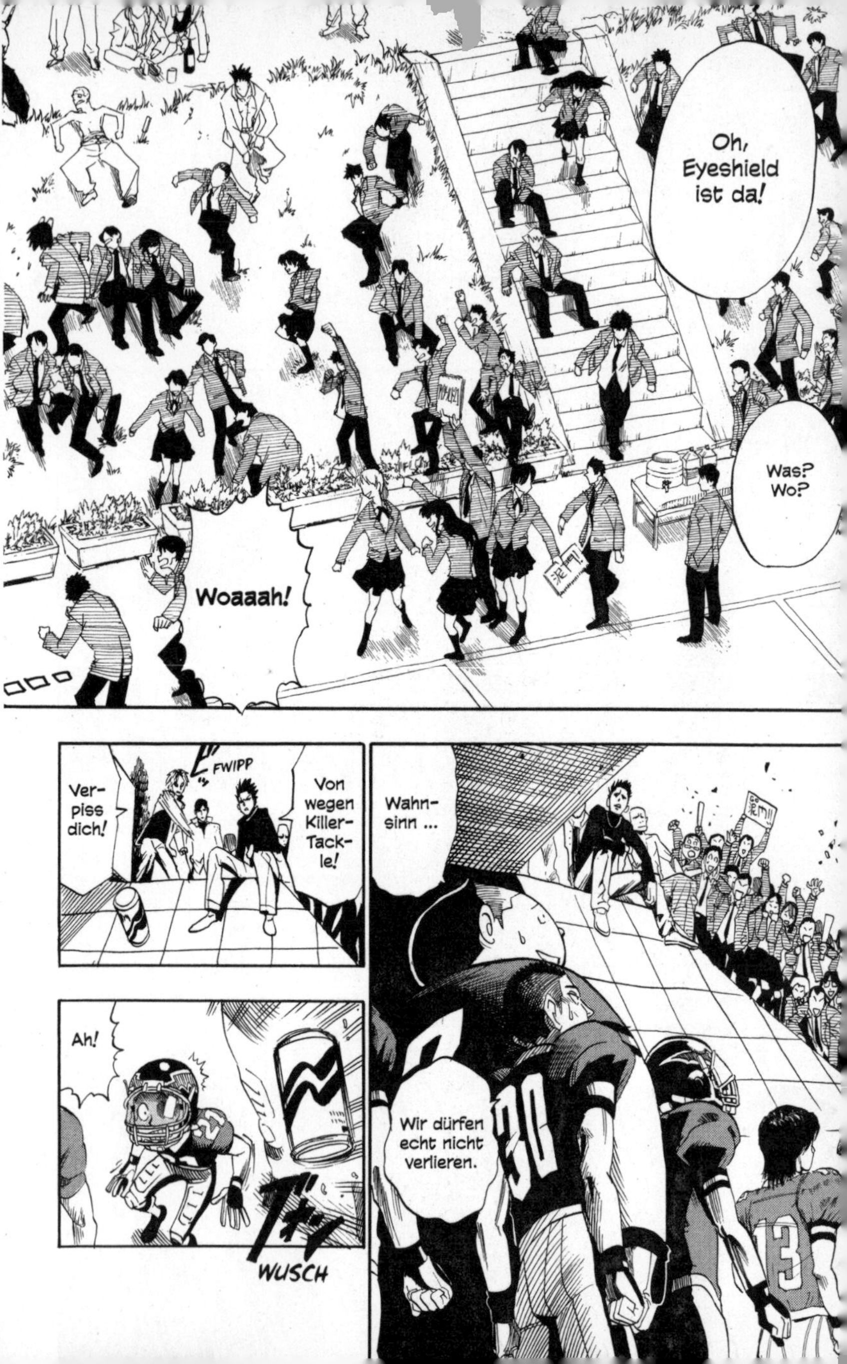

Oh, Eyeshield ist da!
Was? Wo?
Woaaah!

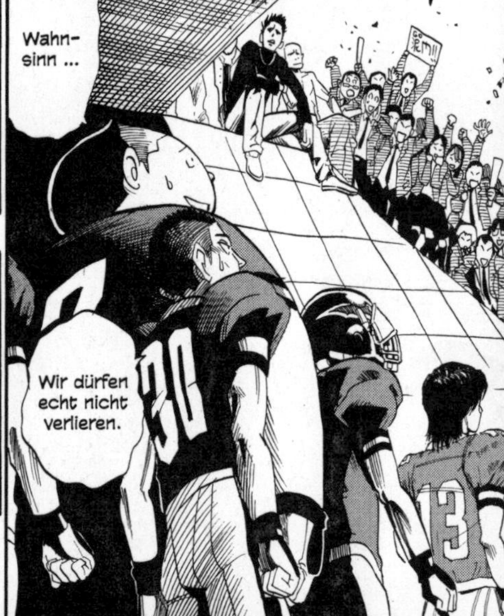

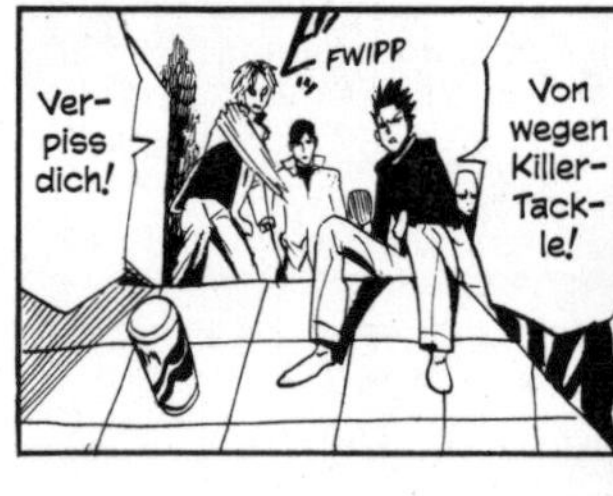

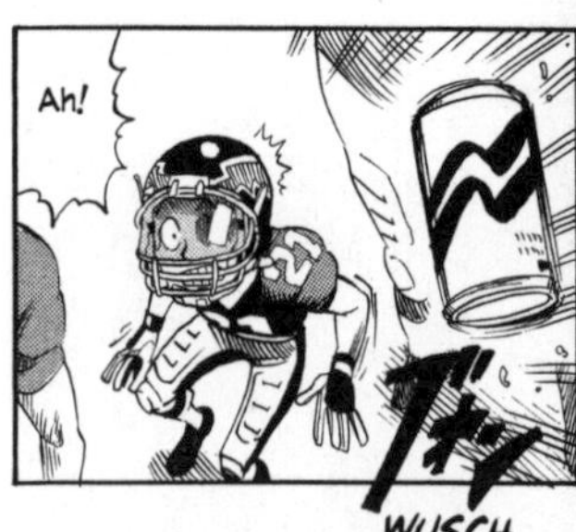

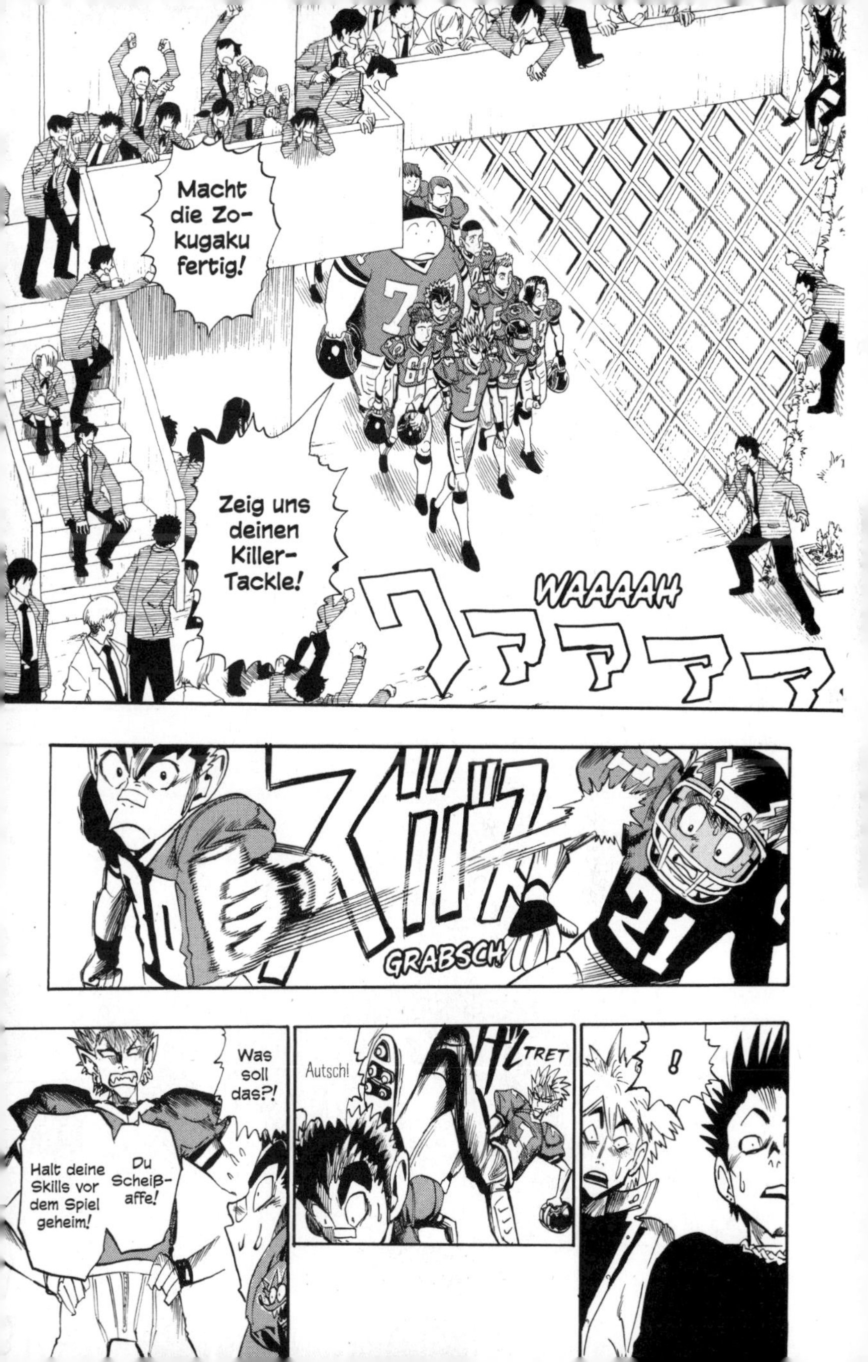

Macht die Zokugaku fertig!
Zeig uns deinen Killer-Tackle!
WAAAAH

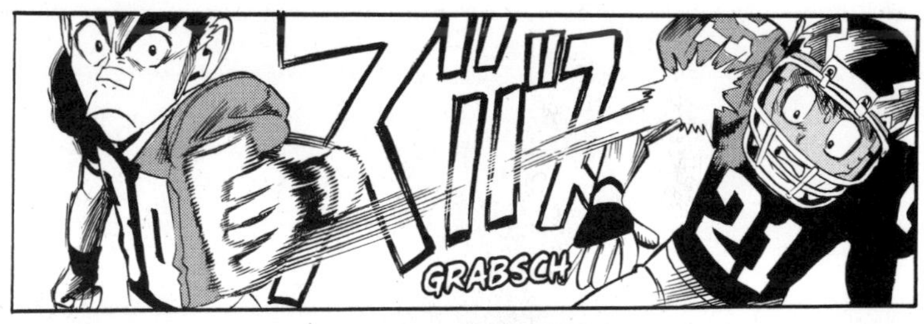

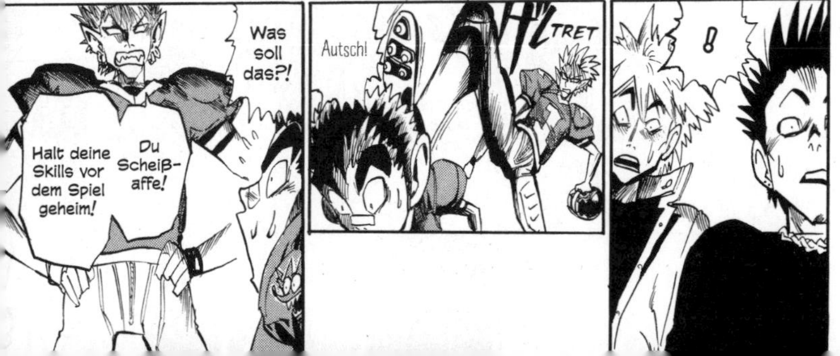

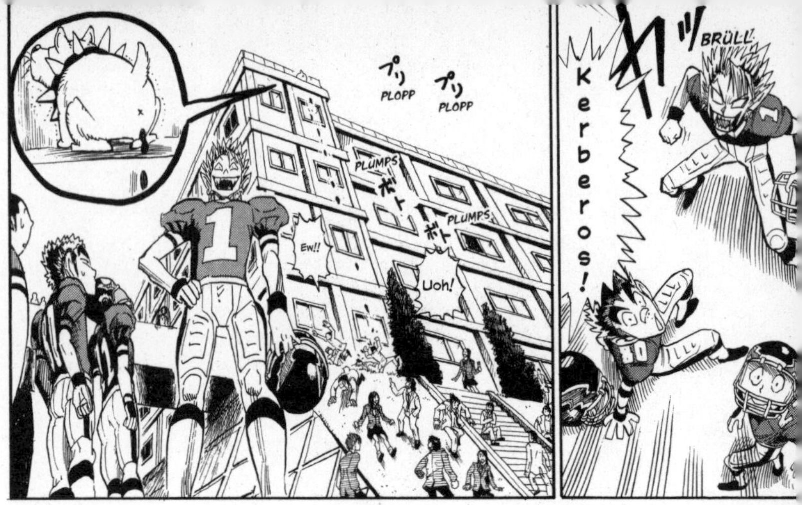

BRÜLL
Kerberos!
プリ
PLOPP
プリ
PLOPP
ボト
PLUMPS
ボト
PLUMPS
Ew!!
Uoh!

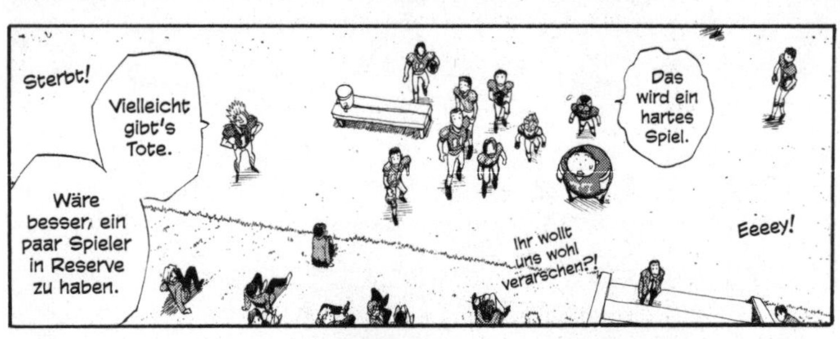

Eeeey!
Das wird ein hartes Spiel.
Ihr wollt uns wohl verarschen?!
Vielleicht gibt's Tote.
Sterbt!
Wäre besser, ein paar Spieler in Reserve zu haben.

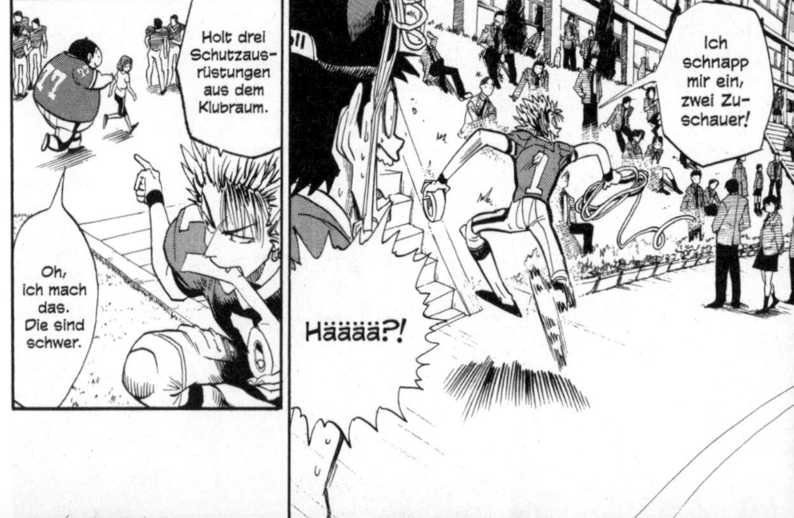

Ich schnapp mir ein, zwei Zuschauer!
Häääää?!
Holt drei Schutzausrüstungen aus dem Klubraum.
Oh, ich mach das. Die sind schwer.

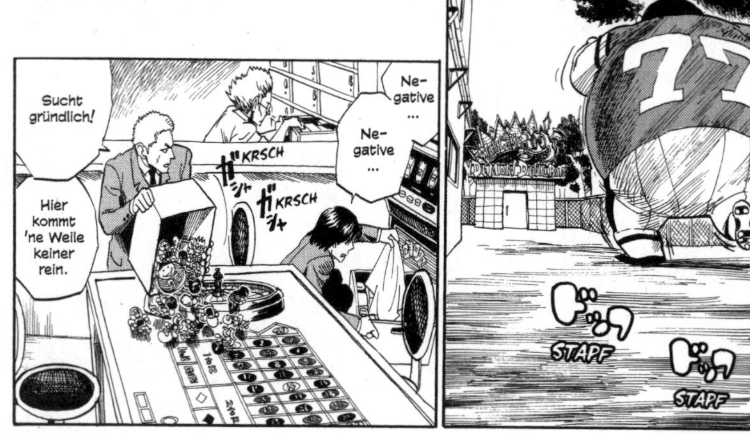
STAPF
STAPF
Ne-
gative
...
Ne-
gative
...
Sucht gründlich!
Hier kommt 'ne Weile keiner rein.
KRSCH
KRSCH

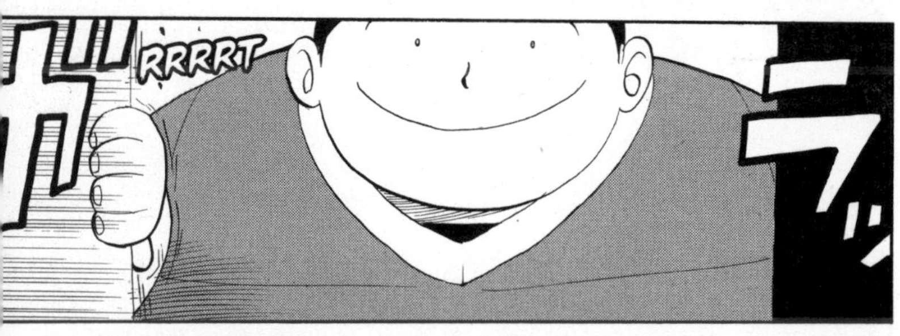
RRRRT

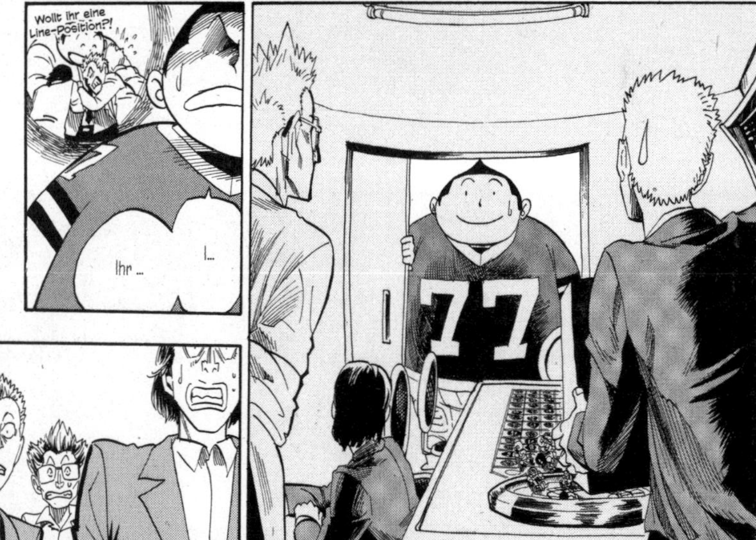
I...
Ihr ...
Wollt ihr eine Line-Position?!

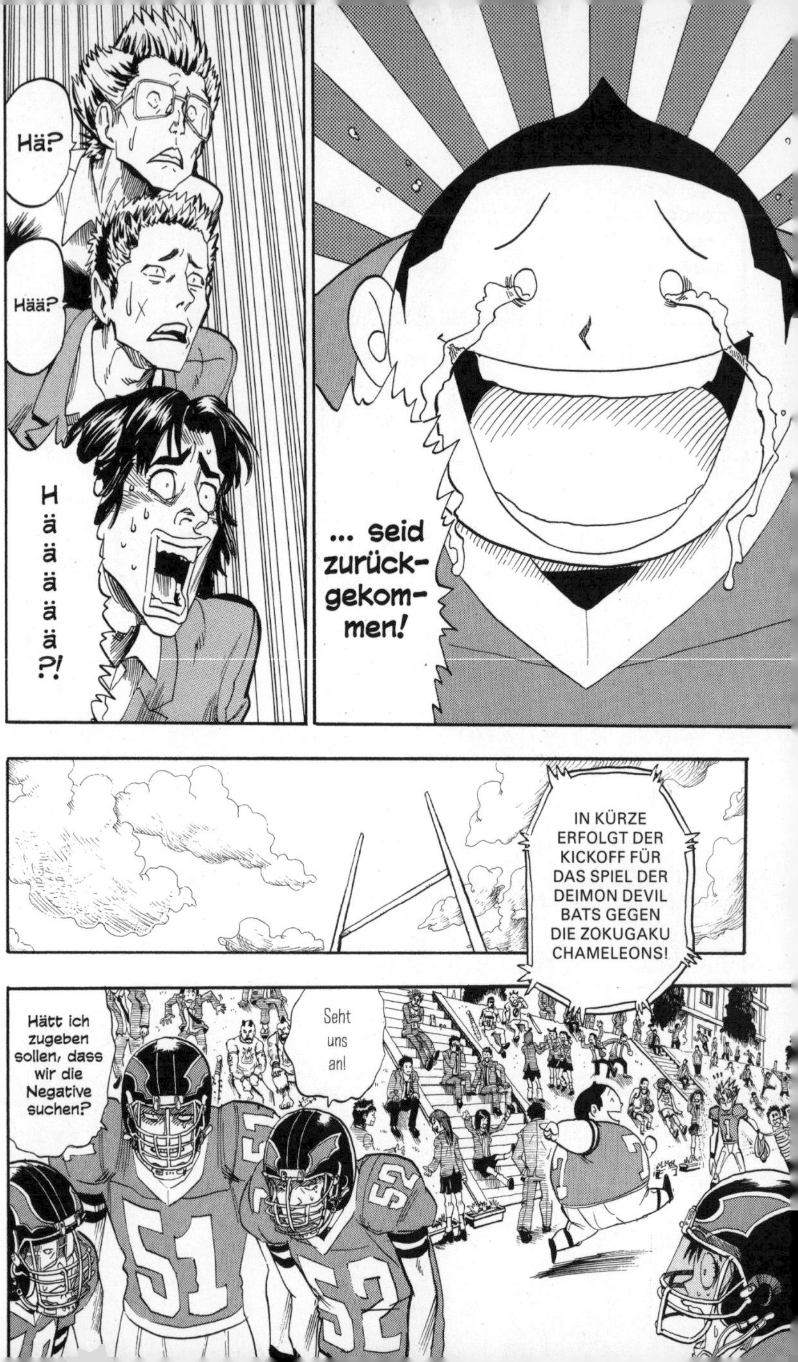

... seid zurückgekommen!

Hä?

Hää?

Häääää?!

IN KÜRZE ERFOLGT DER KICKOFF FÜR DAS SPIEL DER DEIMON DEVIL BATS GEGEN DIE ZOKUGAKU CHAMELEONS!

Seht uns an!

Hätt ich zugeben sollen, dass wir die Negative suchen?

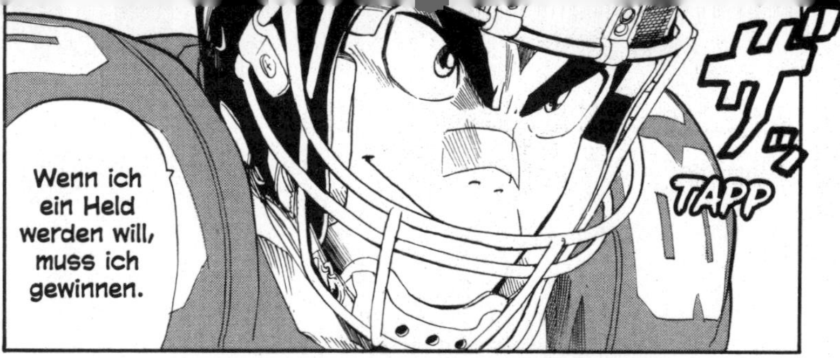
ザッ
TAPP
Wenn ich ein Held werden will, muss ich gewinnen.

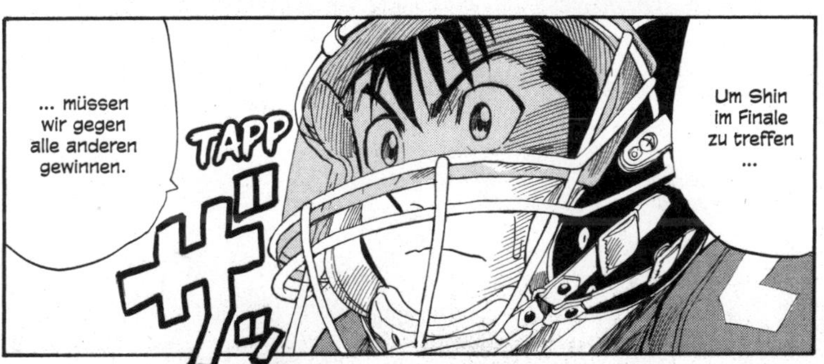
Um Shin im Finale zu treffen ...
TAPP
ザッ
... müssen wir gegen alle anderen gewinnen.

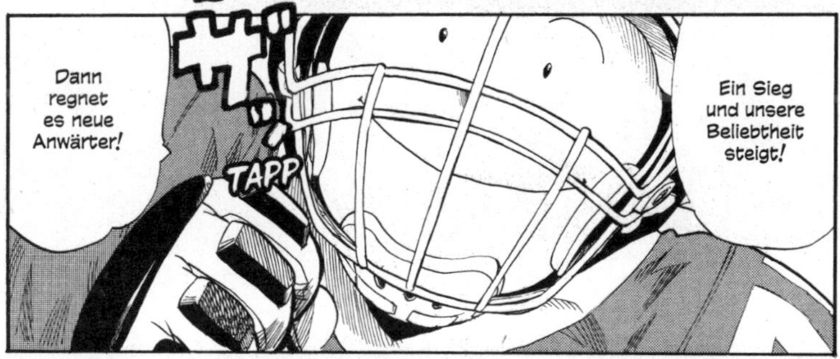
Ein Sieg und unsere Beliebtheit steigt!
ザッ
TAPP
Dann regnet es neue Anwärter!

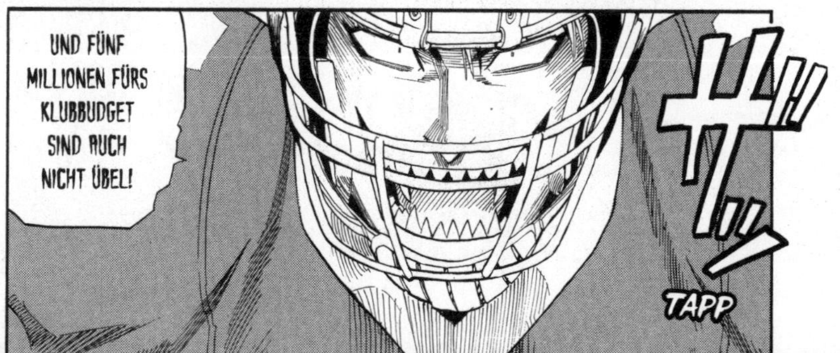
ザッ!!
TAPP
UND FÜNF MILLIONEN FÜRS KLUBBUDGET SIND AUCH NICHT ÜBEL!

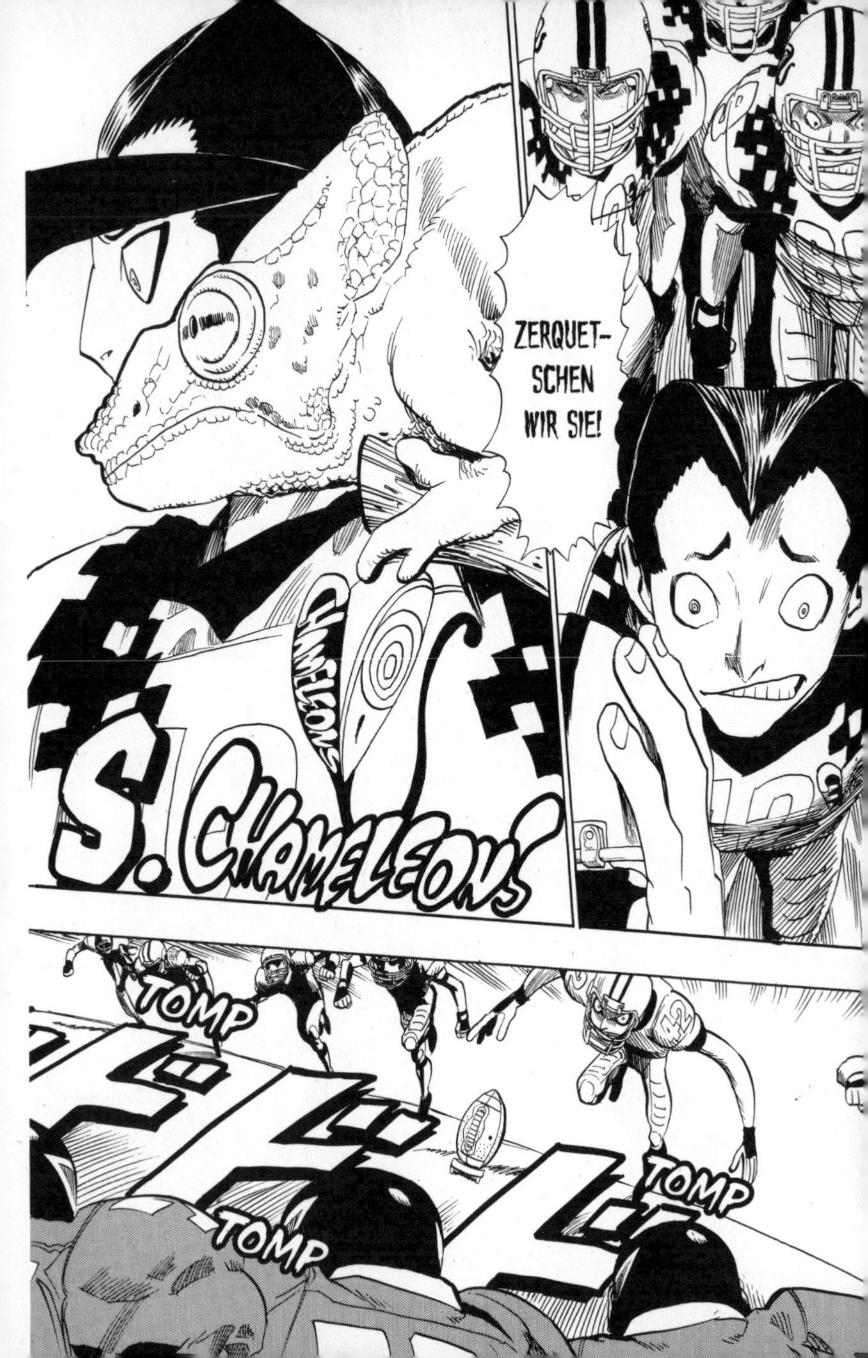
ZERQUET-
SCHEN
WIR SIE!
S. CHAMELEONS
CHAMELEONS
TOMP
TOMP
TOMP

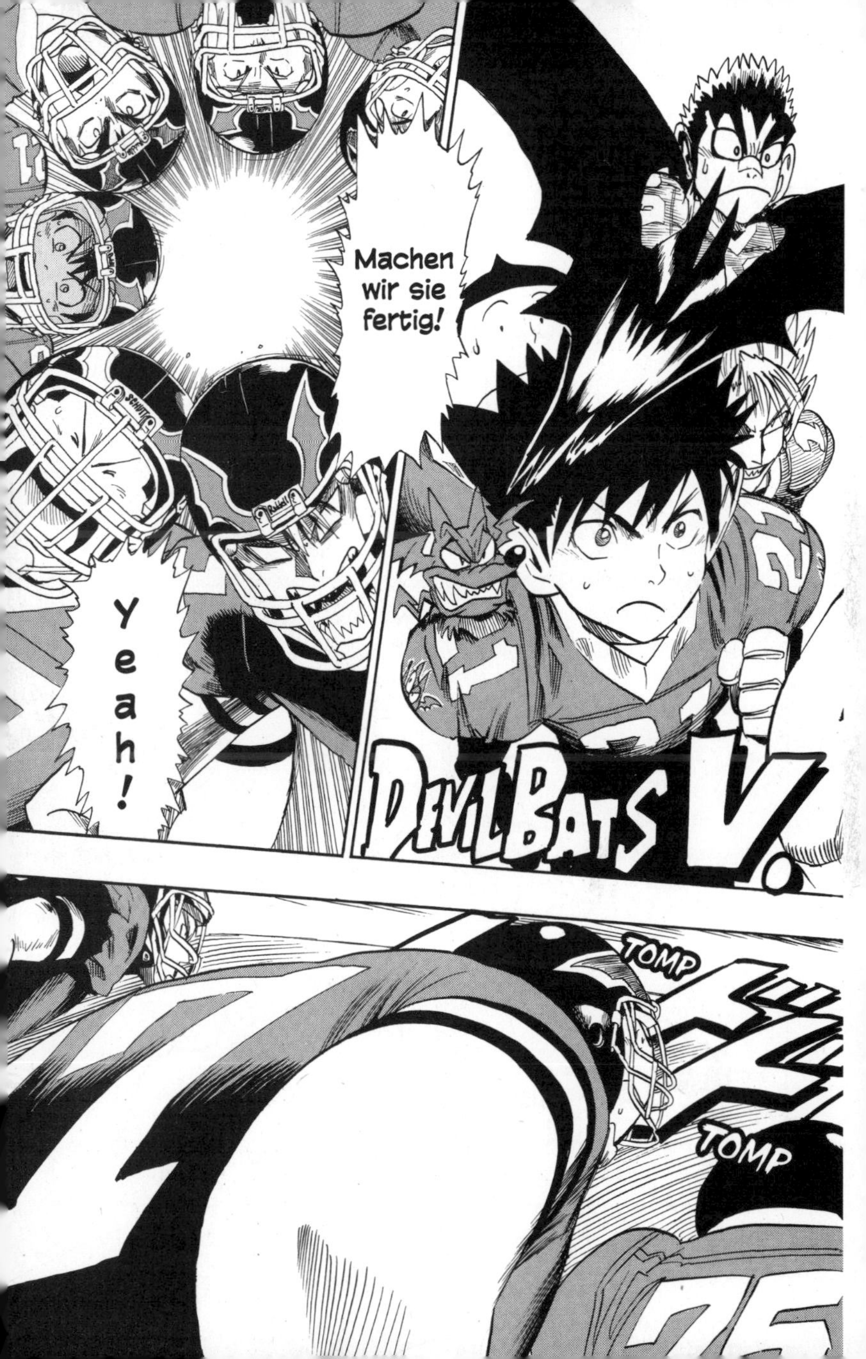
Machen wir sie fertig!
Yeah!
DEVILBATS V.
TOMP
TOMP

Betreuerin
Mamori Anezakis

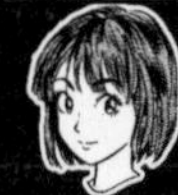

DEVIL-BATS-TAGEBUCH

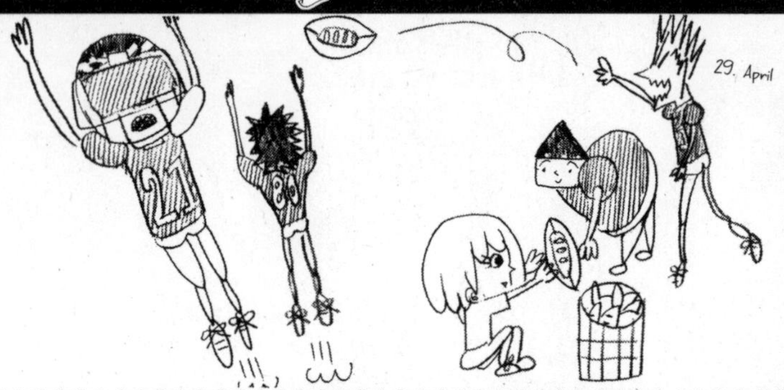

Eyeshield nimmt immer nur am Training teil, wenn ein Spiel ansteht. Für das Standard-Training hat er einen eigenen Plan, darum macht er das allein.

Ist bestimmt mega hart mit so einem Trainingsplan der University of Notre Dame.

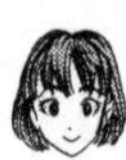

Das Trainingsspiel ist zu gefährlich für dich, Sena.
Aber nächstes Mal kannst du ja vielleicht zugucken.

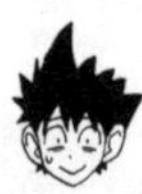

Äh … o-okay.

28th down

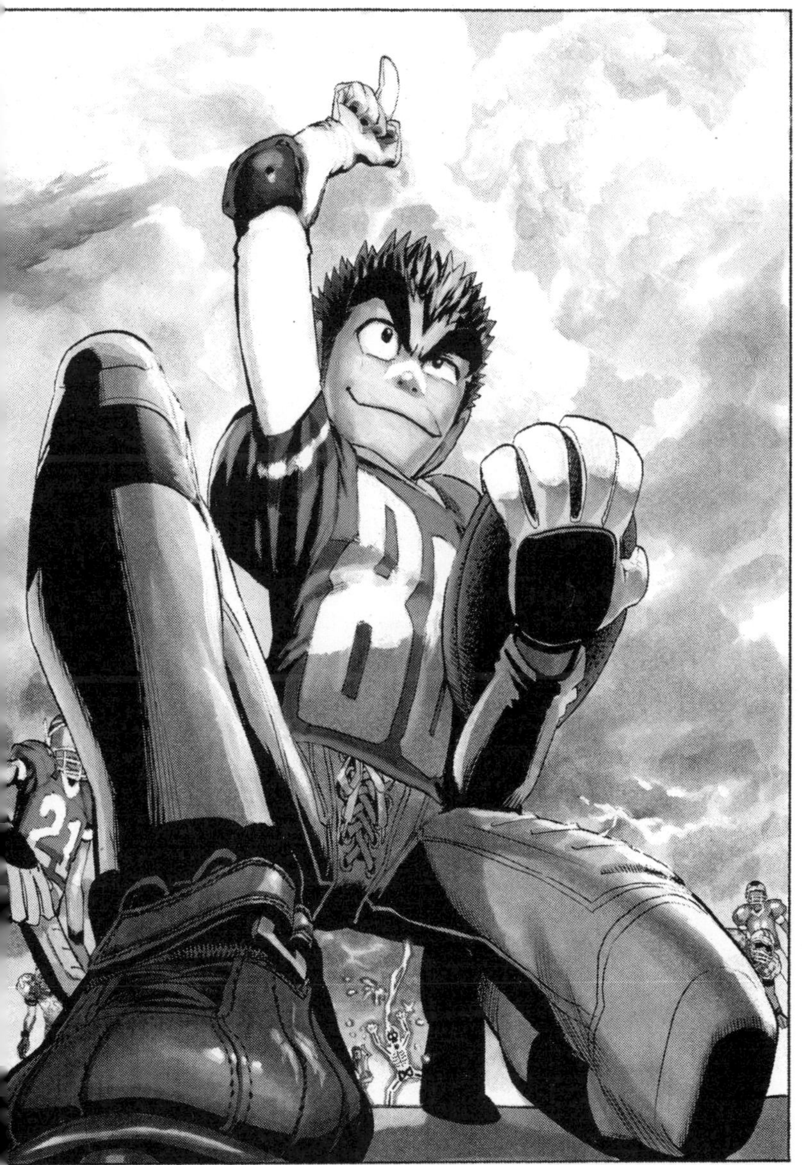

HELDENAFFE

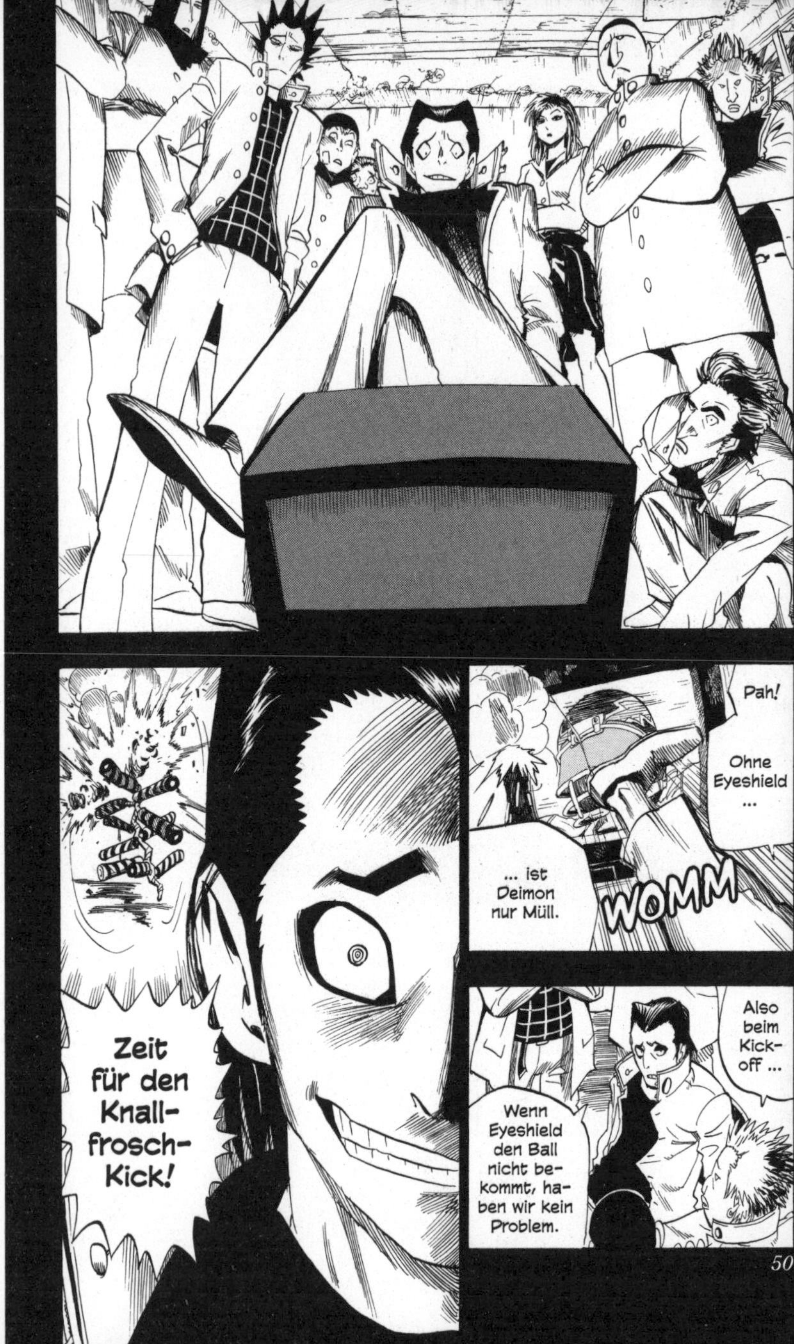
Pah!
Ohne Eyeshield ...
... ist Deimon nur Müll.
WOMM
Also beim Kick-off ...
Wenn Eyeshield den Ball nicht bekommt, haben wir kein Problem.
Zeit für den Knallfrosch-Kick!

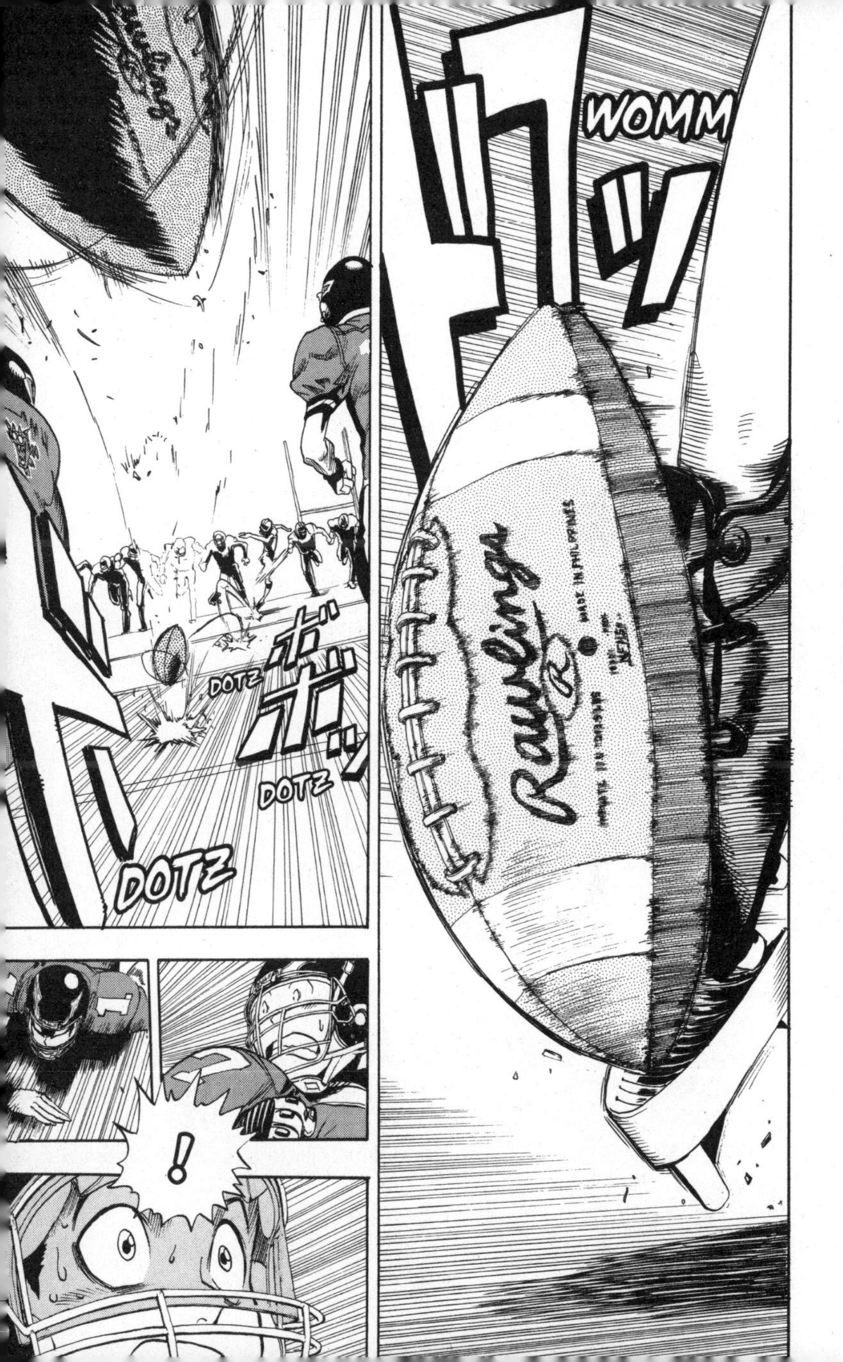
WOMM
DOTZ
DOTZ
DOTZ
!

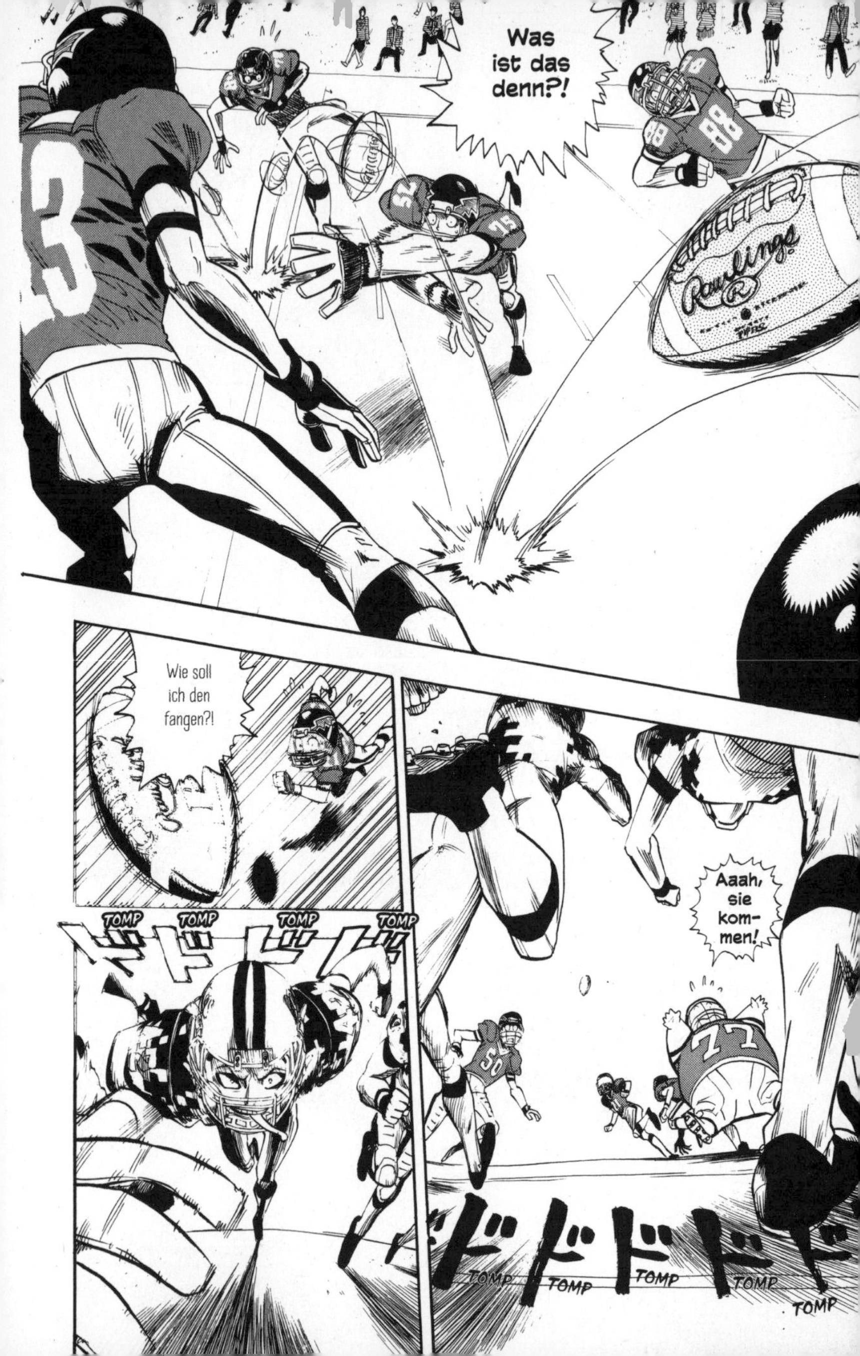

Was ist das denn?!
Wie soll ich den fangen?!
Aaah, sie kom-men!
TOMP
TOMP
TOMP
TOMP
TOMP
TOMP
TOMP
TOMP
TOMP
Rawlings

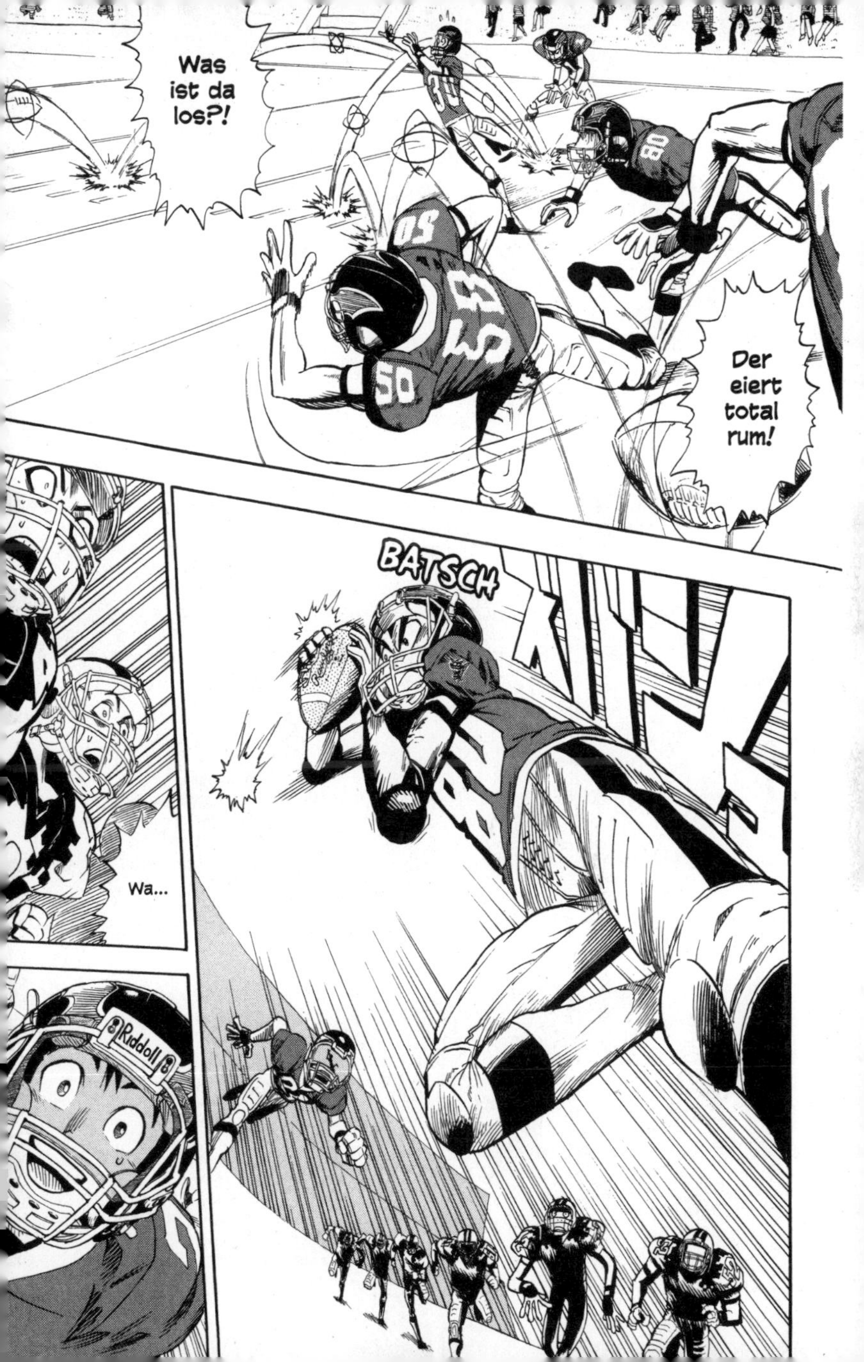
Der eiert total rum!
Was ist da los?!
BATSCH
Wa...

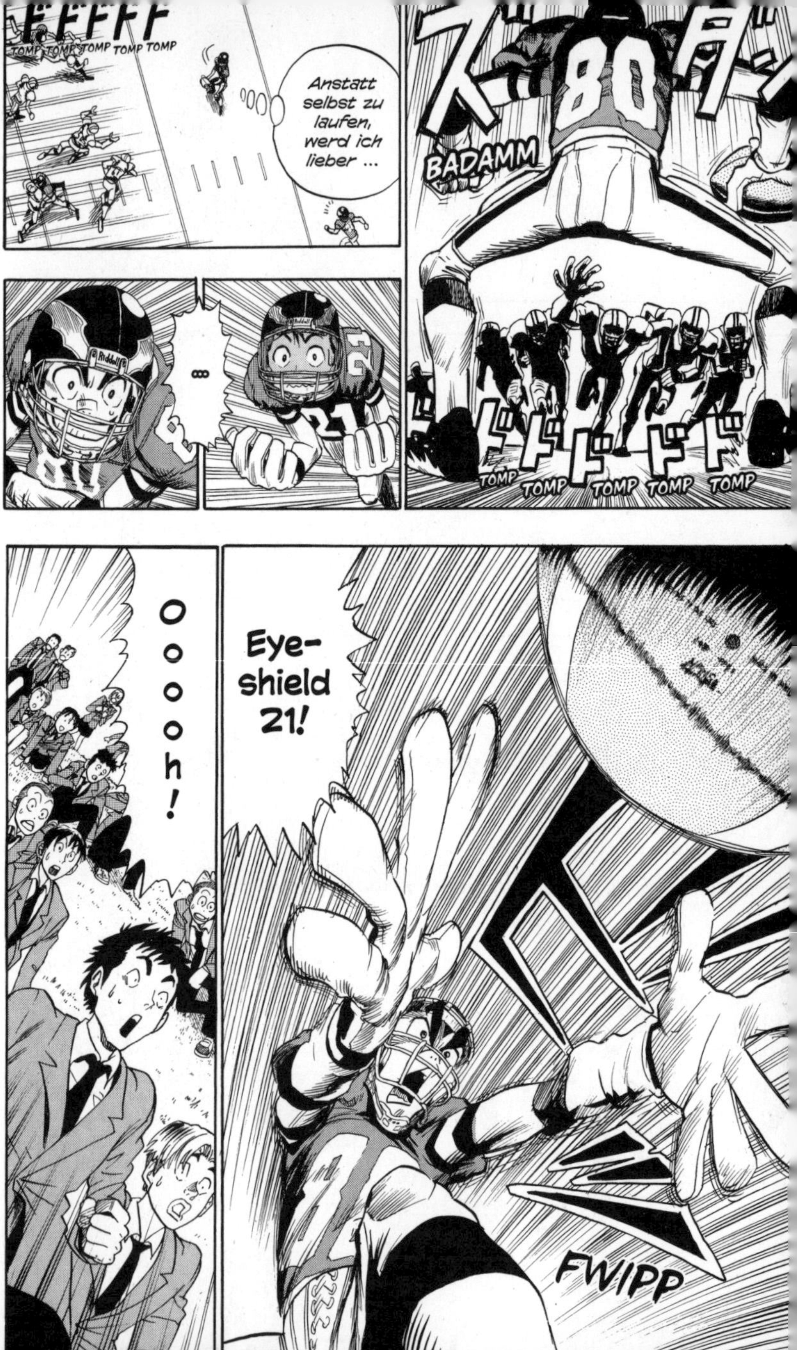

80
BADAMM
TOMP TOMP TOMP TOMP TOMP
TOMP TOMP TOMP TOMP TOMP
Anstatt selbst zu laufen, werd ich lieber ...
...
Eye-shield 21!
FWIPP
Ooooh!

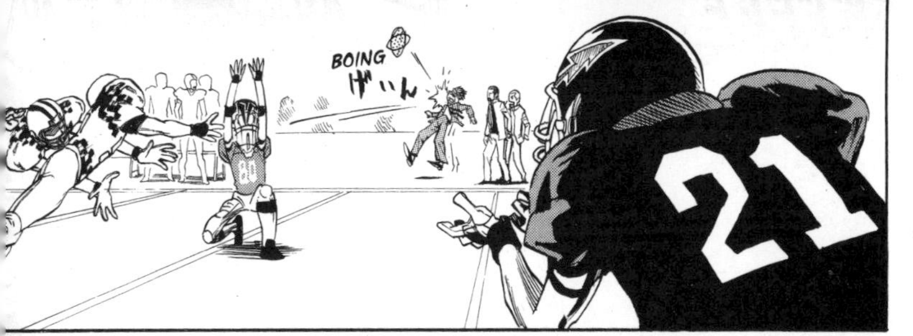
BOING
ずいーん

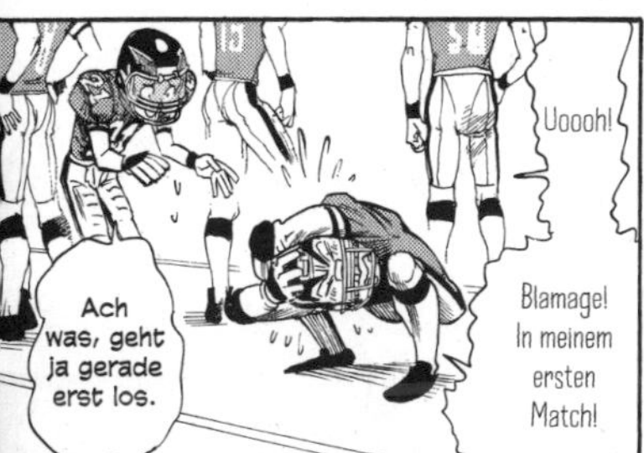
Uoooh!
Blamage! In meinem ersten Match!
Ach was, geht ja gerade erst los.

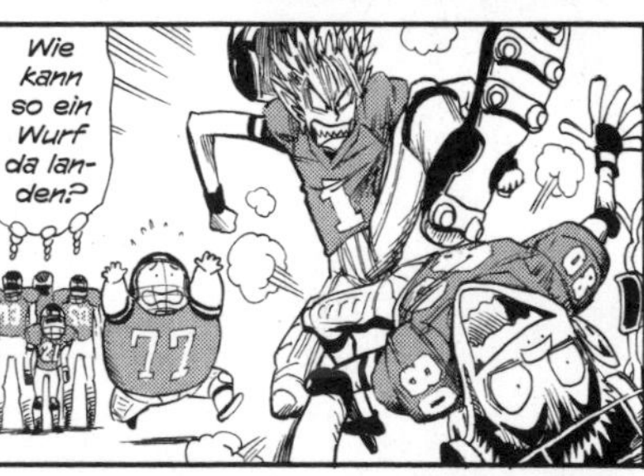
Wie kann so ein Wurf da landen?

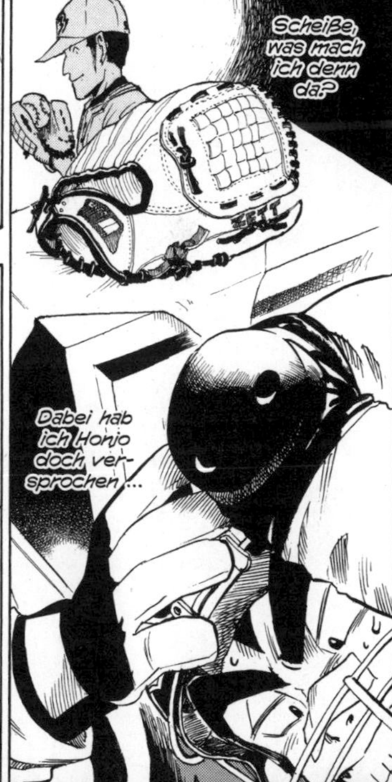
Scheiße, was mach ich denn da?
ZETT
Dabei hab ich Honjo doch versprochen ...

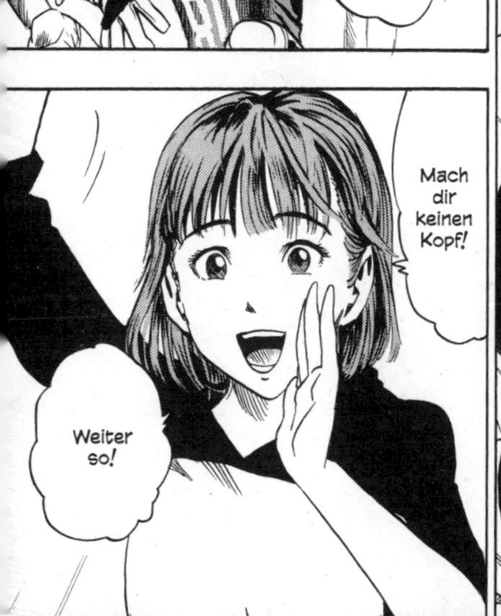
WUPP
すぽ
Der Catch war toll!
Mach dir keinen Kopf!
Weiter so!

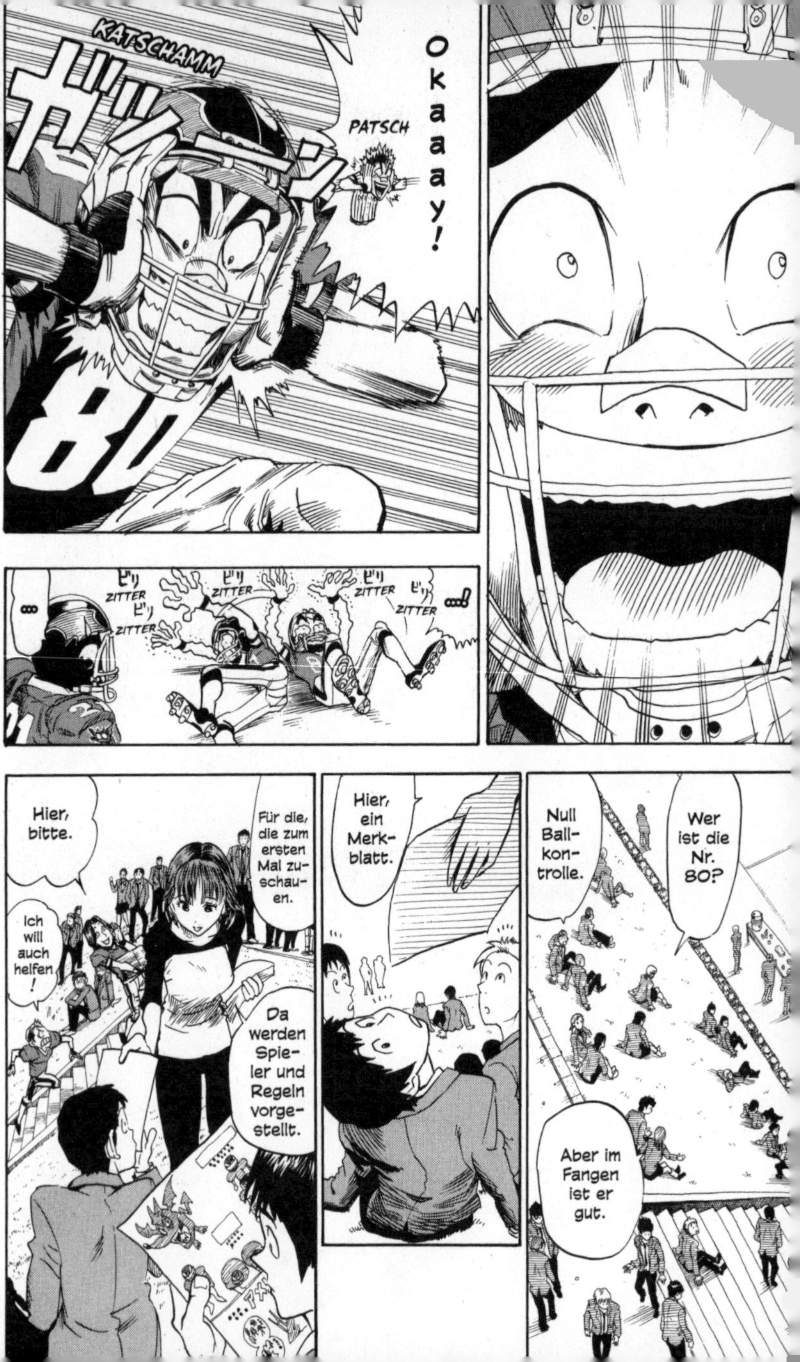

KATSCHAMM
Okaaay!
PATSCH
ZITTER
ZITTER
ZITTER
ZITTER
ZITTER
...
...!
Wer ist die Nr. 80?
Null Ballkontrolle.
Aber im Fangen ist er gut.
Hier, ein Merkblatt.
Für die, die zum ersten Mal zuschauen.
Hier, bitte.
Da werden Spieler und Regeln vorgestellt.
Ich will auch helfen!

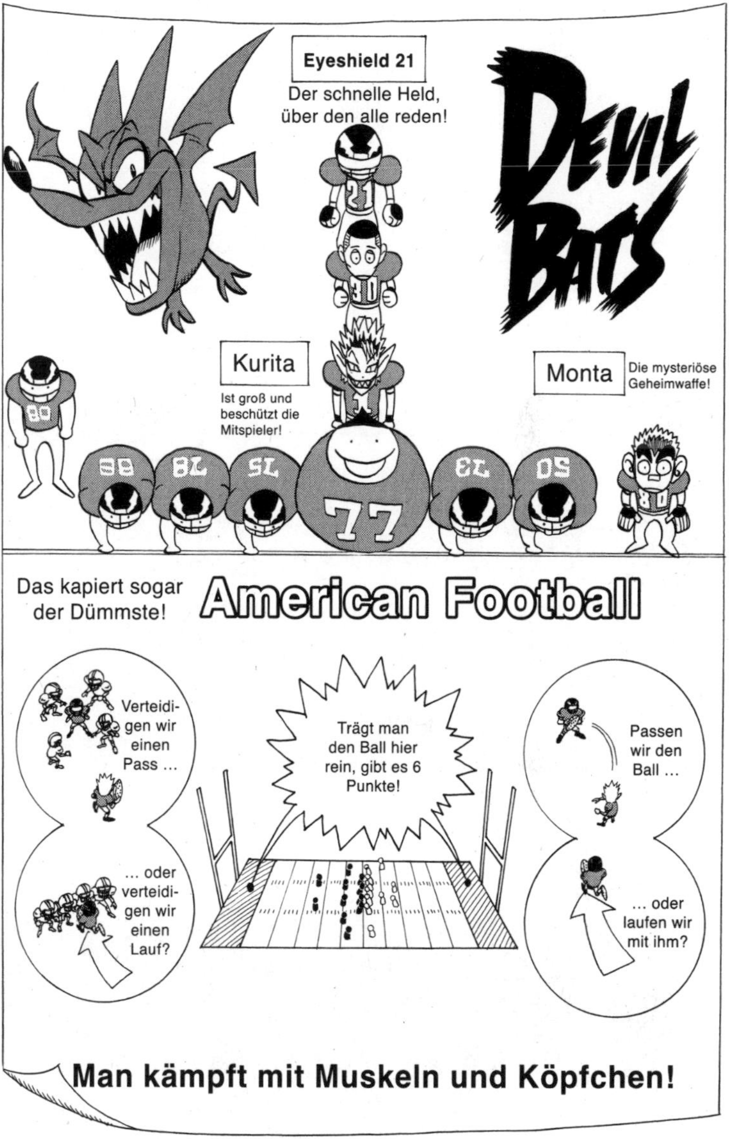

Eyeshield 21

Der schnelle Held, über den alle reden!

DEVIL BATS

Kurita

Ist groß und beschützt die Mitspieler!

Monta

Die mysteriöse Geheimwaffe!

Das kapiert sogar der Dümmste!

American Football

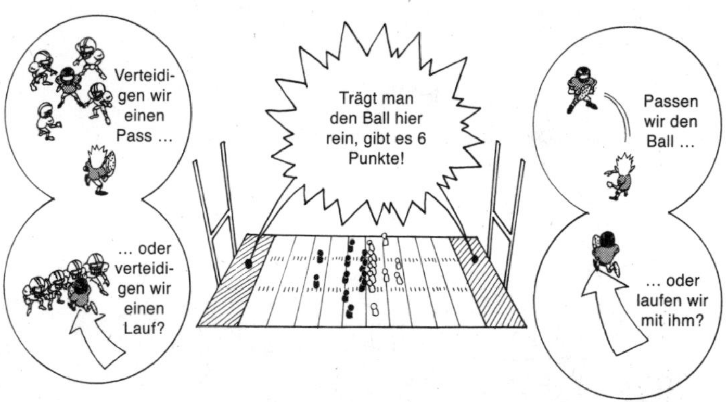

Man kämpft mit Muskeln und Köpfchen!

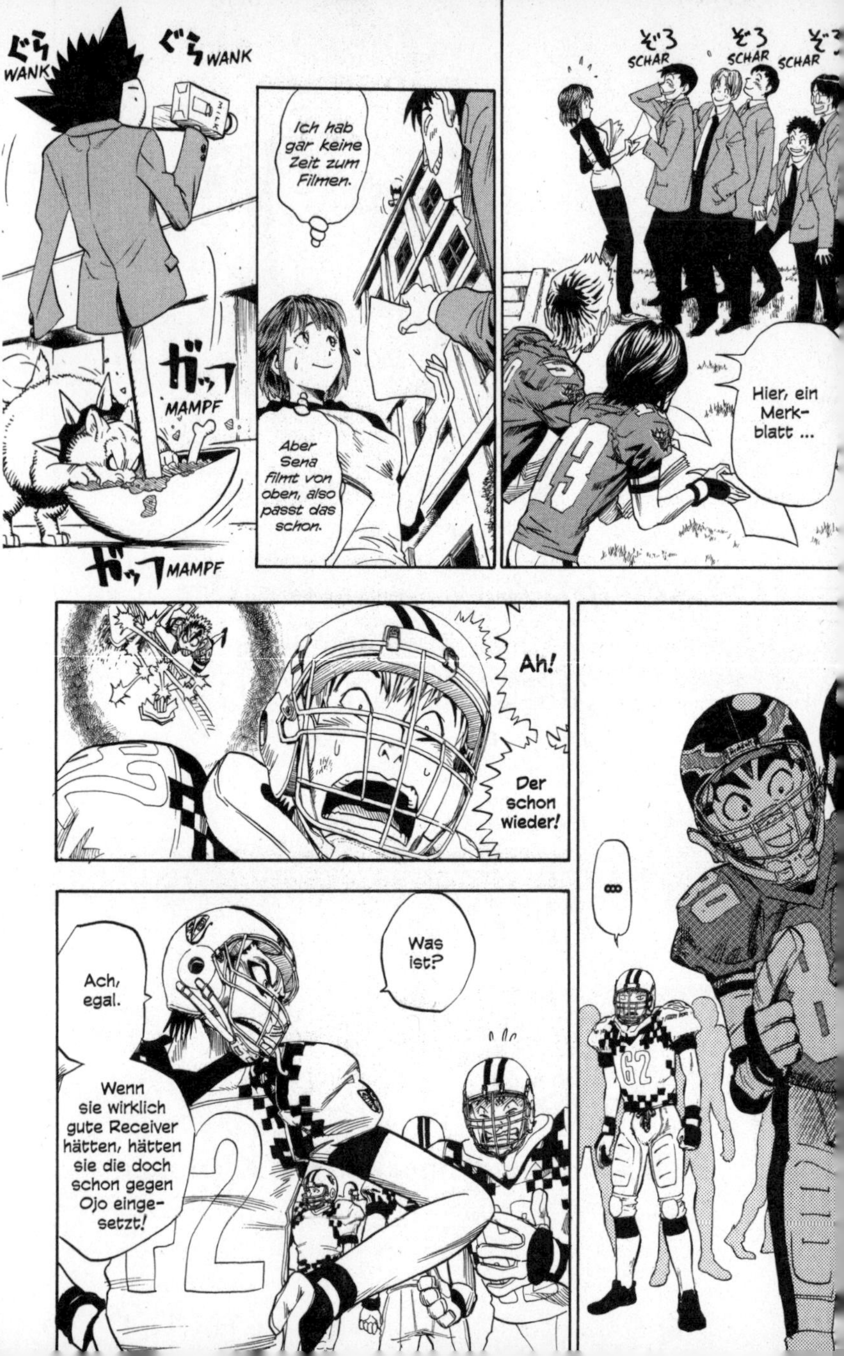

ぞろ SCHAR ぞろ SCHAR ぞ SCHAR

Hier, ein Merkblatt ...

Ich hab gar keine Zeit zum Filmen.

Aber Sena filmt von oben, also passt das schon.

ぐら WANK ぐら WANK

ガッフ MAMPF

ガッフ MAMPF

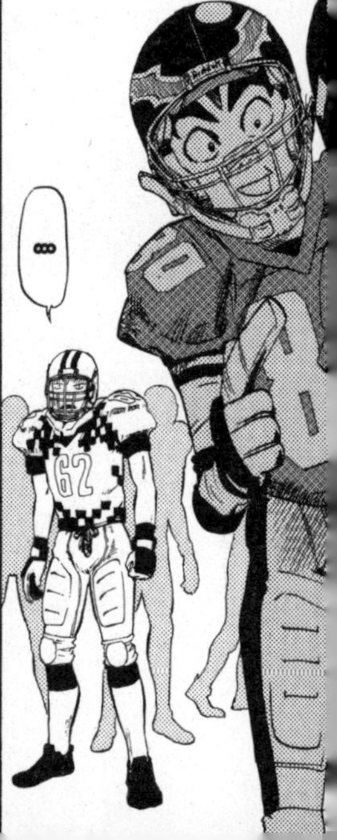

Ah!

Der schon wieder!

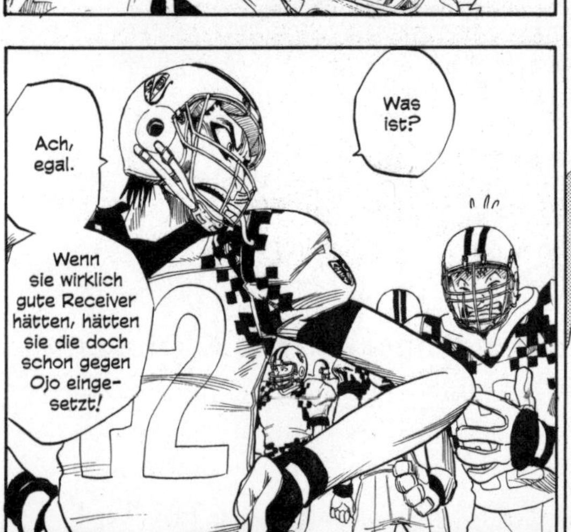

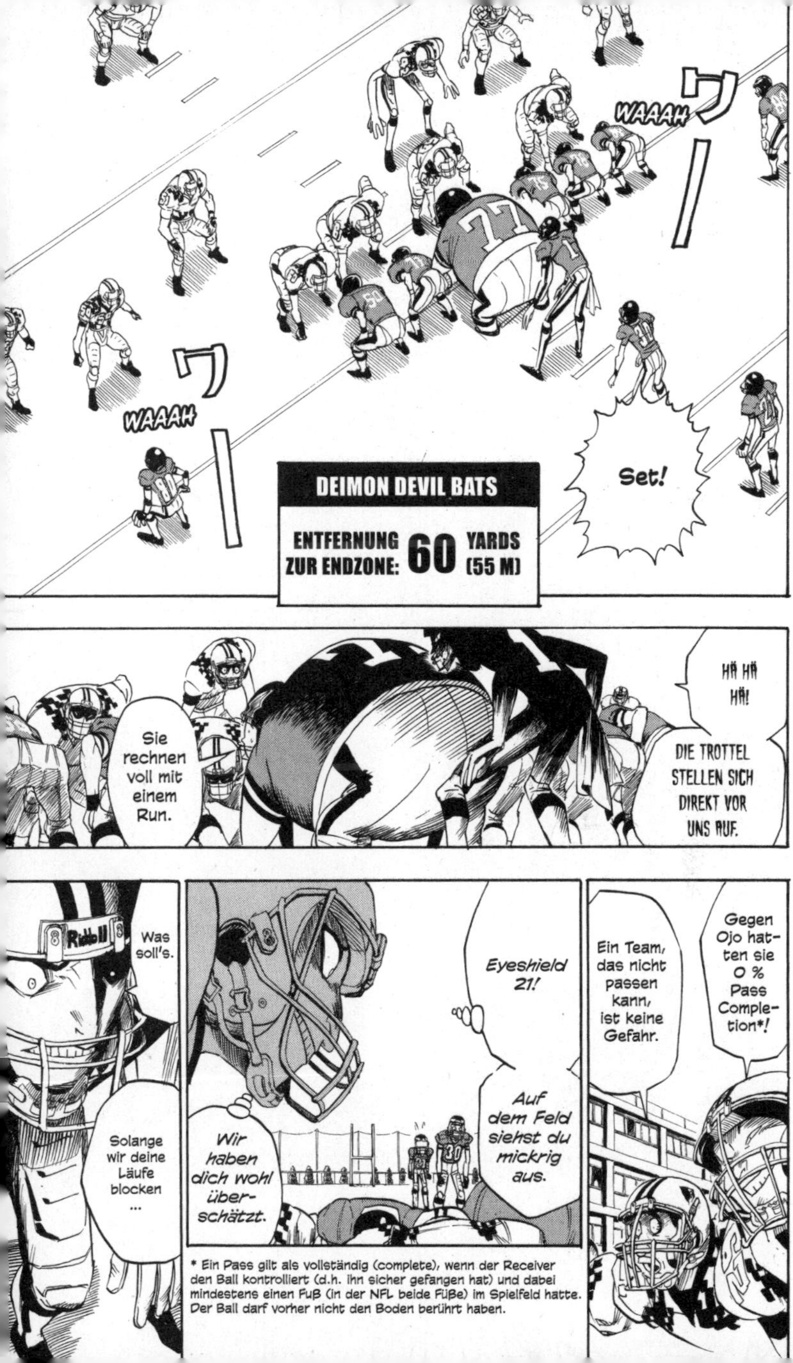

WAAAH

WAAAH

DEIMON DEVIL BATS

ENTFERNUNG ZUR ENDZONE: 60 YARDS (55 M)

Set!

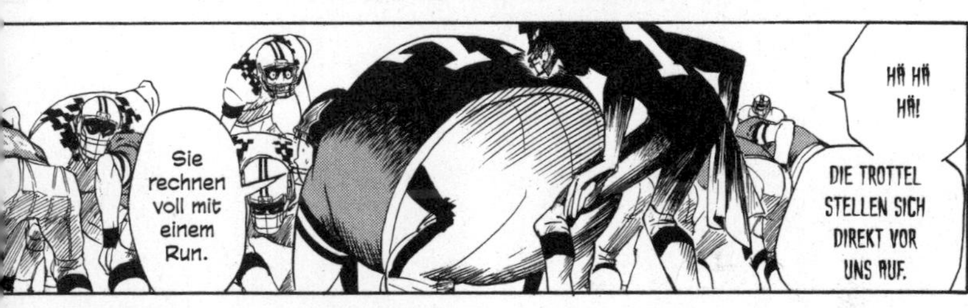

Gegen Ojo hatten sie 0 % Pass Completion*!

Ein Team, das nicht passen kann, ist keine Gefahr.

Eyeshield 21!

Auf dem Feld siehst du mickrig aus.

Wir haben dich wohl überschätzt.

Was soll's.

Solange wir deine Läufe blocken ...

* Ein Pass gilt als vollständig (complete), wenn der Receiver den Ball kontrolliert (d.h. ihn sicher gefangen hat) und dabei mindestens einen Fuß (in der NFL beide Füße) im Spielfeld hatte. Der Ball darf vorher nicht den Boden berührt haben.

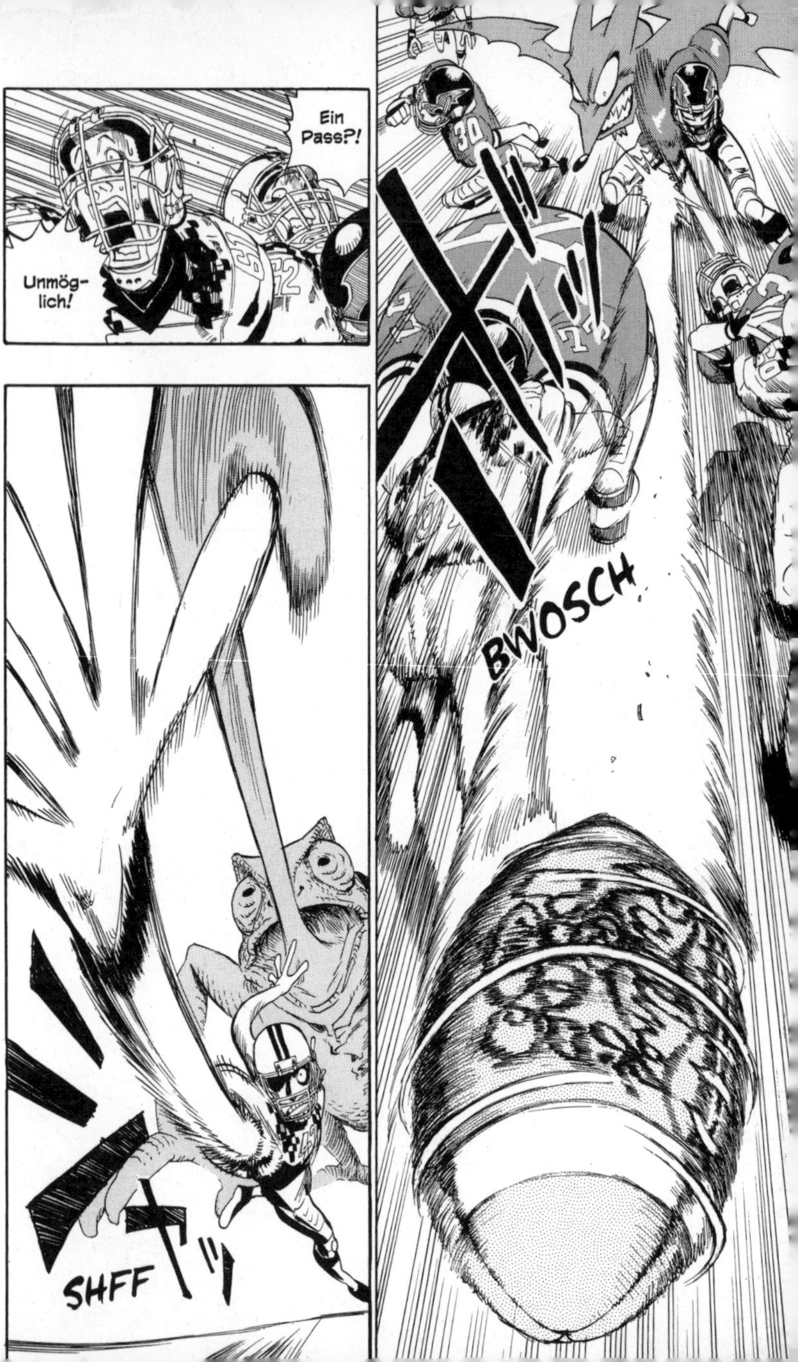

BWOSCH

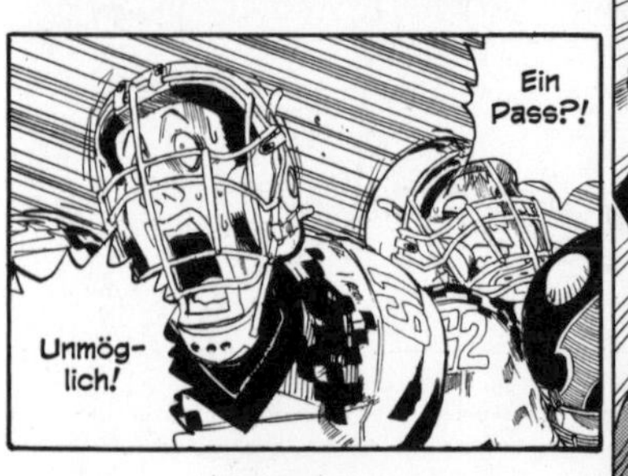

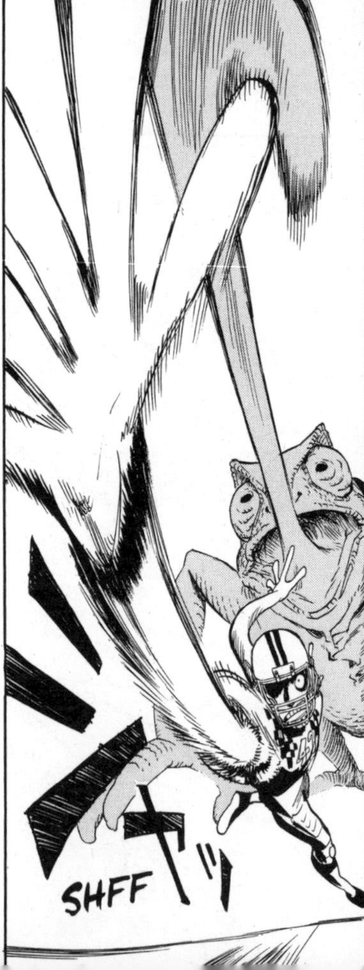

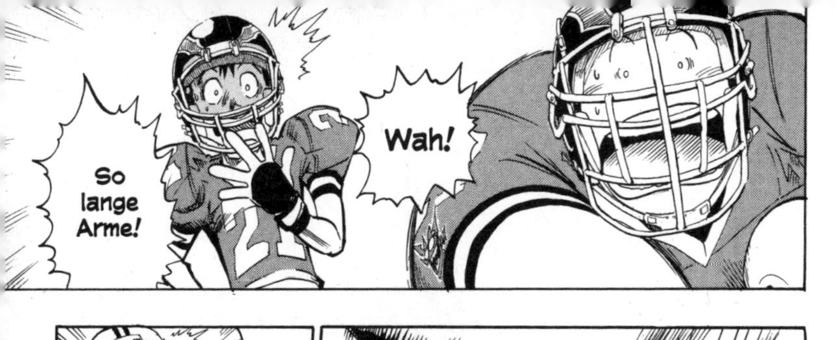

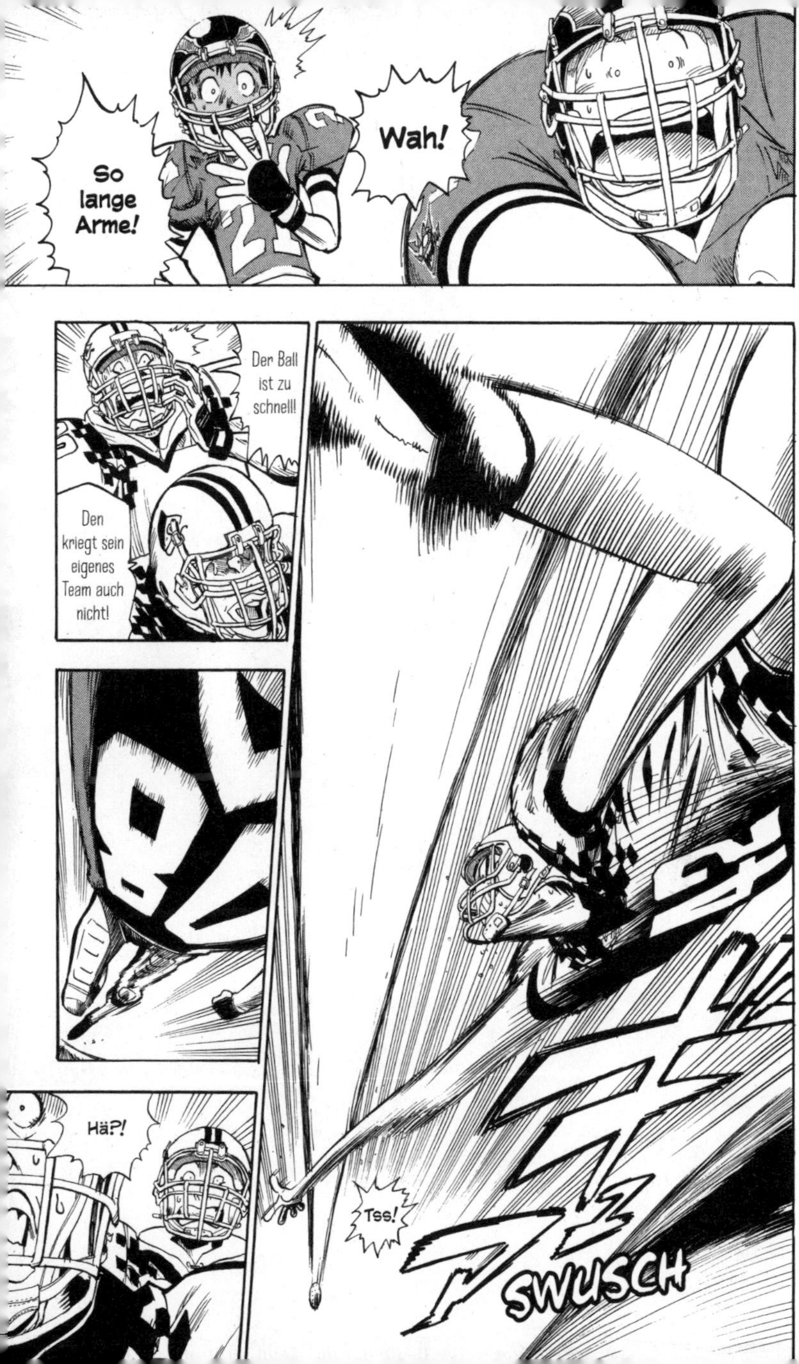

Der Ball ist zu schnell!

Den kriegt sein eigenes Team auch nicht!

Hä?!

Tss!

SWUSCH

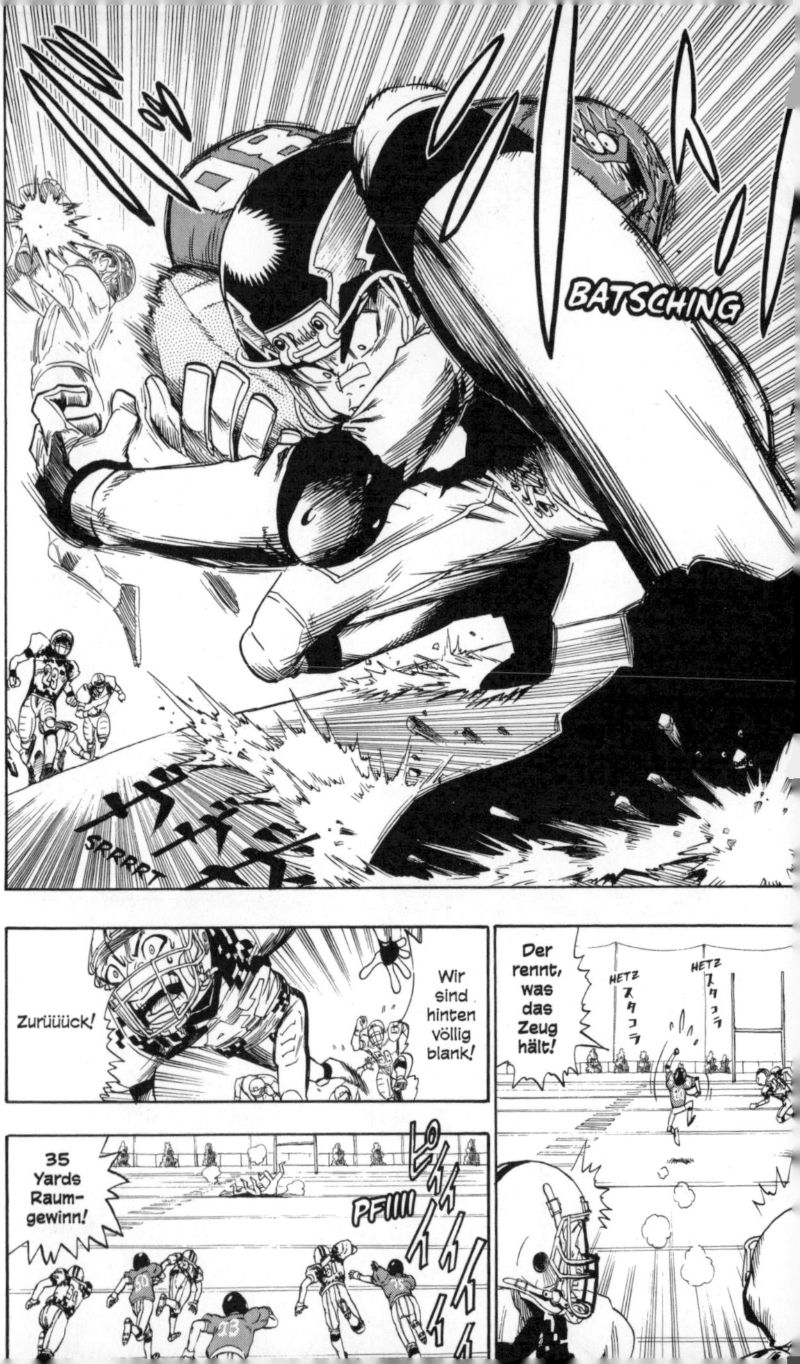

BATSCHING

SRRRRT

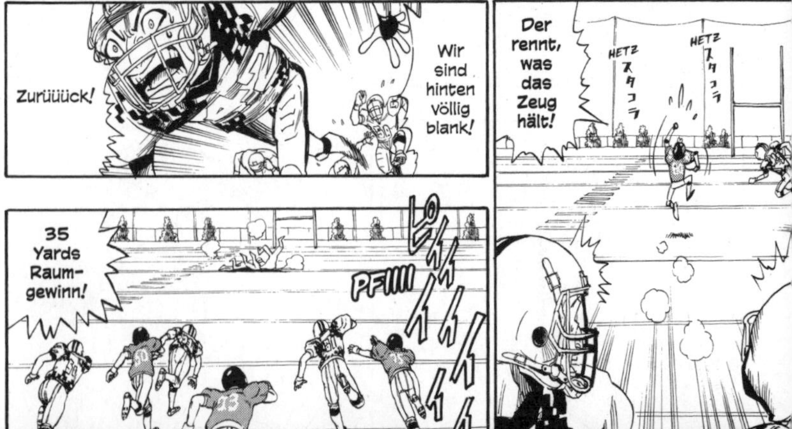

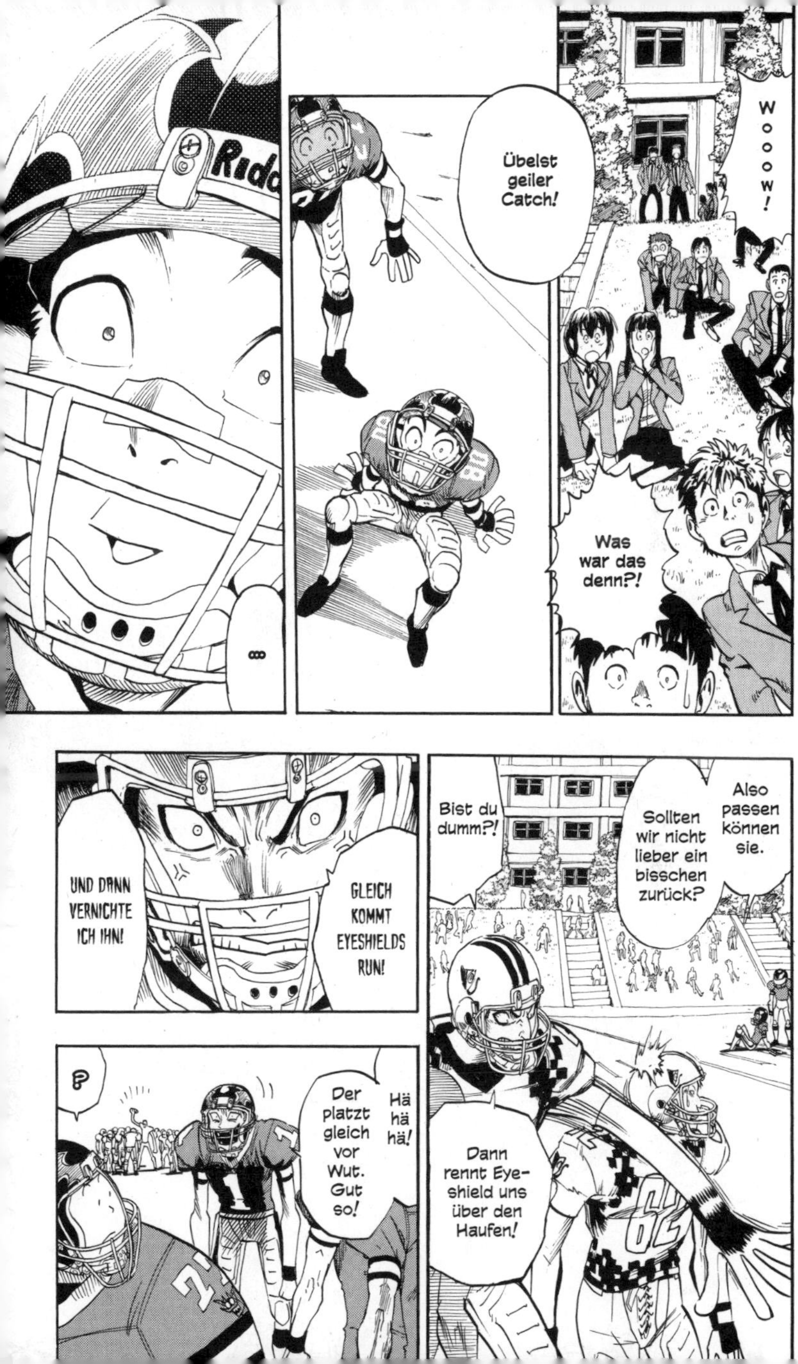

Woooow!
Was war das denn?!
Übelst geiler Catch!
...
Also passen können sie.
Sollten wir nicht lieber ein bisschen zurück?
Bist du dumm?!
Dann rennt Eye-shield uns über den Haufen!
GLEICH KOMMT EYESHIELDS RUN!
UND DANN VERNICHTE ICH IHN!
Hä hä hä!
Der platzt gleich vor Wut. Gut so!
?

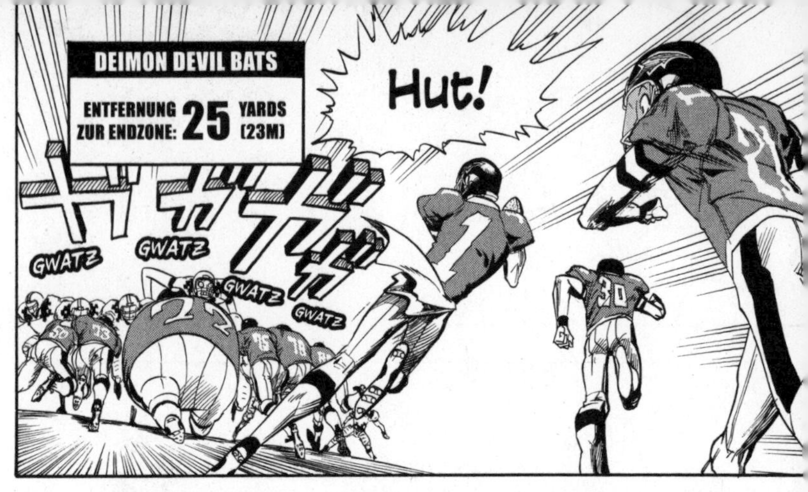
DEIMON DEVIL BATS
ENTFERNUNG ZUR ENDZONE: 25 YARDS (23M)
Hut!
GWATZ
GWATZ
GWATZ
GWATZ

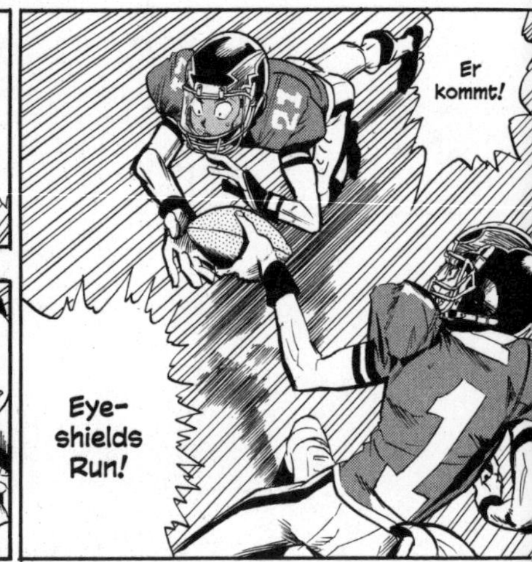
Er kommt!
Eye-shields Run!

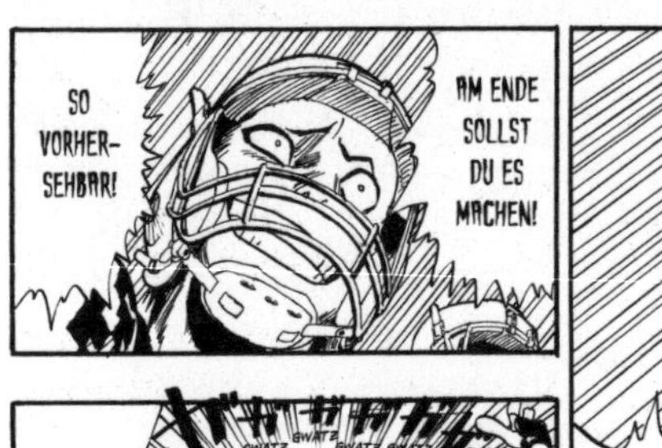
AM ENDE SOLLST DU ES MACHEN!
SO VORHER-SEHBAR!

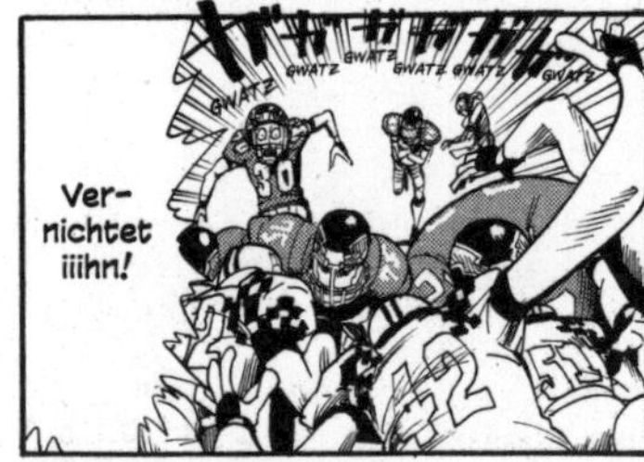
GWATZ GWATZ GWATZ GWATZ GWATZ
Ver-nichtet iiihn!

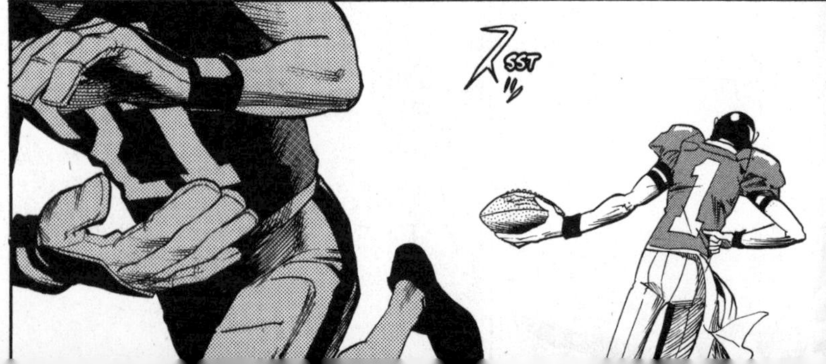
SST

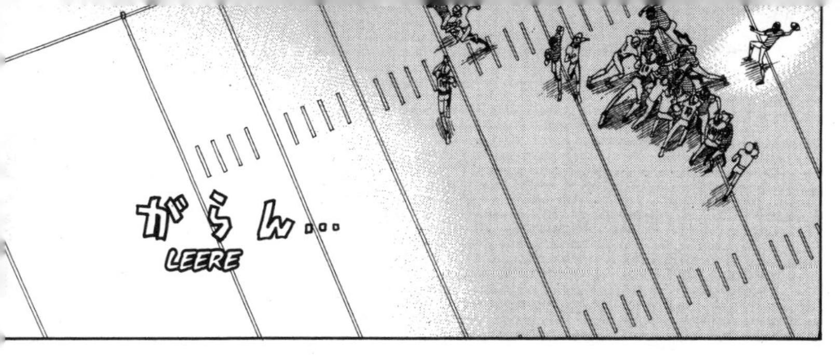
がらん…
LEERE

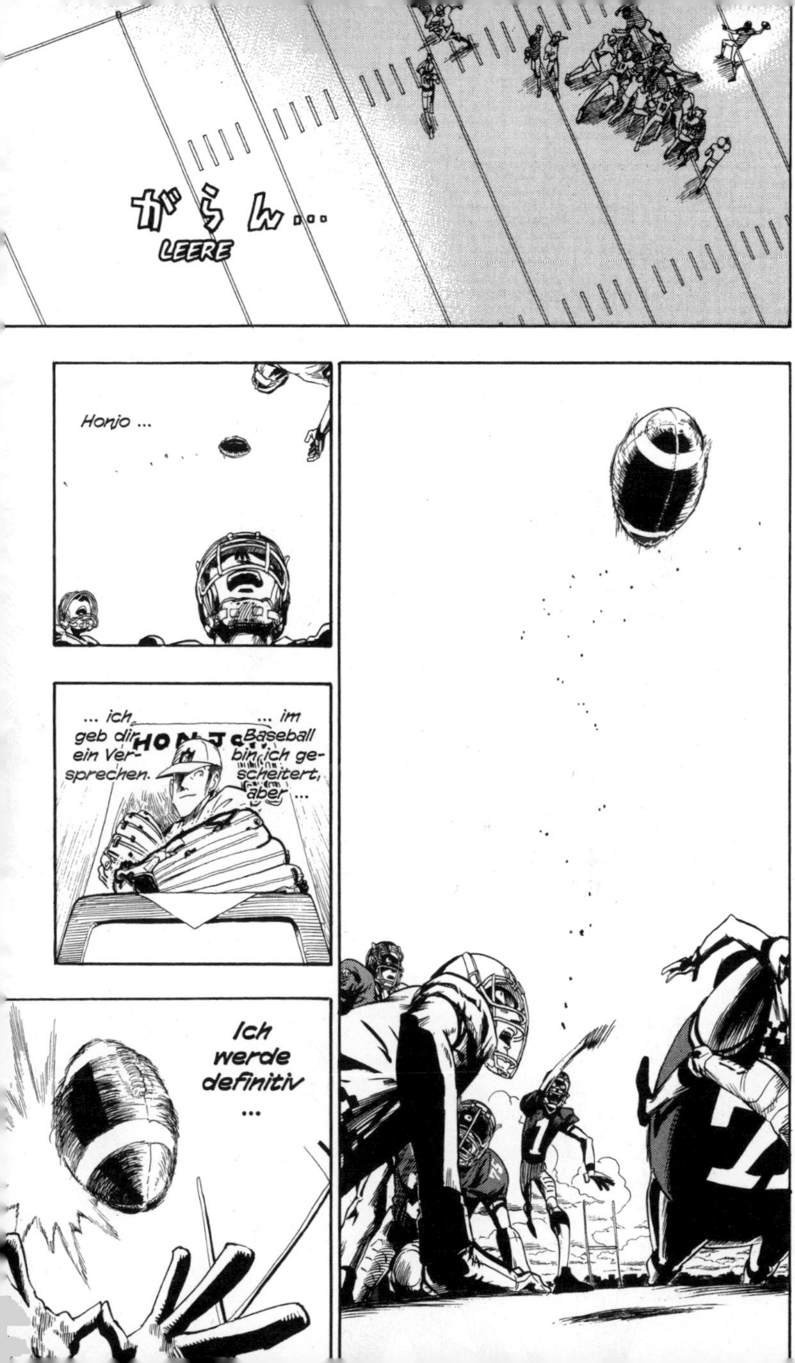

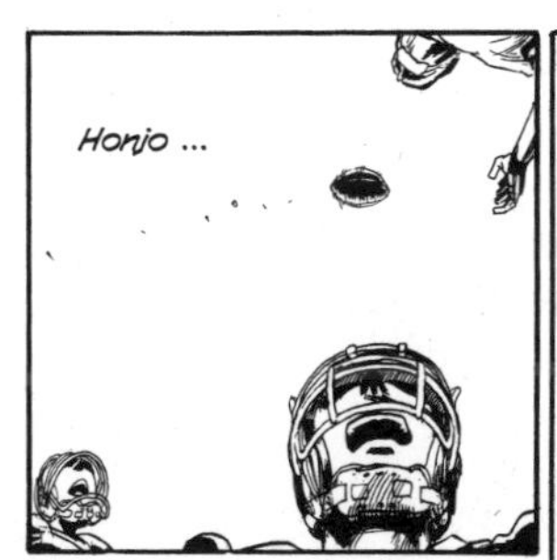
Honjo …

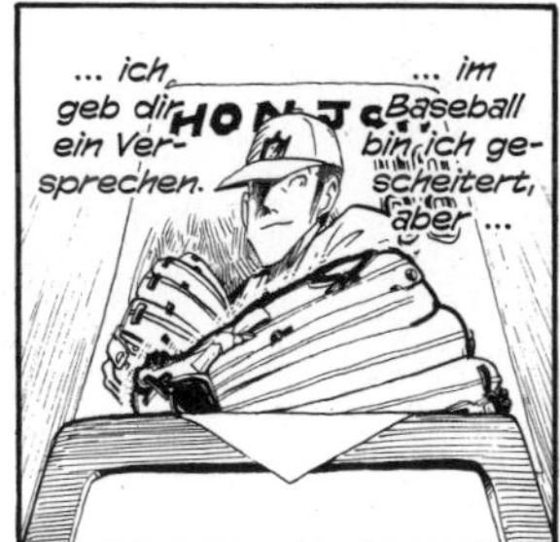
… im Baseball bin ich gescheitert, aber …
… ich geb dir ein Versprechen.

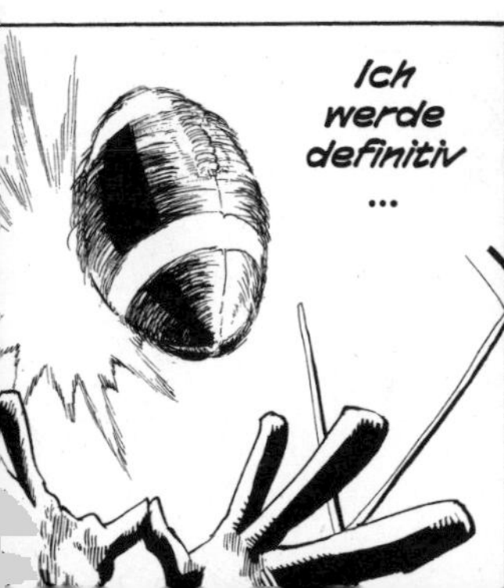
Ich werde definitiv …

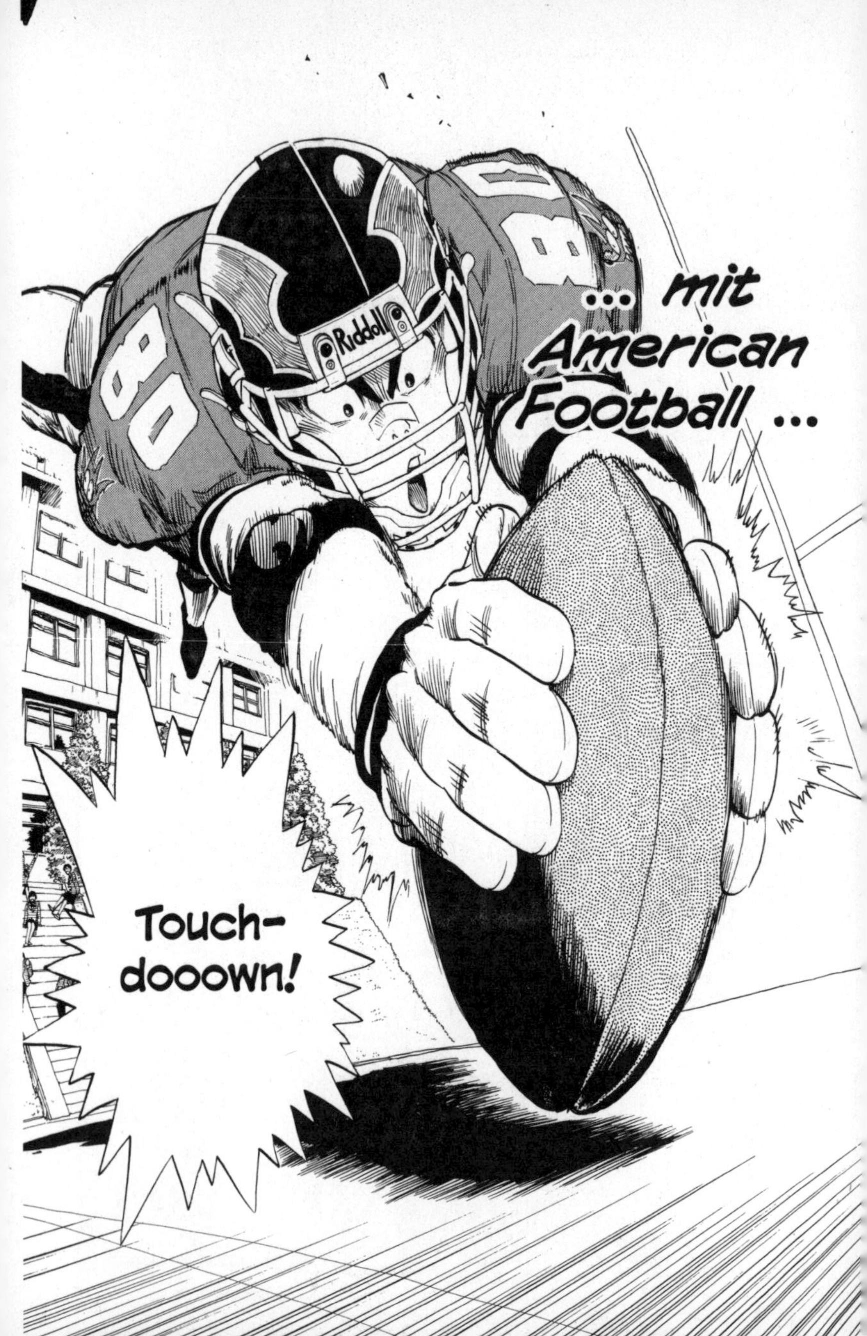
... mit American Football ...
Touch-dooown!

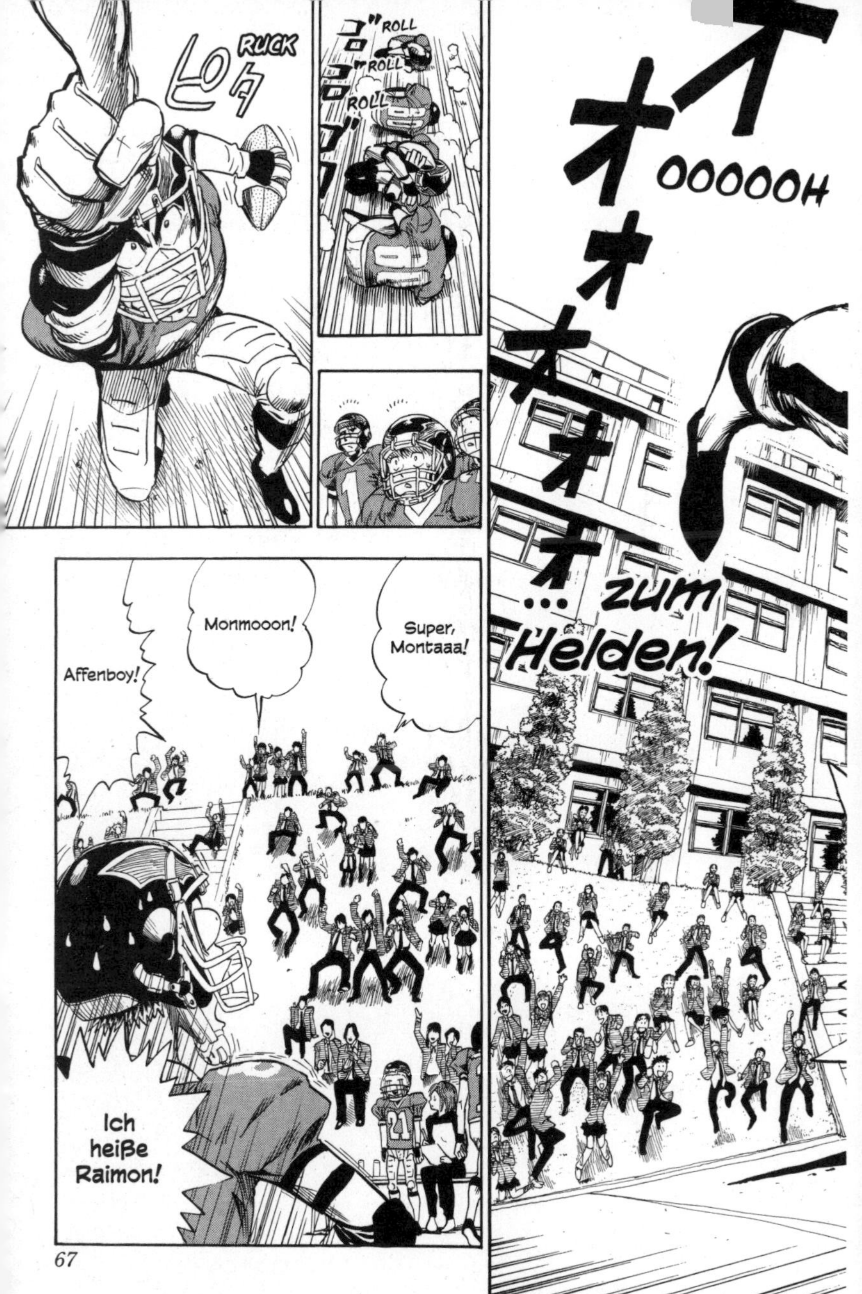
OOOOOH
... zum Helden!
ROLL
ROLL
ROLL
RUCK
Super, Montaaa!
Monmooon!
Affenboy!
Ich heiße Raimon!

Betreuerin Mamori Anezakis

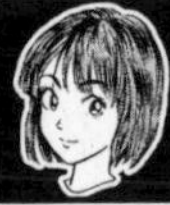

DEVIL-BATS-TAGEBUCH

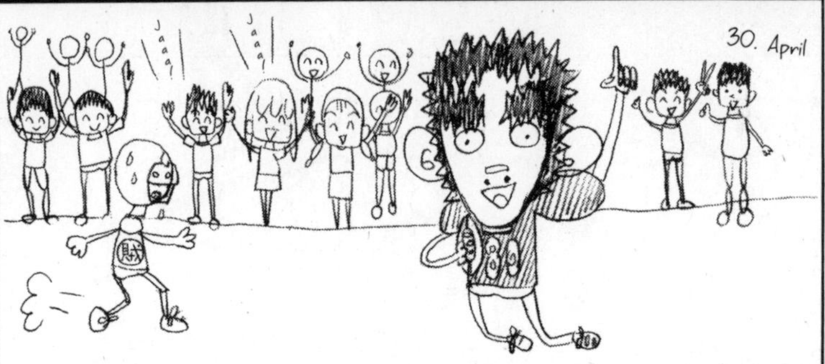

Heute war endlich das Spiel gegen Zokugaku! Direkt nach Beginn des Spiels erzielte Monta einen Touchdown!

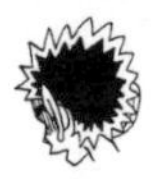

S-so seh ich also in deinen Augen aus, Mamori?

Das verkraft ich nicht …

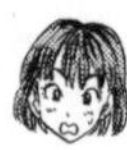

N-nein, so ist das nicht …

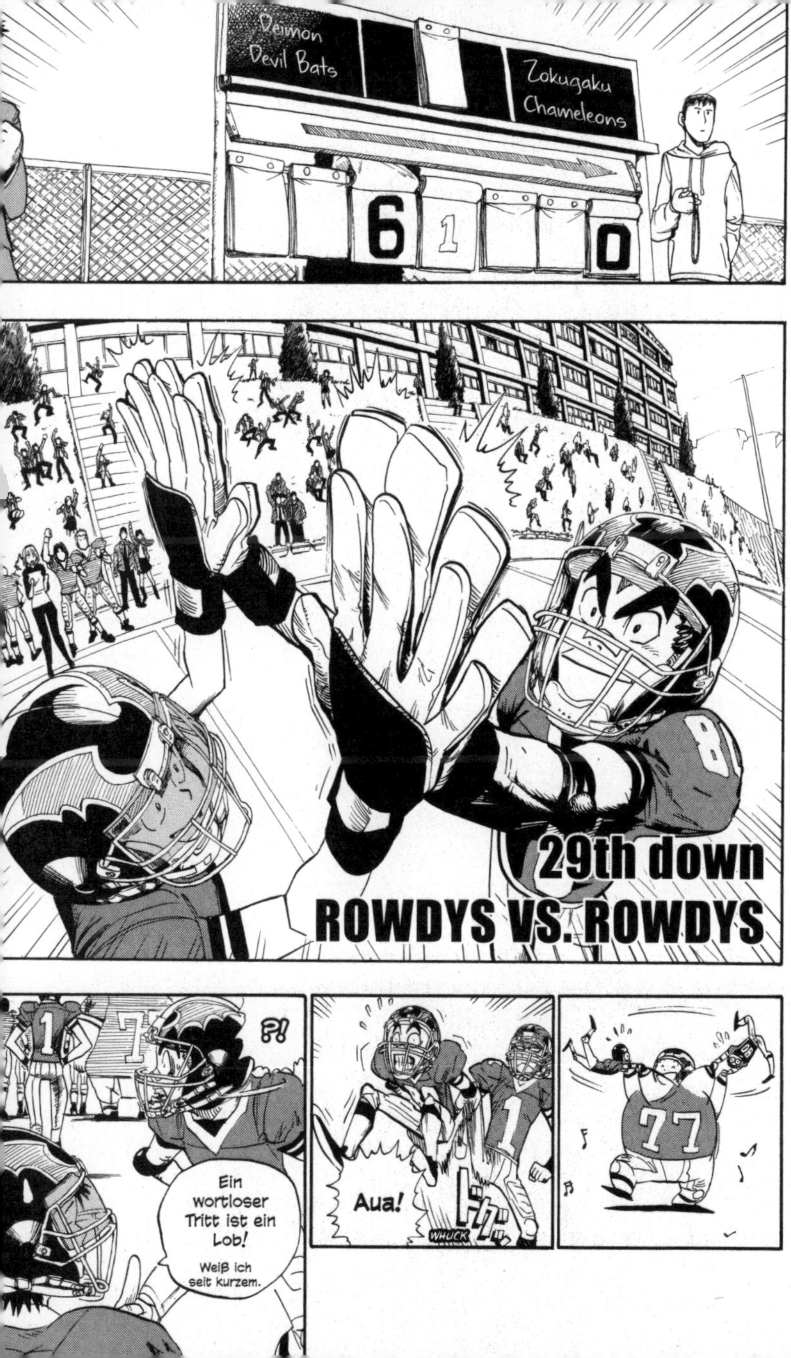

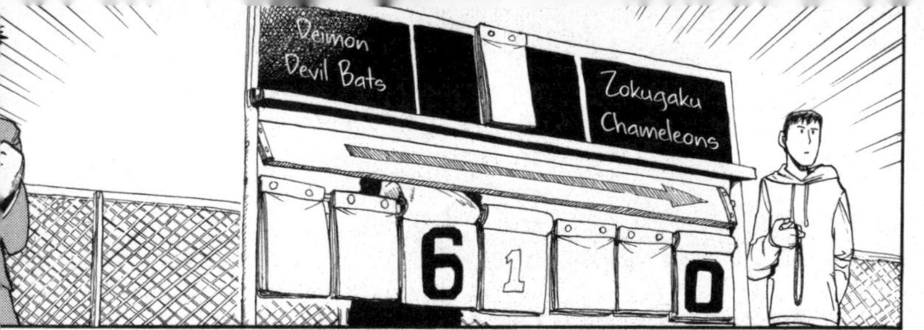

29th down ROWDYS VS. ROWDYS

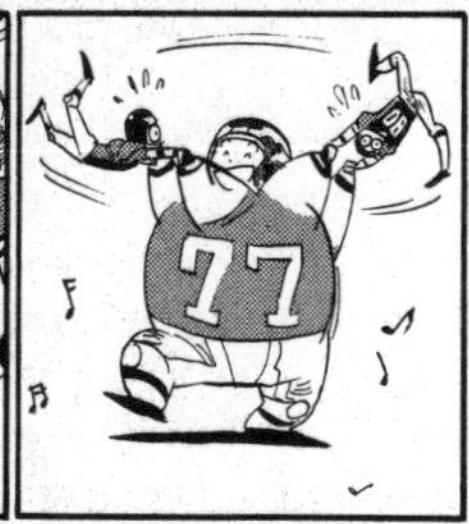

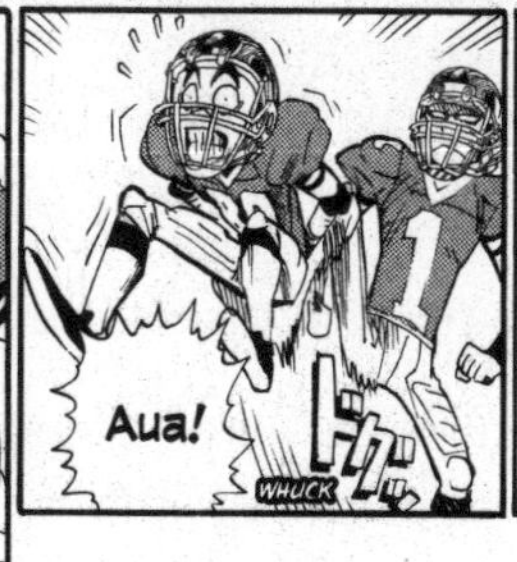

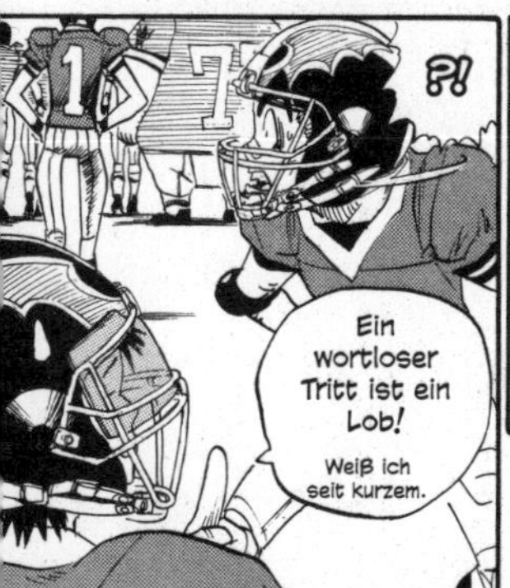

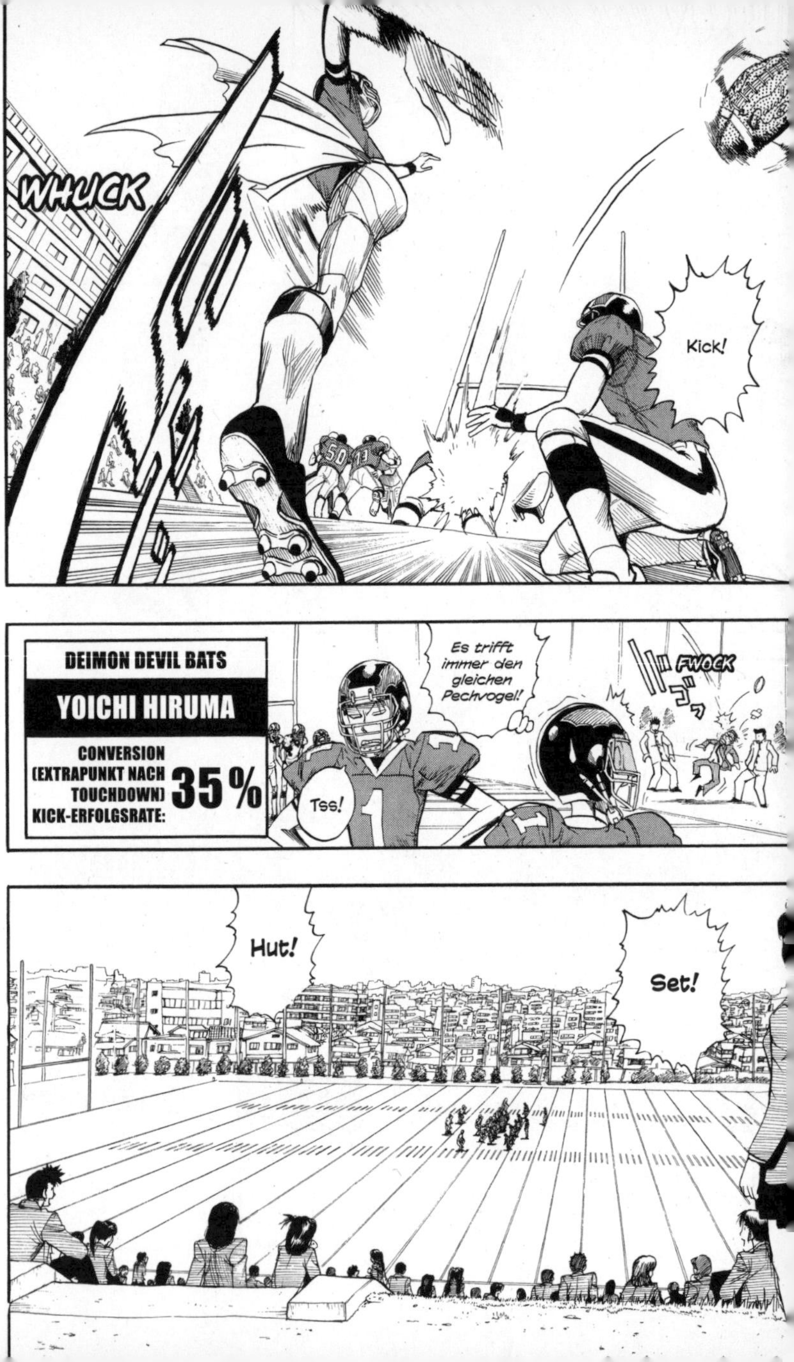

Kick!
WHUCK

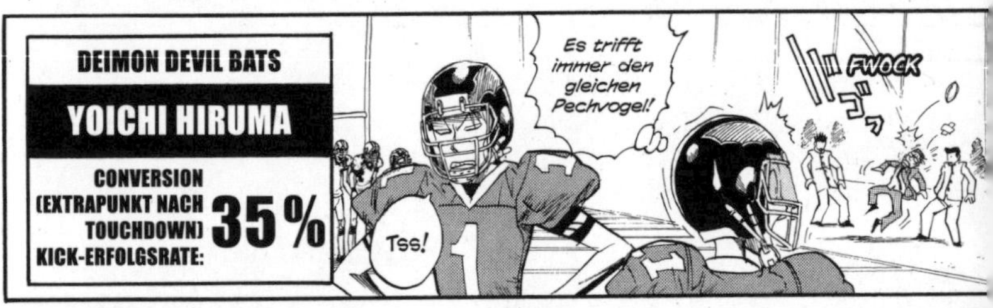
FWOCK
Es trifft immer den gleichen Pechvogel!
Tss!
DEIMON DEVIL BATS
YOICHI HIRUMA
CONVERSION (EXTRAPUNKT NACH TOUCHDOWN) KICK-ERFOLGSRATE: 35 %

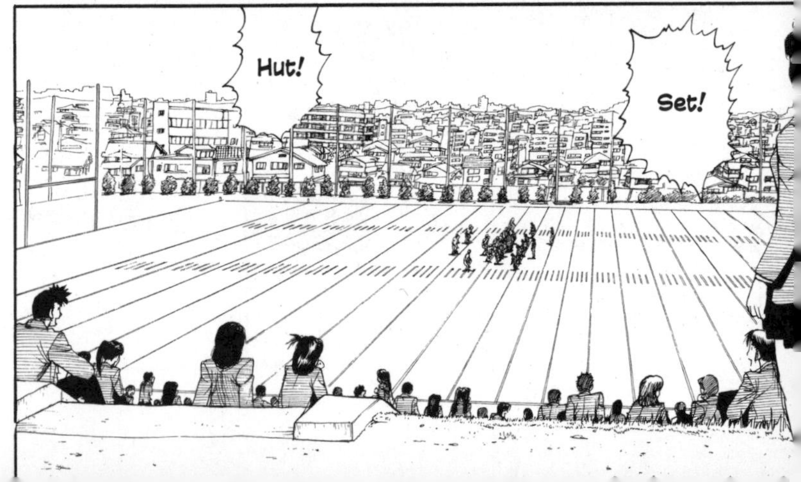
Set!
Hut!

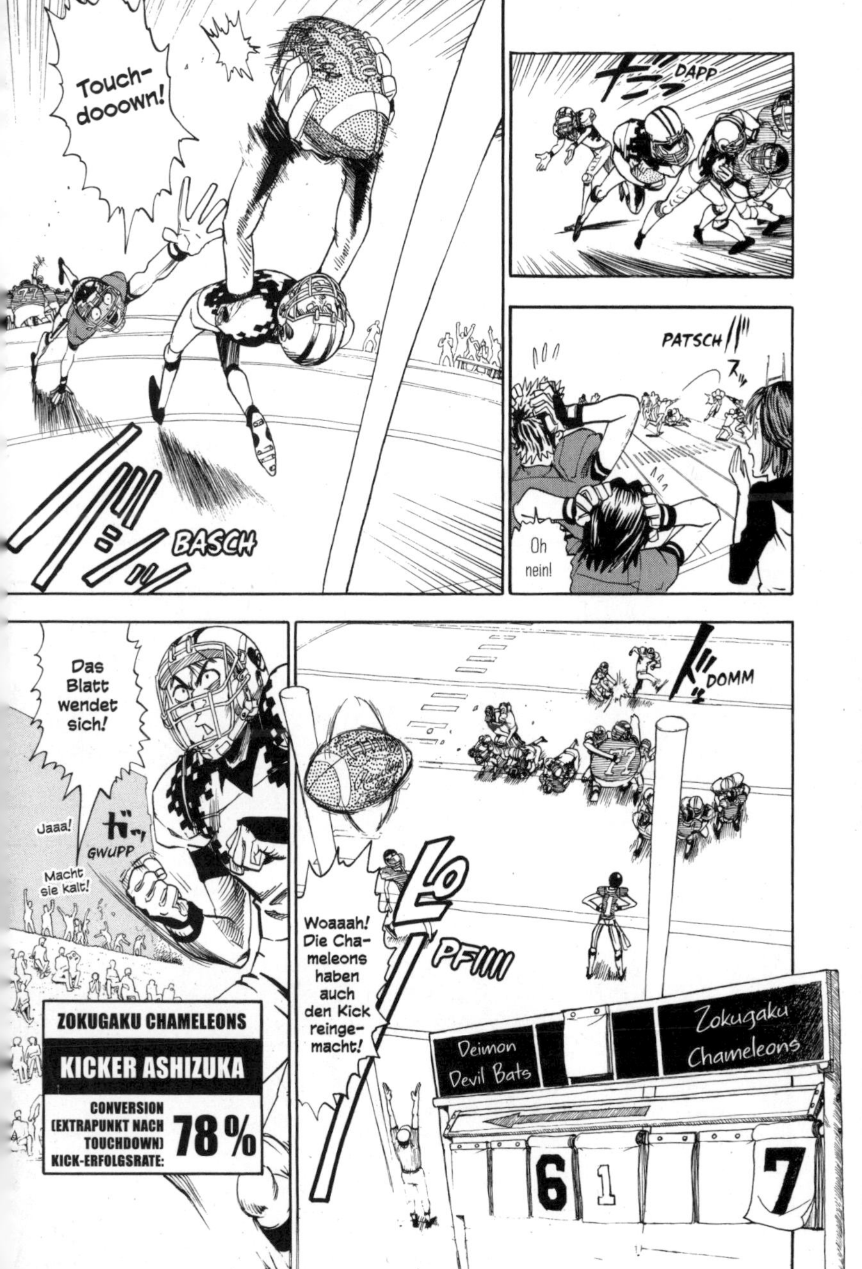
Touch-dooown!
BASCH
DAPP
PATSCH
Oh nein!
DOMM
Woaaah! Die Chameleons haben auch den Kick reingemacht!
PFIIII
Das Blatt wendet sich!
GWUPP
Jaaa!
Macht sie kalt!
ZOKUGAKU CHAMELEONS
KICKER ASHIZUKA
CONVERSION (EXTRAPUNKT NACH TOUCHDOWN) KICK-ERFOLGSRATE: 78 %
Deimon Devil Bats
Zokugaku Chameleons
6
1
7

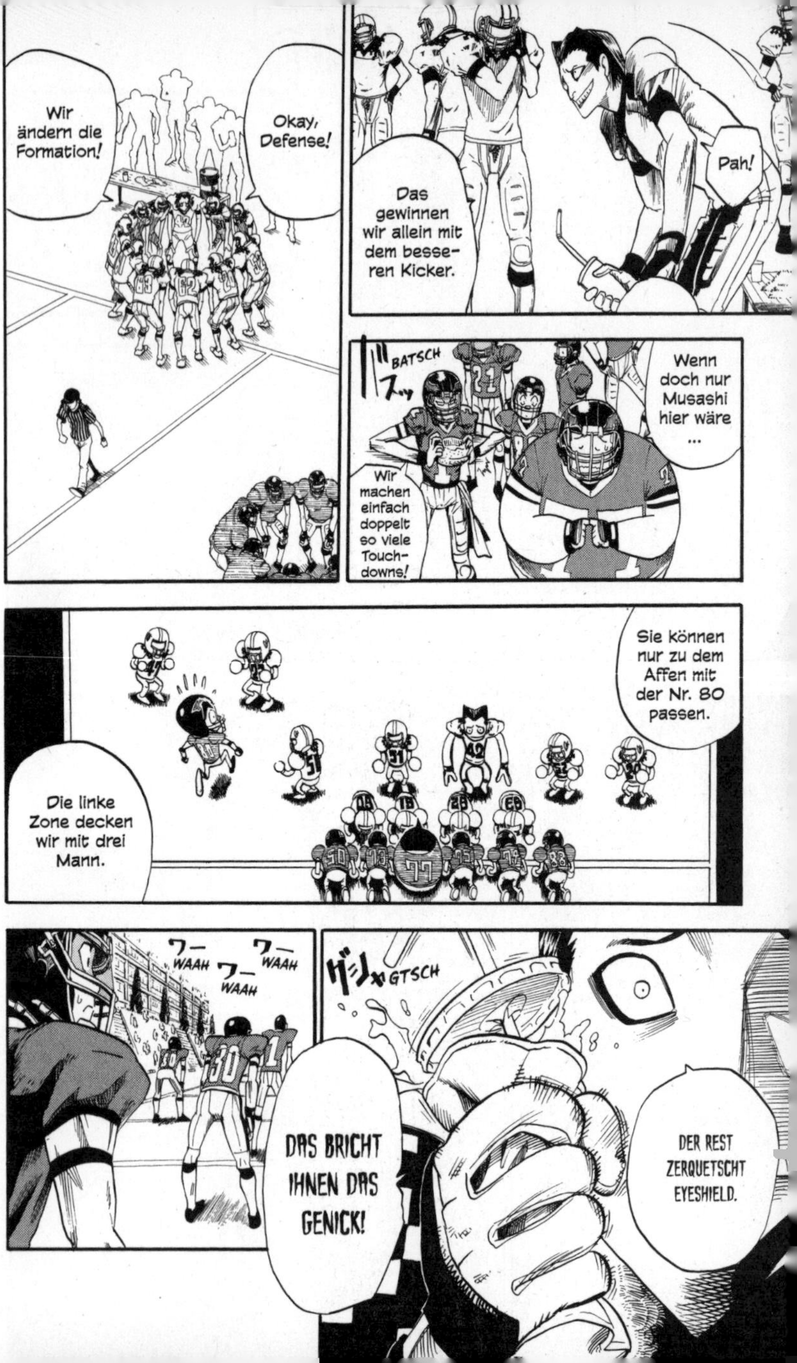

Pah!
Das gewinnen wir allein mit dem besseren Kicker.
Okay, Defense!
Wir ändern die Formation!
Wenn doch nur Musashi hier wäre ...
BATSCH
Wir machen einfach doppelt so viele Touchdowns!

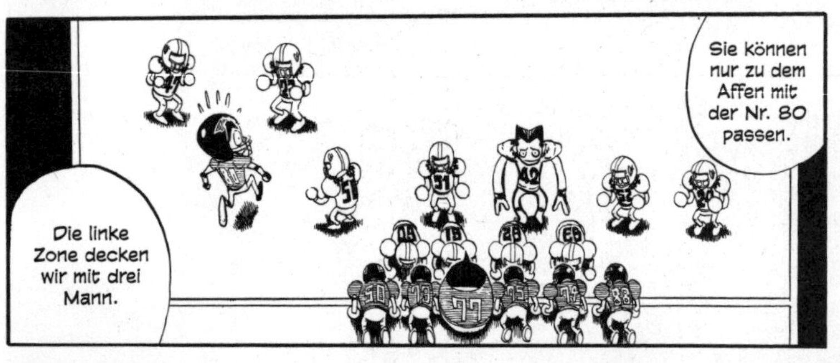

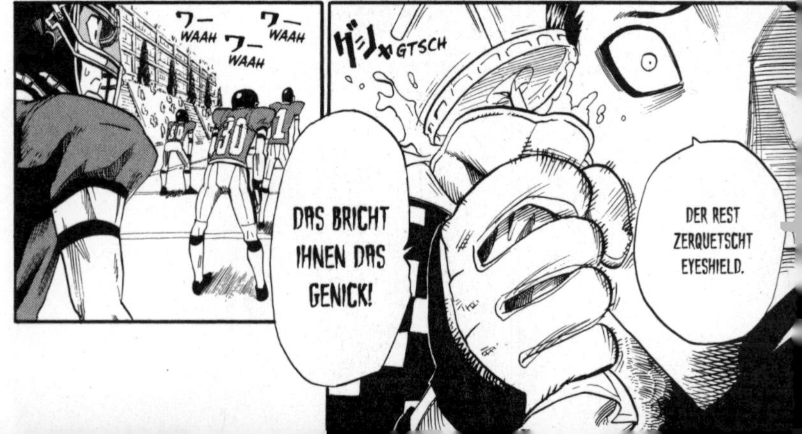

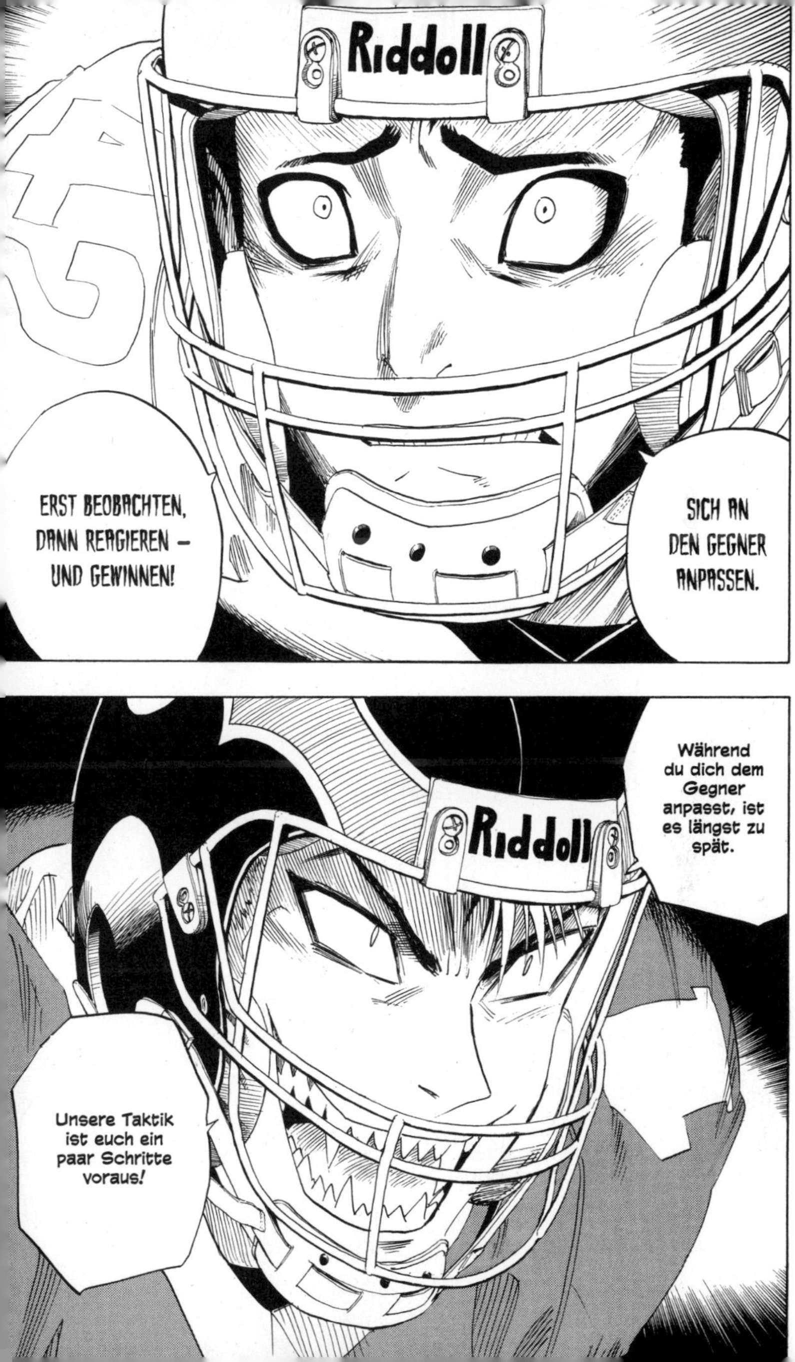

SICH AN DEN GEGNER ANPASSEN.

ERST BEOBACHTEN, DANN REAGIEREN – UND GEWINNEN!

Während du dich dem Gegner anpasst, ist es längst zu spät.

Unsere Taktik ist euch ein paar Schritte voraus!

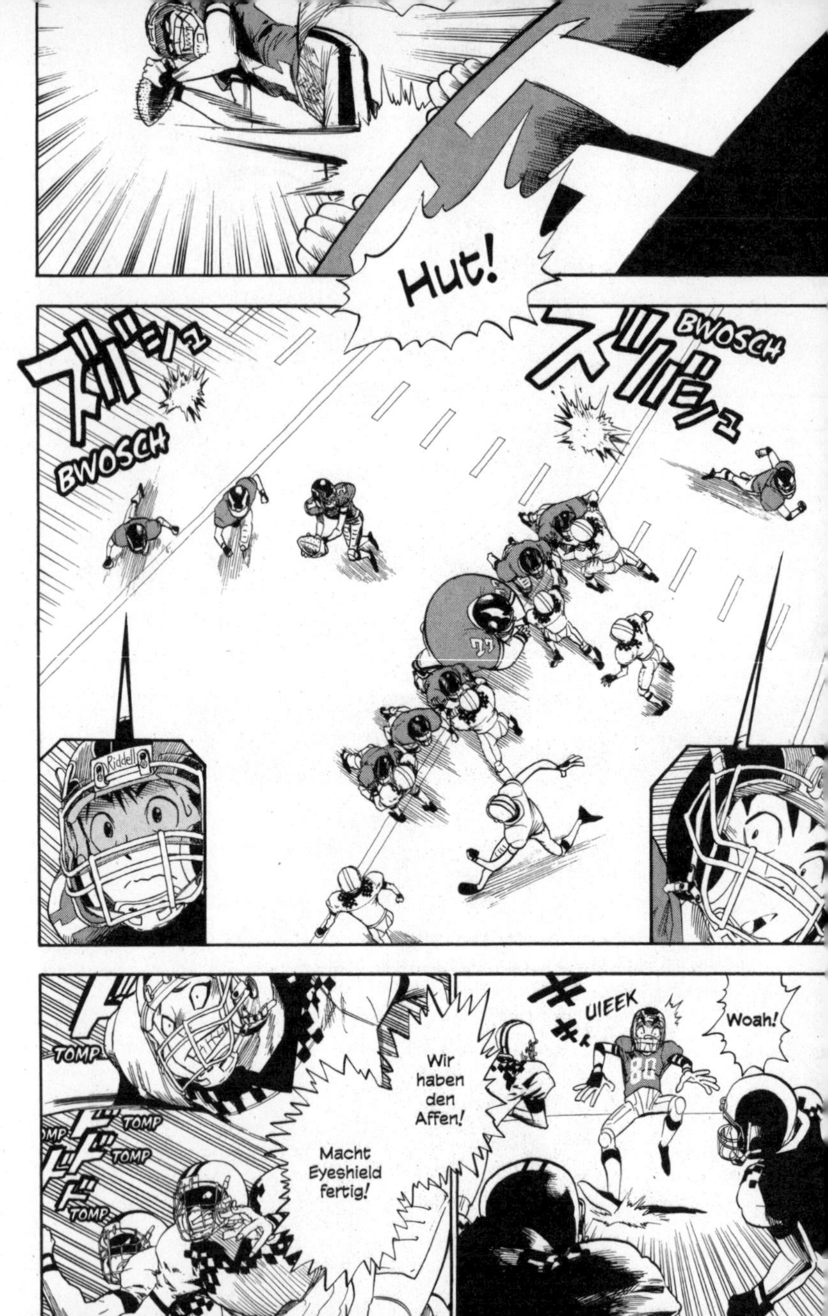
Hut!
BWOSCH
BWOSCH
Riddell
Woah!
UIEEK
Wir haben den Affen!
Macht Eyeshield fertig!
TOMP
TOMP
TOMP
TOMP
TOMP
TOMP

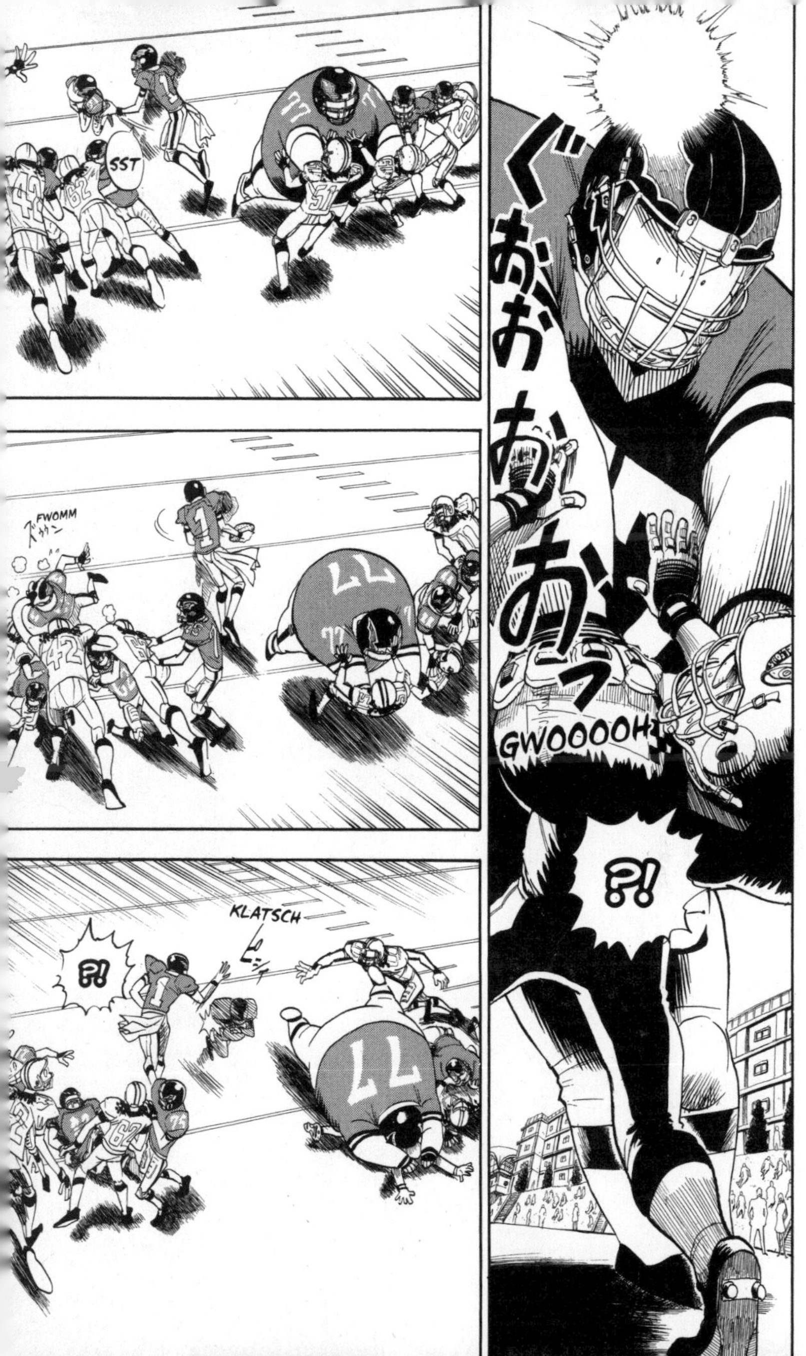
ぐおおおおっ
GWOOOOH
?!
SST
FWOMM
KLATSCH
?!

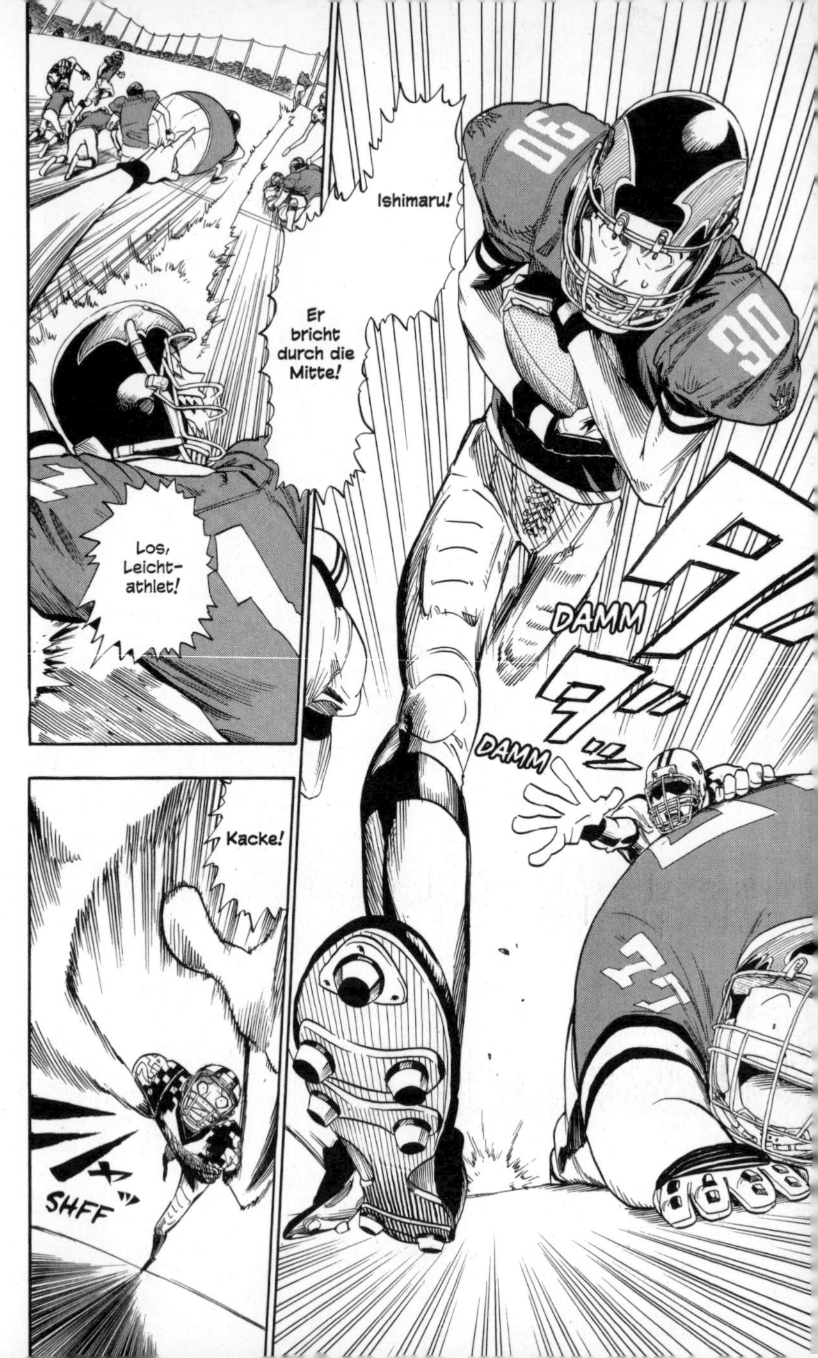
Ishimaru!
Er bricht durch die Mitte!
DAMM
DAMM
Los, Leicht-athlet!
Kacke!
SHFF

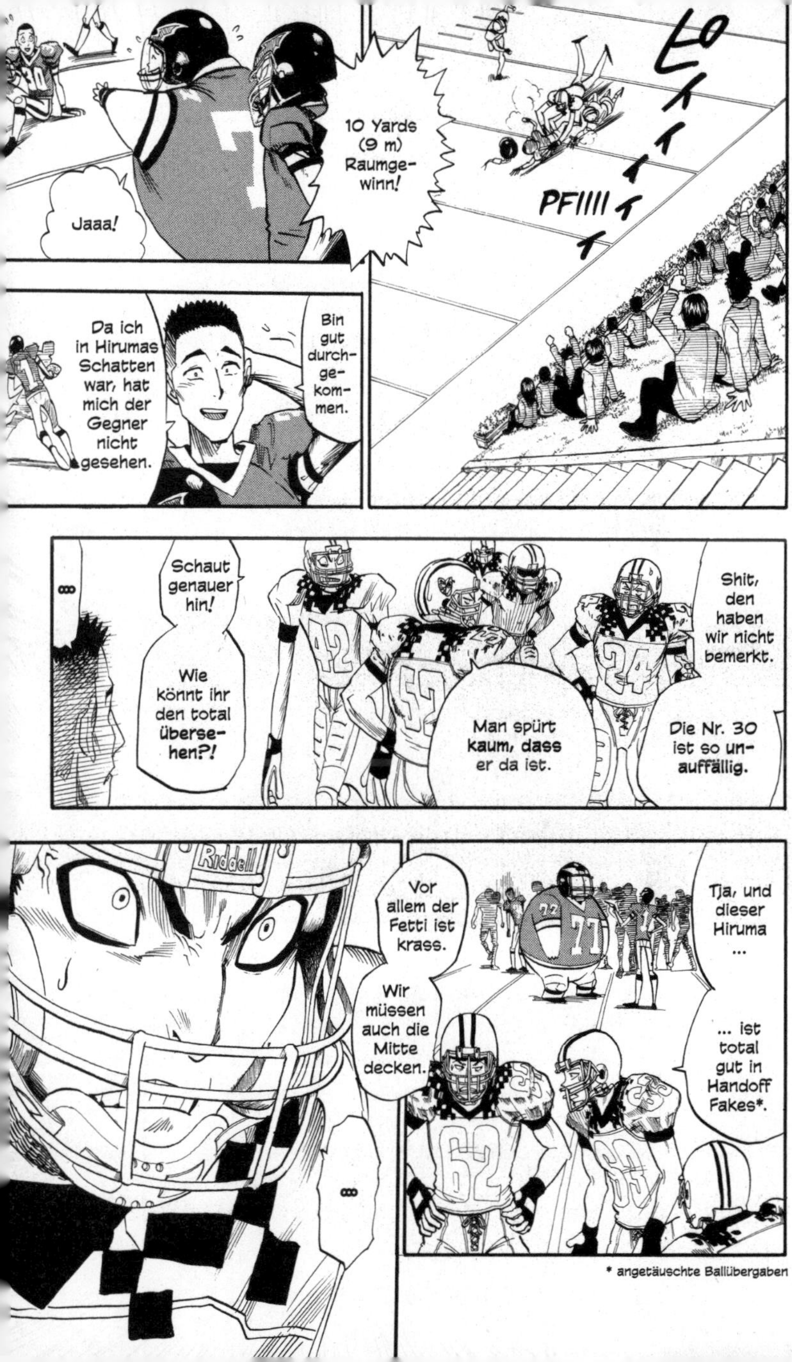

PFIIIII

10 Yards (9 m) Raumgewinn!

Jaaa!

Bin gut durchgekommen.

Da ich in Hirumas Schatten war, hat mich der Gegner nicht gesehen.

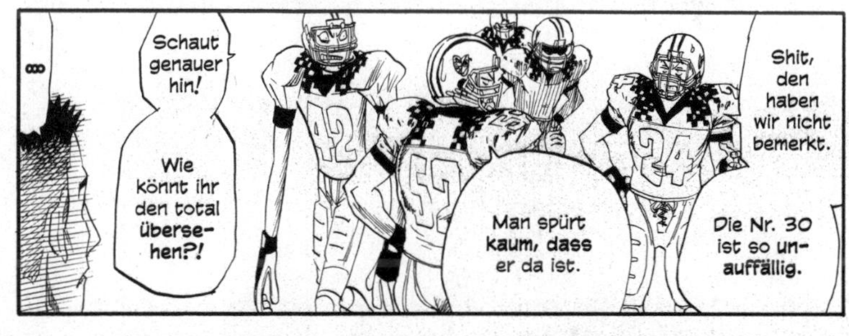

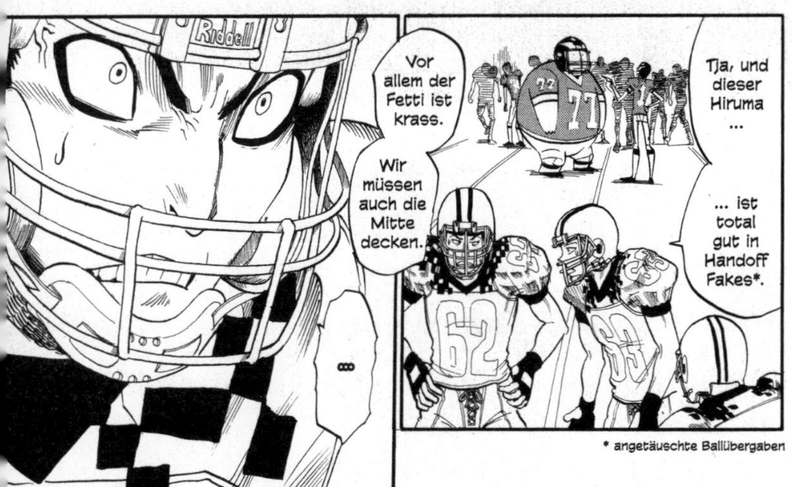

* angetäuschte Ballübergaben

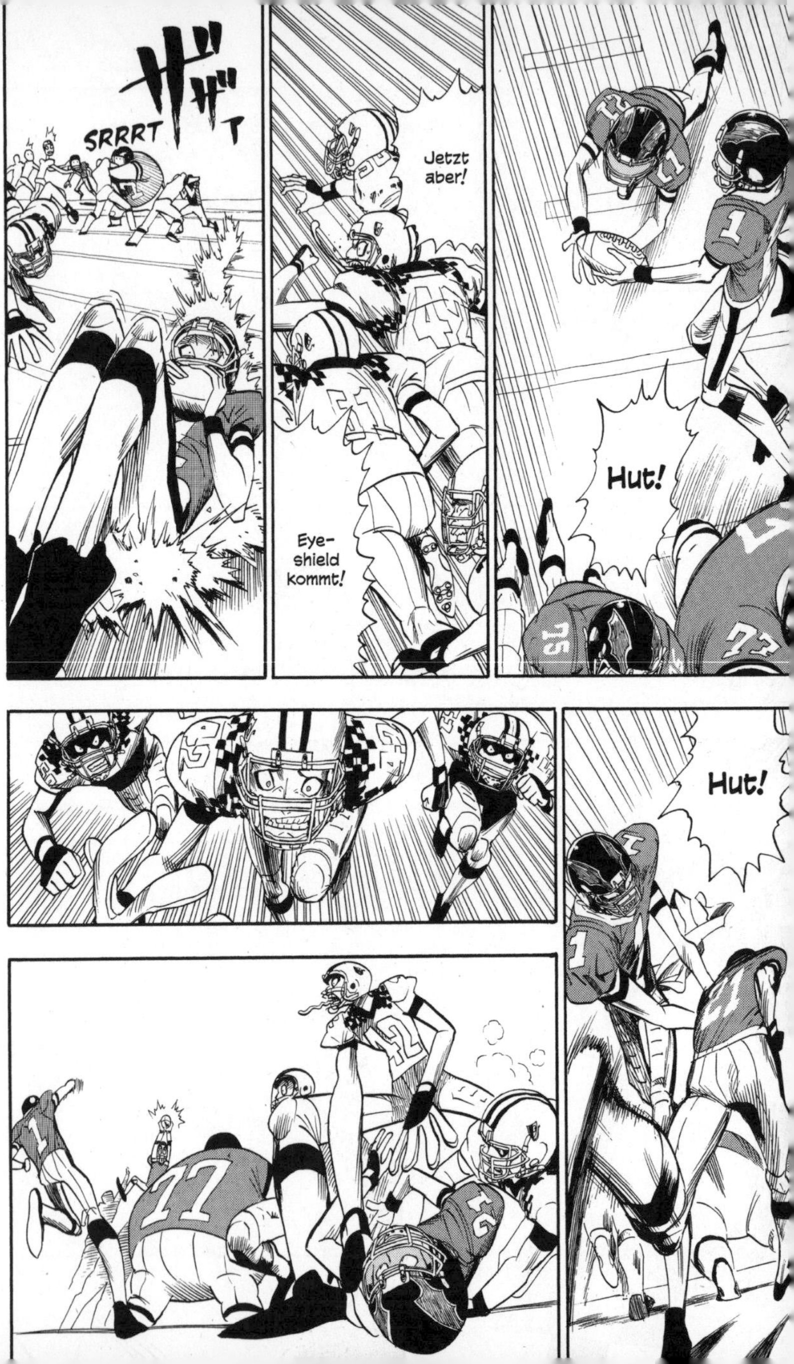

Hut!

Jetzt aber!

Eye-shield kommt!

SRRRT

Hut!

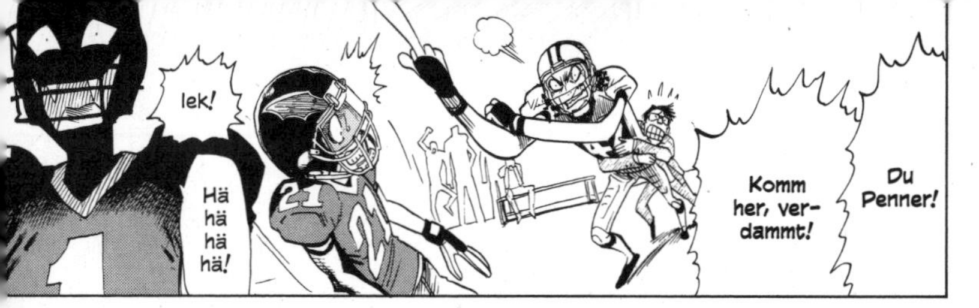

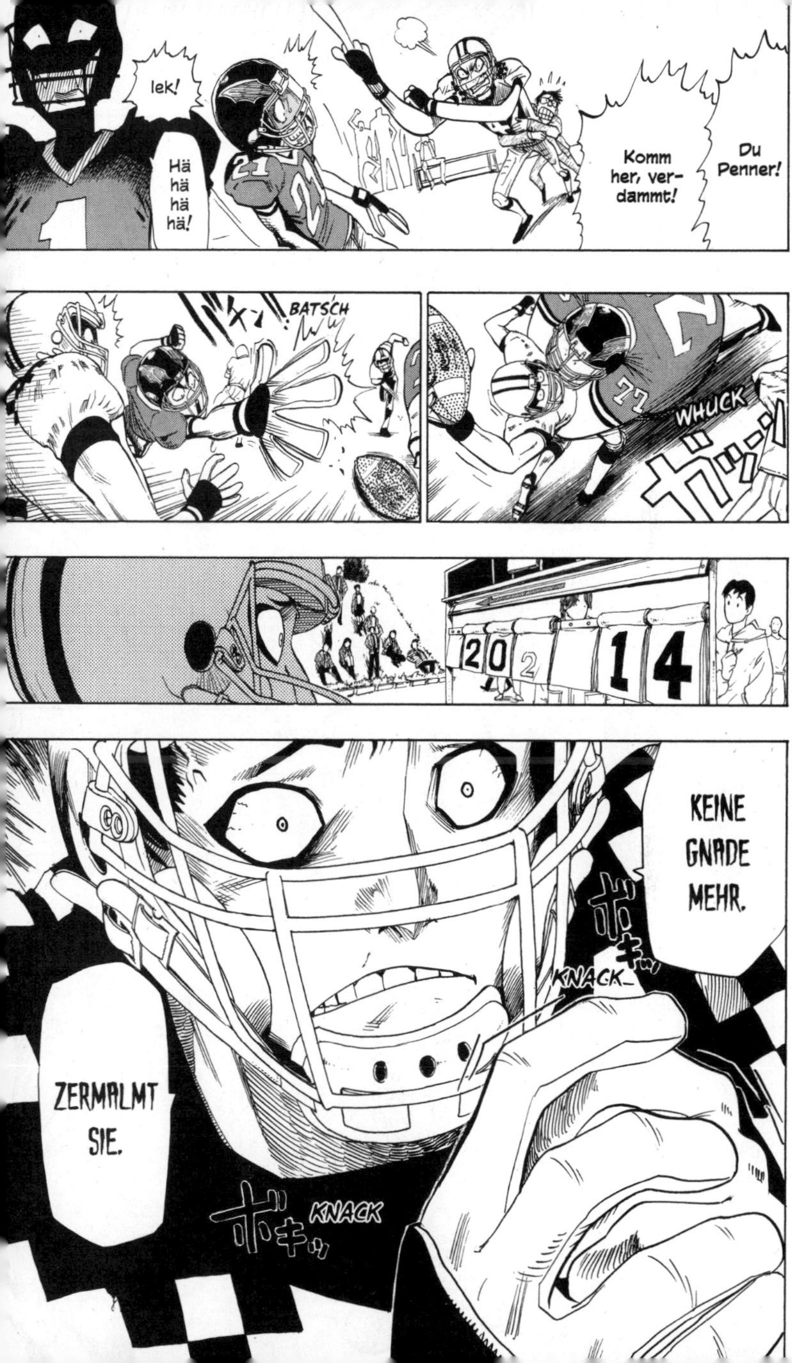

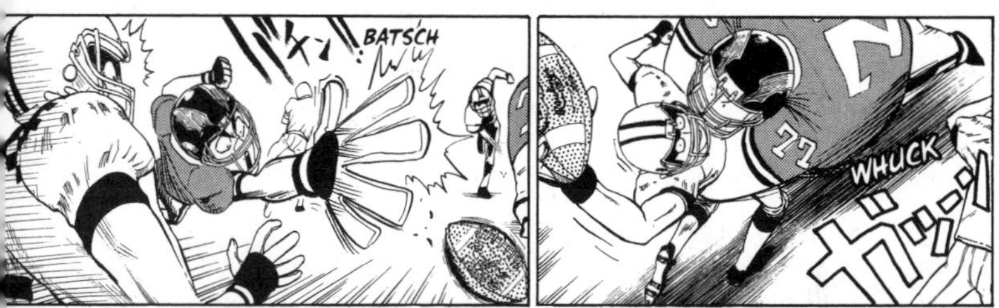

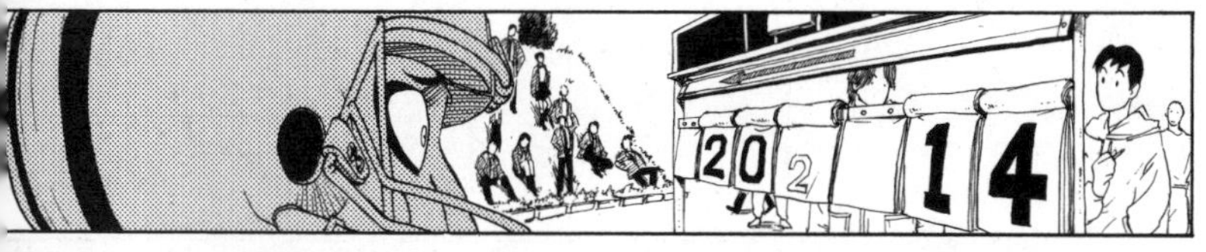

KEINE GNADE MEHR.

KNACK

ZERMALMT SIE.

KNACK

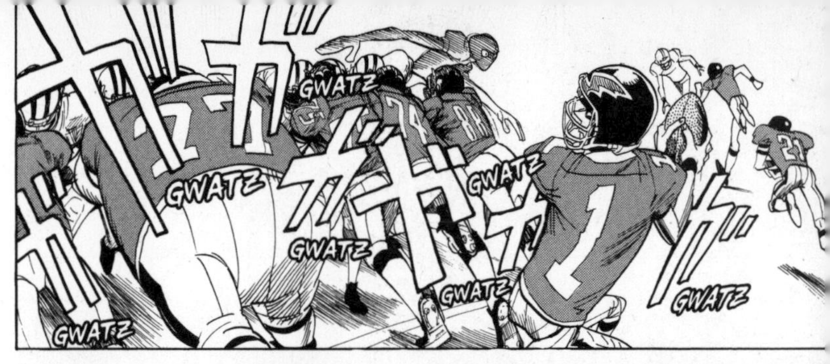

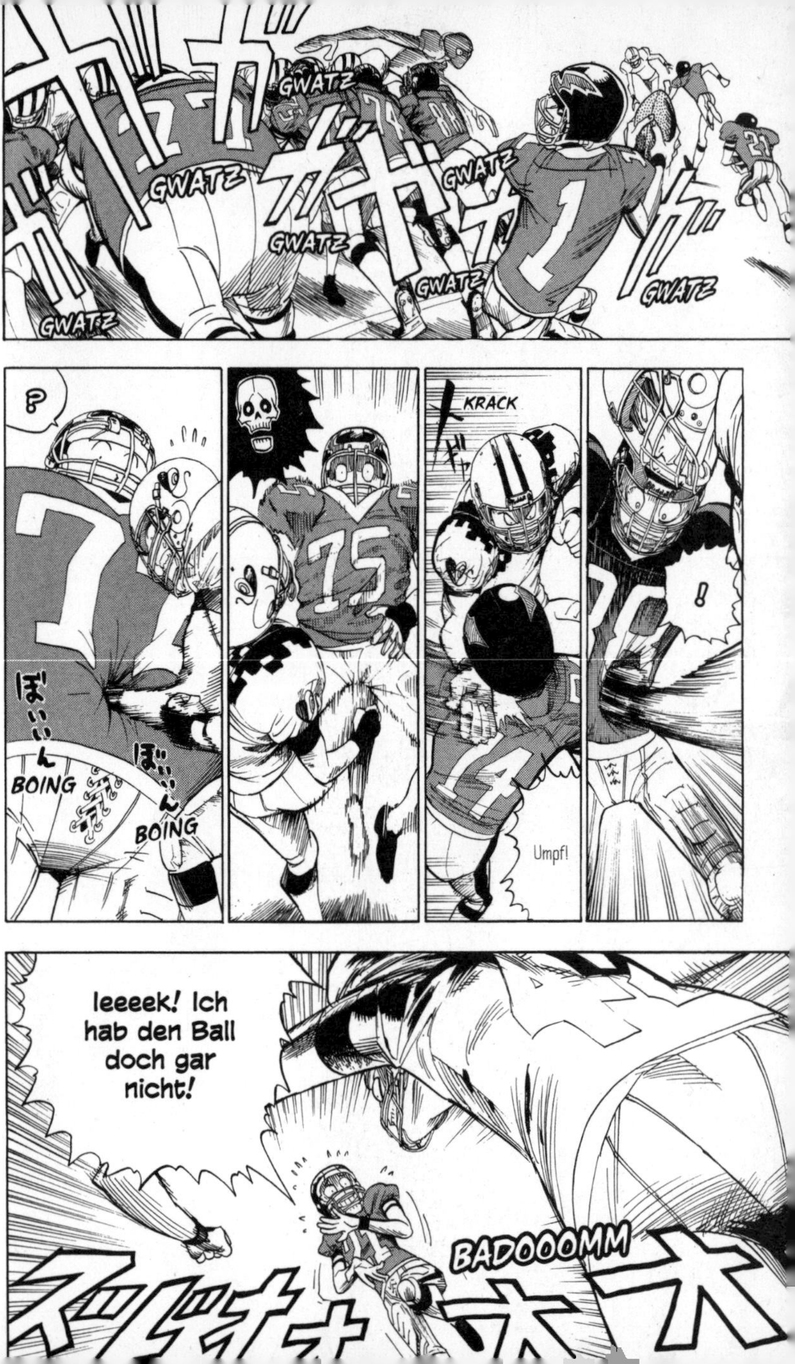

!
KRACK
Umpf!
?
BOING
BOING

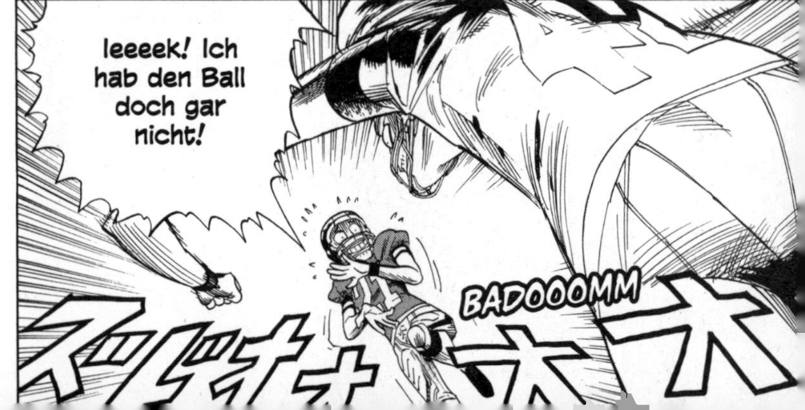

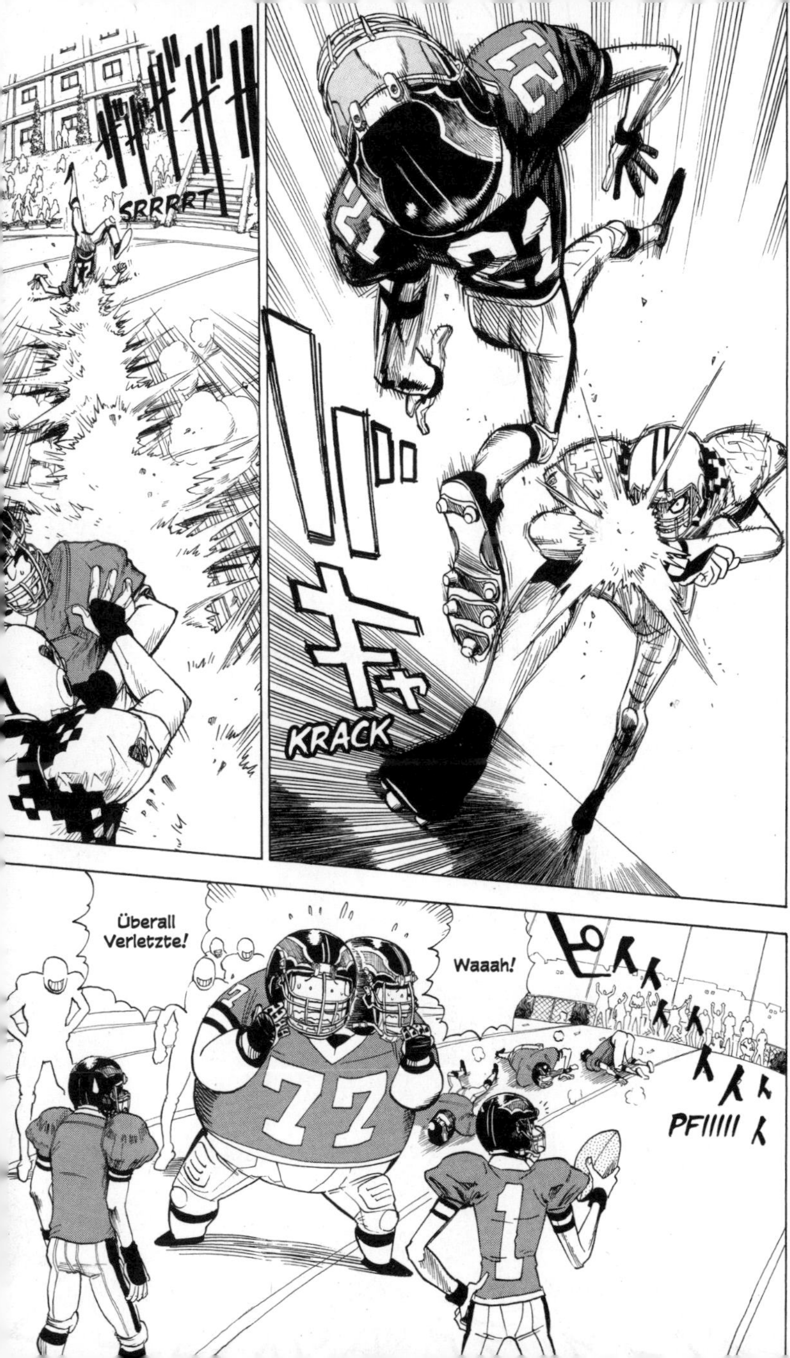

KRACK

SRRRRT

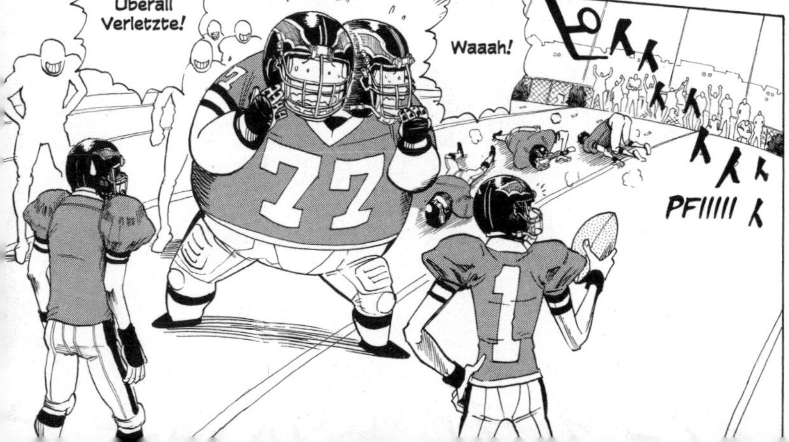

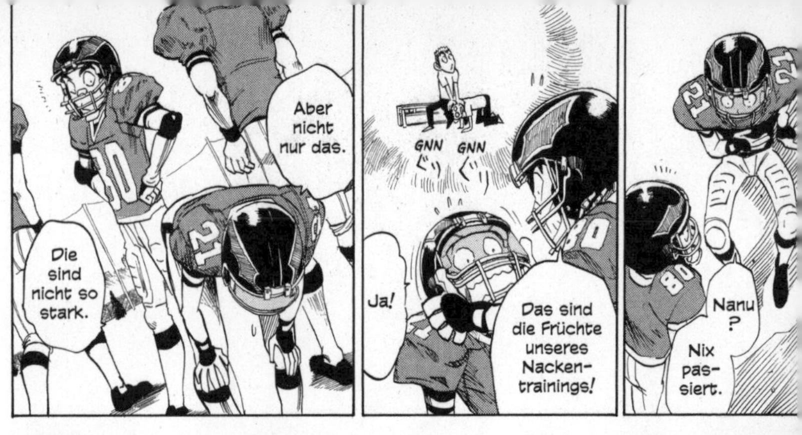

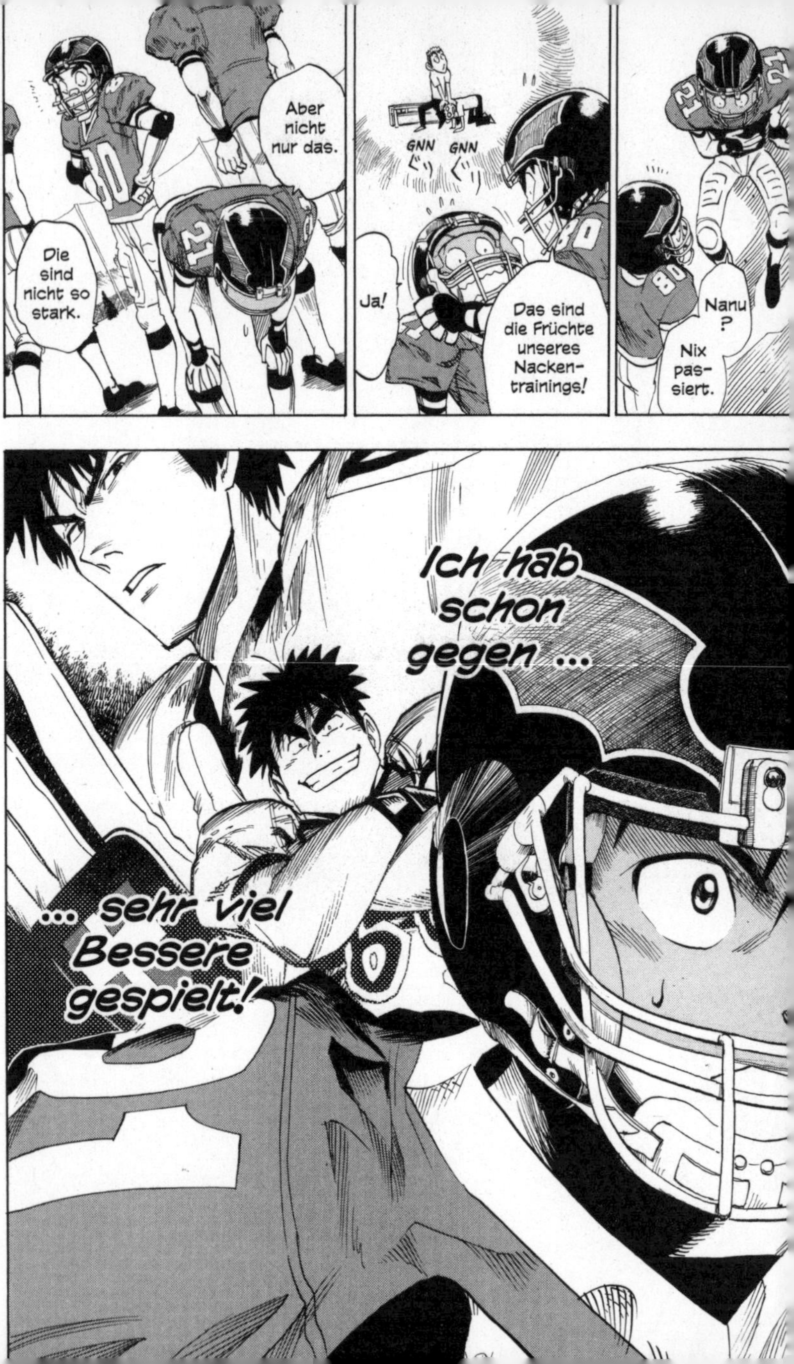

Ich hab schon gegen ...

... sehr viel Bessere gespielt!

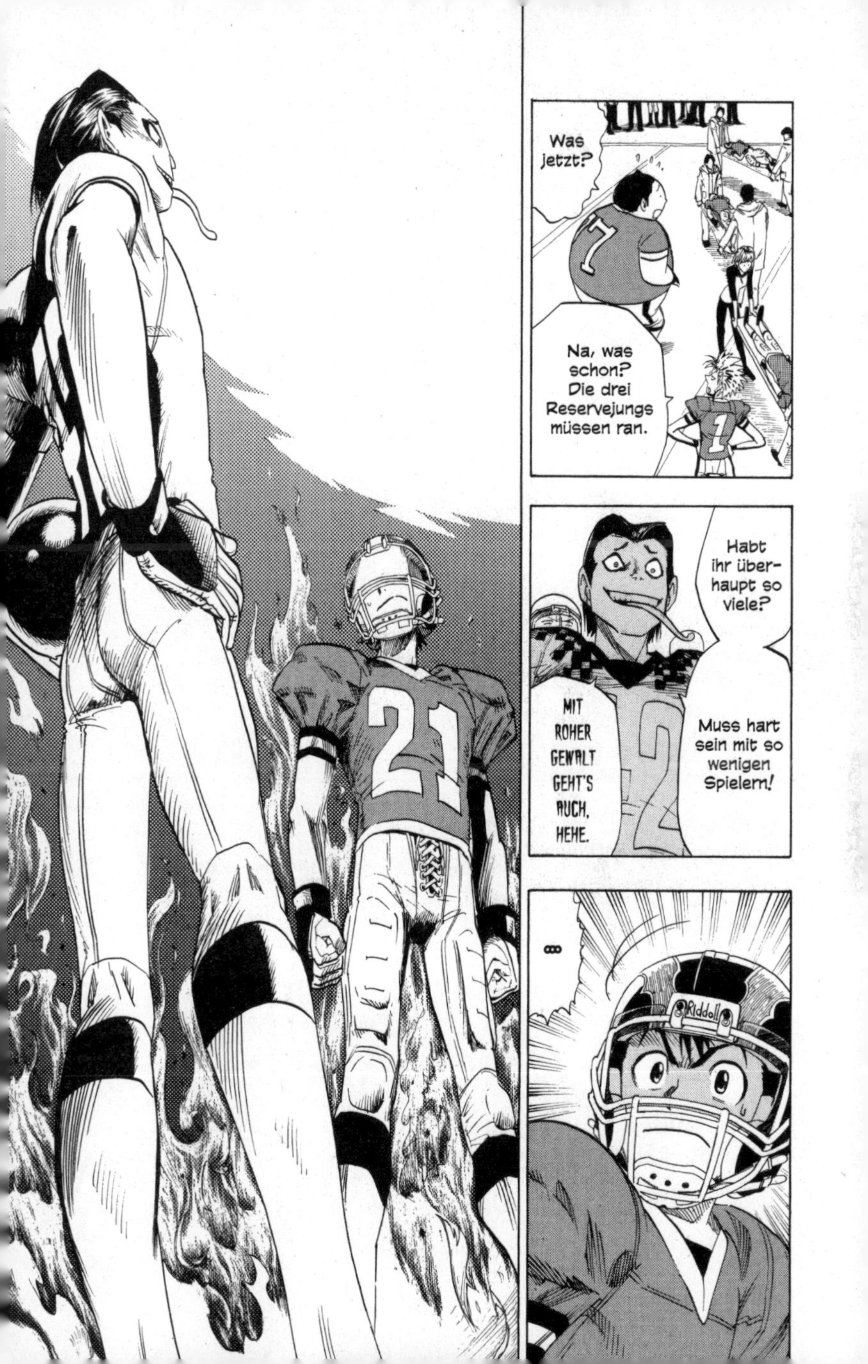

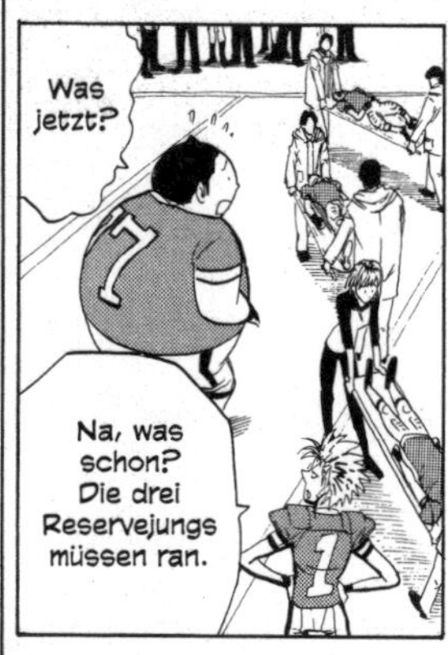
Was jetzt?
Na, was schon? Die drei Reservejungs müssen ran.
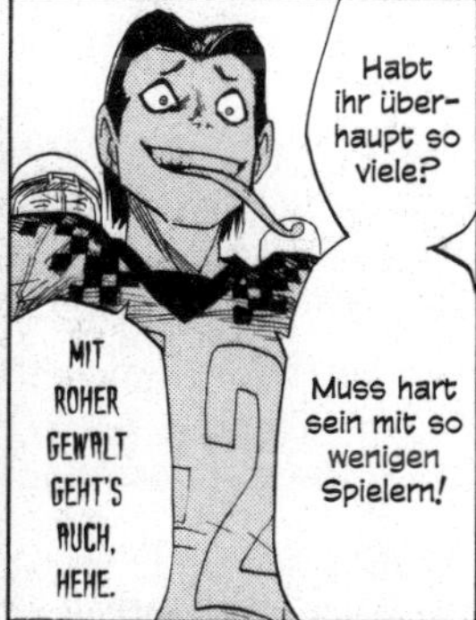
Habt ihr überhaupt so viele?
Muss hart sein mit so wenigen Spielern!
MIT ROHER GEWALT GEHT'S AUCH, HEHE.
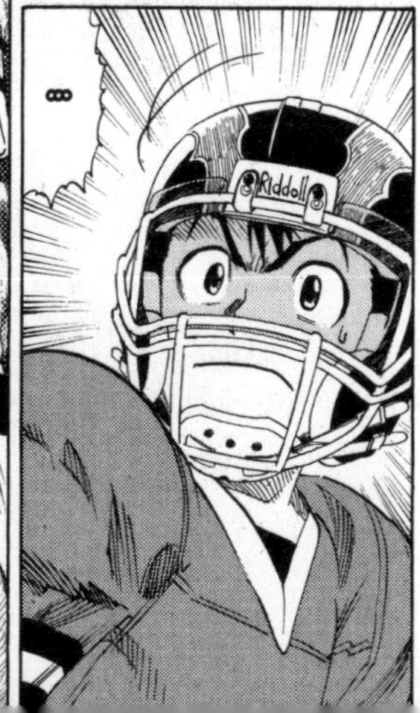
Riddell

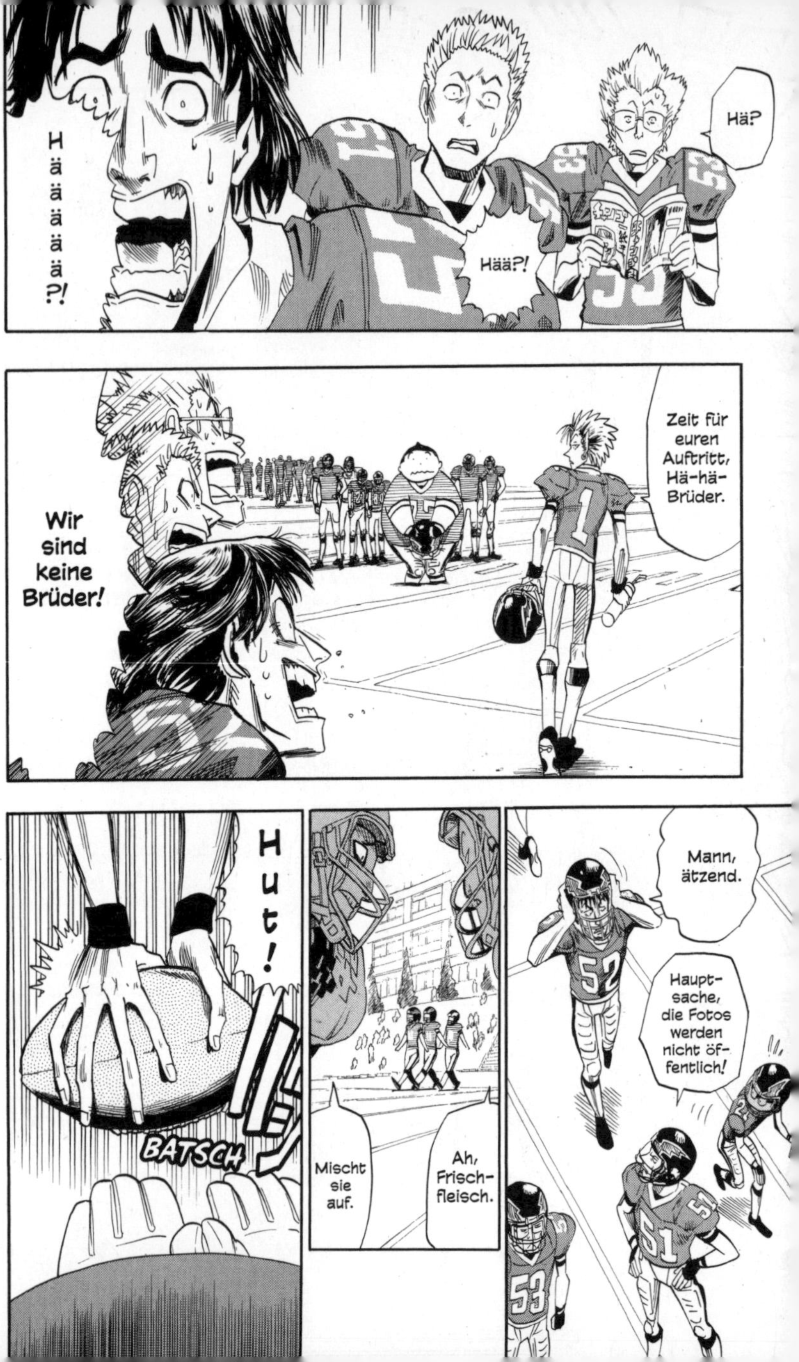

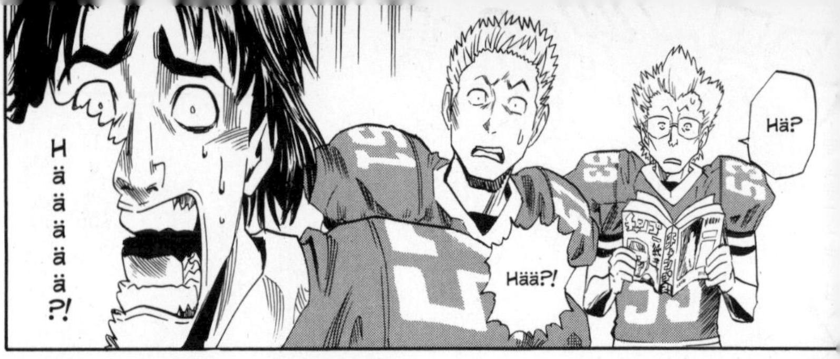

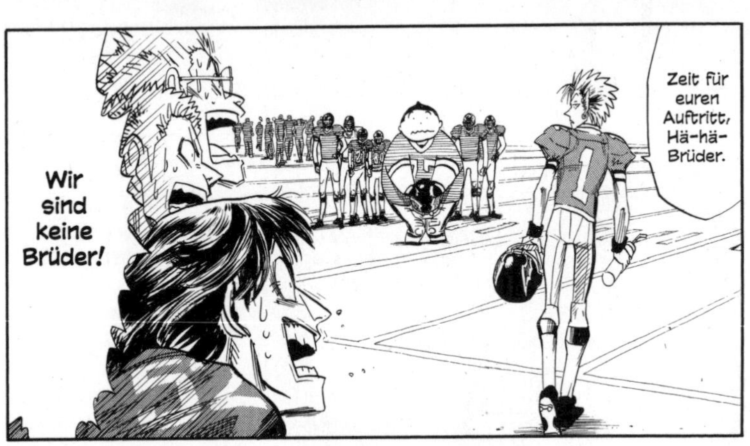

Mann, ätzend.
Haupt-sache, die Fotos werden nicht öf-fentlich!
Ah, Frisch-fleisch.
Mischt sie auf.
Hut!
BATSCH

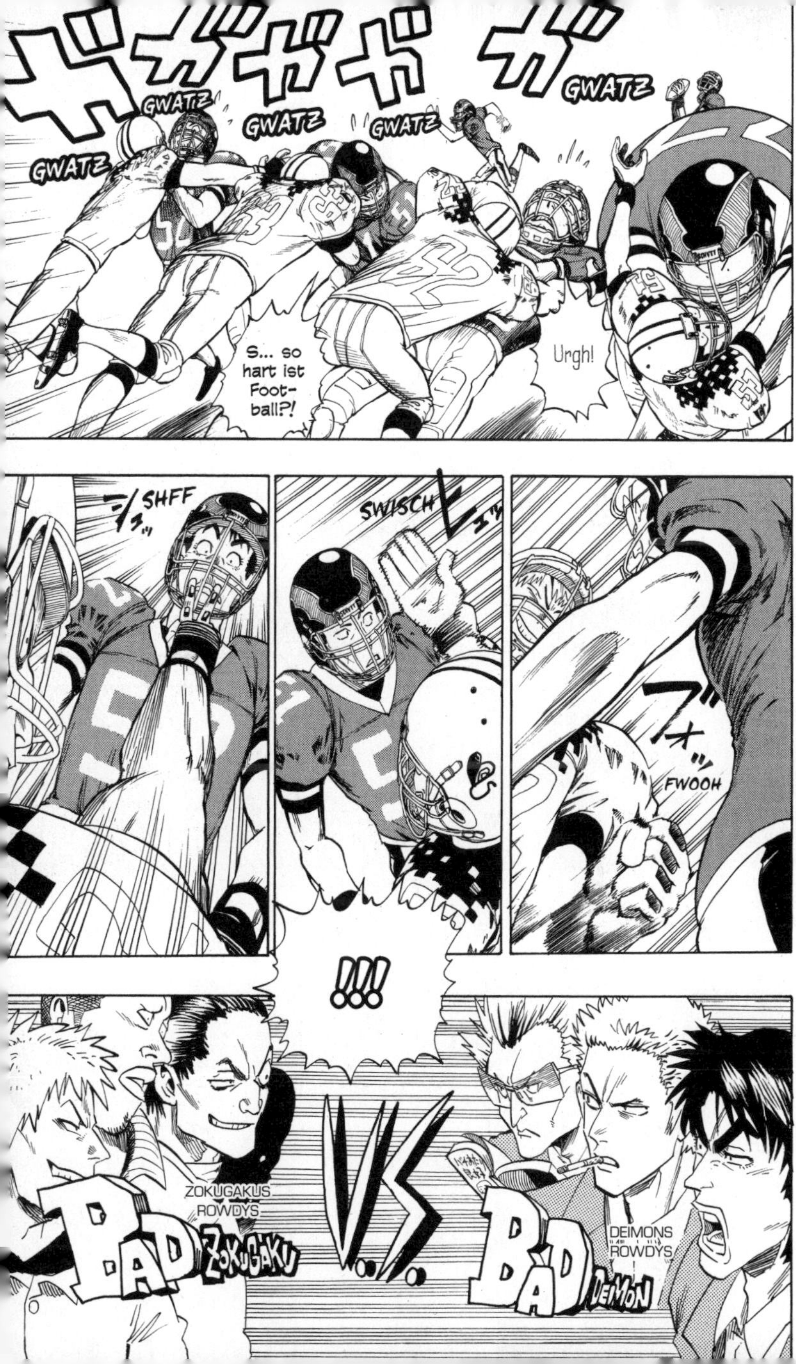

GWATZ
GWATZ
GWATZ
GWATZ
GWATZ
Urgh!
S... so hart ist Foot-ball?!
FWOOH
SWISCH
SHFF

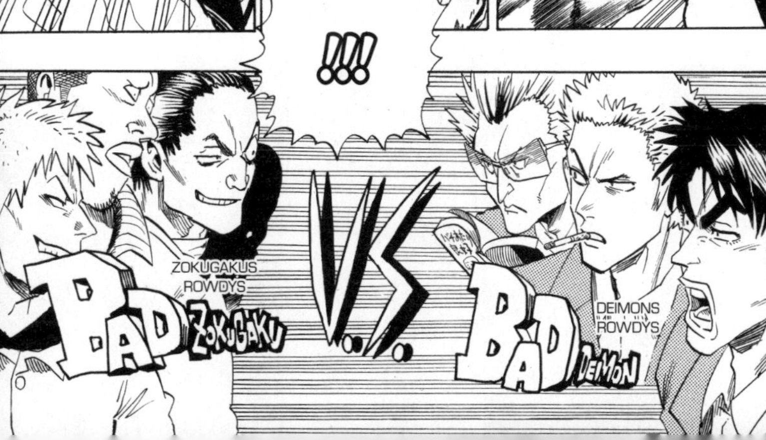

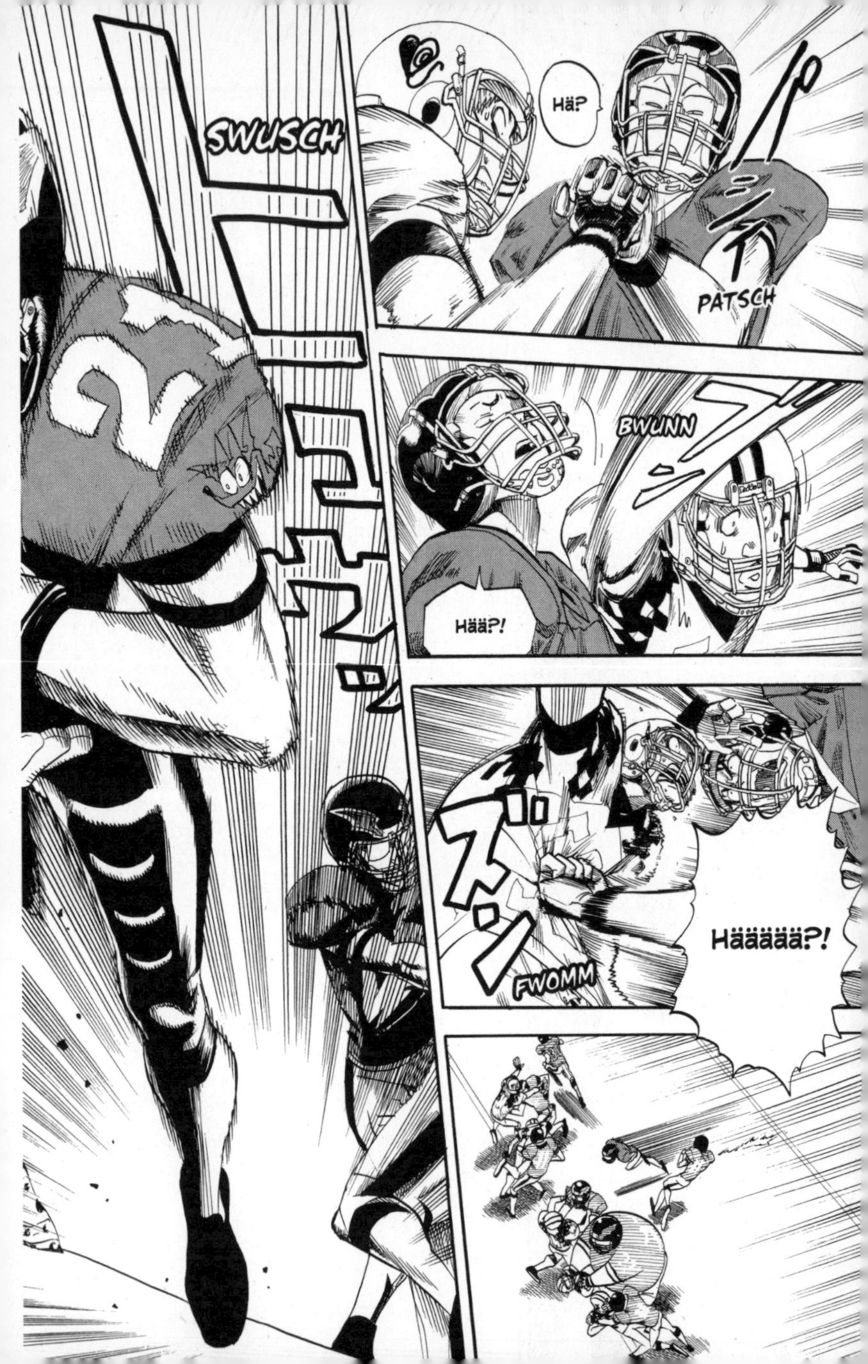
Hä?
PATSCH
BWUNN
Hää?!
FWOMM
Häääää?!
SWUSCH

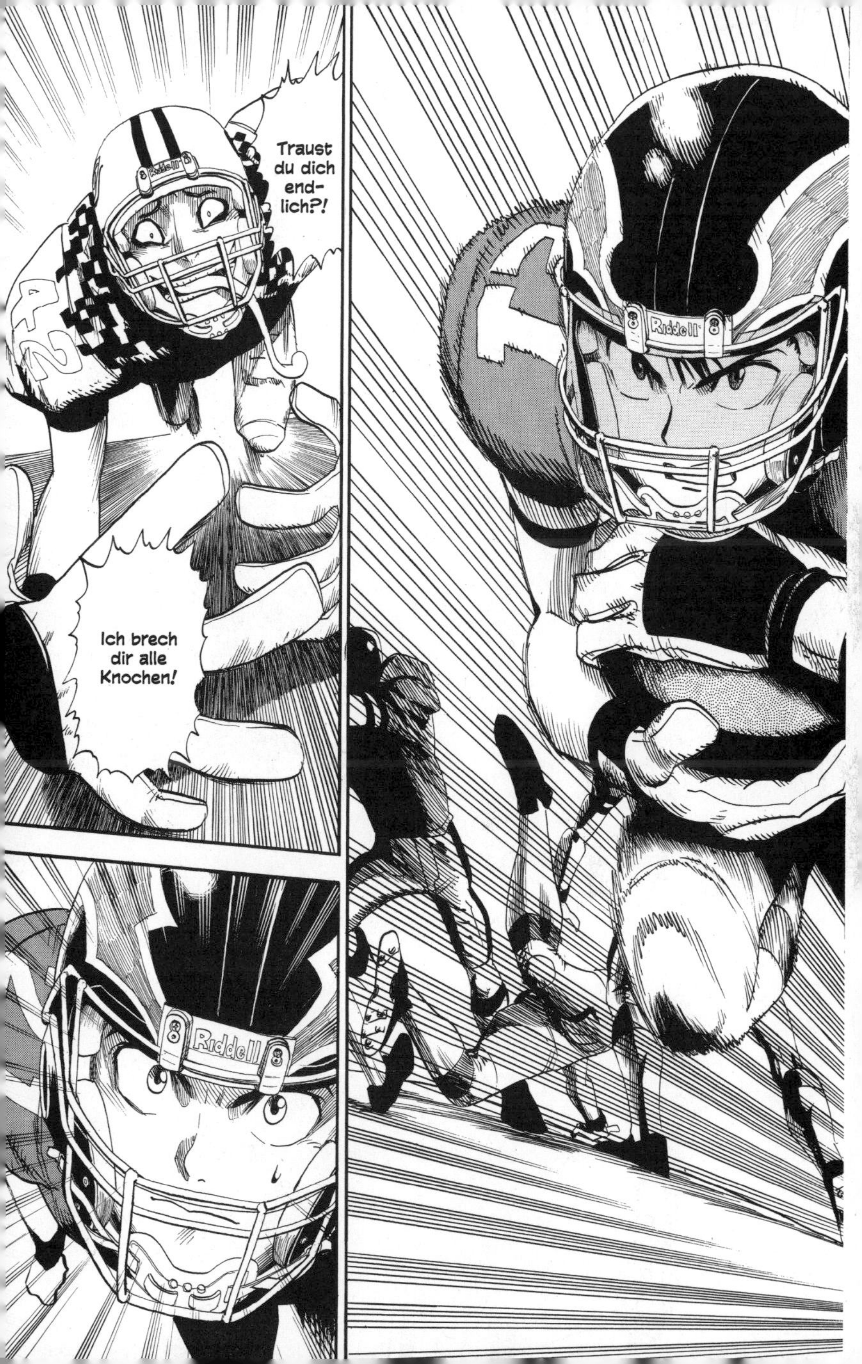
Traust du dich endlich?!
Ich brech dir alle Knochen!

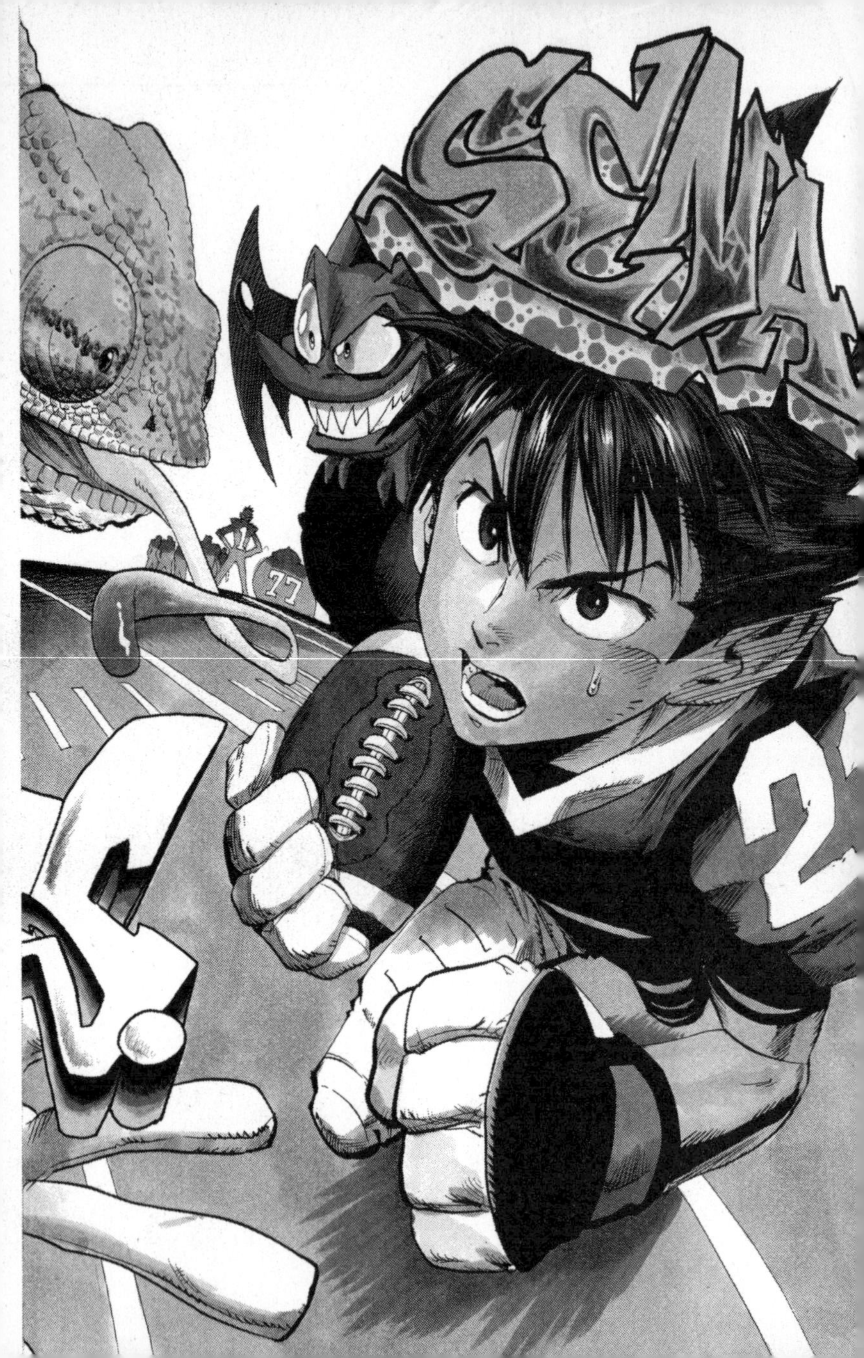

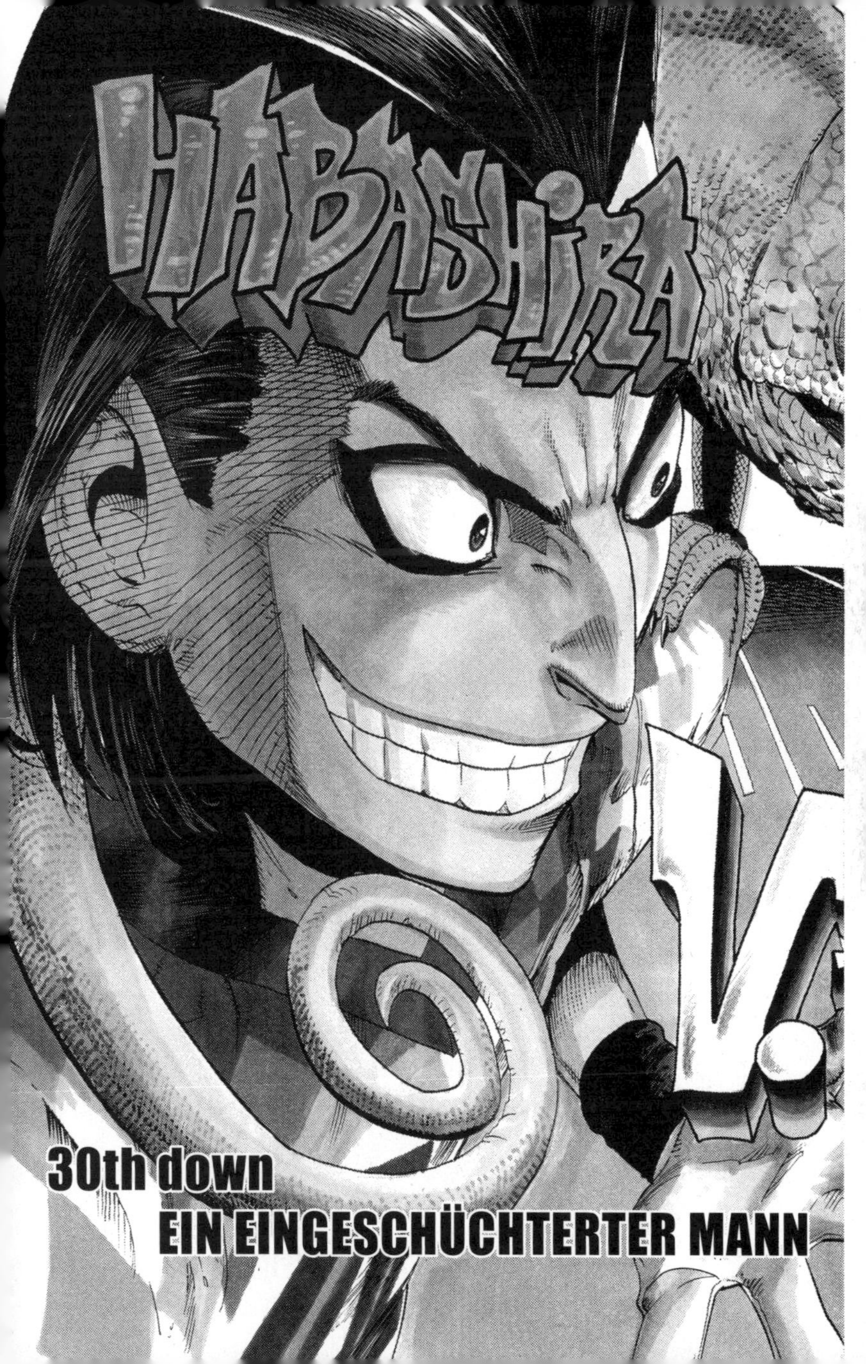
HABASHIRA
30th down
EIN EINGESCHÜCHTERTER MANN

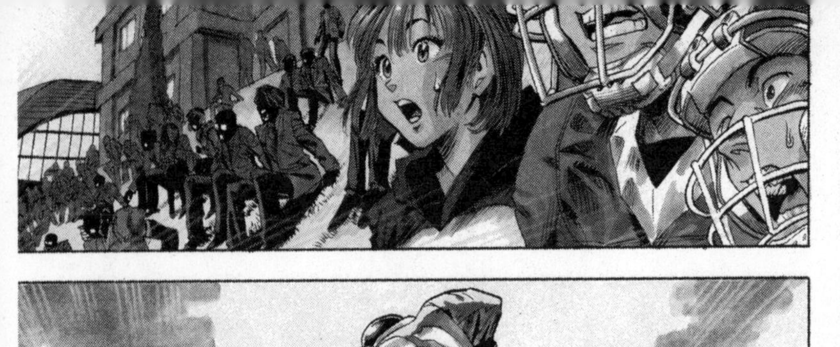

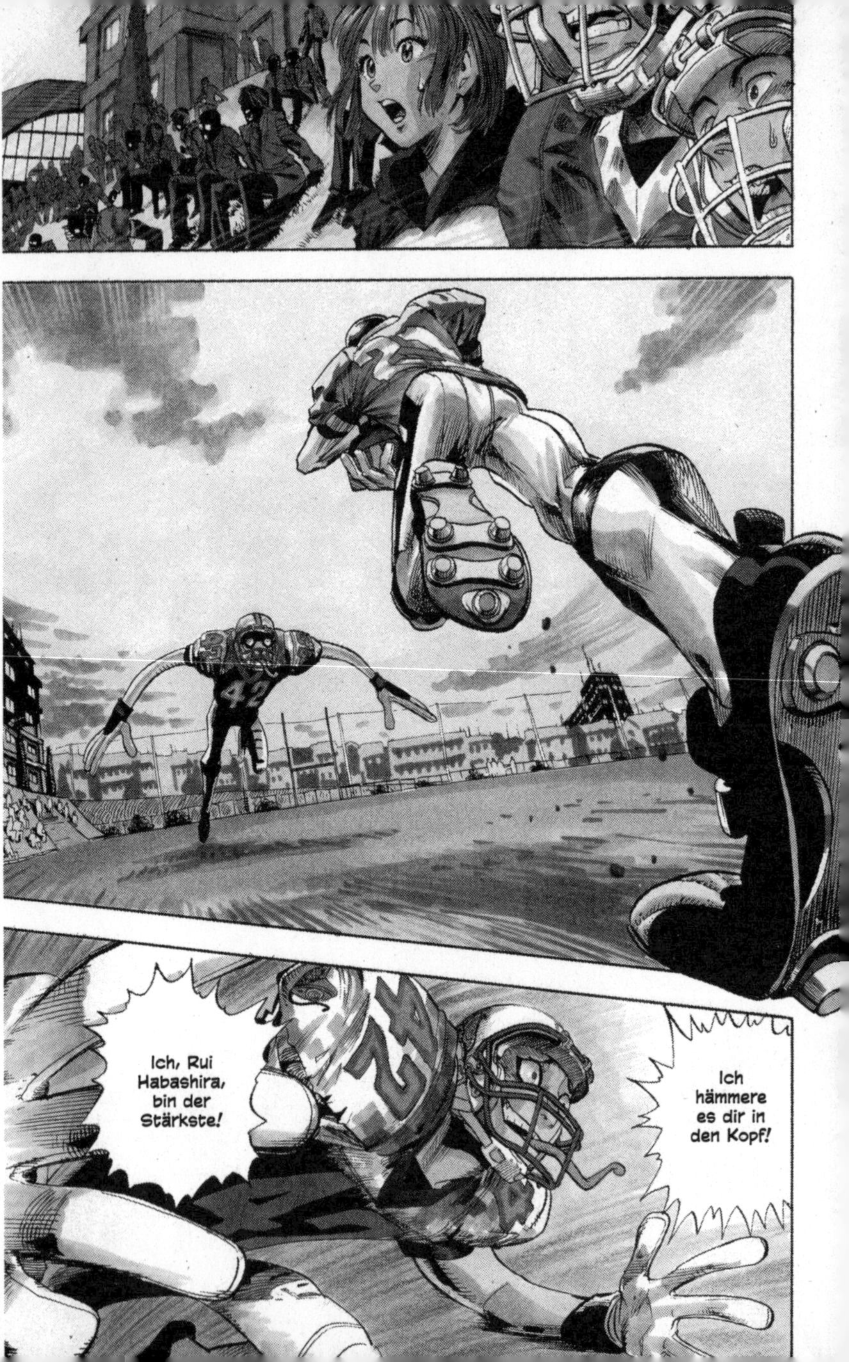

Ich, Rui Habashira, bin der Stärkste!

Ich hämmere es dir in den Kopf!

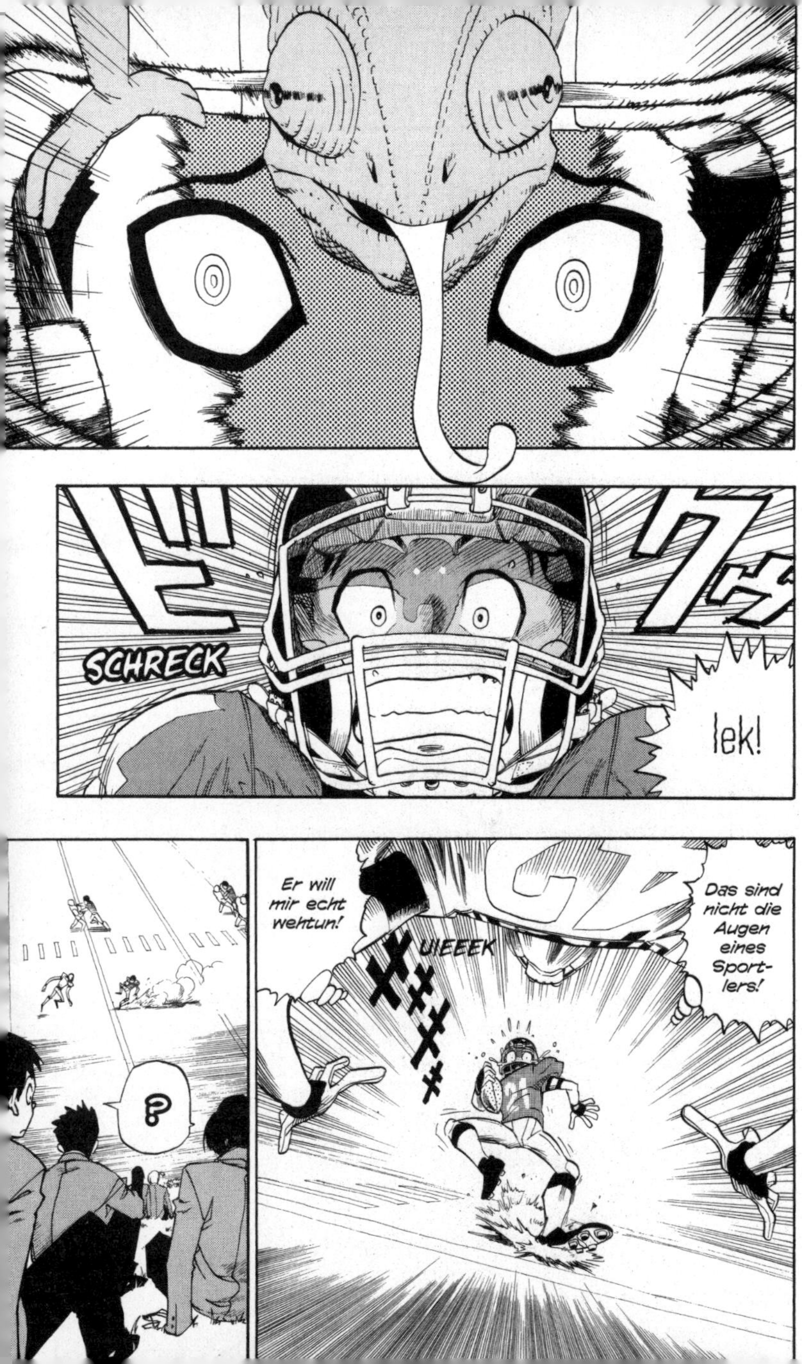

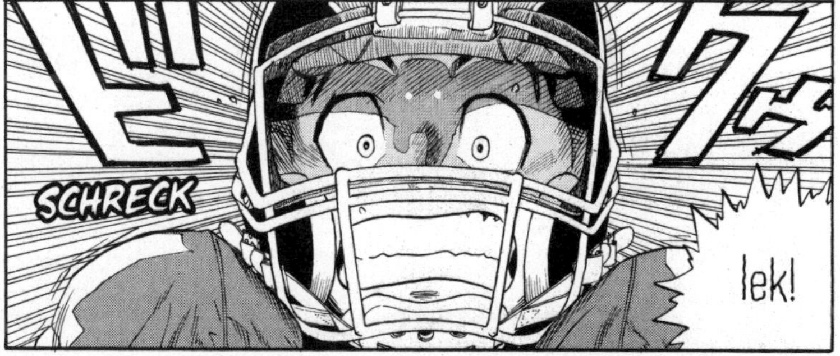
Iek!
SCHRECK

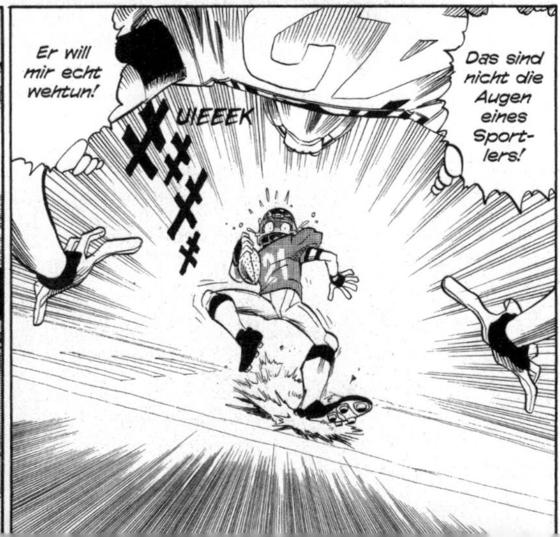
Das sind nicht die Augen eines Sportlers!
Er will mir echt wehtun!
UIEEEK

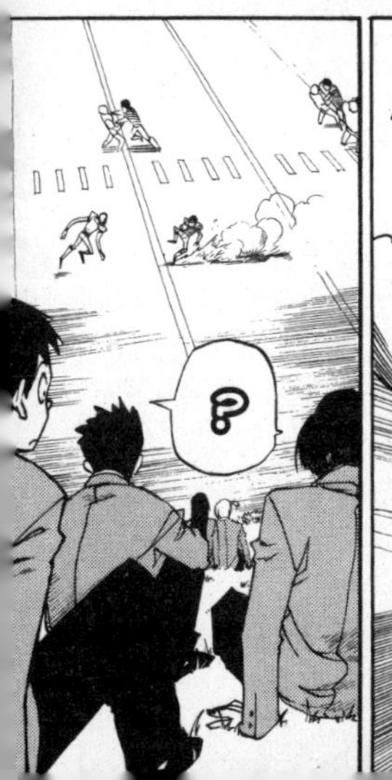
?

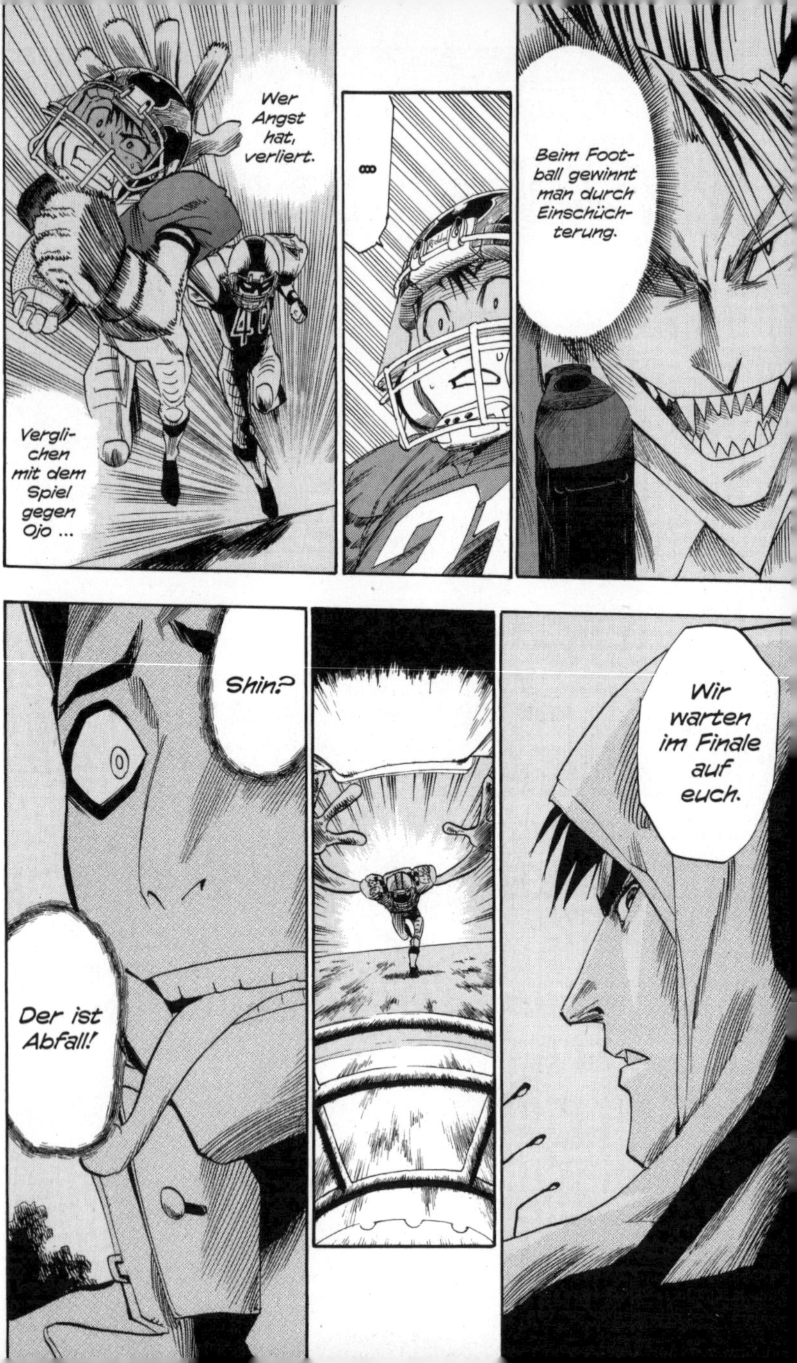

Beim Football gewinnt man durch Einschüchterung.

...

Wer Angst hat, verliert.

Verglichen mit dem Spiel gegen Ojo ...

Wir warten im Finale auf euch.

Shin?

Der ist Abfall!

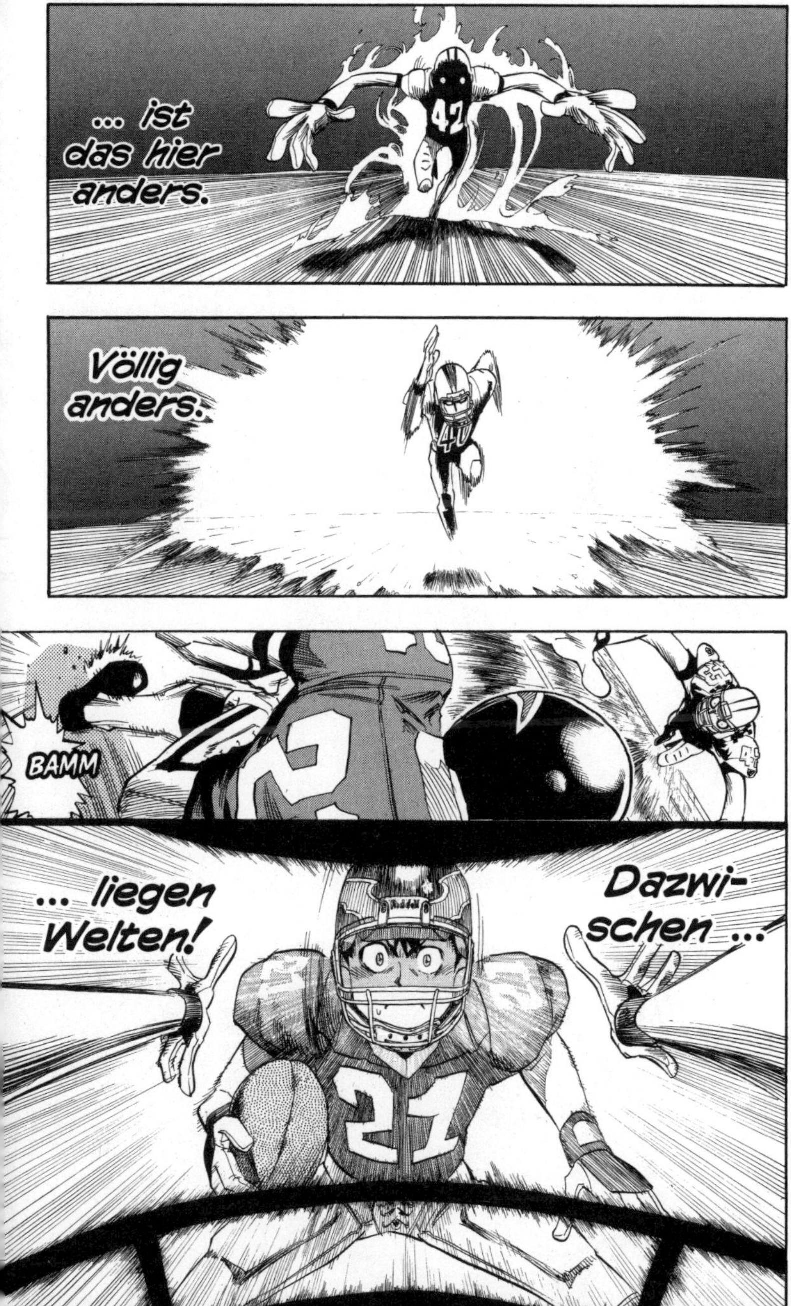

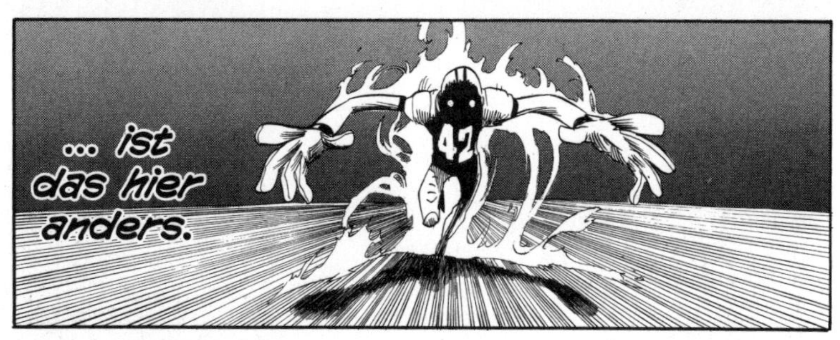

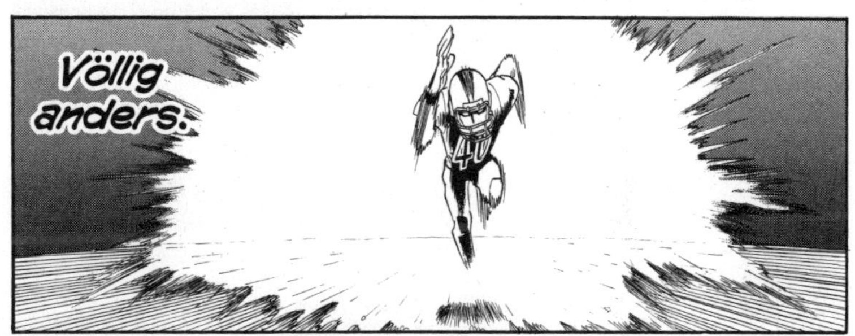

BAMM

Dazwi-schen ...

... liegen Welten!

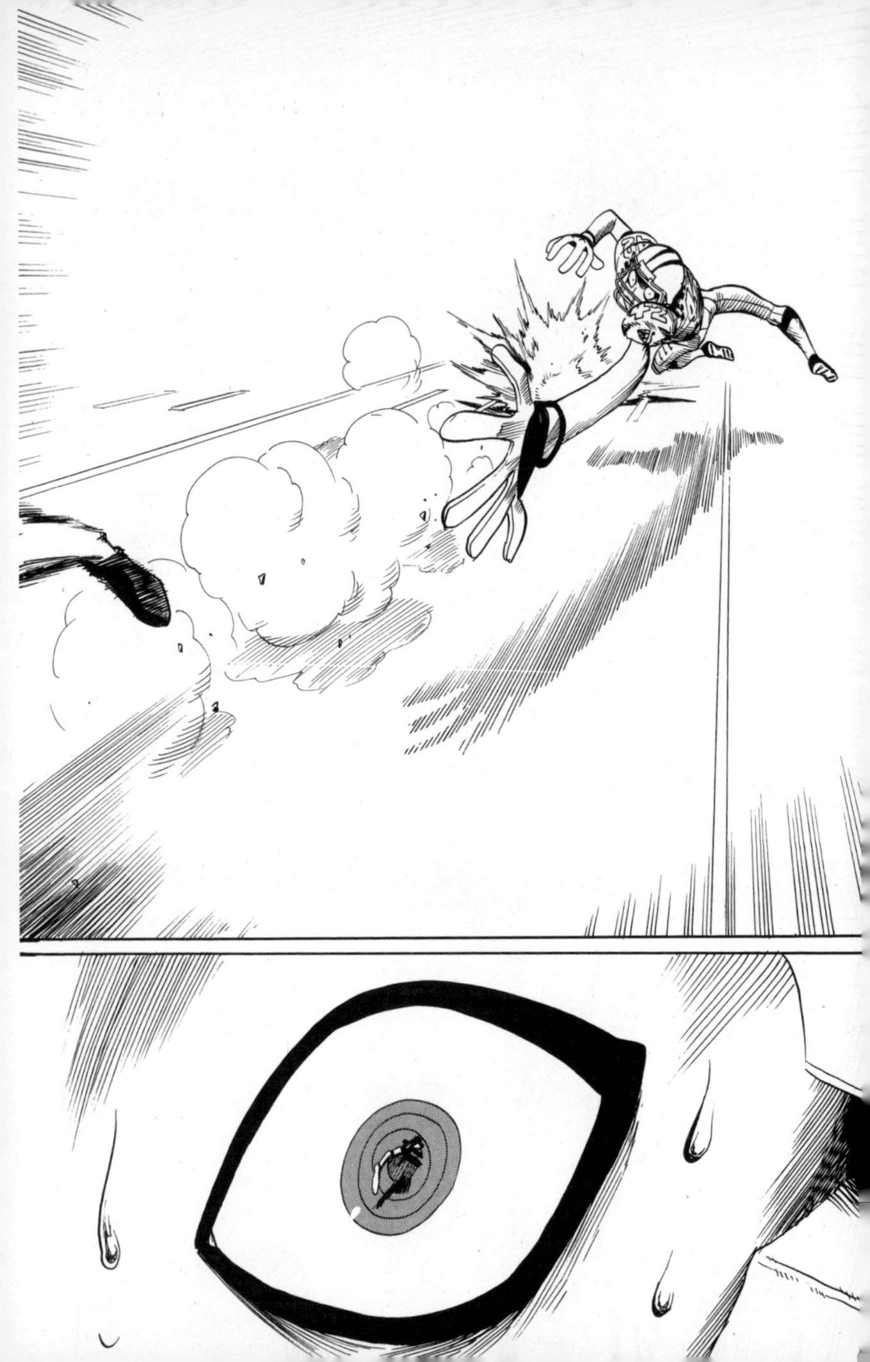

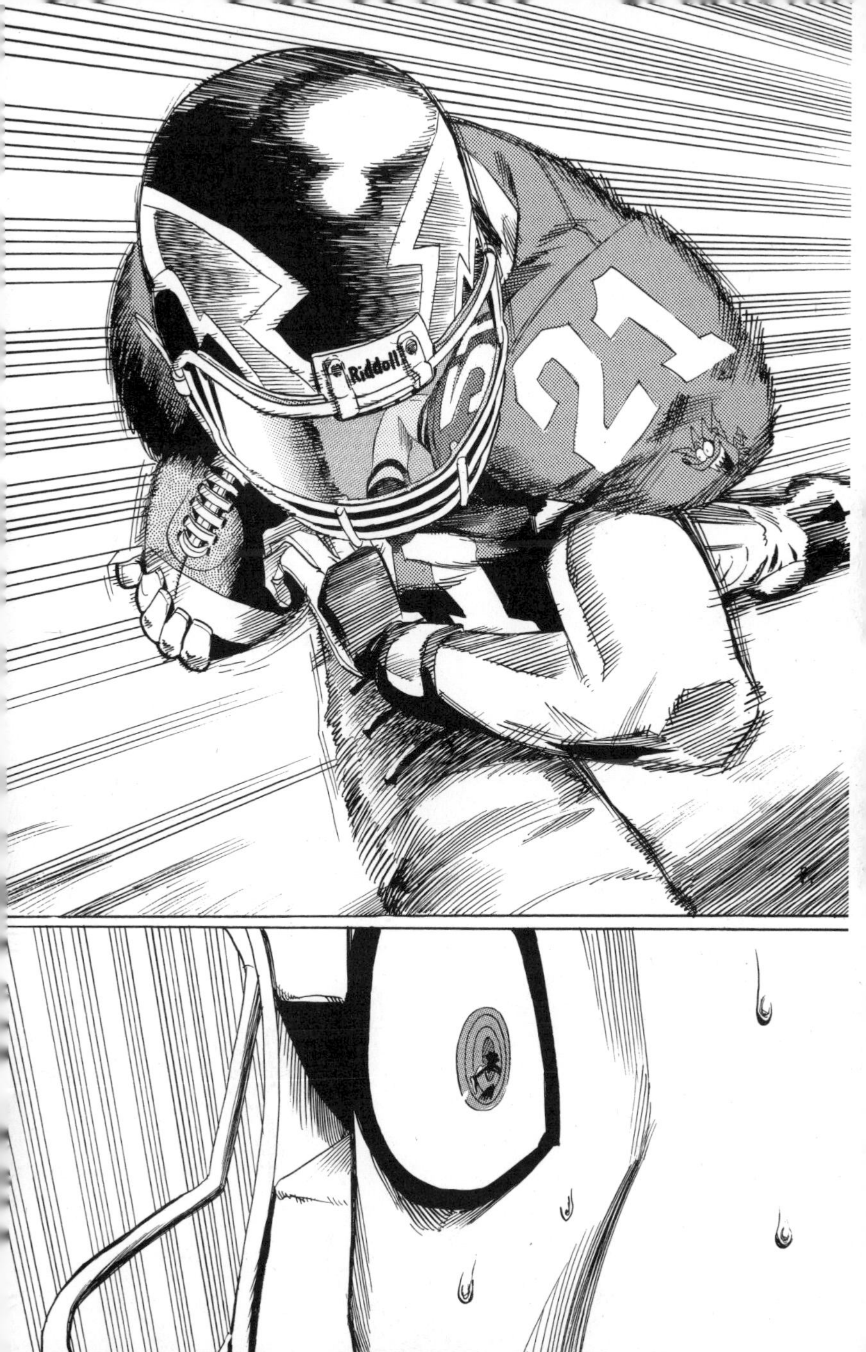
Riddoll
21

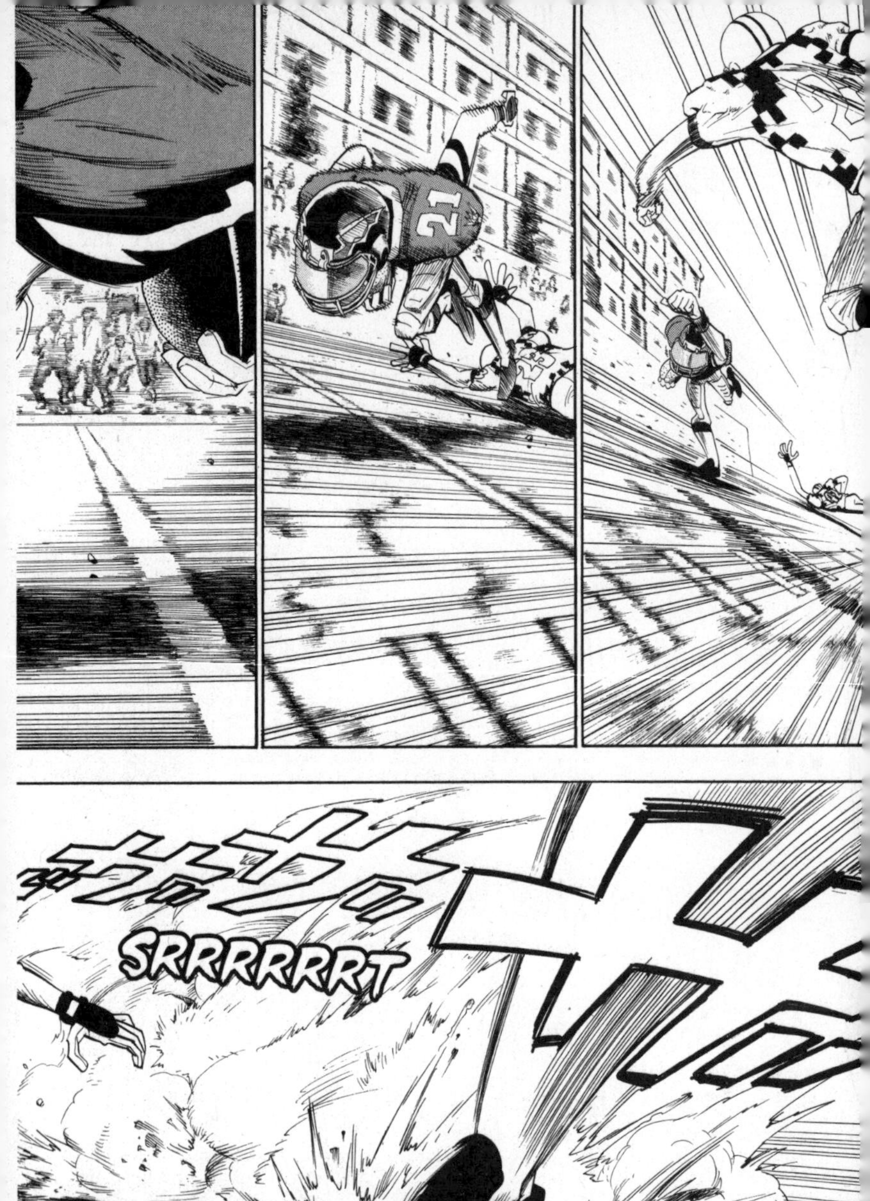
SRRRRRRRT

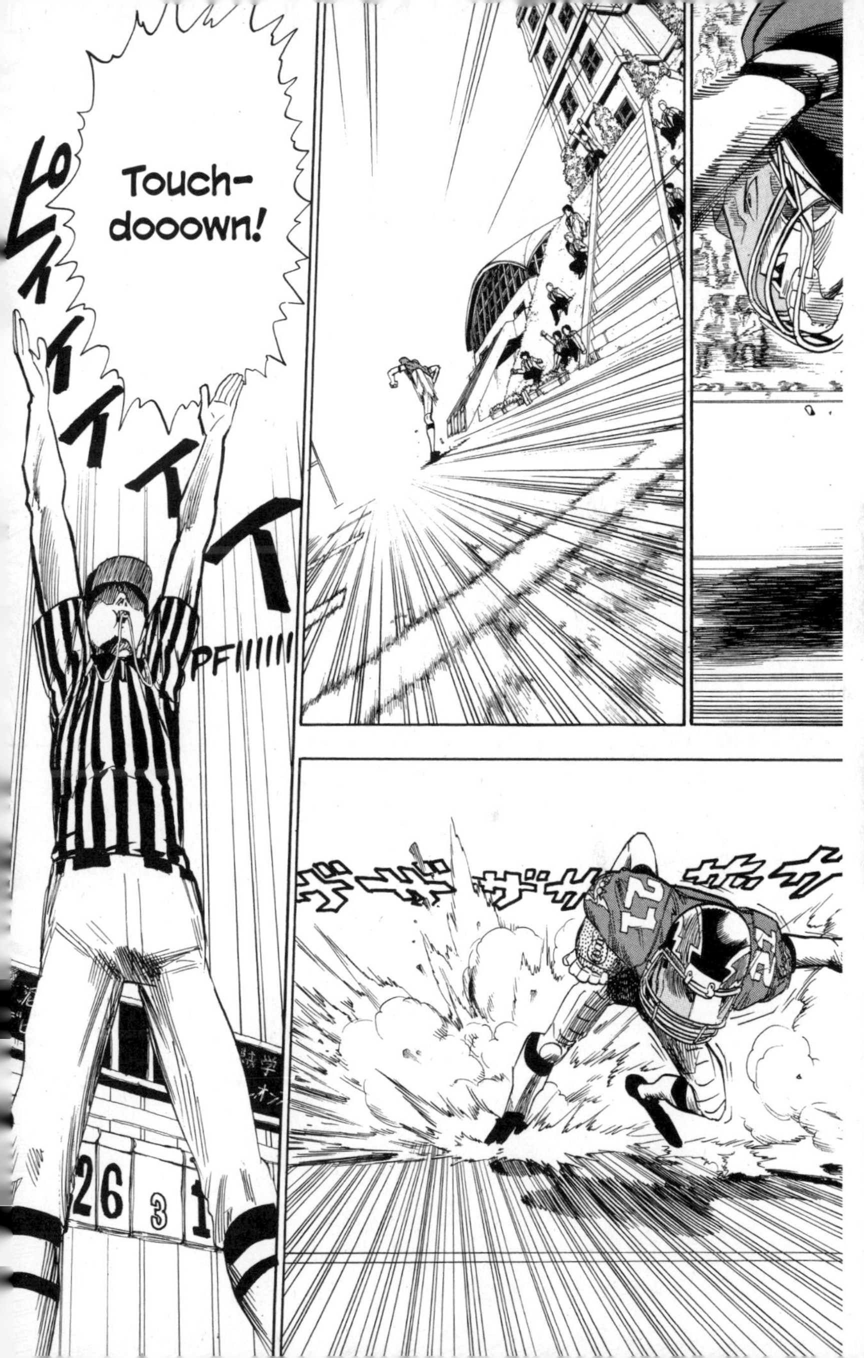
Touch-
dooown!
ピレイイイイイ
PFIIIIII
26
3
1

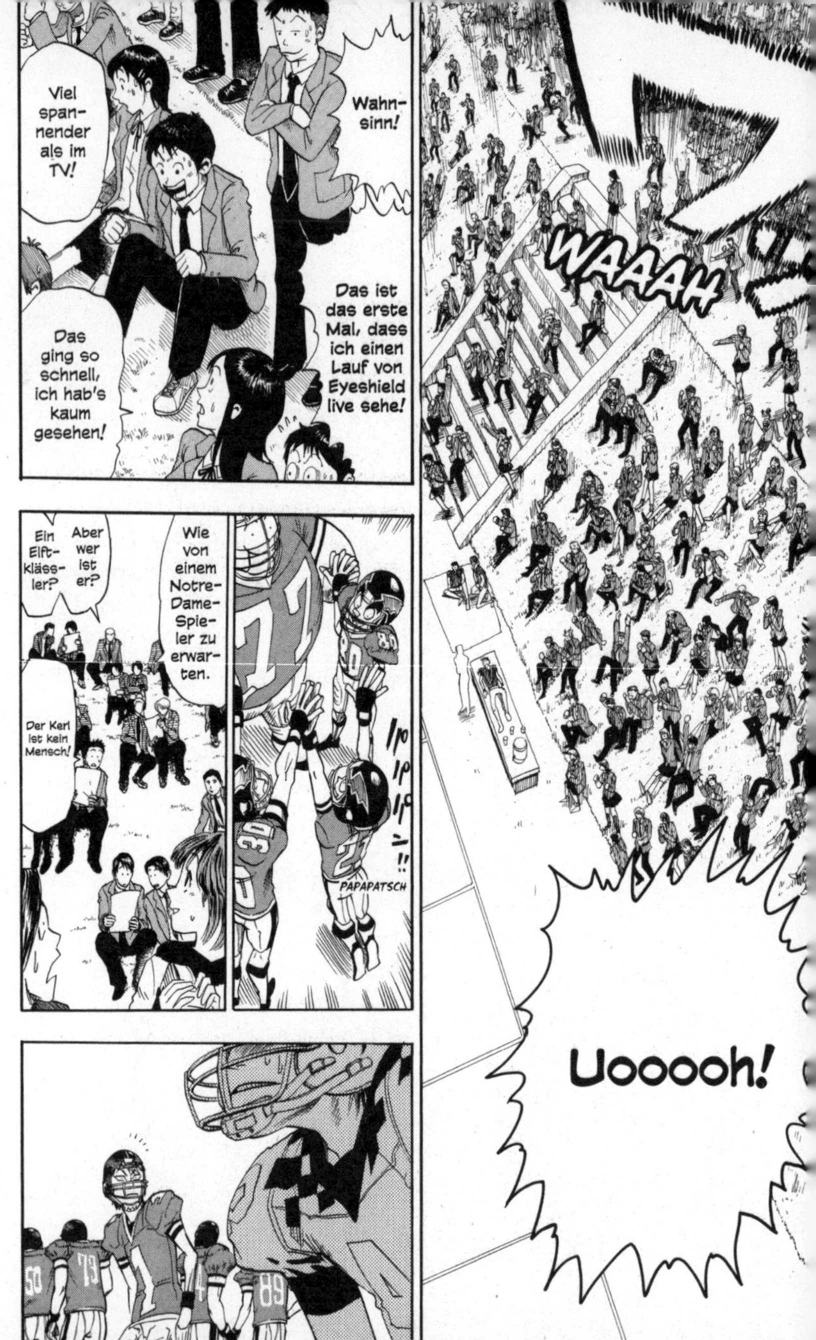
WAAAH
Uooooh!
Wahnsinn!
Viel spannender als im TV!
Das ist das erste Mal, dass ich einen Lauf von Eyeshield live sehe!
Das ging so schnell, ich hab's kaum gesehen!
Wie von einem Notre-Dame-Spieler zu erwarten.
PAPAPATSCH
Aber wer ist er?
Ein Elftklässler?
Der Kerl ist kein Mensch!

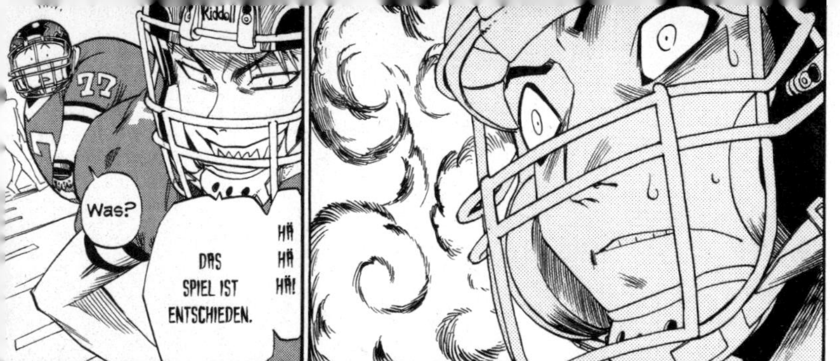
Was?
DAS SPIEL IST ENTSCHIEDEN.
HÄ HÄ HÄ!

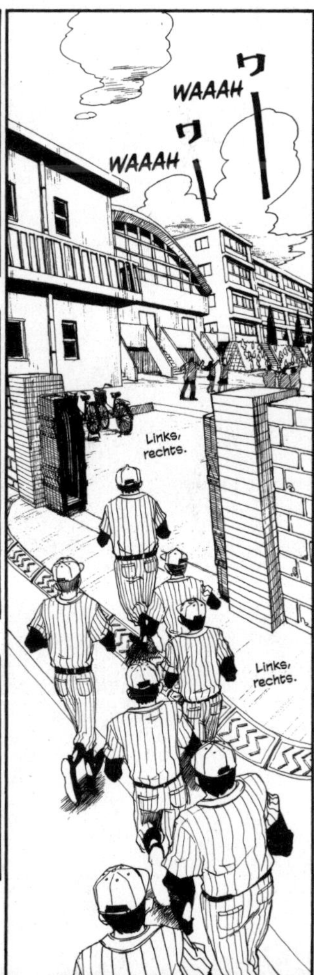
WAAAH
WAAAH
Links, rechts.
Links, rechts.

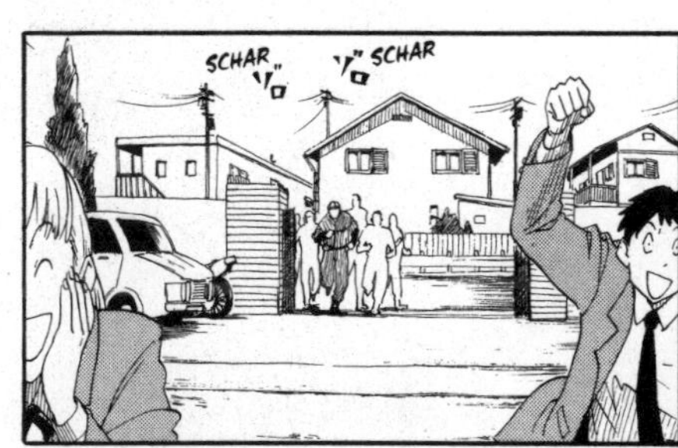
SCHAR
SCHAR

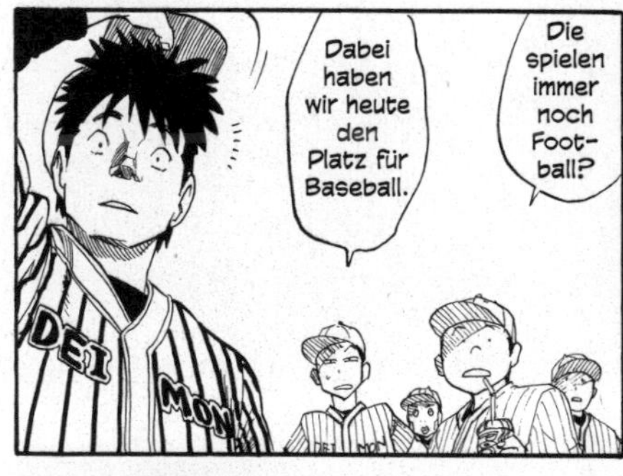
Die spielen immer noch Football?
Dabei haben wir heute den Platz für Baseball.

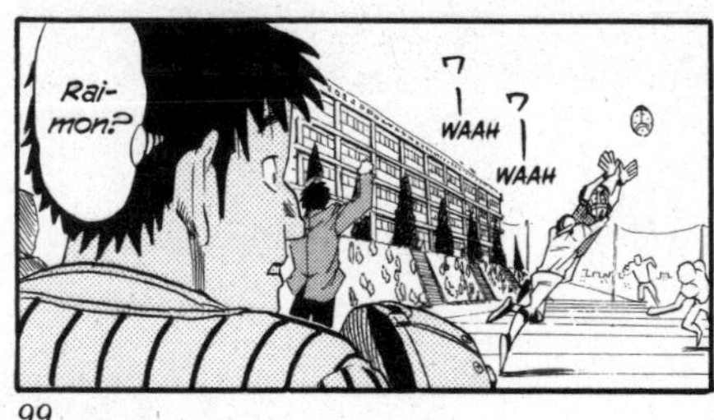
WAAH
WAAH
Raimon?

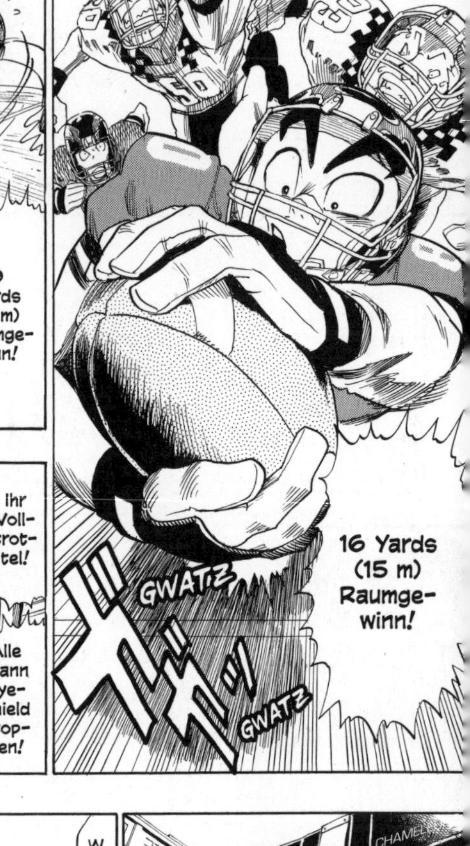
16 Yards (15 m) Raumgewinn!
GWATZ
GWATZ

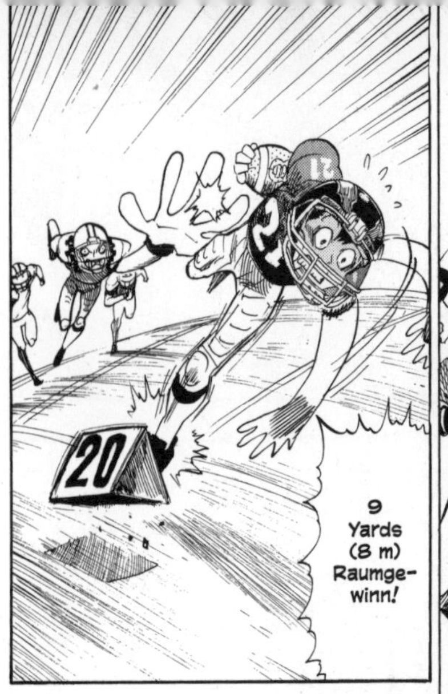
9 Yards (8 m) Raumgewinn!

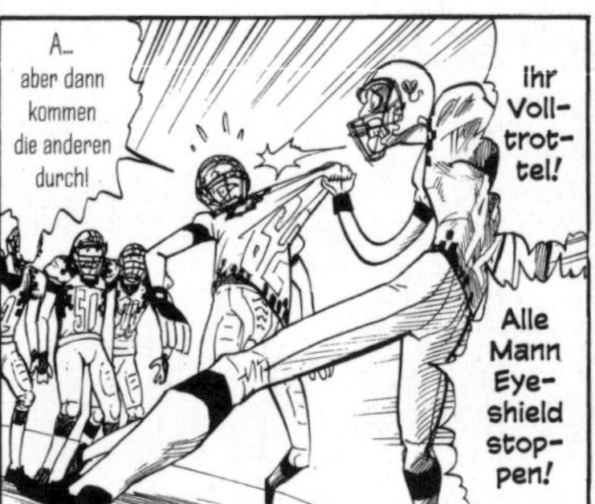
Ihr Volltrottel!
Alle Mann Eyeshield stoppen!
A... aber dann kommen die anderen durch!

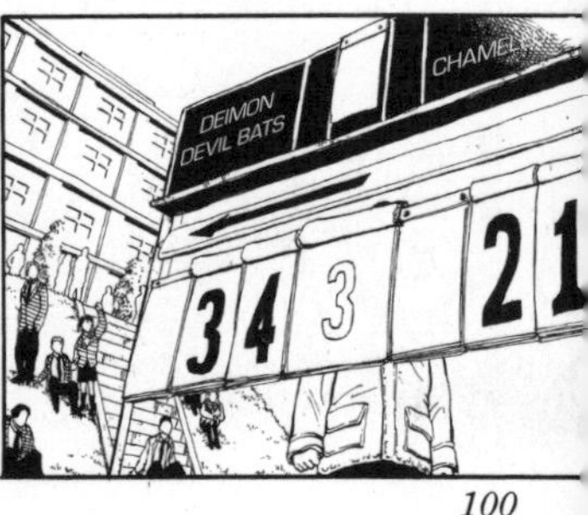
DEIMON DEVIL BATS
34 3 21

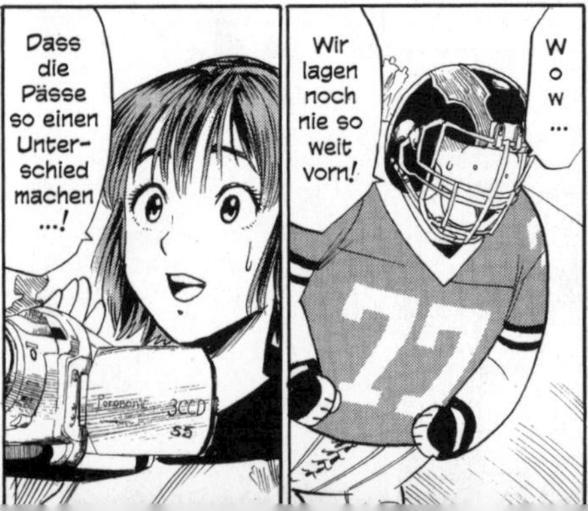
Wow ...
Wir lagen noch nie so weit vorn!
Dass die Pässe so einen Unterschied machen ...!

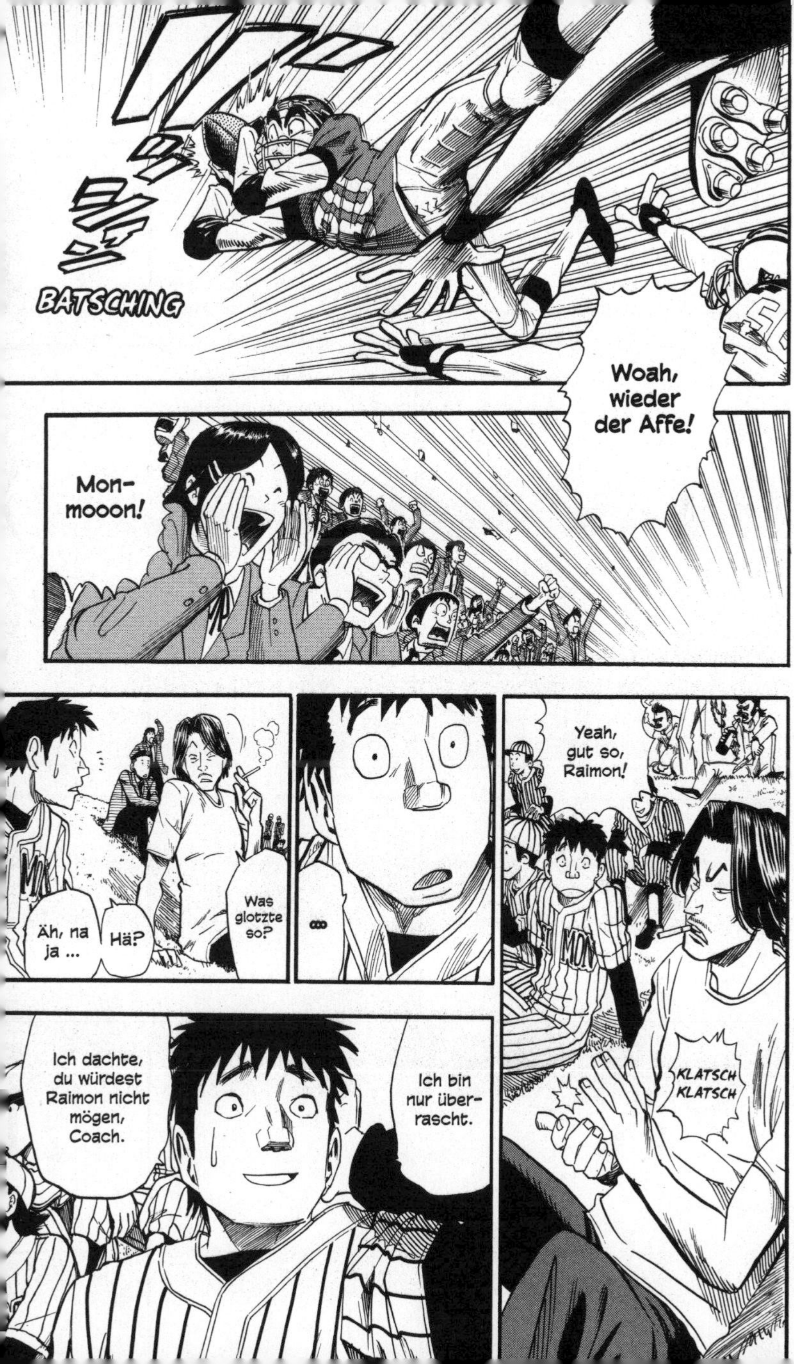

BATSCHING

Woah, wieder der Affe!

Mon-mooon!

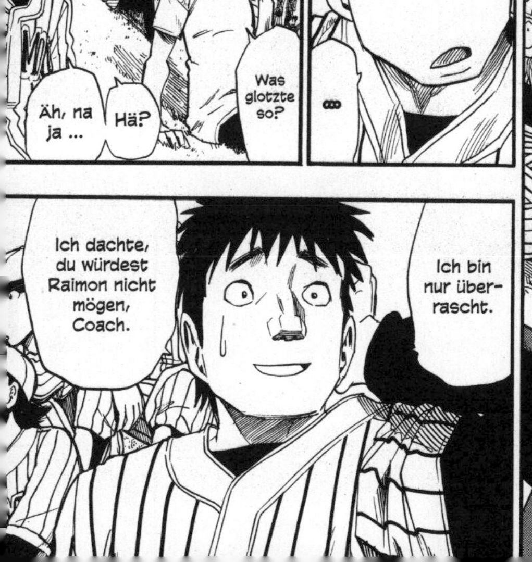

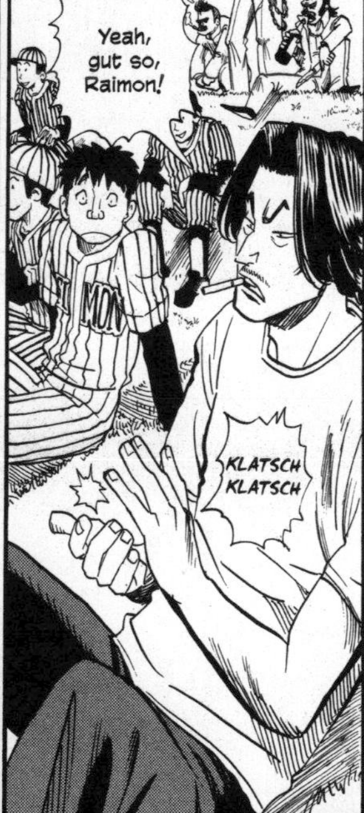

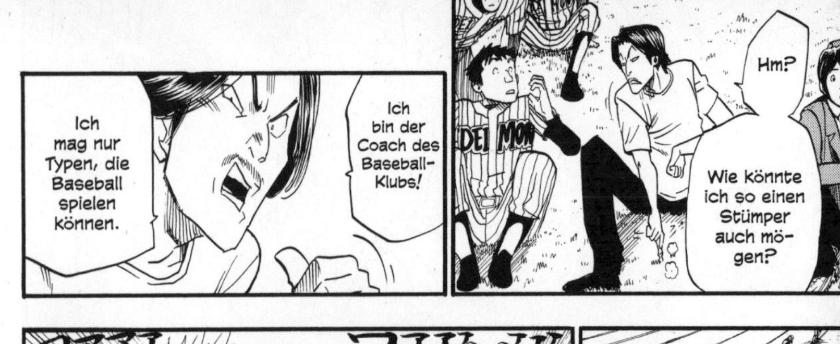

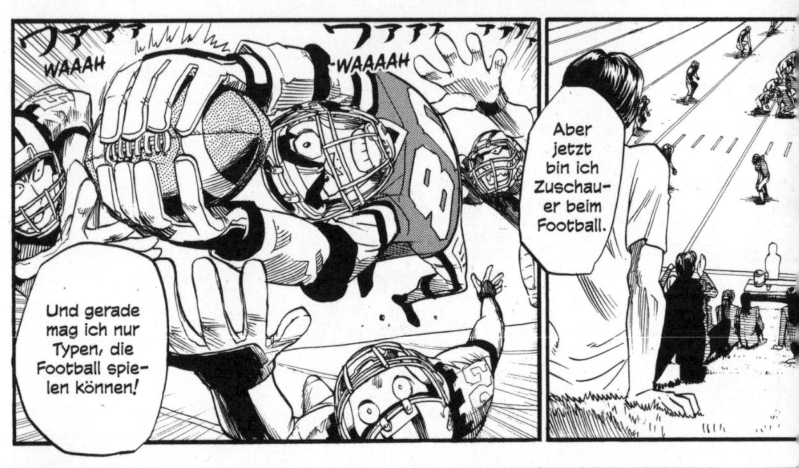

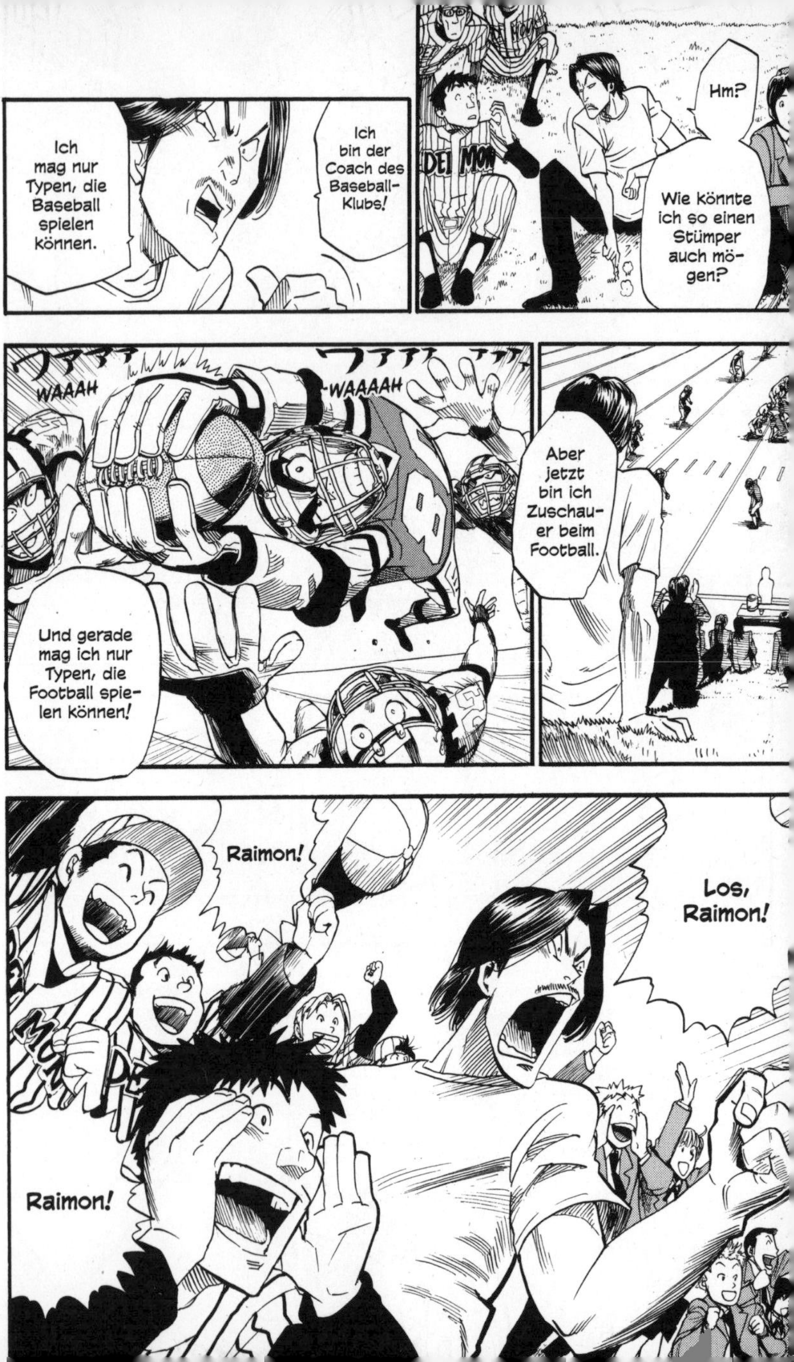

Los, Raimon!

Raimon!

Raimon!

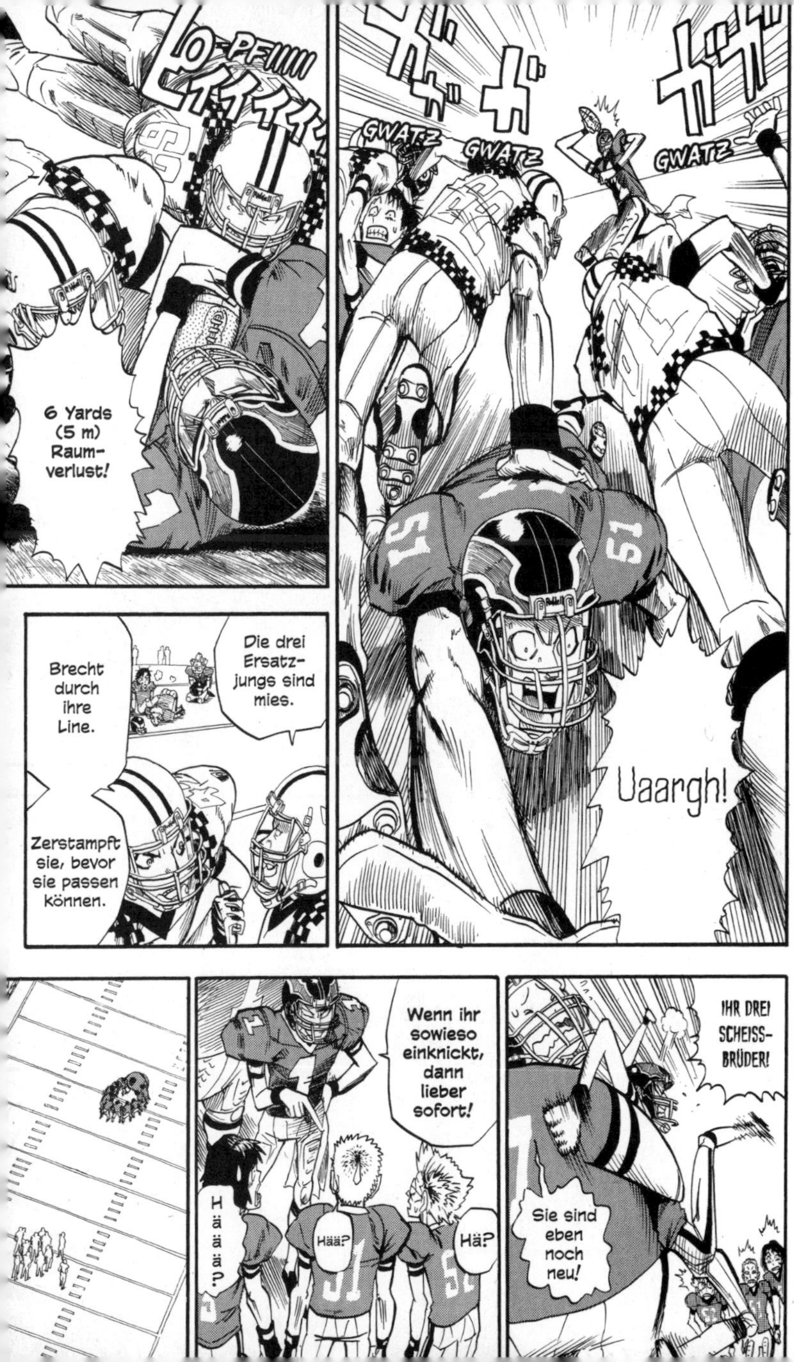

GWATZ
GWATZ
GWATZ
Uaargh!
PO-PFIIIII
6 Yards (5 m) Raumverlust!
Die drei Ersatzjungs sind mies.
Brecht durch ihre Line.
Zerstampft sie, bevor sie passen können.

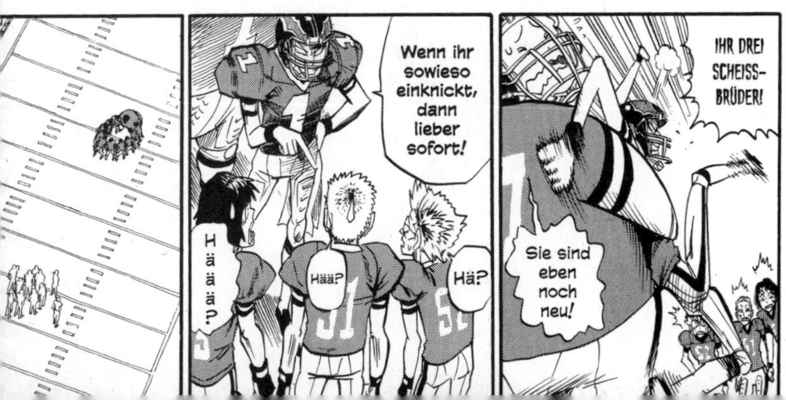

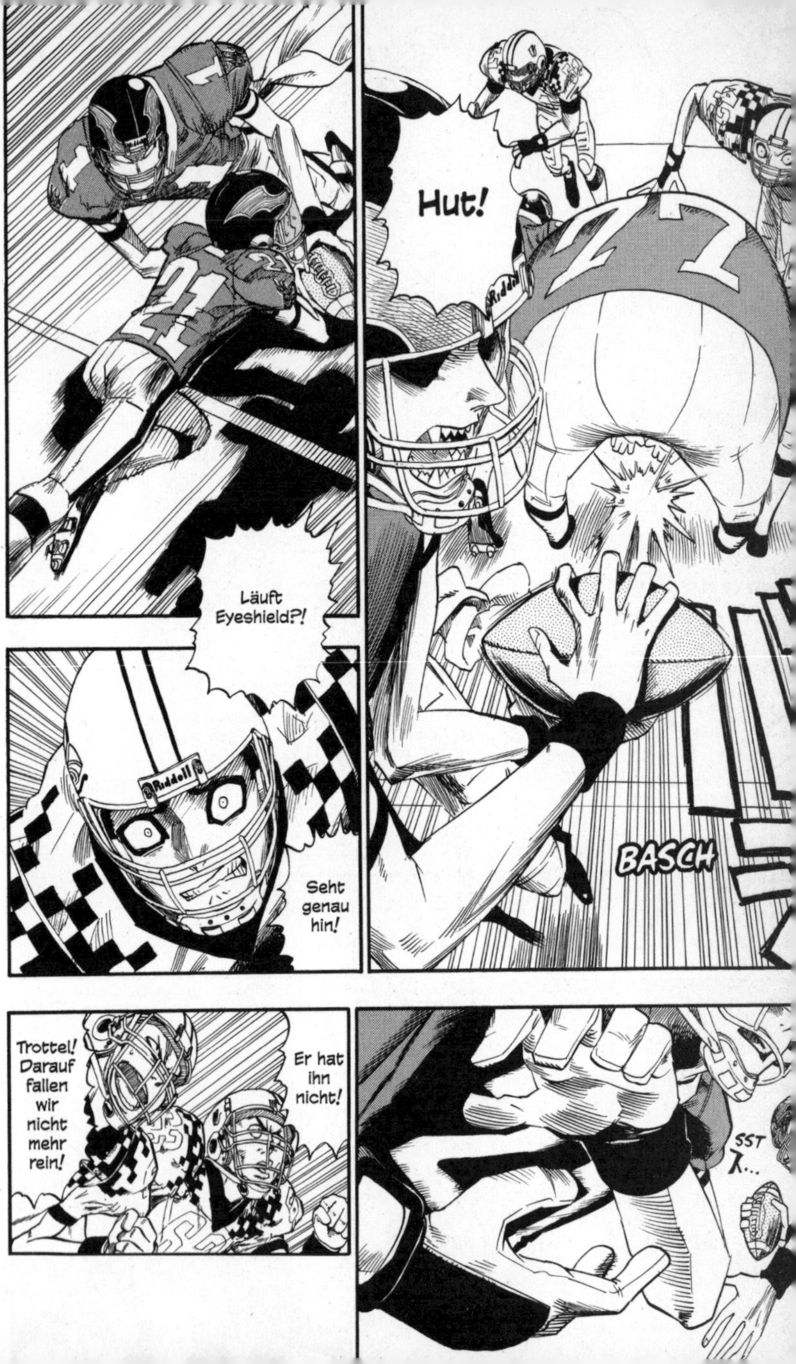

Hut!

BASCH

Läuft Eyeshield?!

Seht genau hin!

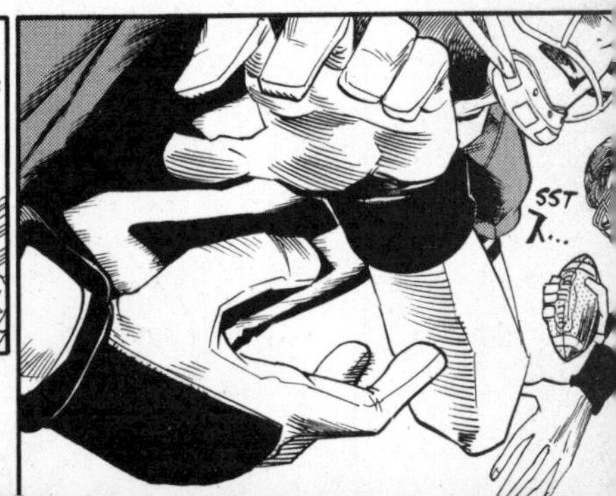

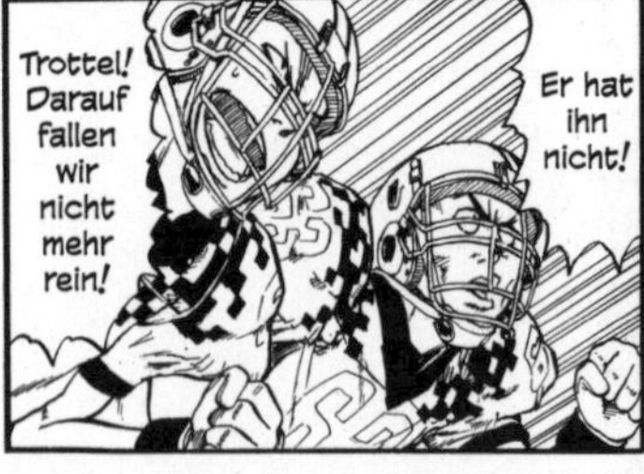

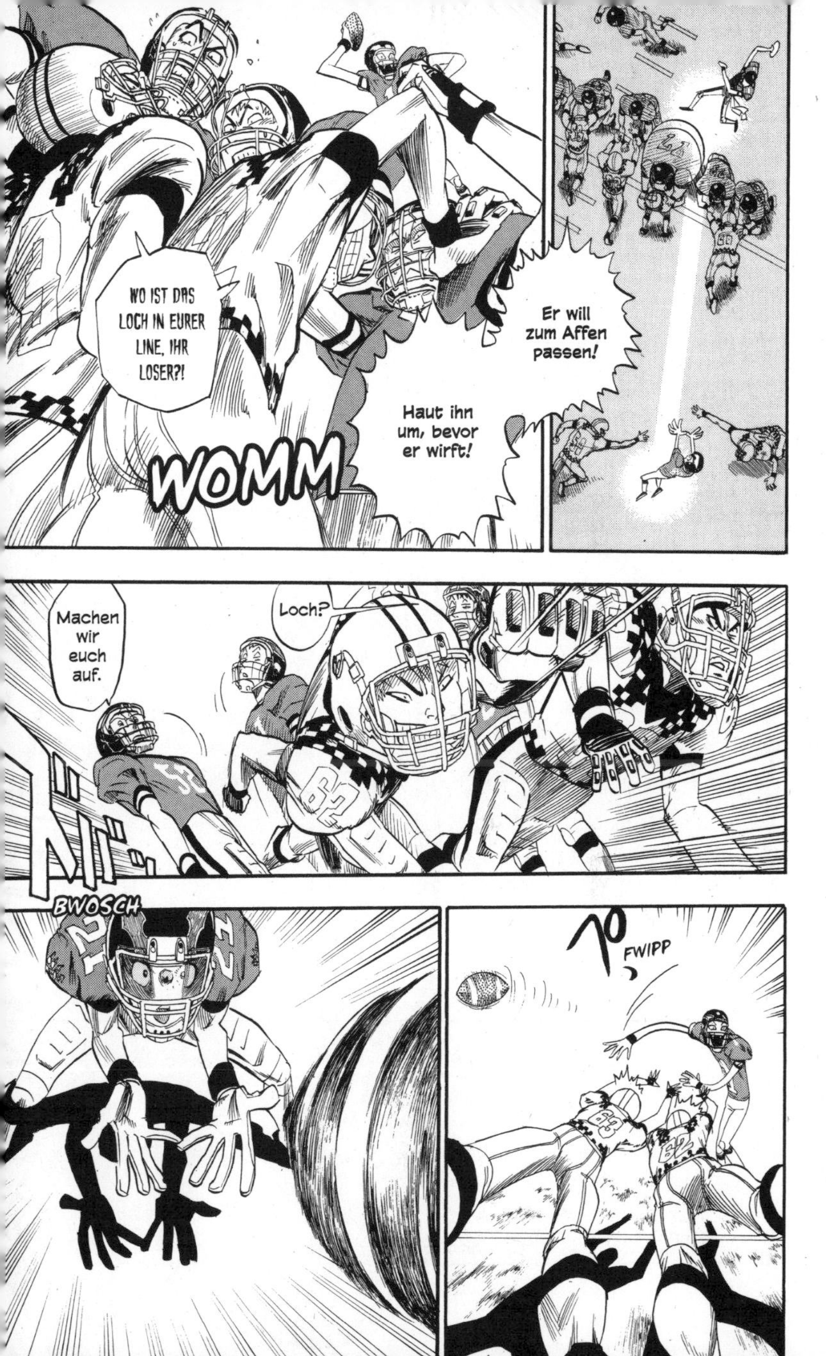
Er will zum Affen passen!
Haut ihn um, bevor er wirft!
WO IST DAS LOCH IN EURER LINE, IHR LOSER?!
WOMM
Loch?
Machen wir euch auf.
BWOSCH
FWIPP

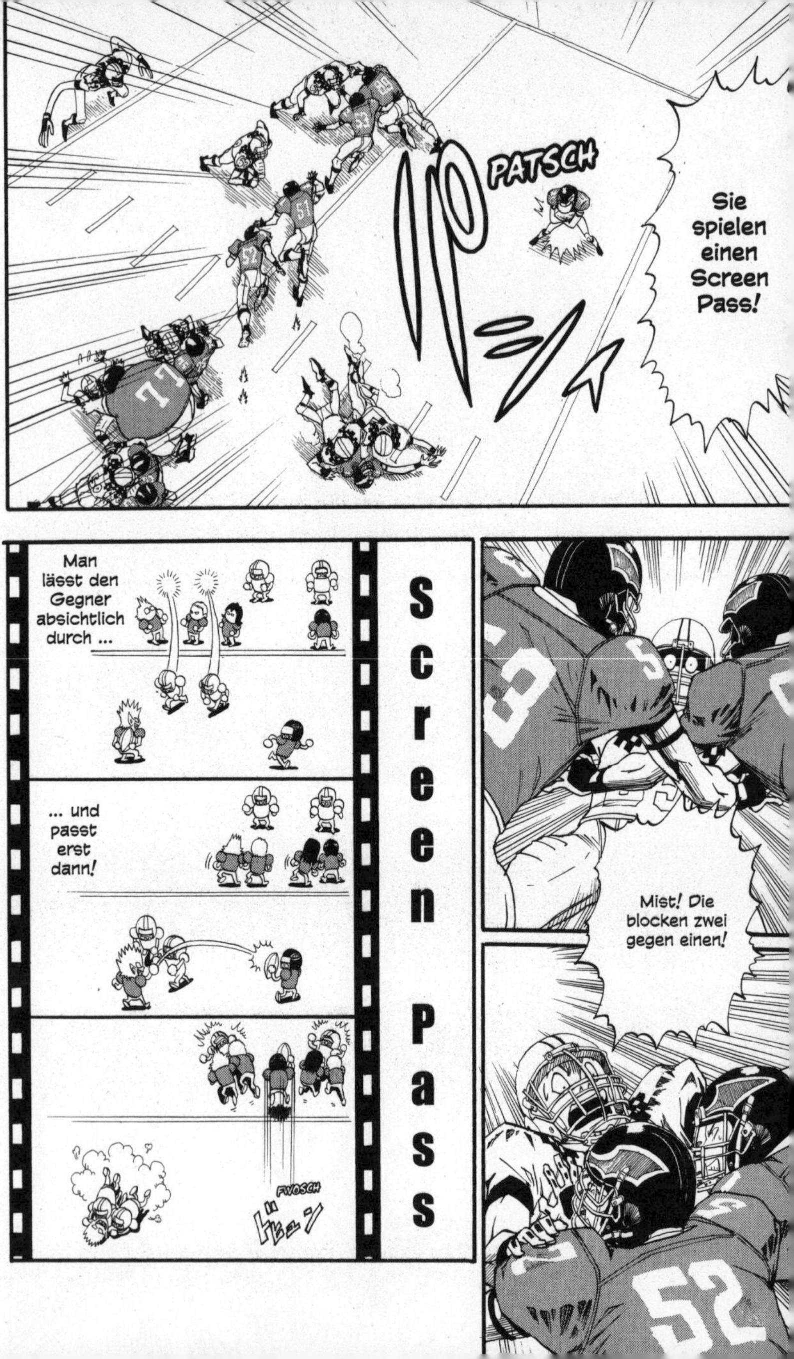

PATSCH

Sie spielen einen Screen Pass!

Mist! Die blocken zwei gegen einen!

Screen Pass

Man lässt den Gegner absichtlich durch ...

... und passt erst dann!

FWOSCH

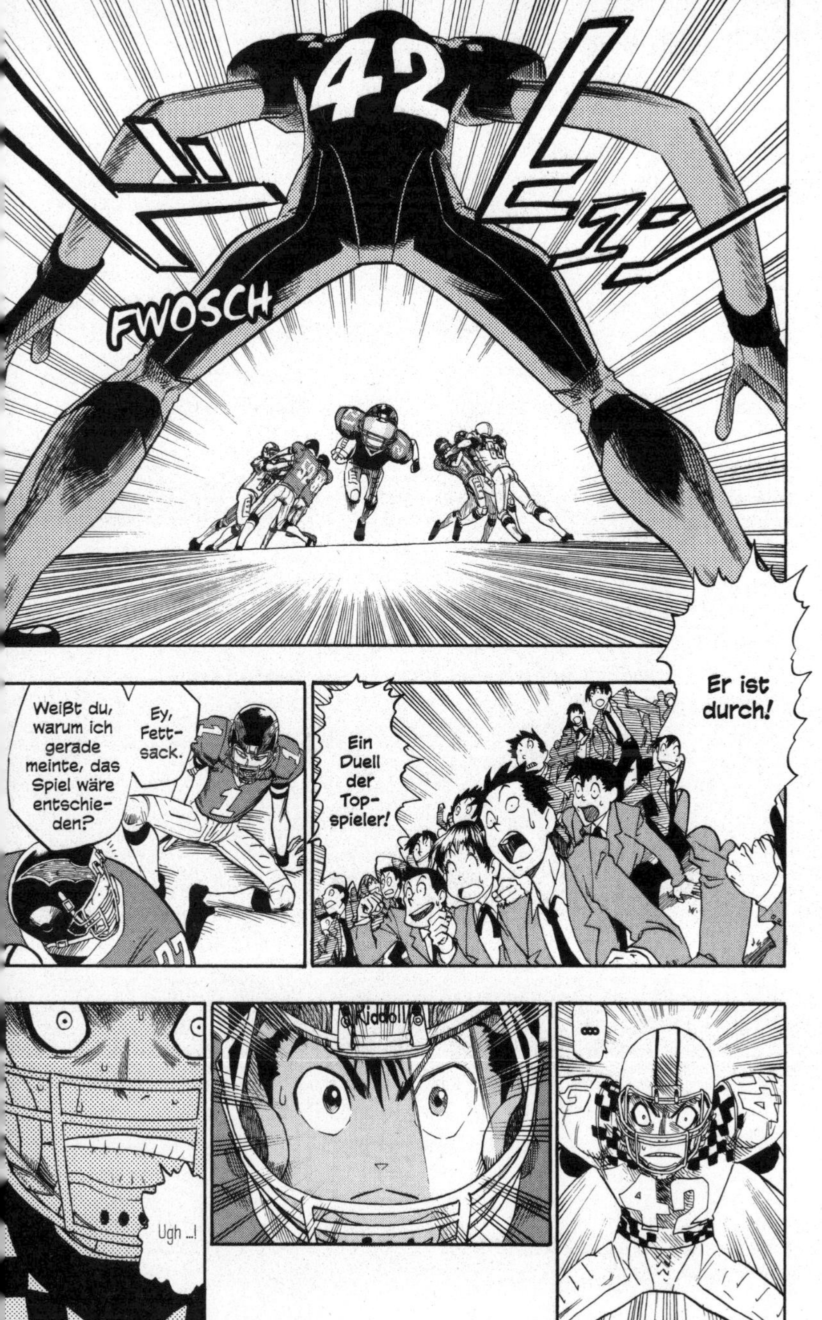
FWOSCH
Er ist durch!
Ein Duell der Topspieler!
Ey, Fettsack.
Weißt du, warum ich gerade meinte, das Spiel wäre entschieden?
...
Ugh ...!

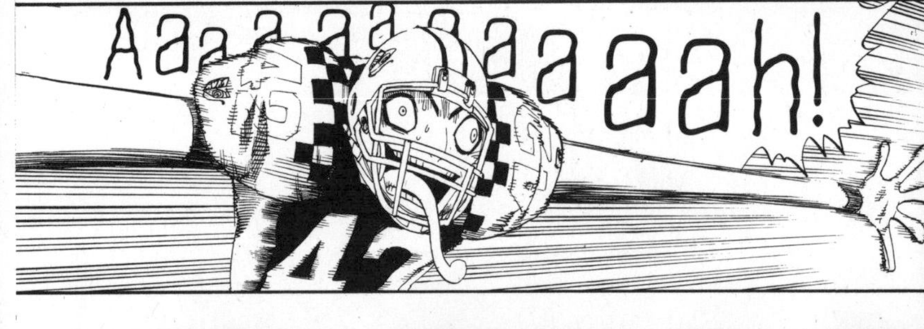
Aaaaaaaaaaah!

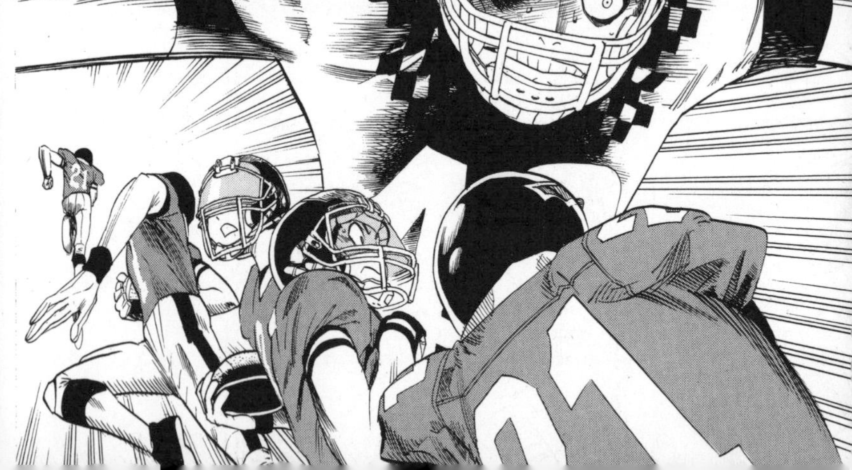

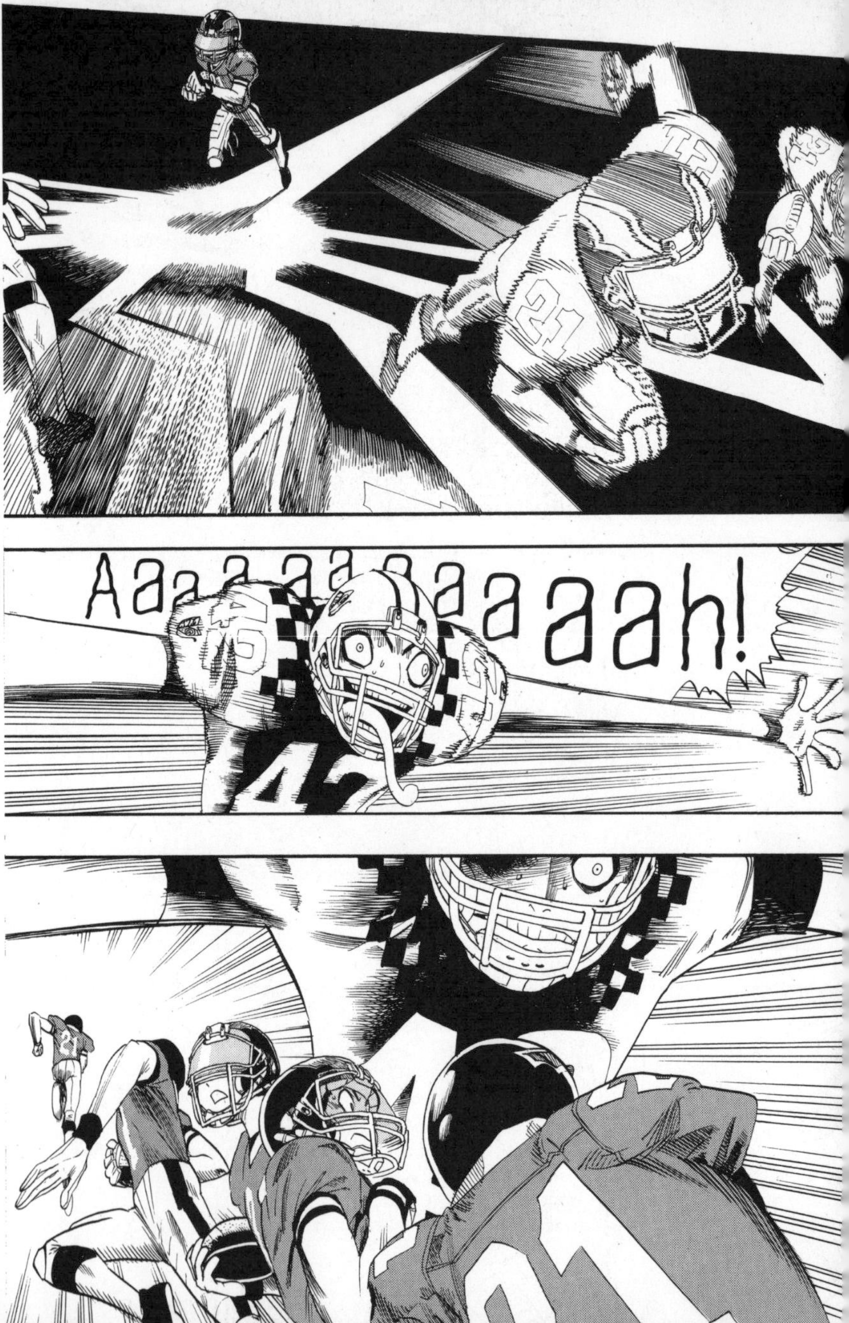

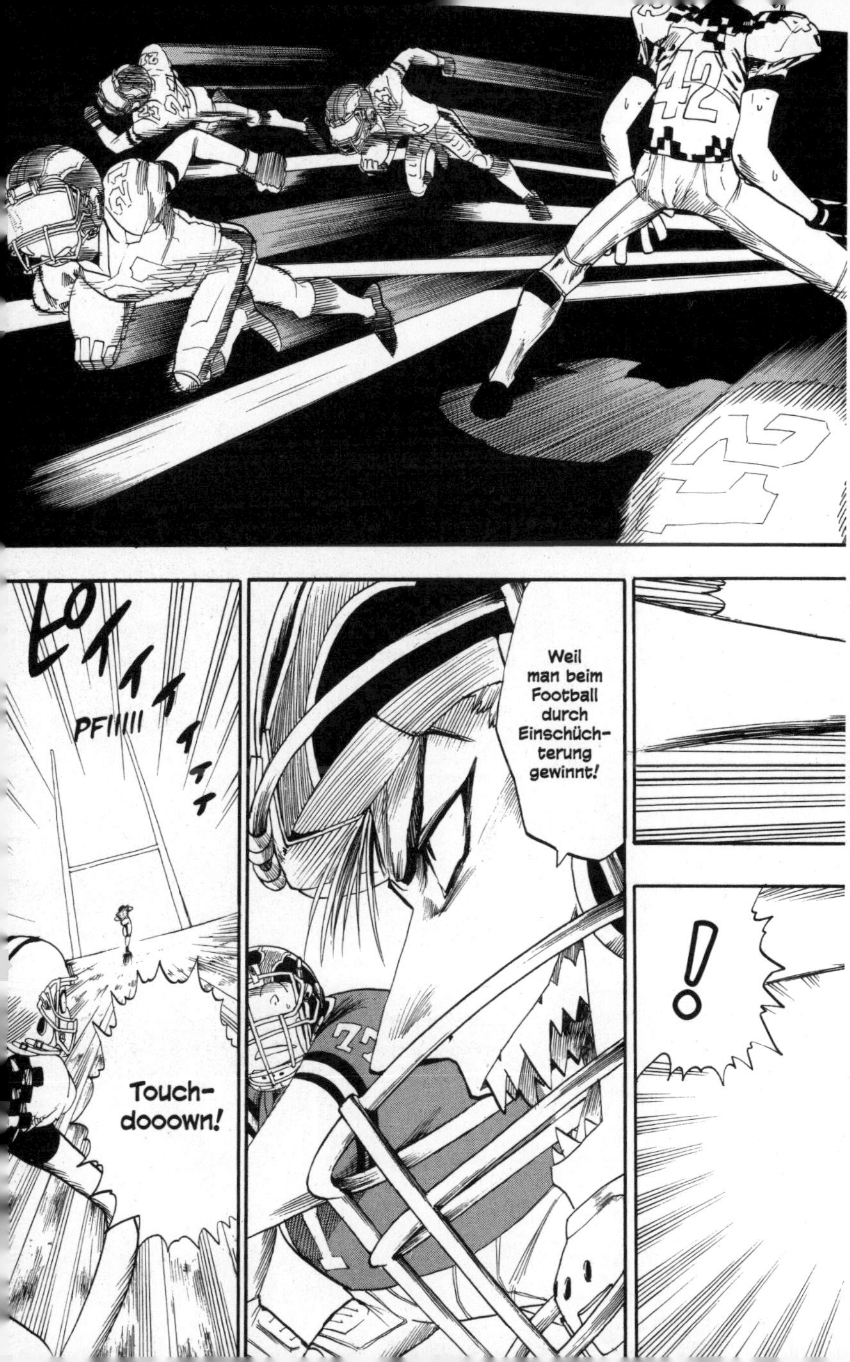

PFIIIII
Weil man beim Football durch Einschüchterung gewinnt!
Touch-dooown!
!

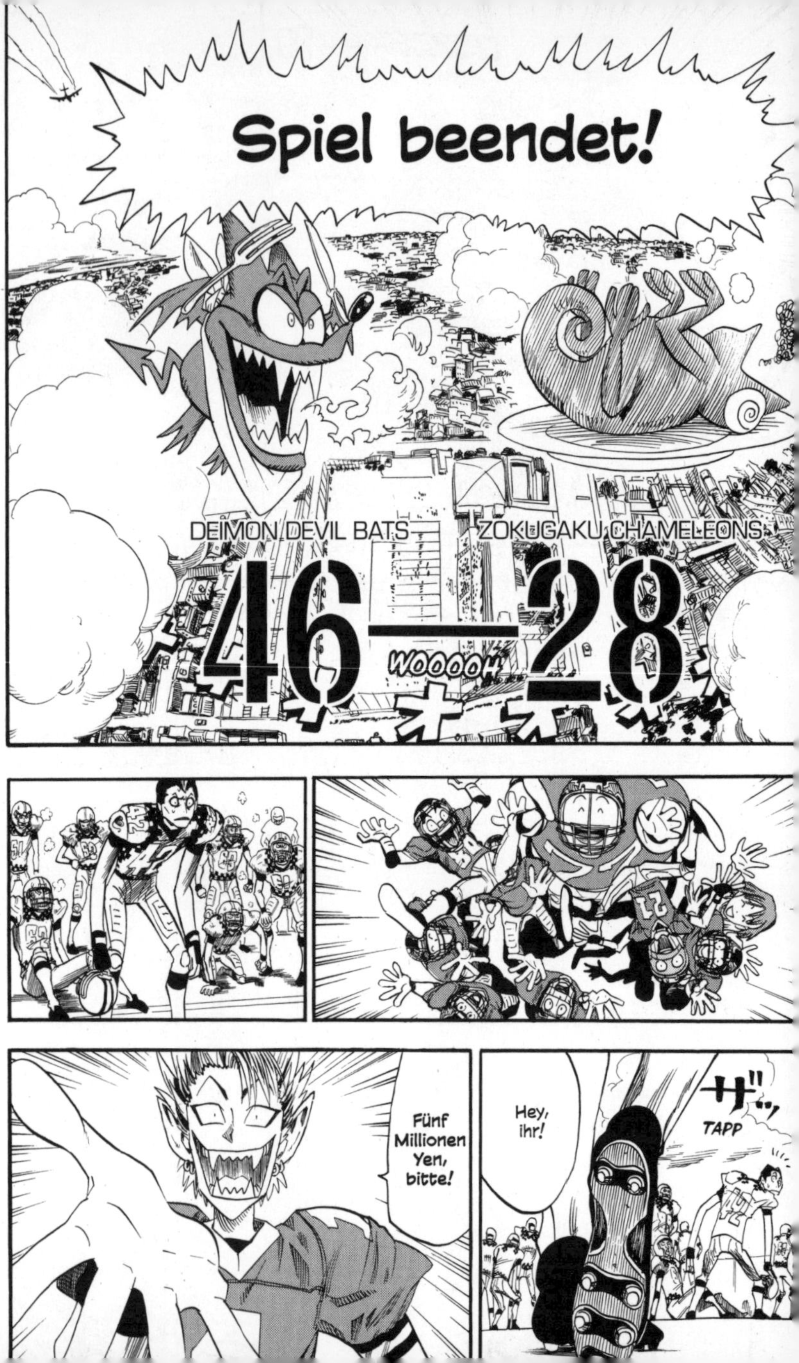

Spiel beendet!

DEIMON DEVIL BATS

ZOKUGAKU CHAMELEONS

46–28

WOOOOH

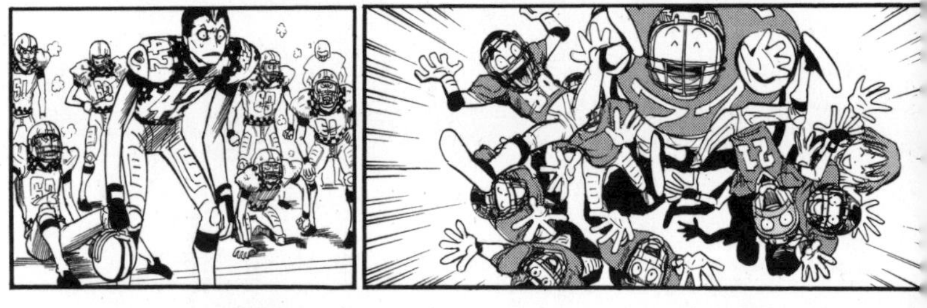

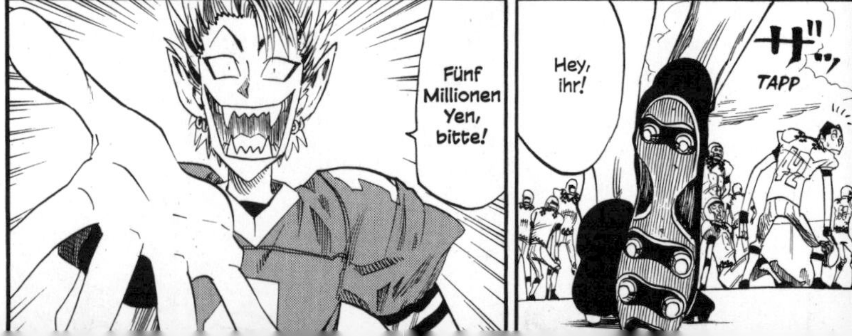

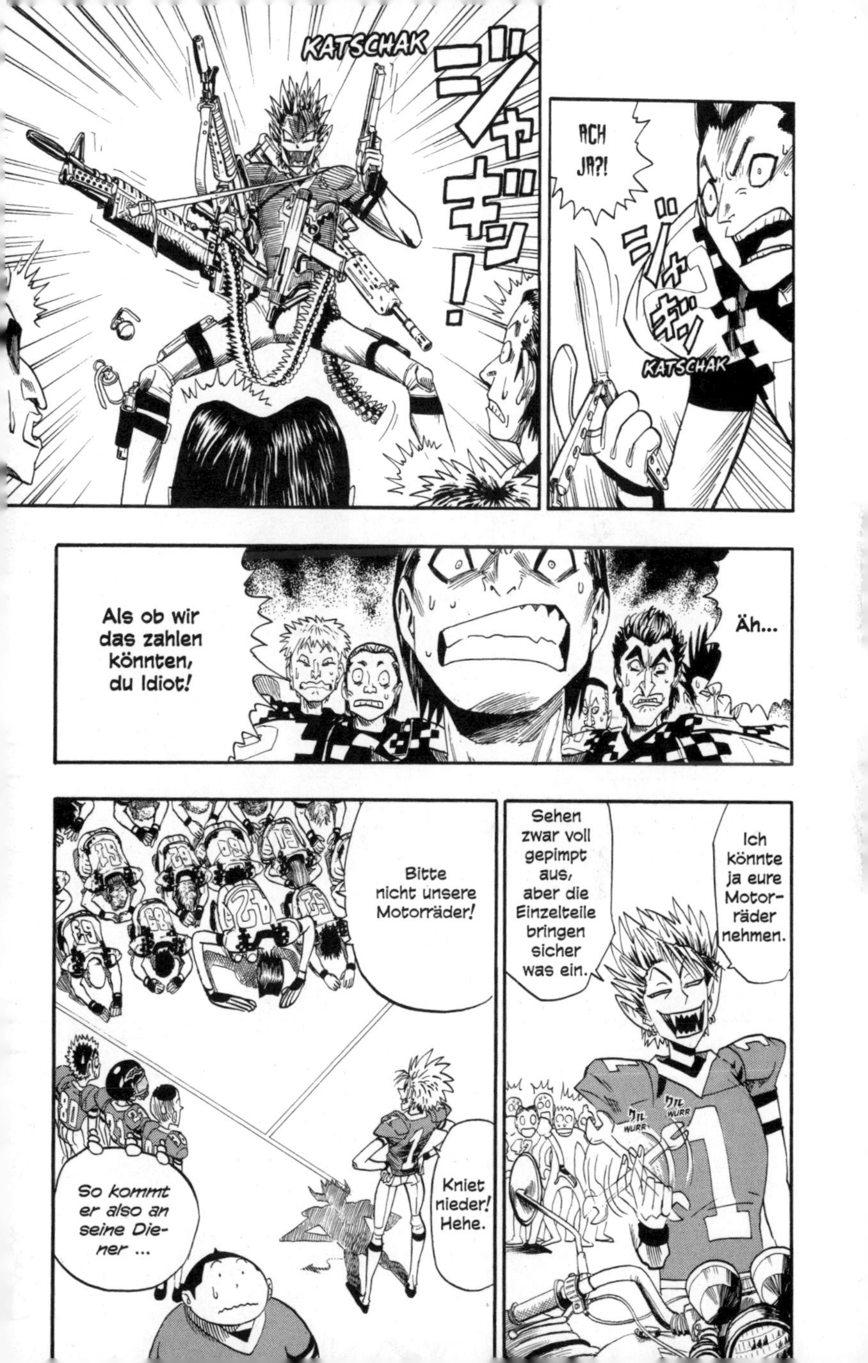

ACH JA?!

KATSCHAK

KATSCHAK

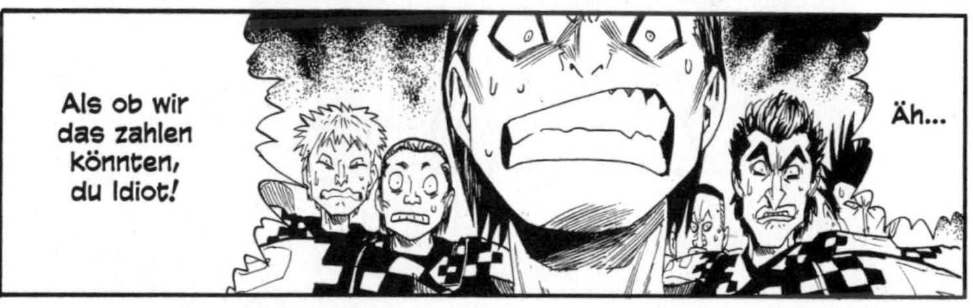

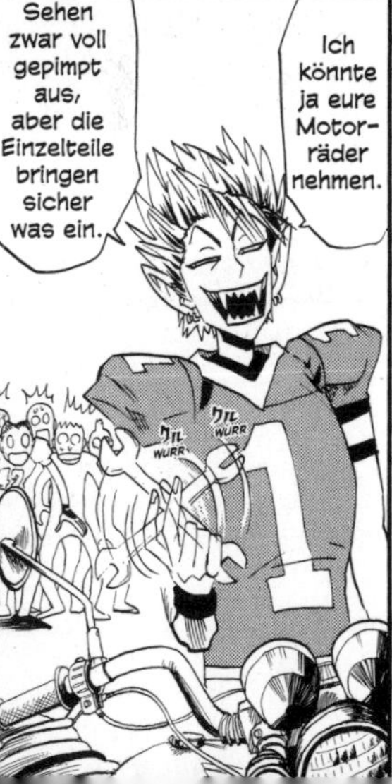

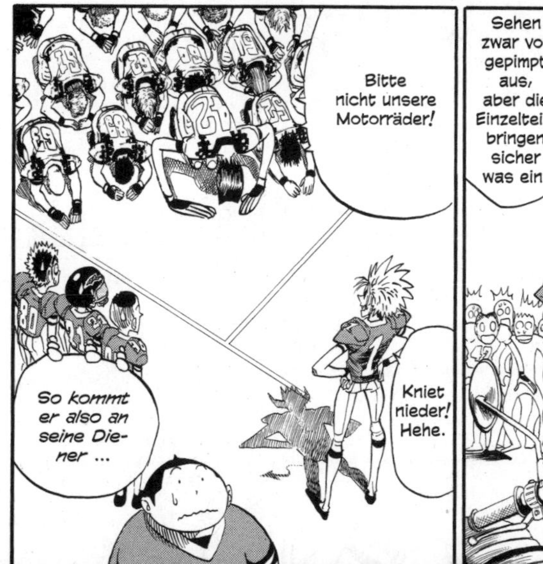

ÜBERWÄLTIGENDER SIEG FÜR DIE DEIMON DEVIL BATS!

DEIMON-SCHÜLERZEITUNG

RUI HABASHIRA LANDET KEINEN STICH

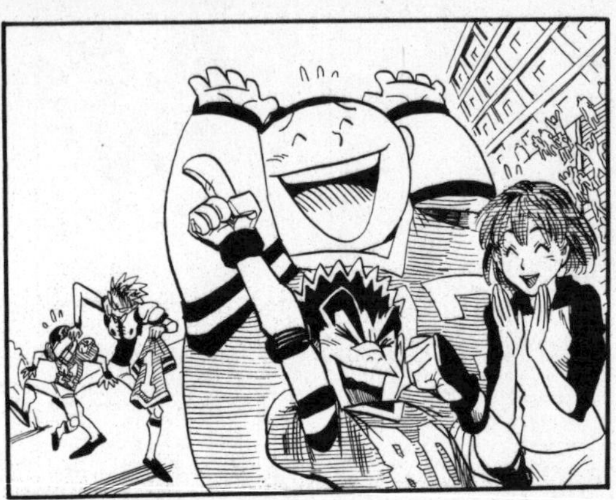

EXTRABLATT

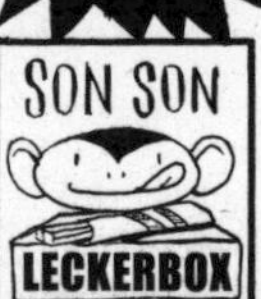

46 – 28

Der American-Football-Klub der Deimon hatte sein Schicksalsspiel gegen die Zokugaku!

Dank der großartigen Leistungen des Helden der University of Notre Dame, Eyeshield 21, und anderer konnte unsere Schule einen haushohen Sieg einfahren.

„Dieser beschissene Linebacker war kein Gegner für mich! Kommt in den Football-Klub und werdet in drei Sekunden so schnell wie ich!“

Sobald er das Feld betritt, wird der redselige Eyeshield 21 ein anderer Mensch, ein schweigsamer Krieger. Man bekommt einen Eindruck von der Erhabenheit des Schlachtfelds namens American Football.

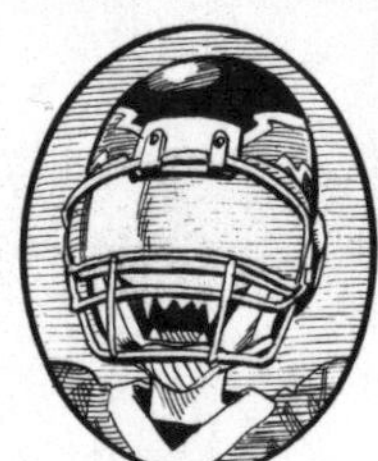

EYESHIELD 21

Werdet so stark wie ich!

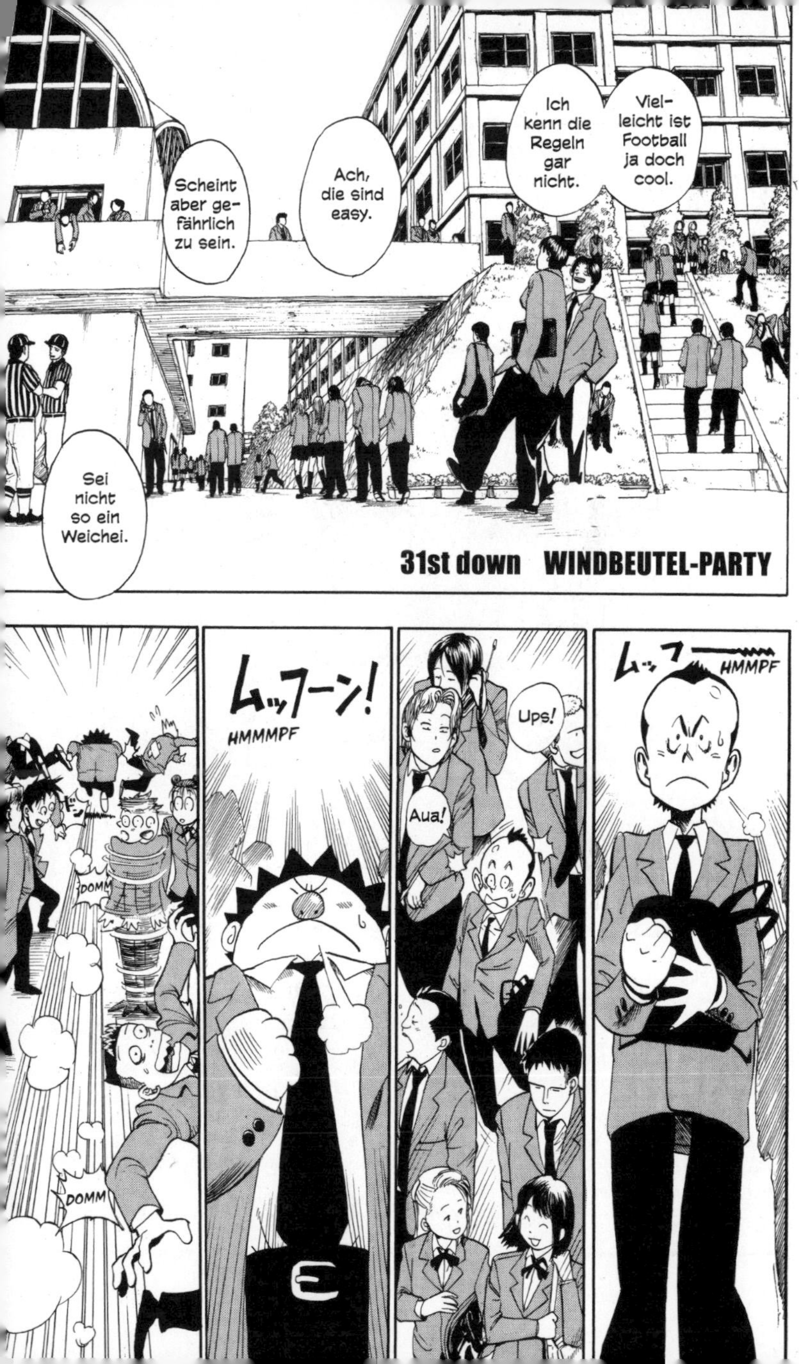

Vielleicht ist Football ja doch cool.

Ich kenn die Regeln gar nicht.

Ach, die sind easy.

Scheint aber gefährlich zu sein.

Sei nicht so ein Weichei.

31st down WINDBEUTEL-PARTY

ムッフ～ HMMPF

Ups!

Aua!

ムッフーン! HMMMPF

ドン

DOMM

DOMM

31ST DOWN
WINDBEUTEL-PARTY

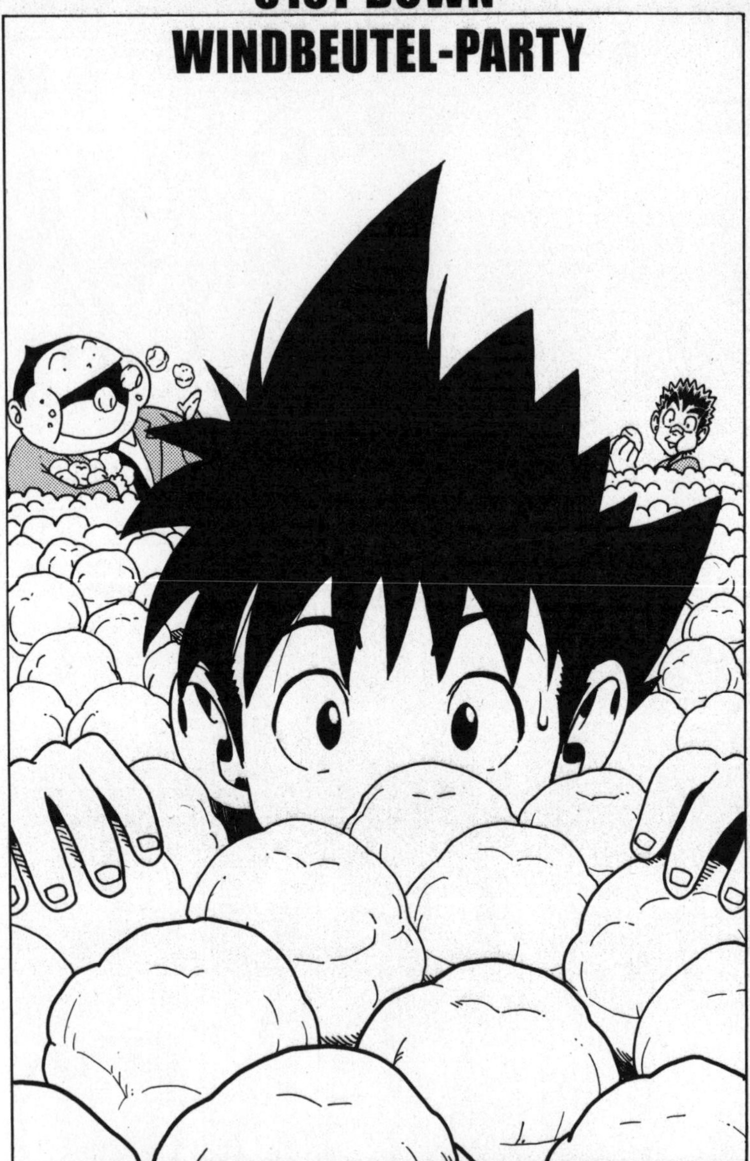

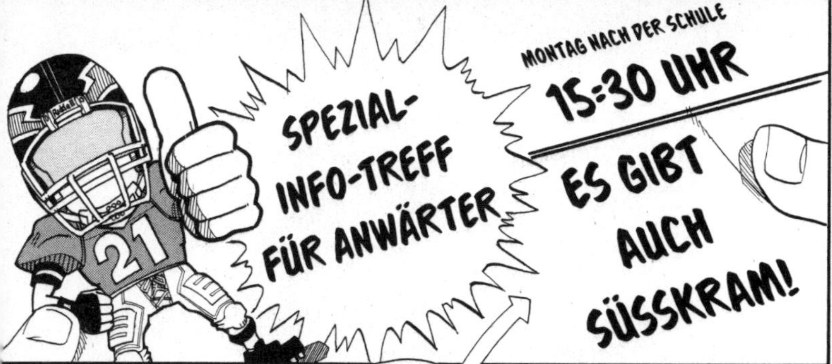

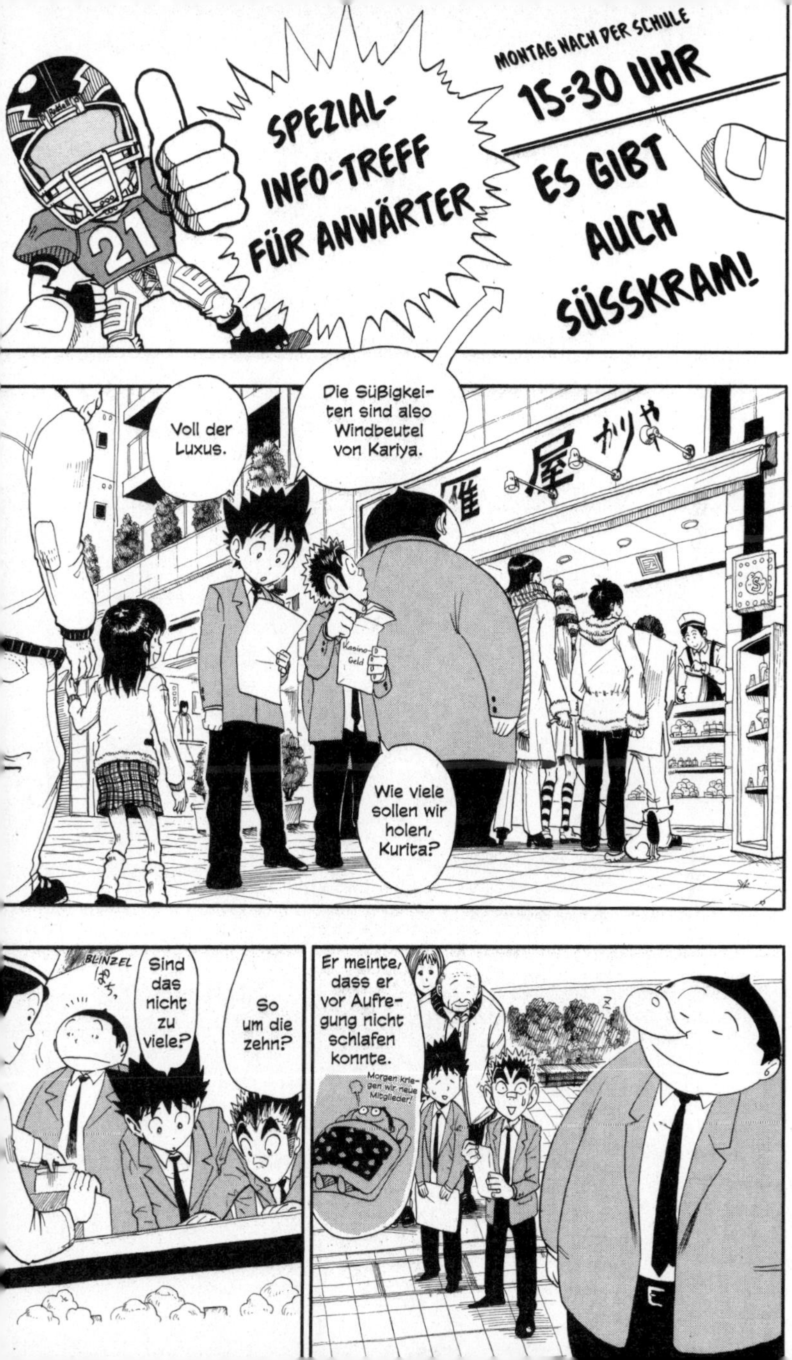

MONTAG NACH DER SCHULE
15:30 UHR
ES GIBT AUCH SÜSSKRAM!
SPEZIAL-INFO-TREFF FÜR ANWÄRTER

Die Süßigkeiten sind also Windbeutel von Kariya.
Voll der Luxus.
Kasino-Geld
Wie viele sollen wir holen, Kurita?

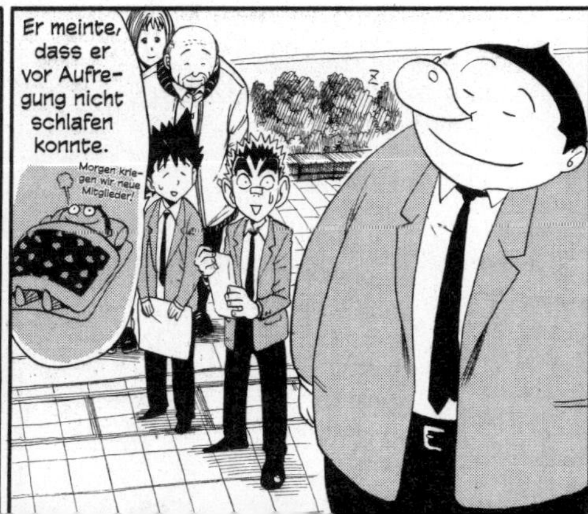

Er meinte, dass er vor Aufregung nicht schlafen konnte.
Morgen kriegen wir neue Mitglieder!

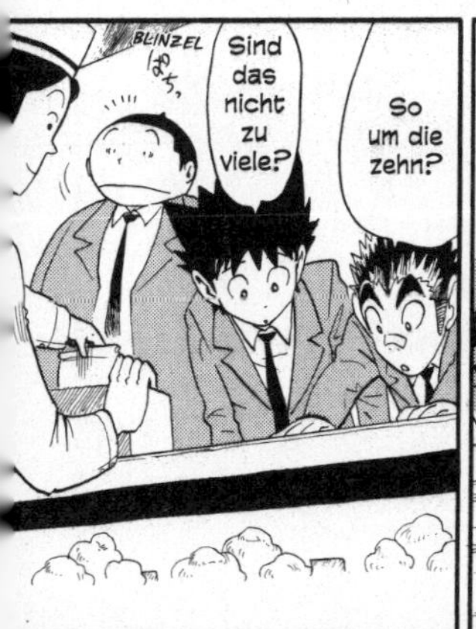

So um die zehn?
Sind das nicht zu viele?
BLINZEL

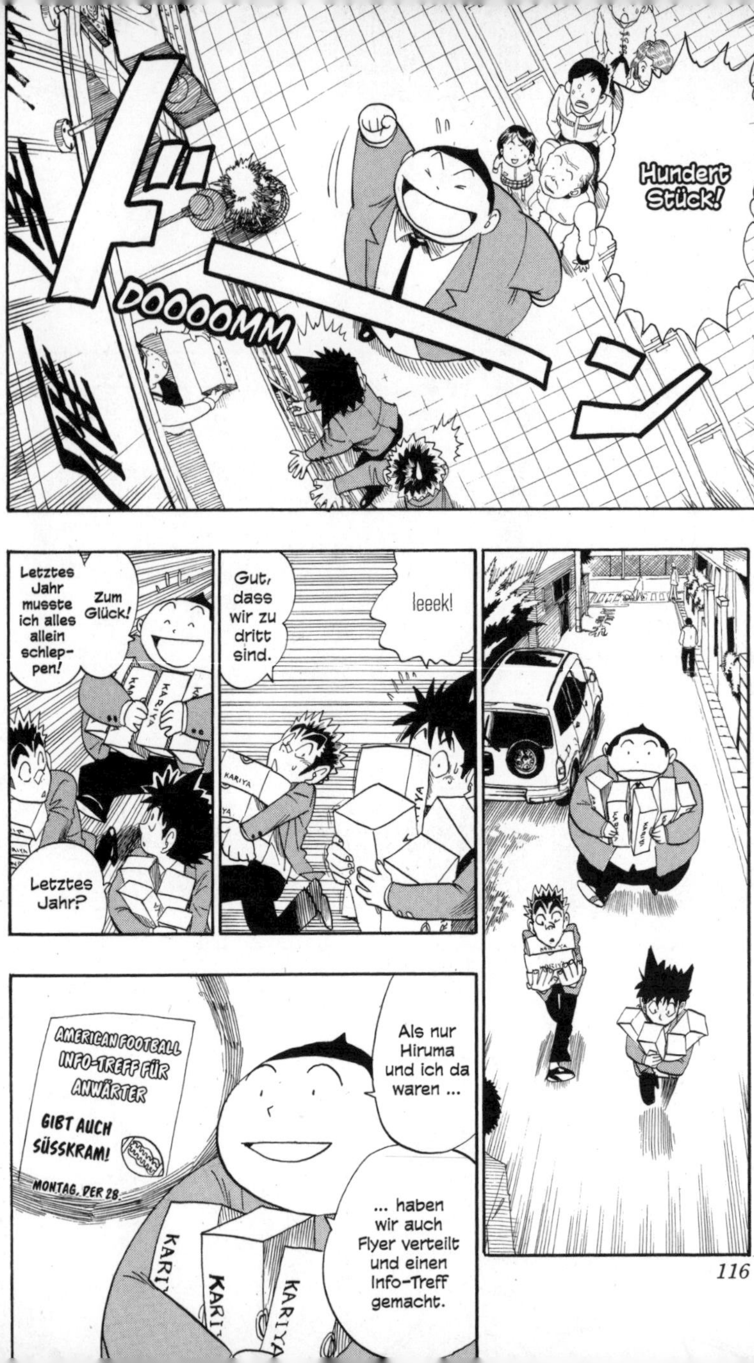

Hundert Stück!
DOOOOMM

Ieeek!
Gut, dass wir zu dritt sind.

Zum Glück!
Letztes Jahr musste ich alles allein schleppen!
Letztes Jahr?

Als nur Hiruma und ich da waren ...
... haben wir auch Flyer verteilt und einen Info-Treff gemacht.
AMERICAN FOOTBALL INFO-TREFF FÜR ANWÄRTER
GIBT AUCH SÜSSKRAM!
MONTAG, DER 28.
KARIYA

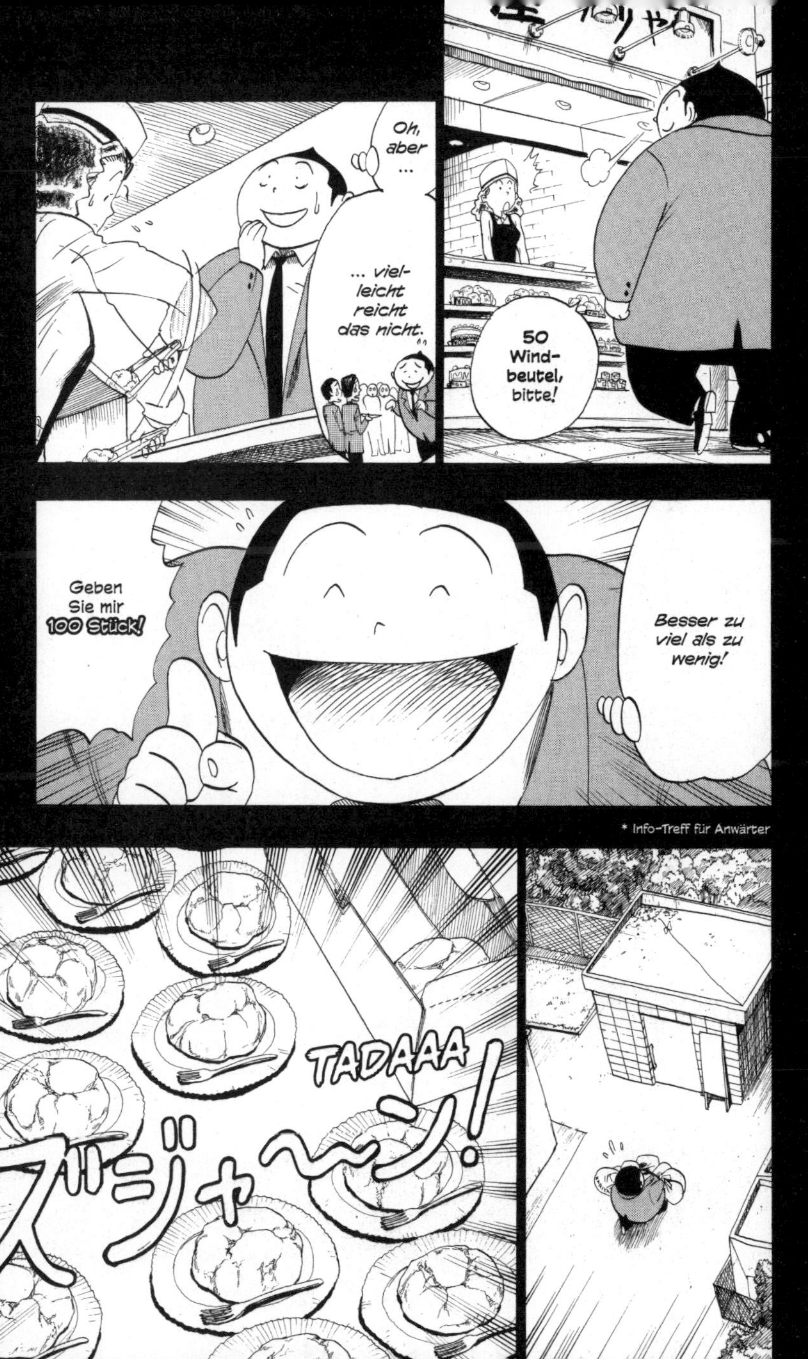

50 Windbeutel, bitte!
Oh, aber ...
... vielleicht reicht das nicht.
Besser zu viel als zu wenig!
Geben Sie mir 100 Stück!
* Info-Treff für Anwärter
TADAAA
ズジャ〜〜ン!

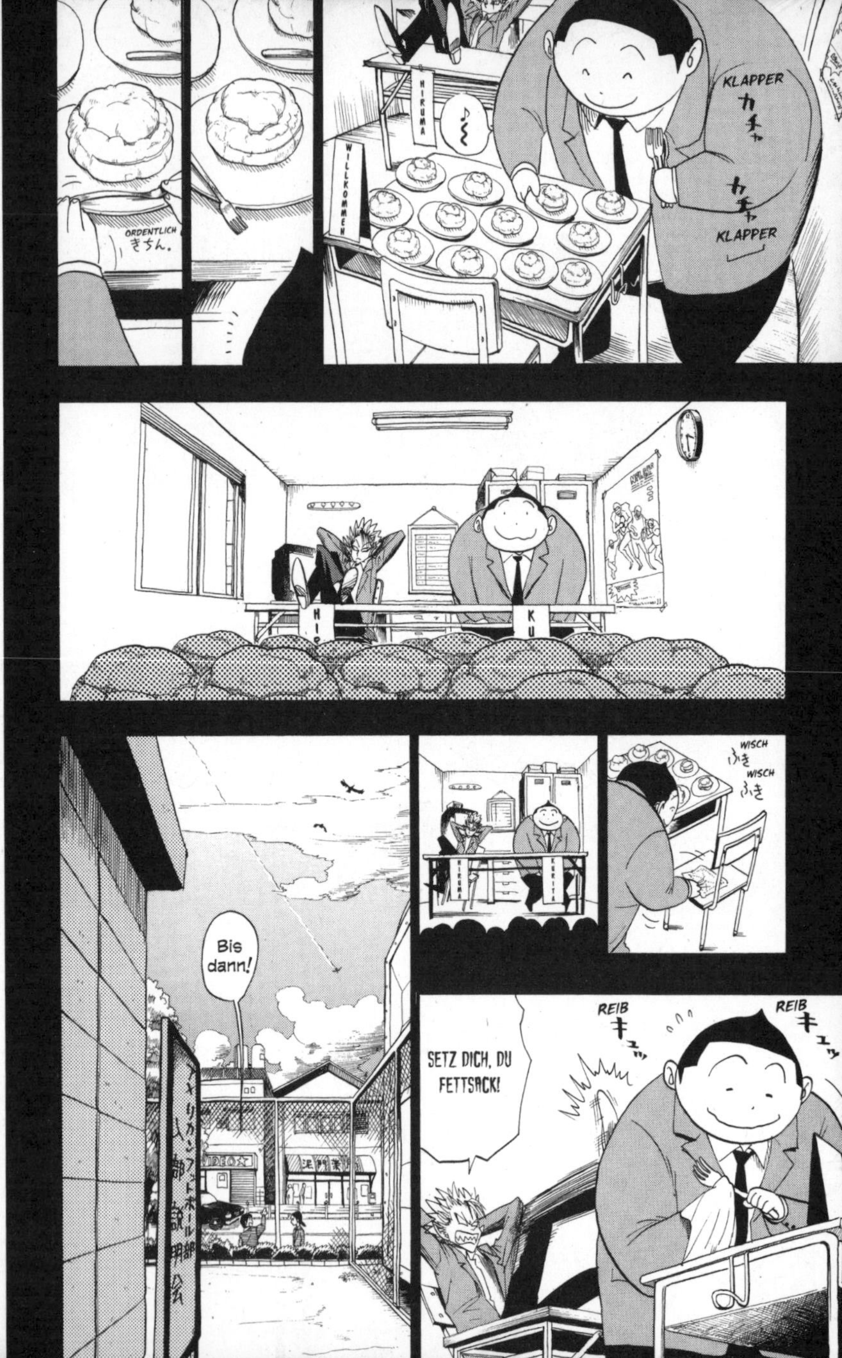
KLAPPER
カチャ
カチャ
KLAPPER
♪~
HIRUMA
WILLKOMMEN
ORDENTLICH
きちん。
HI
KU
WISCH
ふき
WISCH
ふき
HIRUMA
KURITA
REIB
キュッ
REIB
キュッ
SETZ DICH, DU FETTSACK!
Bis dann!

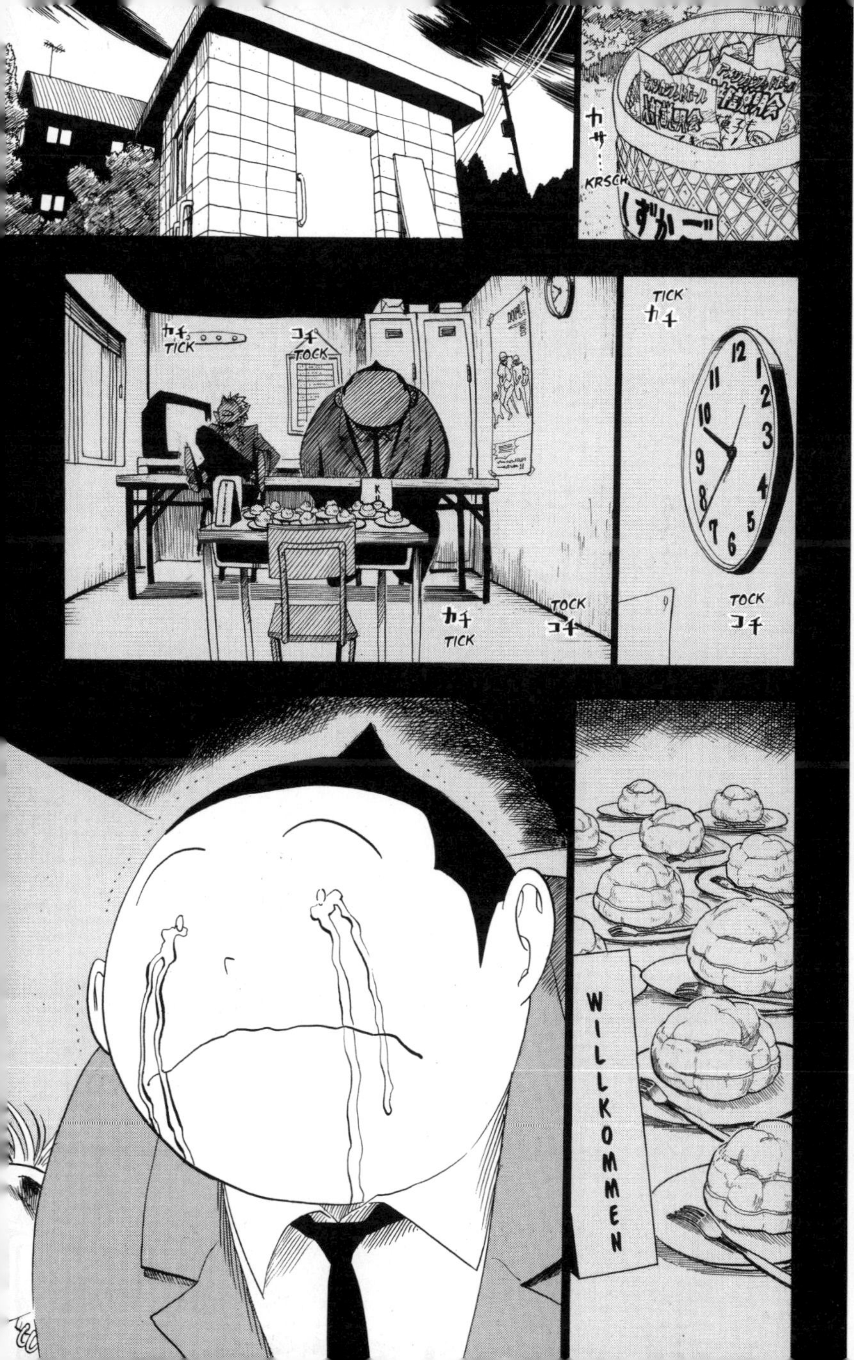
カサ…
KRSCH
TICK
カチ
TOCK
コチ
カチ
TICK
コチ
TOCK
カチ
TICK
TOCK
コチ
WILLKOMMEN

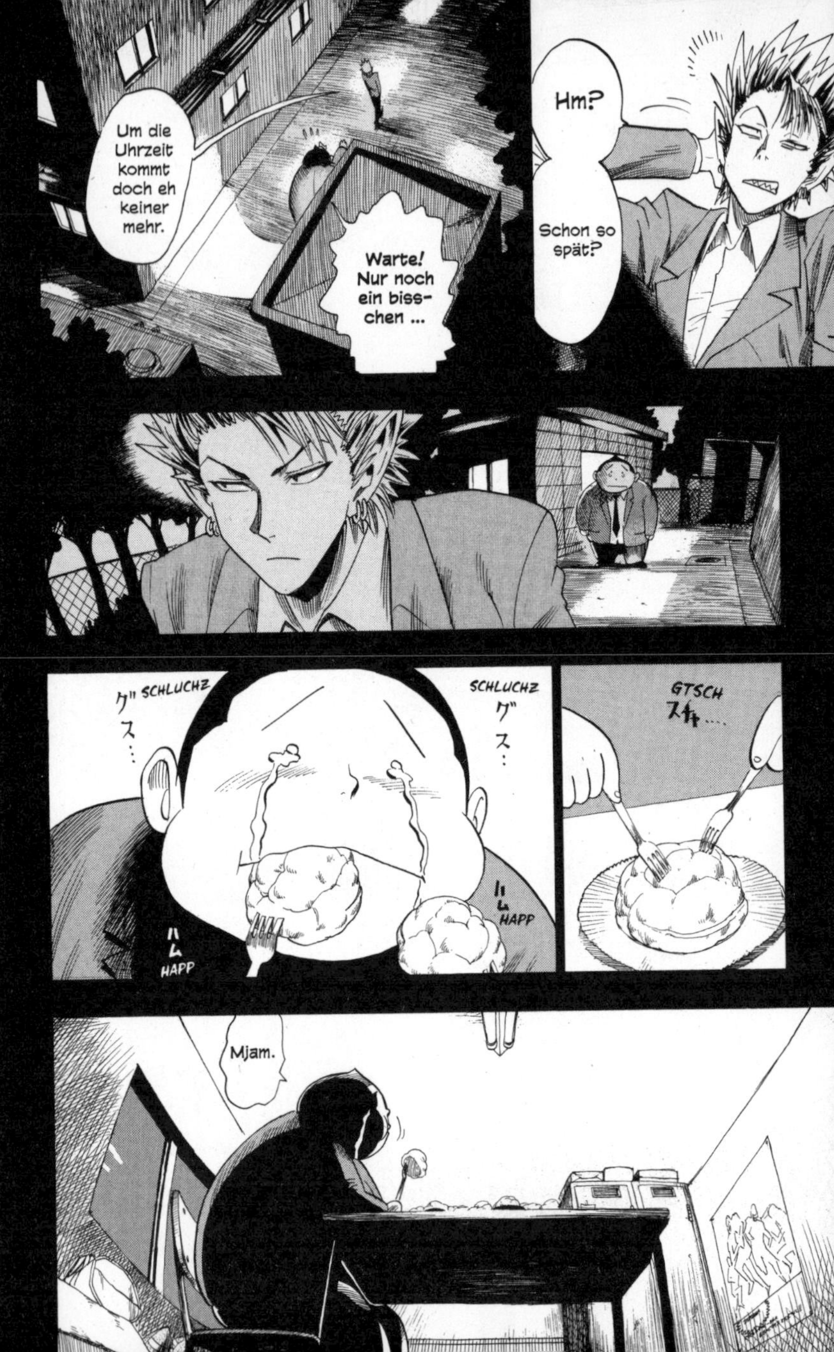
Hm?
Schon so spät?
Warte! Nur noch ein bisschen ...
Um die Uhrzeit kommt doch eh keiner mehr.
GTSCH
SCHLUCHZ
グス…
HAPP
ハム
SCHLUCHZ
グス…
HAPP
ハム
Mjam.

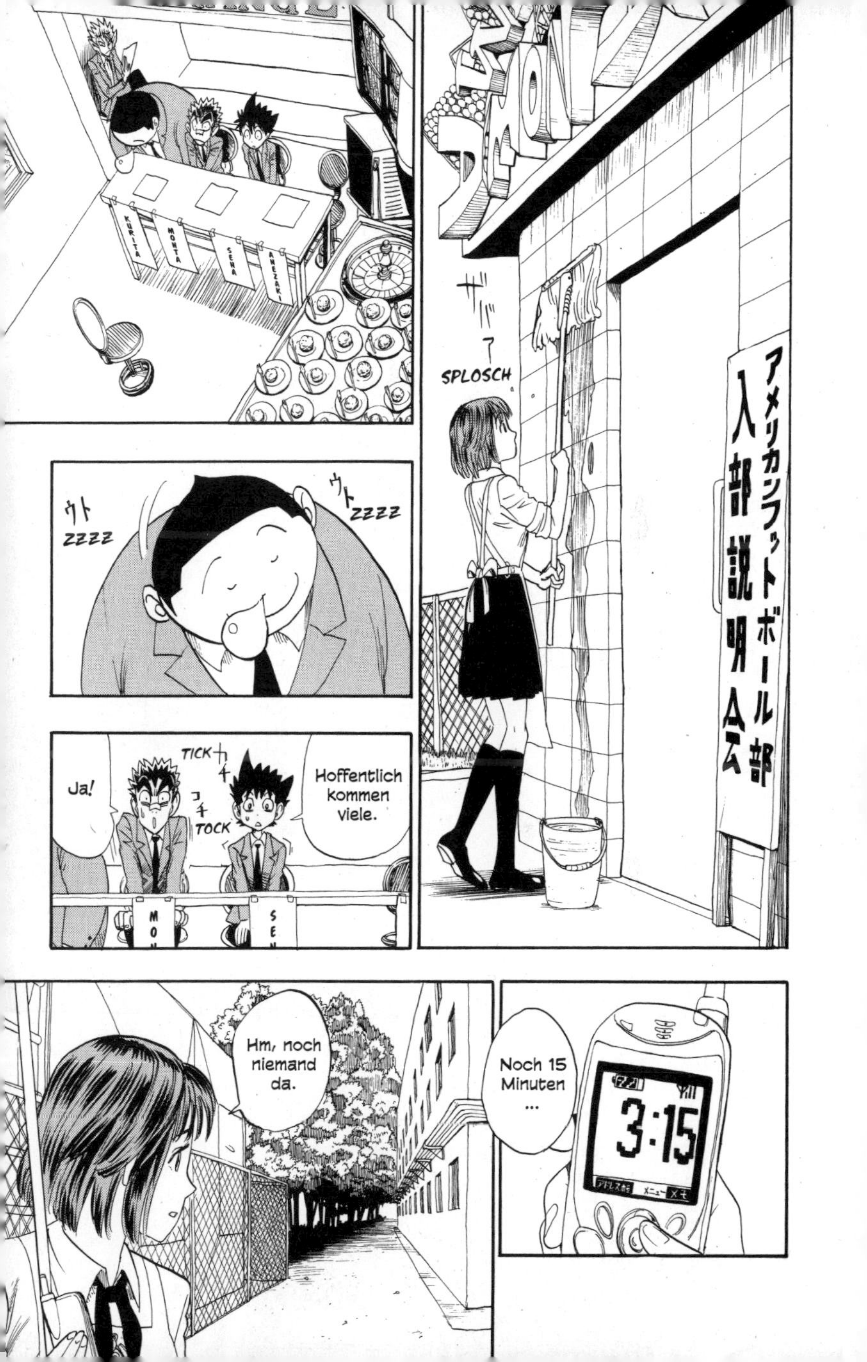

アメリカンフットボール部 入部説明会
ザバァ
SPLOSCH
KURITA
MONTA
SENA
ANEZAKI
ウト ZZZZ
ウト ZZZZ
Hoffentlich kommen viele.
TICK カチ
コチ TOCK
Ja!
MON
SEN

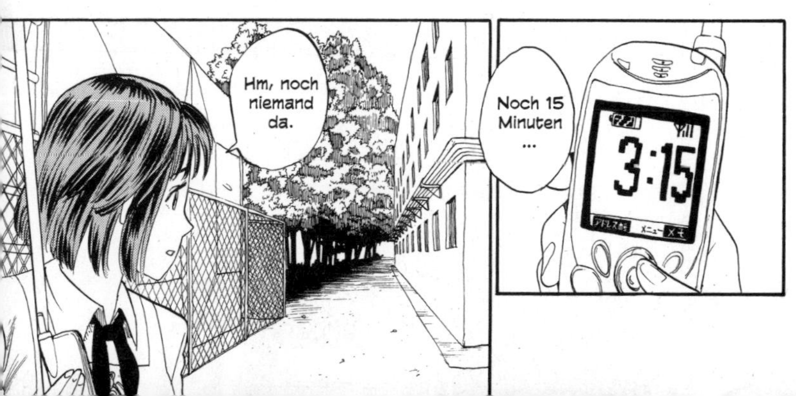

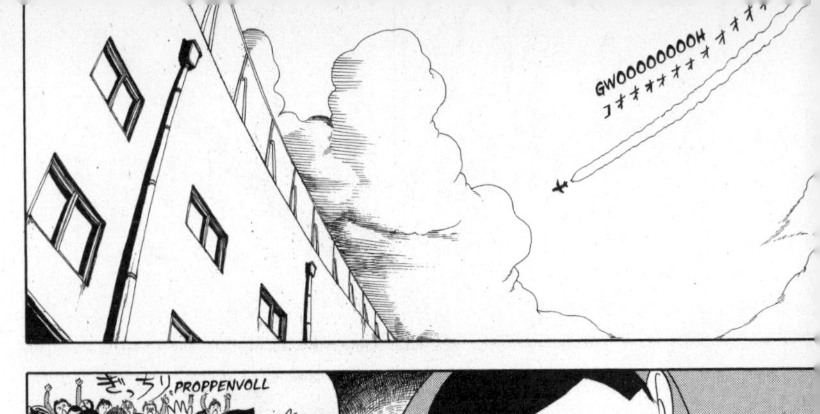
GWOOOOOOOOH
コオオオオオオオオオッ

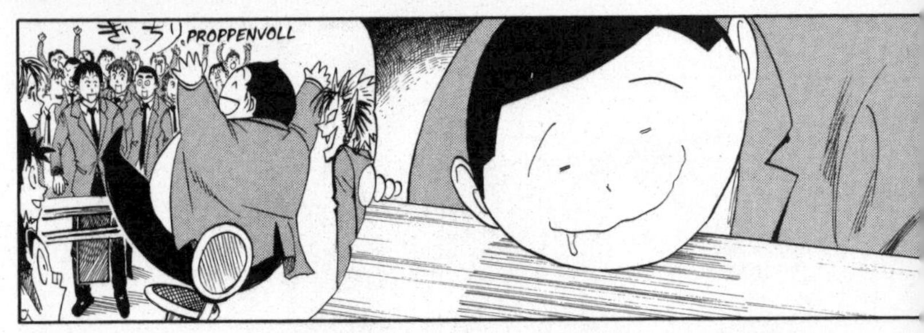
ぎっちり PROPPENVOLL

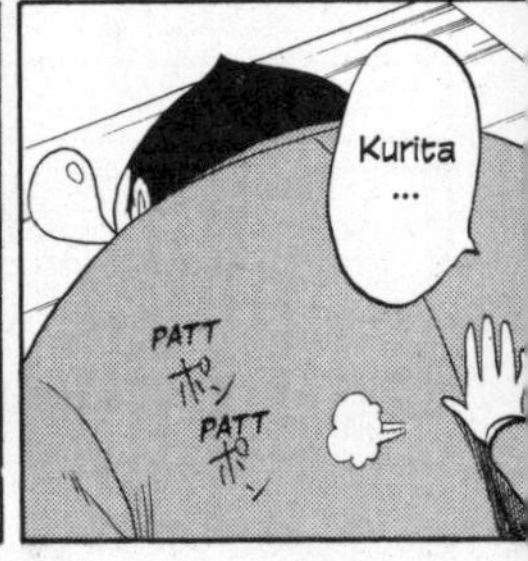
Kurita ...
PATT
ポン
PATT
ポン

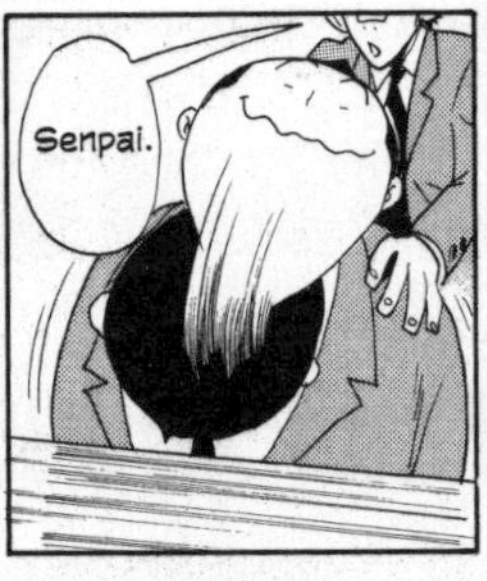
Senpai.

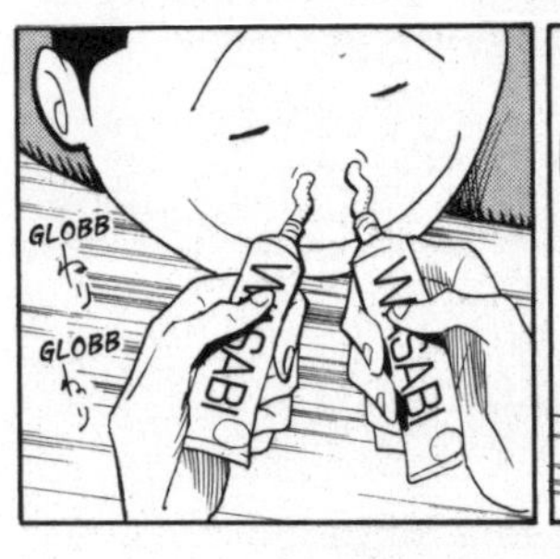
GLOBB
ねり
GLOBB
ねり
WASABI
WASABI

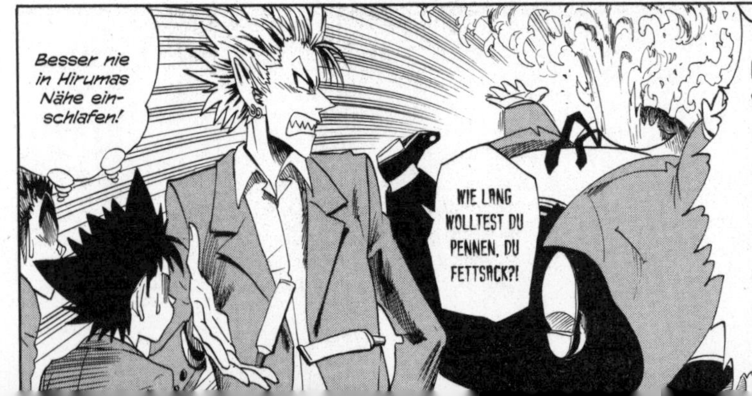
Uwaaaaaaah!
WIE LANG WOLLTEST DU PENNEN, DU FETTSACK?!
Besser nie in Hirumas Nähe ein-schlafen!

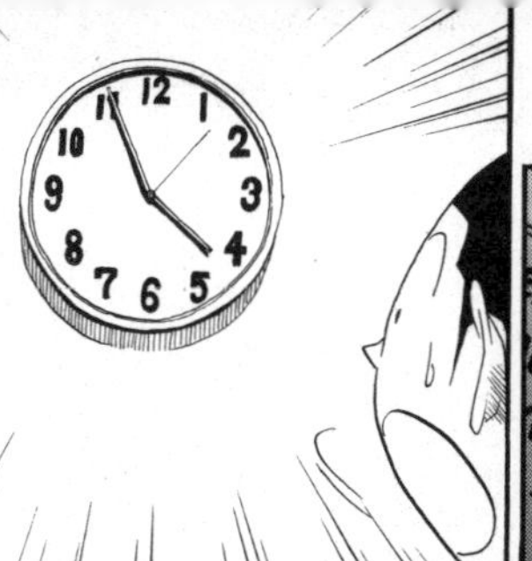
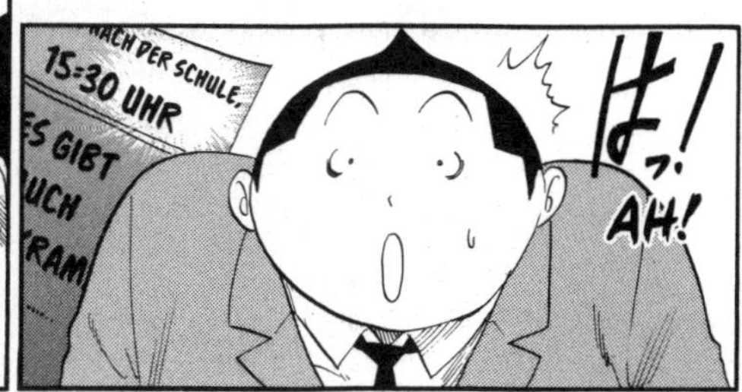

NACH DER SCHULE, 15:30 UHR
ES GIBT
UCH
RAM
はっ!
AH!

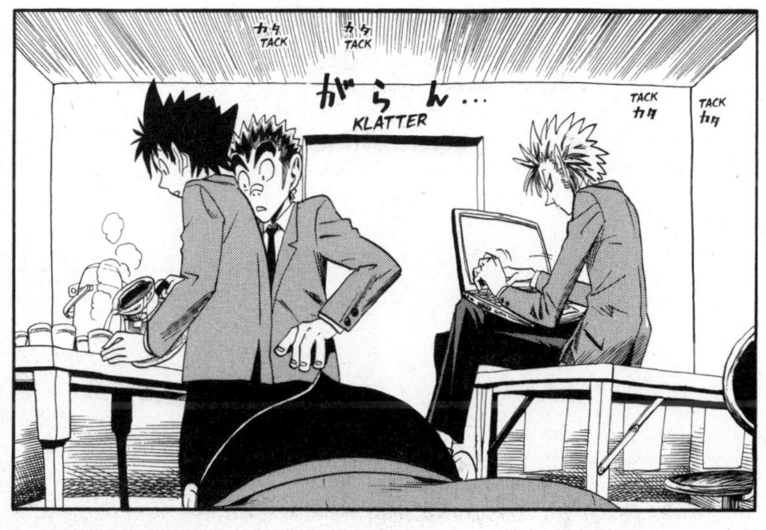

カタ TACK
カタ TACK
がらん…
KLATTER
TACK カタ
TACK カタ

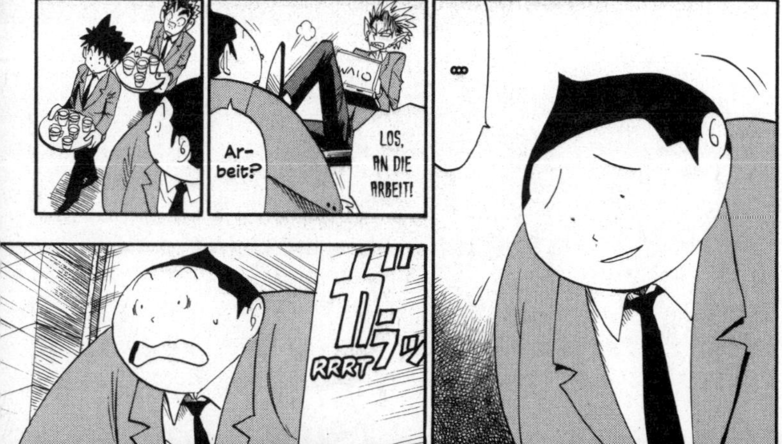

...
LOS, AN DIE ARBEIT!
Ar-beit?
ガラッ
RRRT

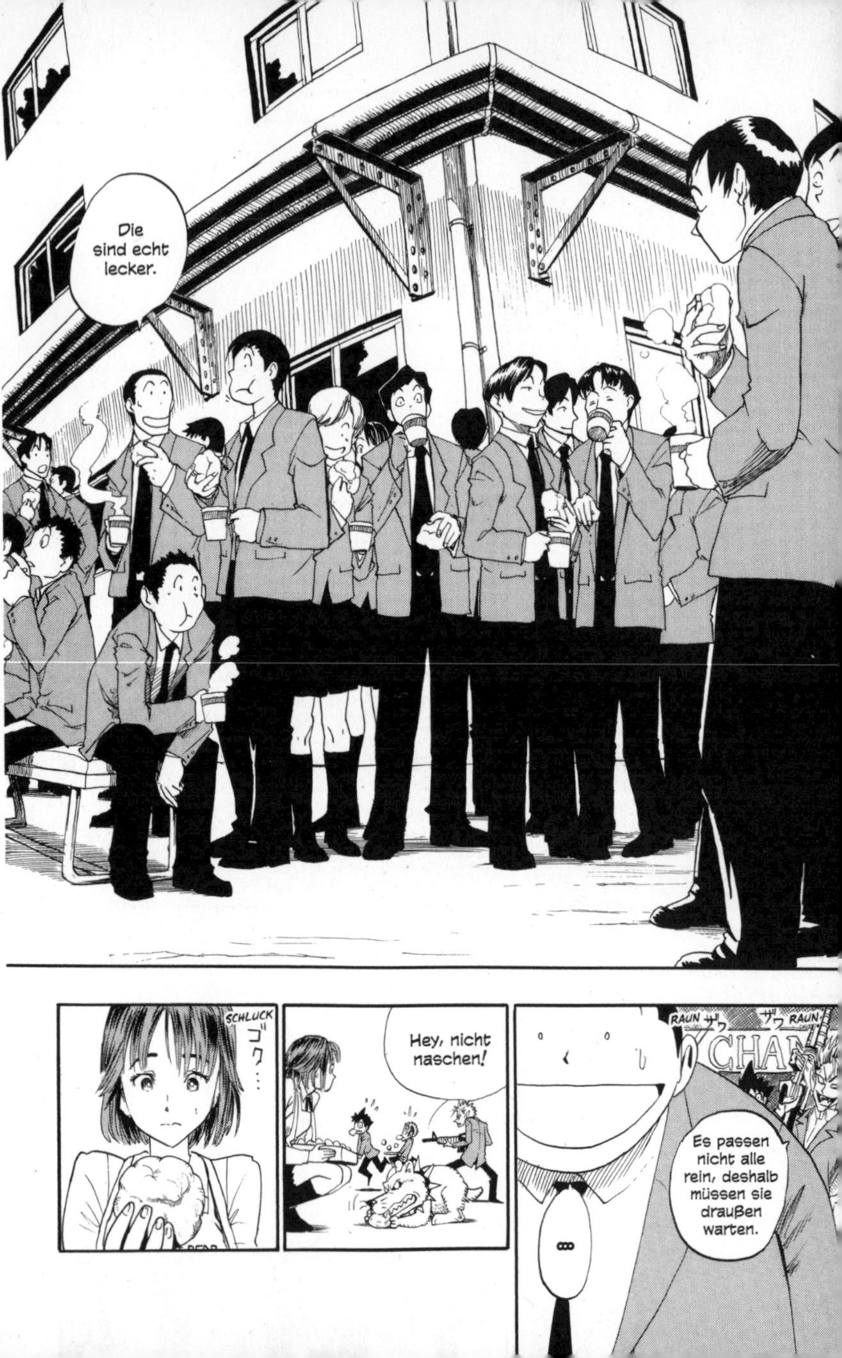

Die sind echt lecker.

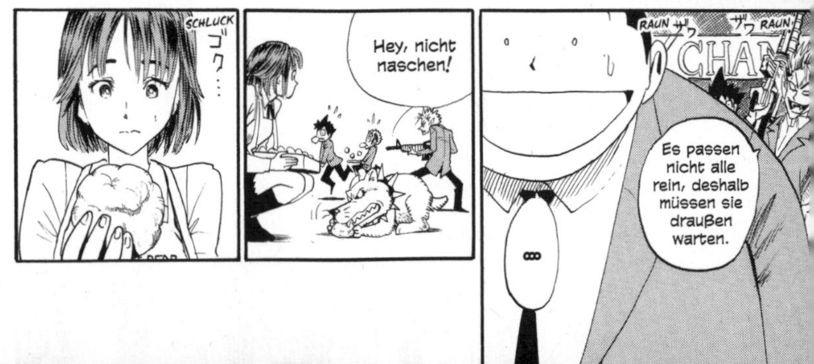

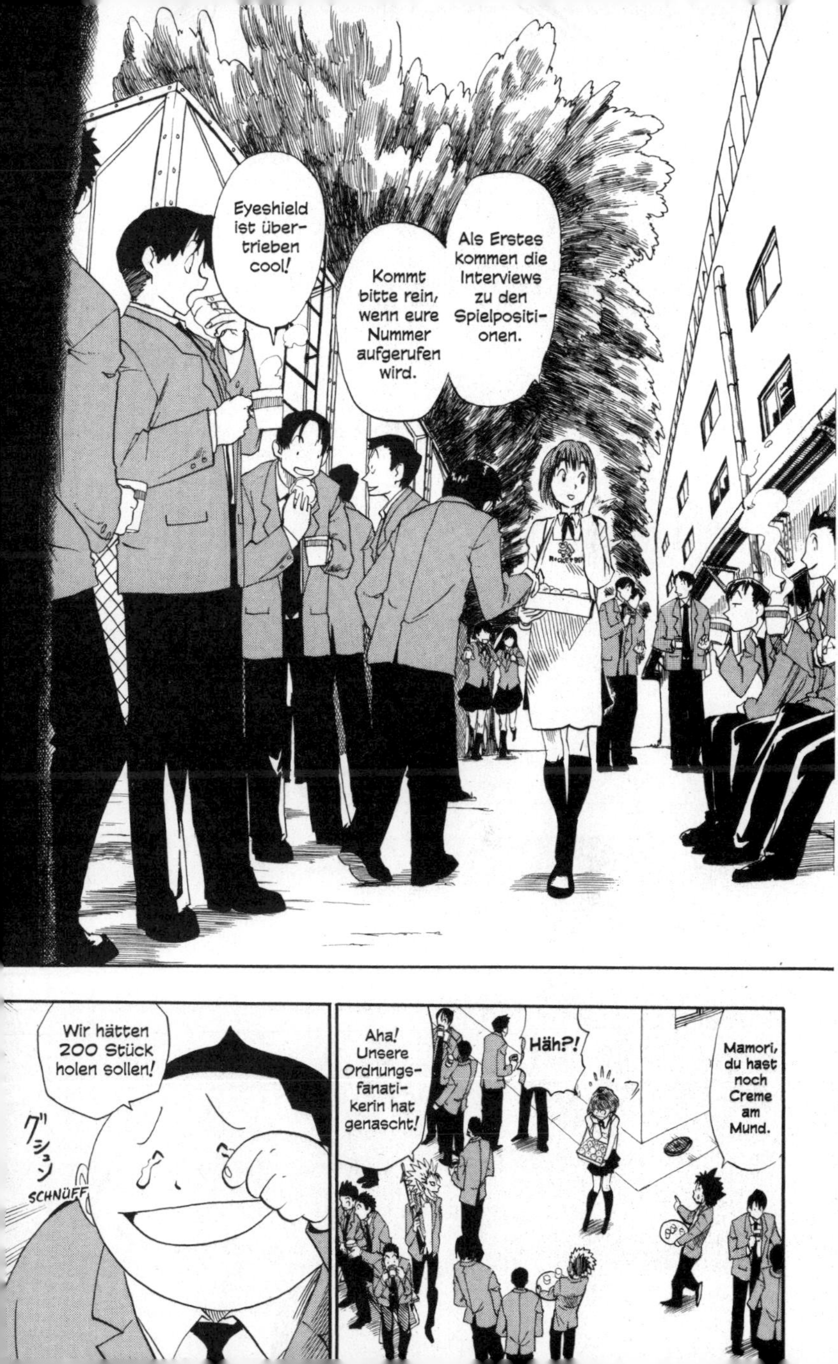

Als Erstes kommen die Interviews zu den Spielpositionen.

Kommt bitte rein, wenn eure Nummer aufgerufen wird.

Eyeshield ist übertrieben cool!

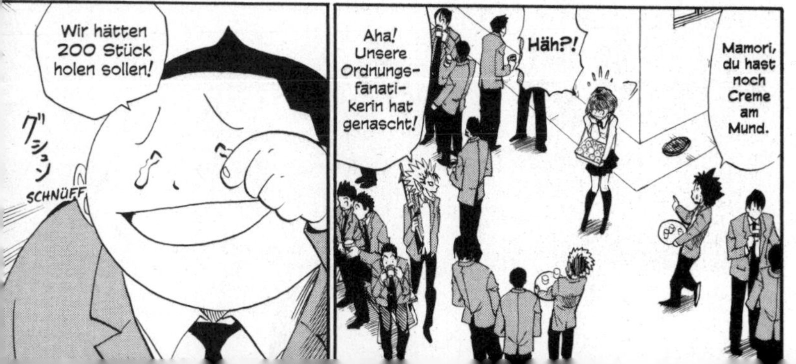

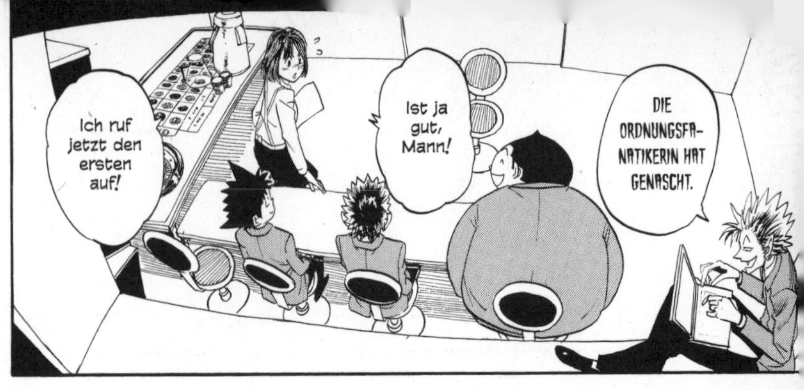
DIE ORDNUNGSFA-NATIKERIN HAT GENASCHT.
Ist ja gut, Mann!
Ich ruf jetzt den ersten auf!

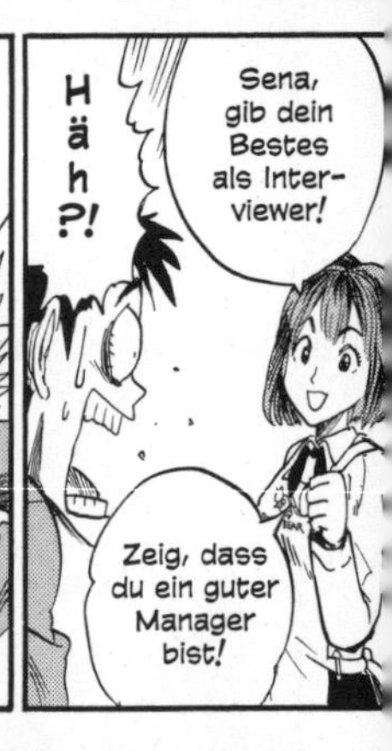
Sena, gib dein Bestes als Inter-viewer!
Häh?!
Zeig, dass du ein guter Manager bist!

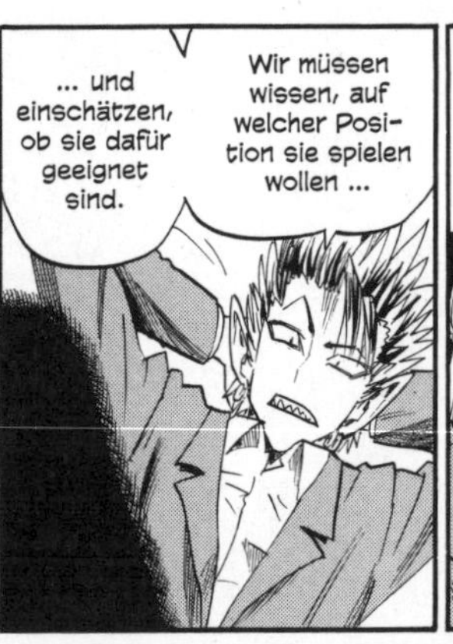
Wir müssen wissen, auf welcher Posi-tion sie spielen wollen ...
... und einschätzen, ob sie dafür geeignet sind.

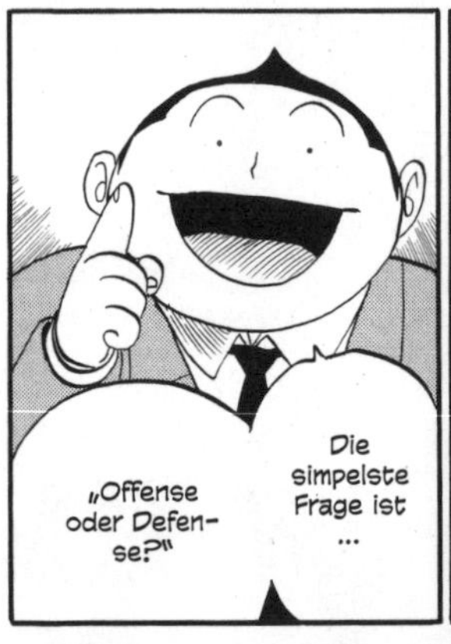
Die simpelste Frage ist ...
„Offense oder Defen-se?"

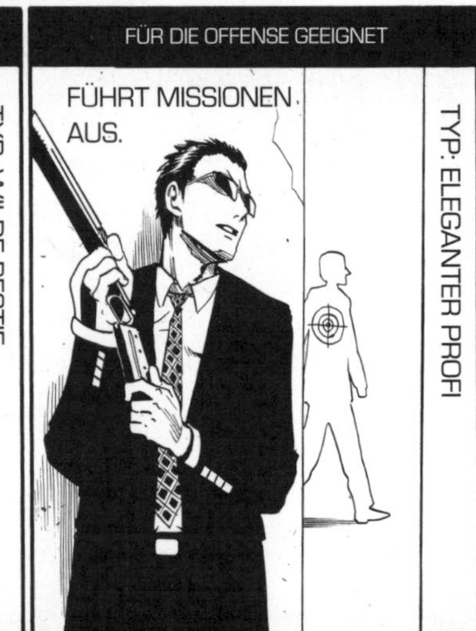
FÜR DIE OFFENSE GEEIGNET
TYP: ELEGANTER PROFI
FÜHRT MISSIONEN AUS.

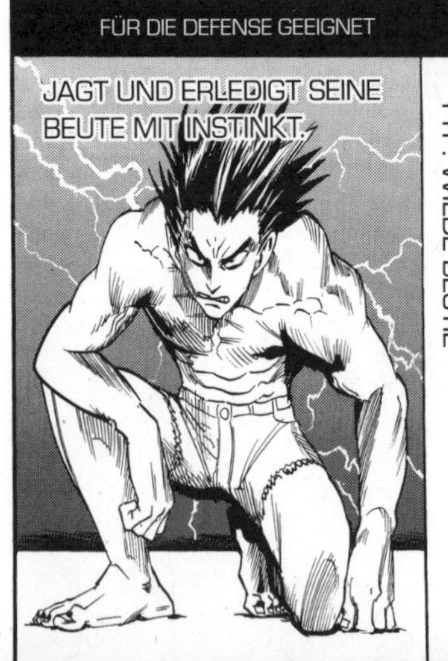
FÜR DIE DEFENSE GEEIGNET
TYP: WILDE BESTIE
JAGT UND ERLEDIGT SEINE BEUTE MIT INSTINKT.

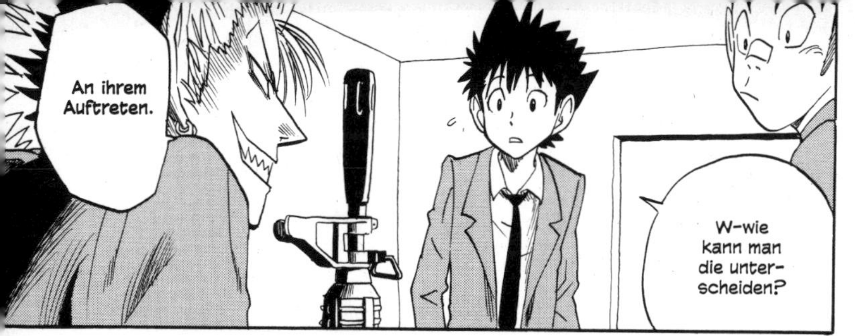
W-wie kann man die unter-scheiden?
An ihrem Auftreten.

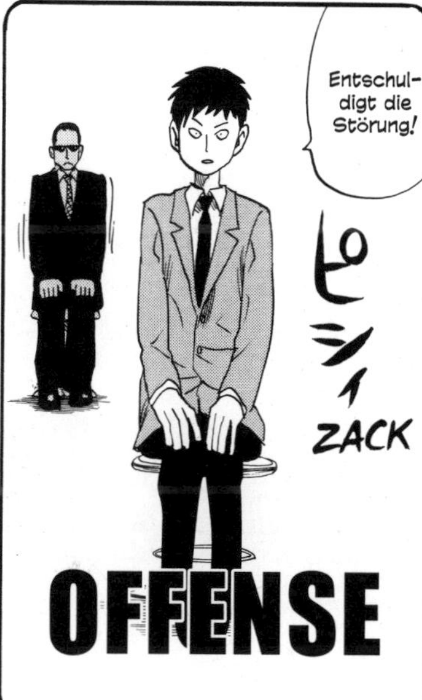
Entschuldigt die Störung!
ZACK
OFFENSE

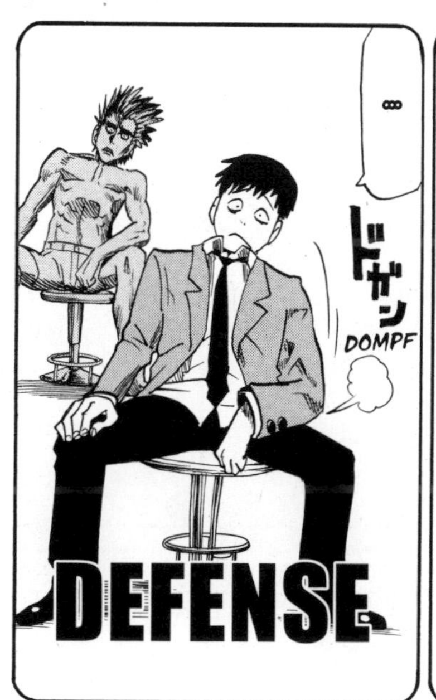
...
DOMPF
DEFENSE

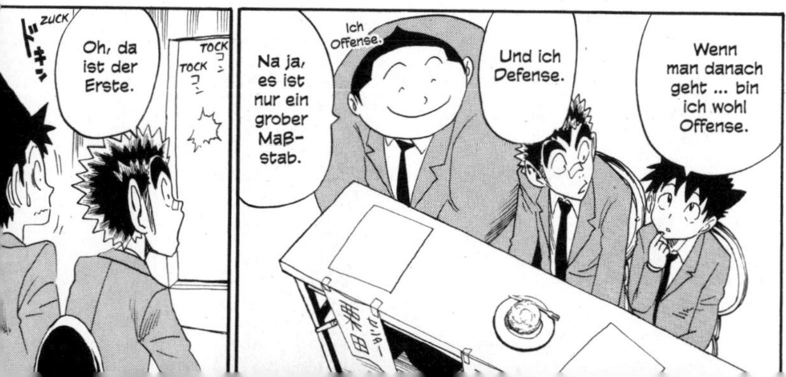
Wenn man danach geht ... bin ich wohl Offense.
Und ich Defense.
Ich Offense.
Na ja, es ist nur ein grober Maß-stab.
TOCK
TOCK
Oh, da ist der Erste.
ZUCK

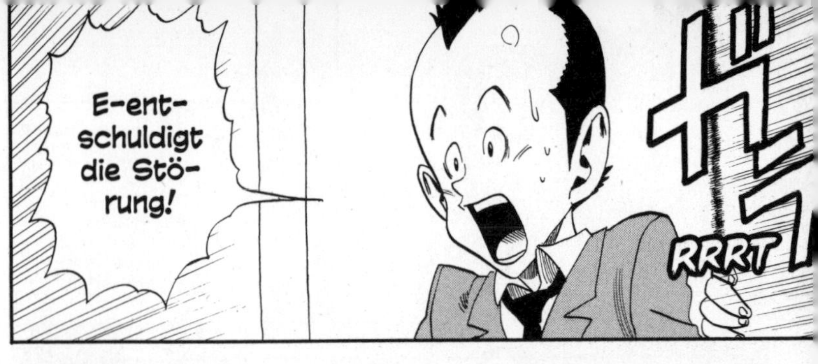
RRRT
E-ent-schuldigt die Stö-rung!

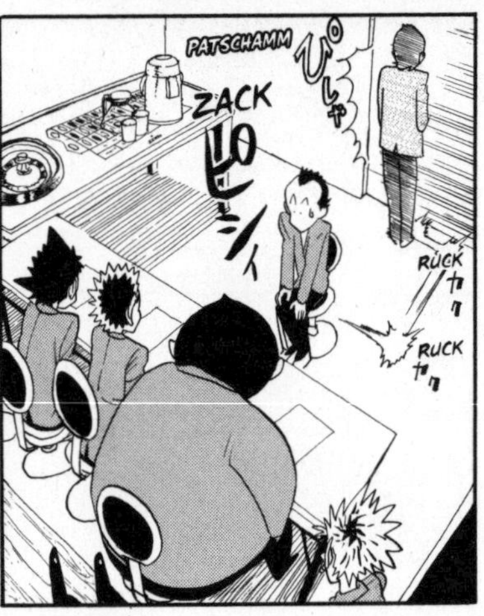
PATSCHAMM
ZACK
RUCK
RUCK

Offense.
?

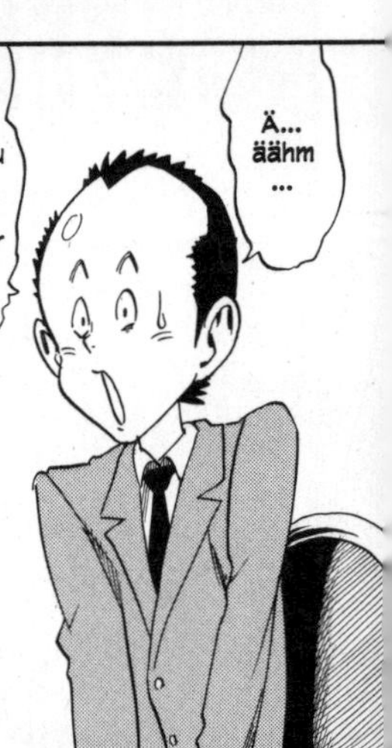
Ä... äähm ...
Ich bin Manabu Yuki-mitsu aus der 11-D.

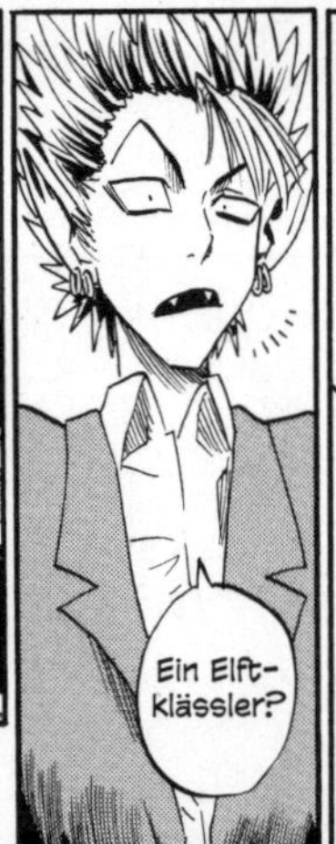
Ein Elft-klässler?

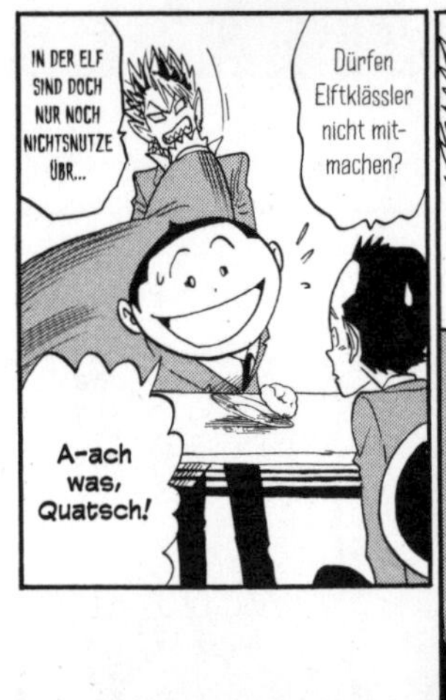
Dürfen Elftklässler nicht mit-machen?
IN DER ELF SIND DOCH NUR NOCH NICHTSNUTZE ÜBR...
A-ach was, Quatsch!

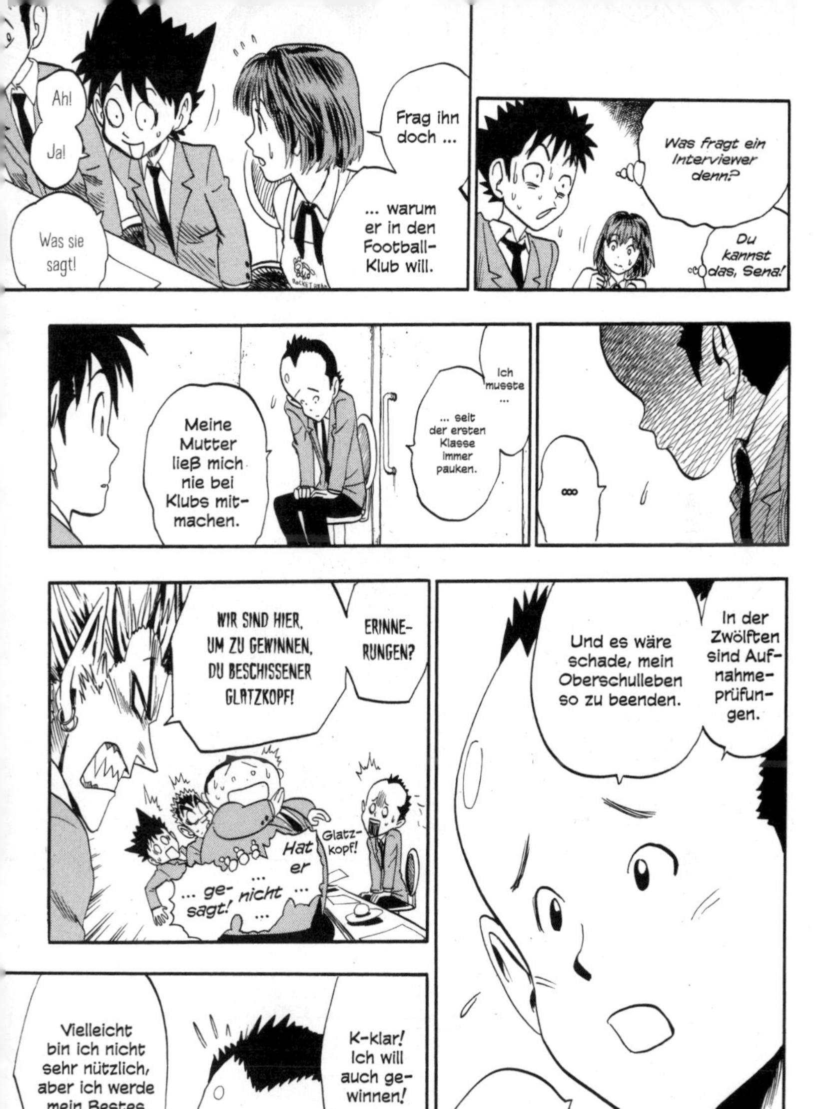
Frag ihn doch ...
... warum er in den Football-Klub will.
Ah!
Ja!
Was sie sagt!
Was fragt ein Interviewer denn?
Du kannst das, Sena!
Ich musste ...
... seit der ersten Klasse immer pauken.
Meine Mutter ließ mich nie bei Klubs mitmachen.
...
In der Zwölften sind Aufnahmeprüfungen.
Und es wäre schade, mein Oberschulleben so zu beenden.
Ich hätte gern ein paar schöne Erinnerungen ...
ERINNERUNGEN?
WIR SIND HIER, UM ZU GEWINNEN, DU BESCHISSENER GLATZKOPF!
Glatzkopf!
Hat er ...
... nicht ...
... gesagt!
K-klar! Ich will auch gewinnen!
Vielleicht bin ich nicht sehr nützlich, aber ich werde mein Bestes geben!

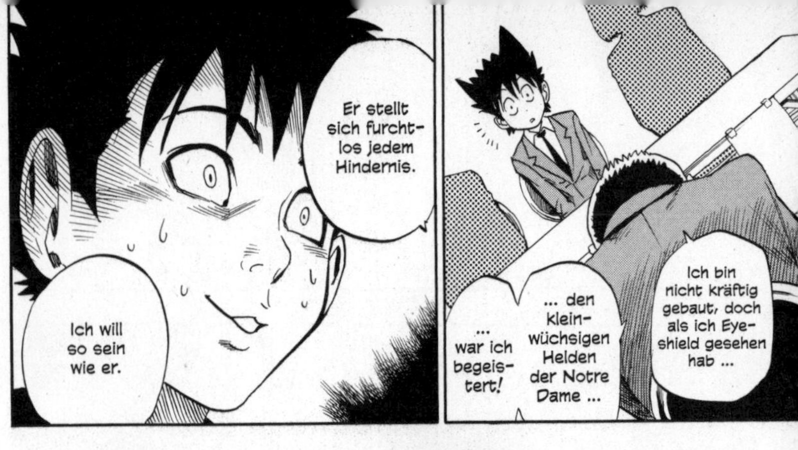

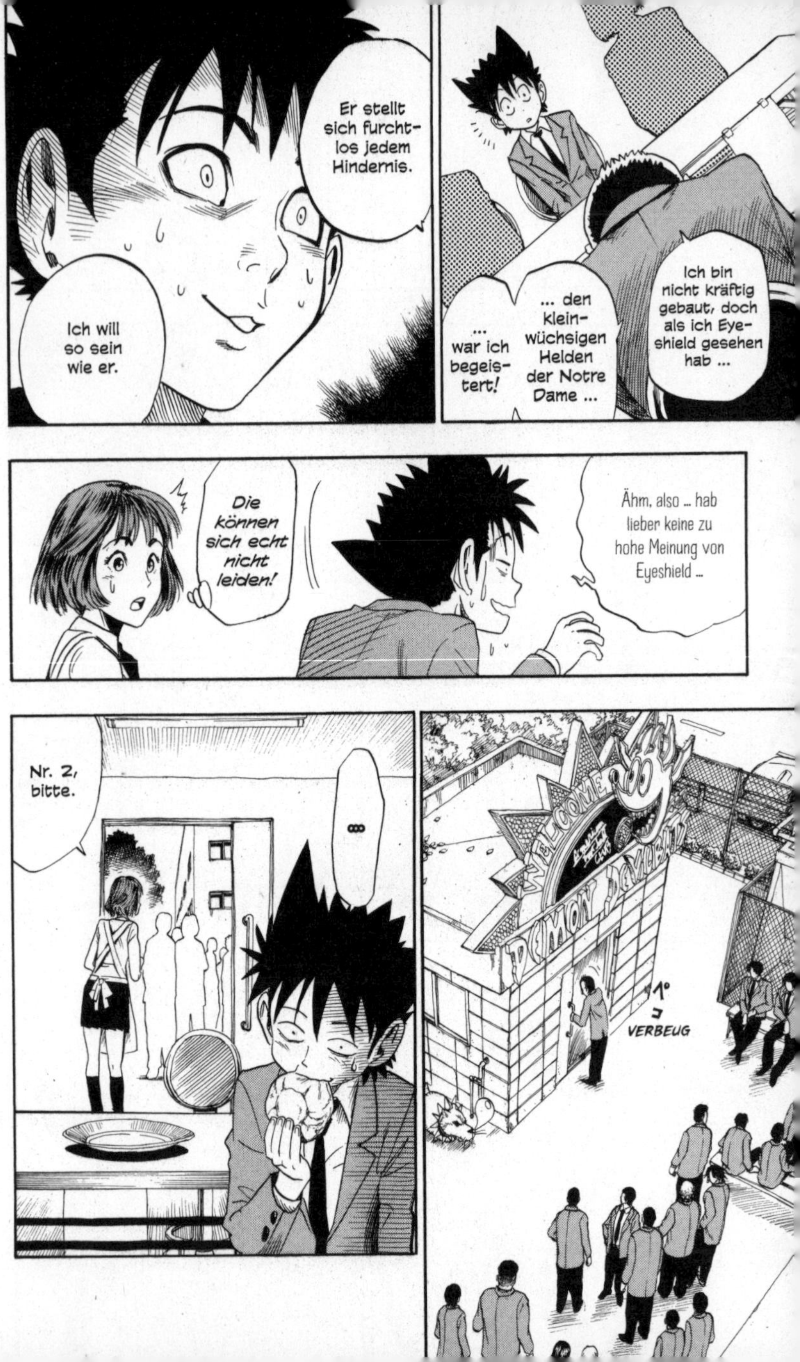

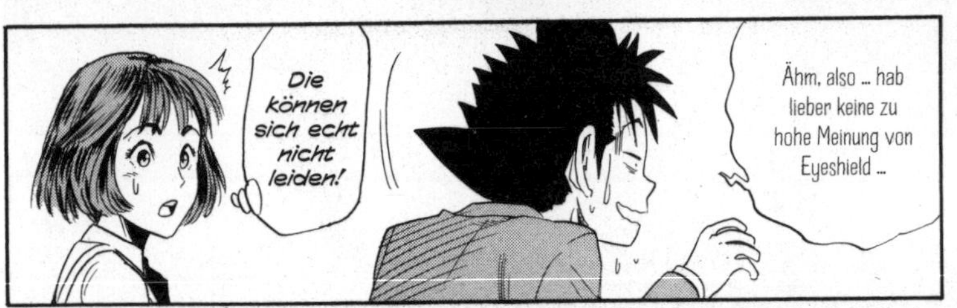

VERBEUG

Nr. 2, bitte.

...

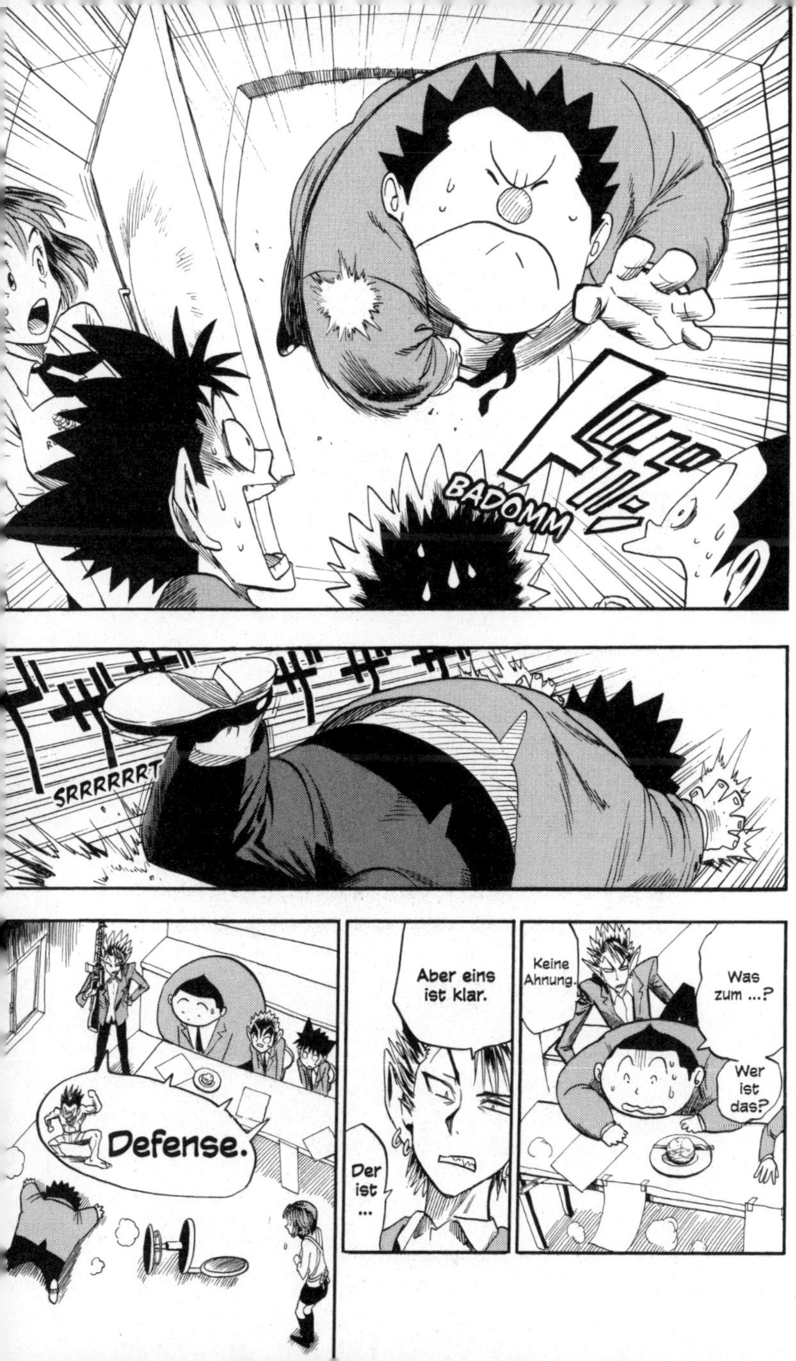

BADOMM

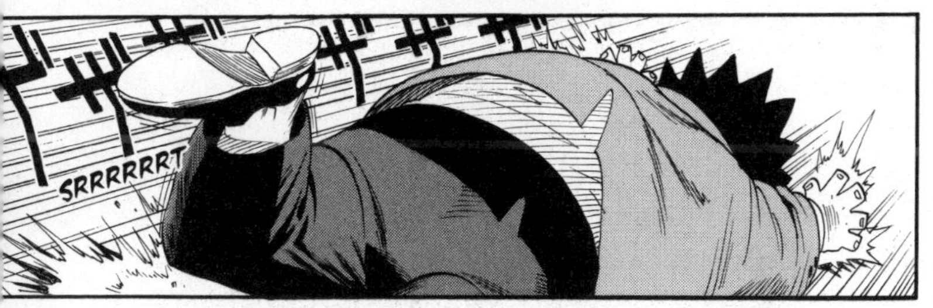
SRRRRRT

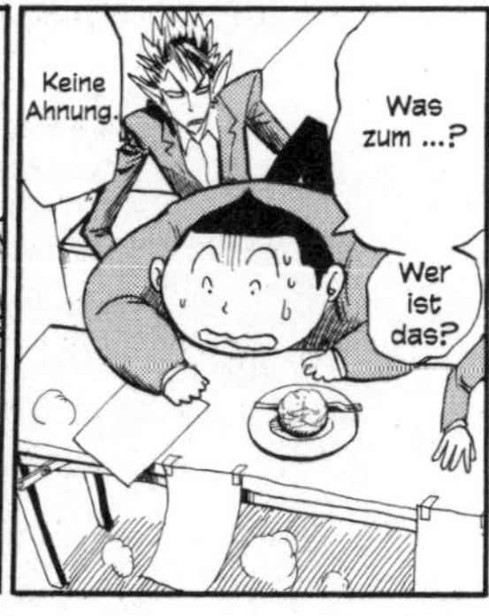
Was zum ...?
Wer ist das?
Keine Ahnung.

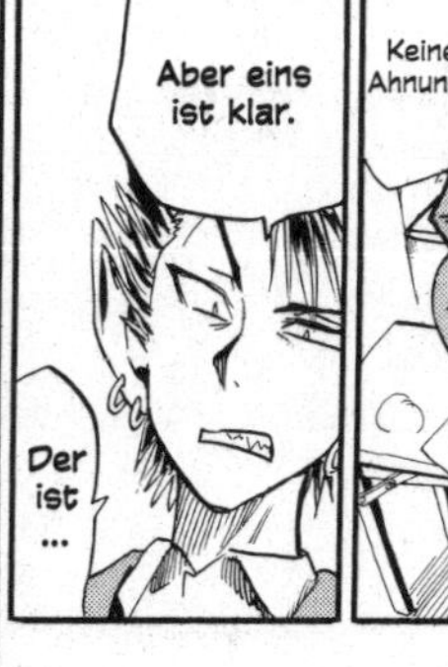
Aber eins ist klar.
Der ist ...

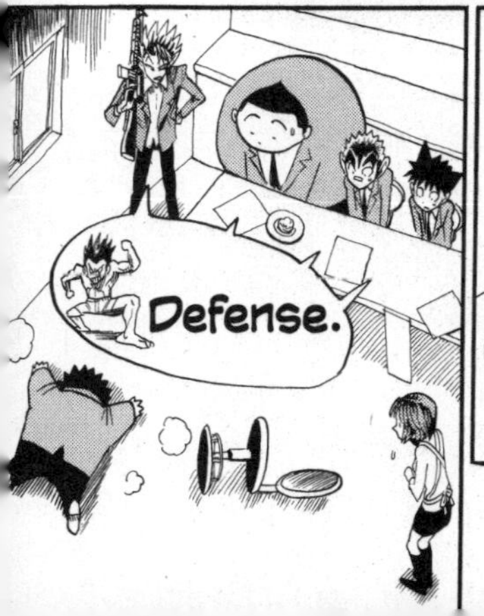
Defense.

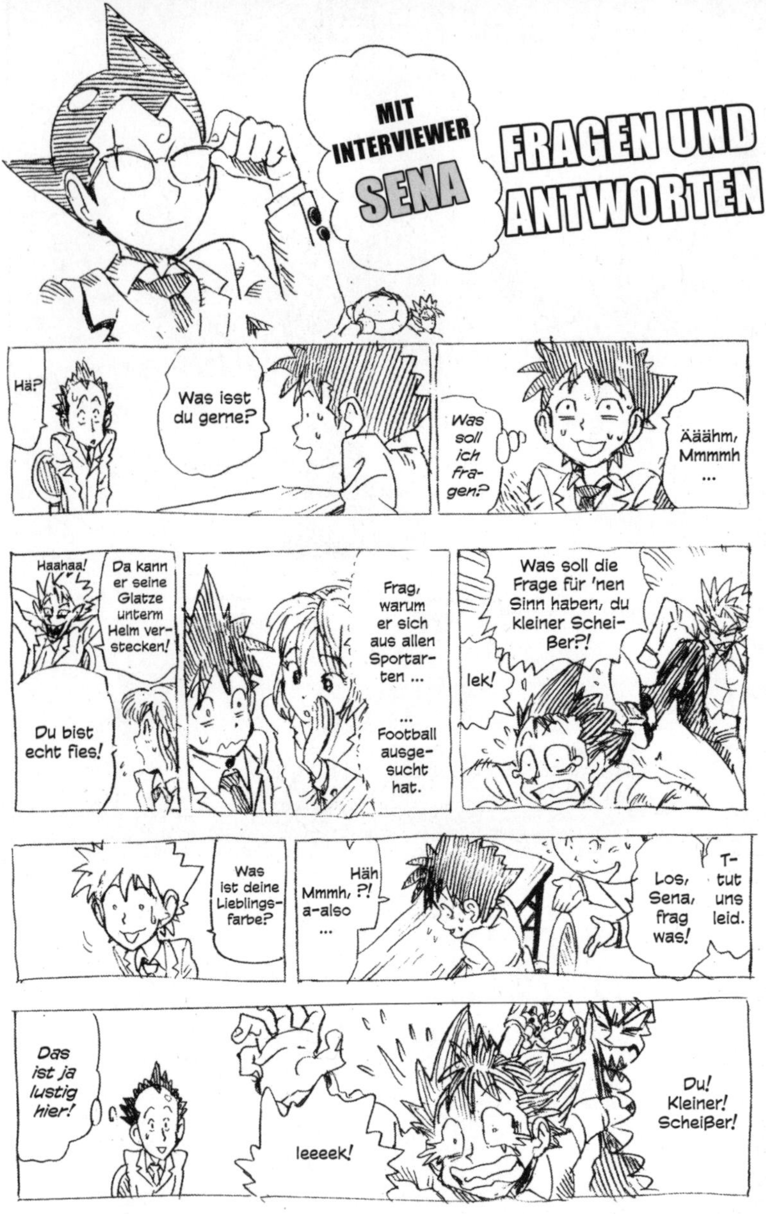

FRAGEN UND ANTWORTEN

MIT INTERVIEWER SENA

Äääähm, Mmmmh ...

Was soll ich fragen?

Was isst du gerne?

Hä?

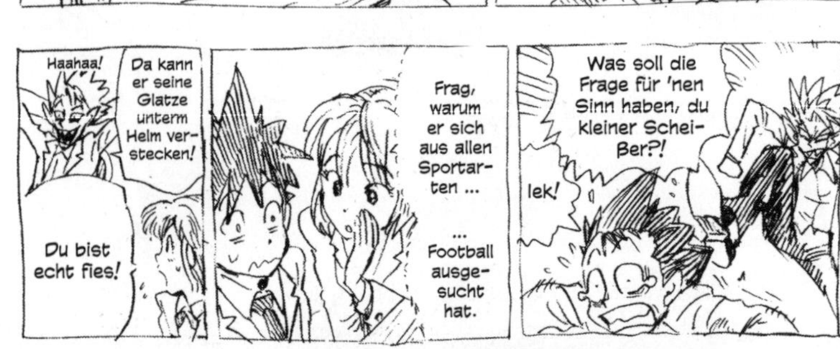

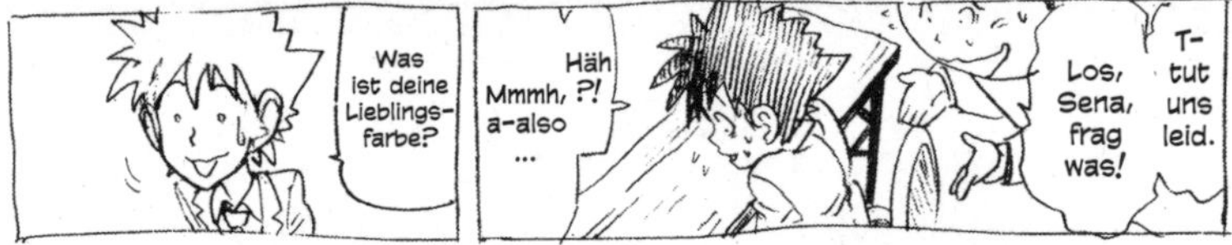

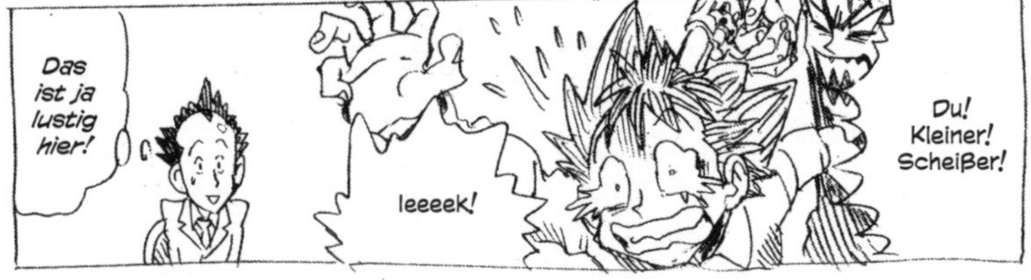

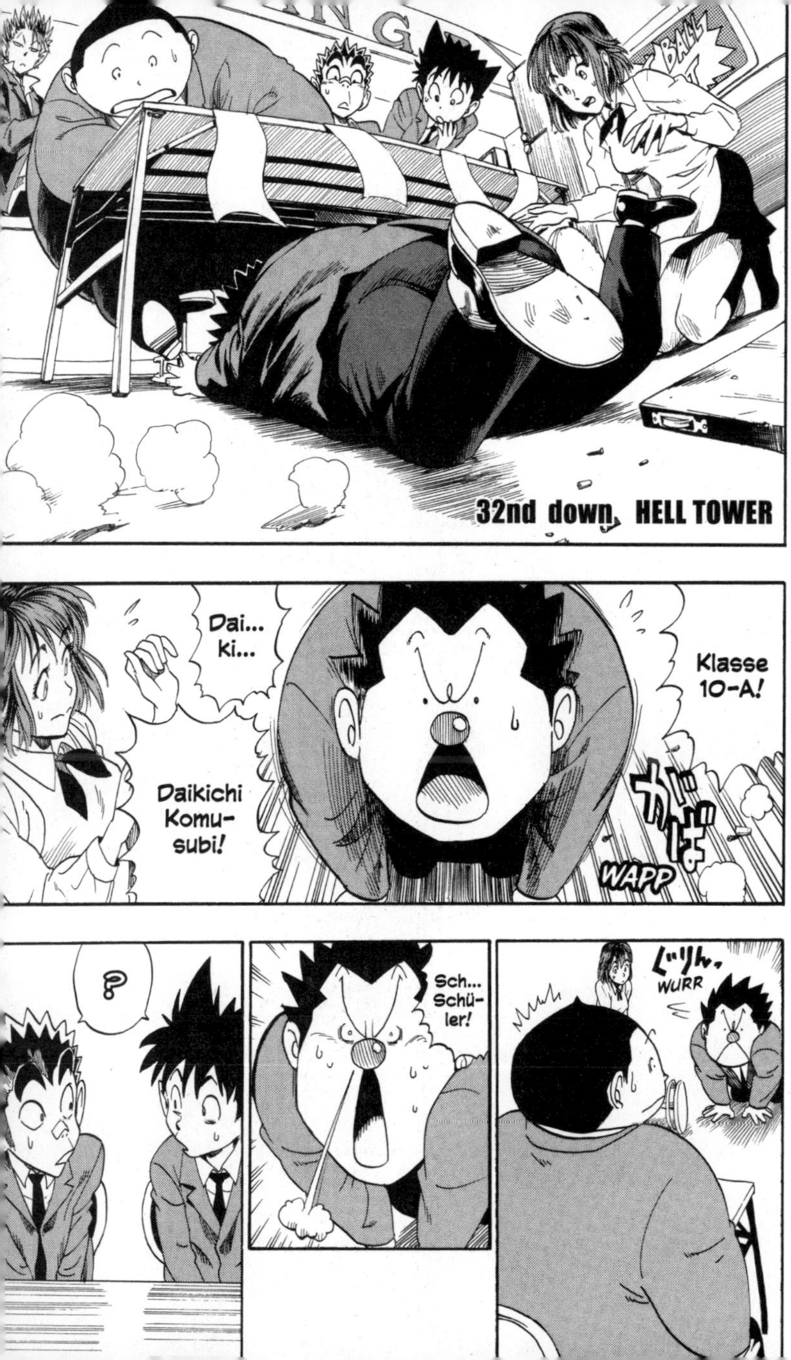

32nd down HELL TOWER

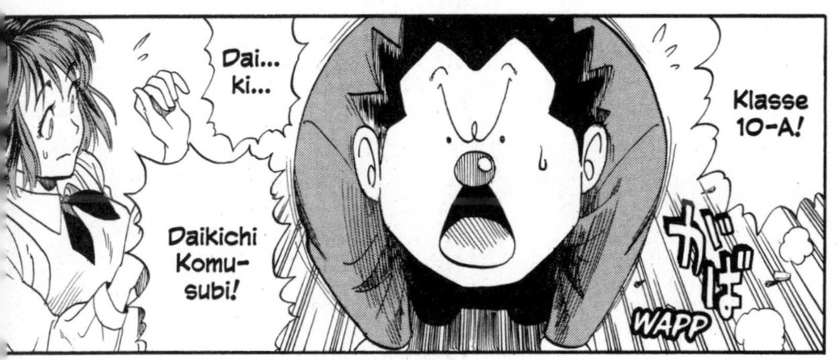

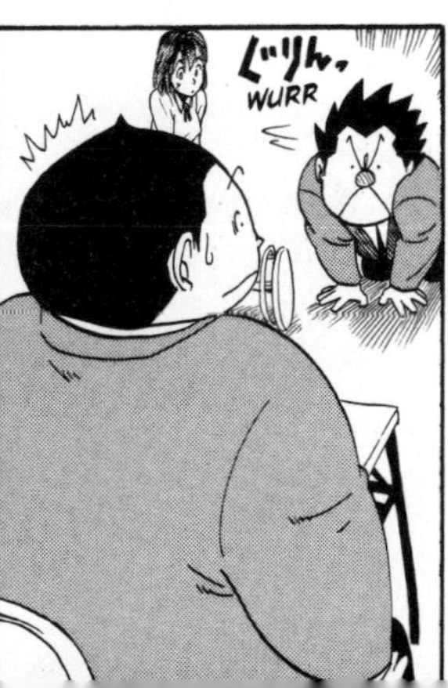

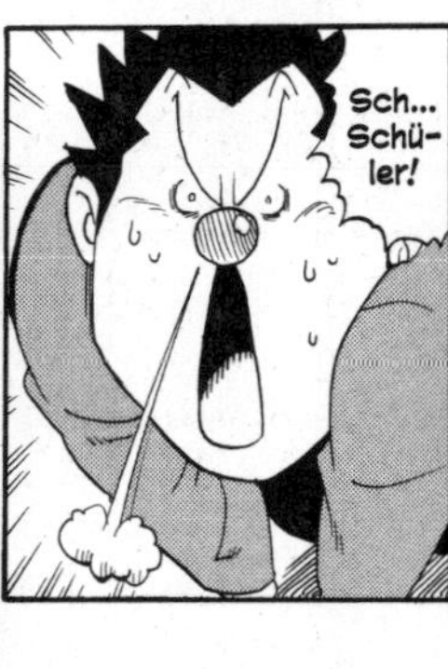

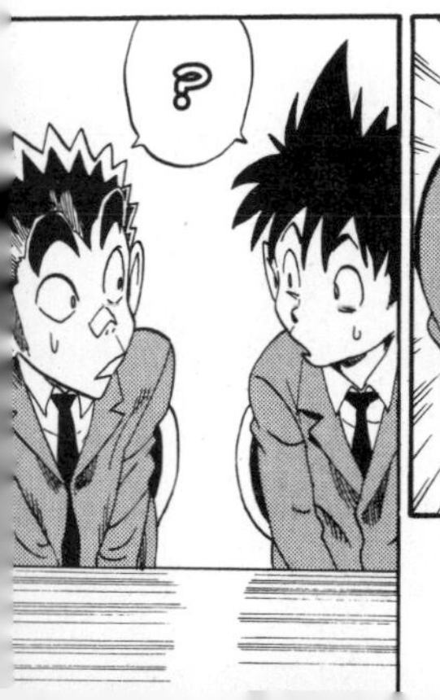

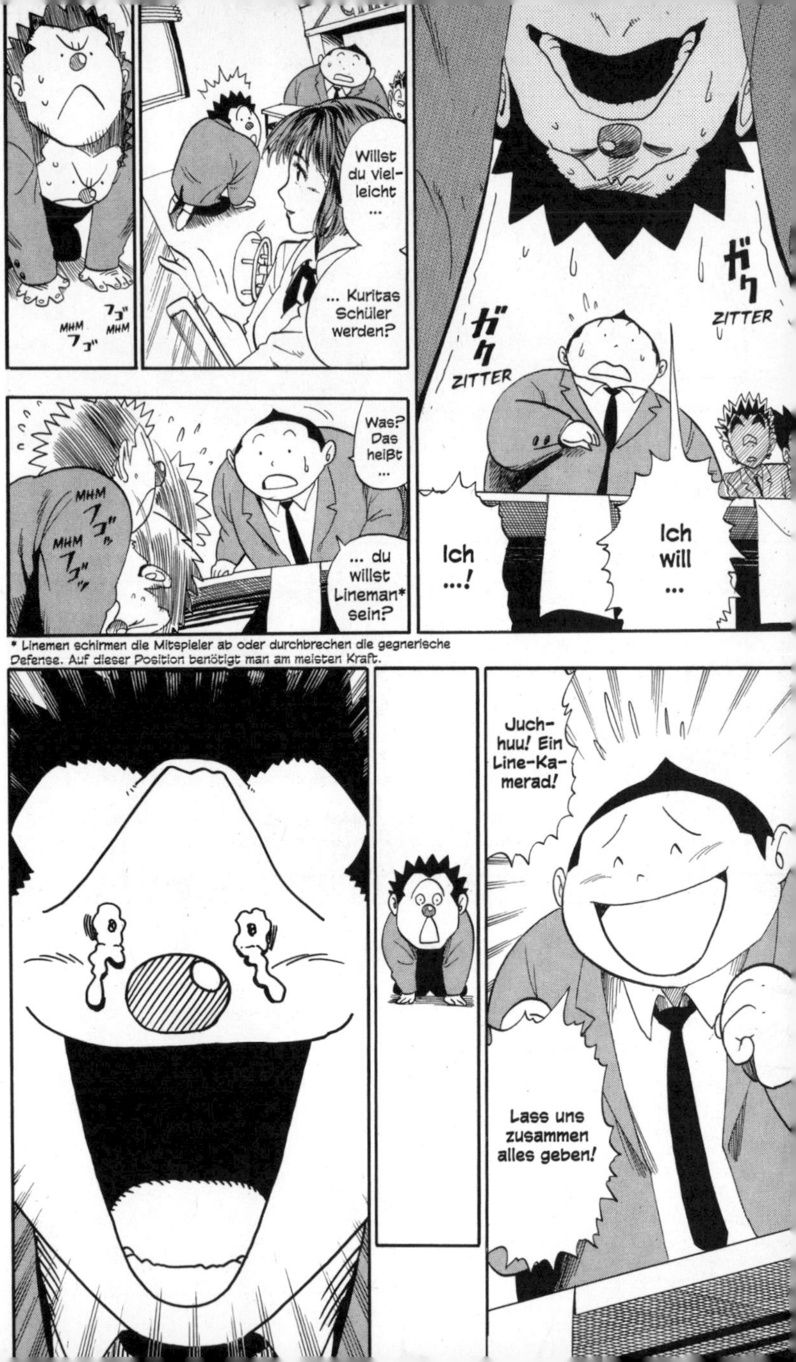

* Linemen schirmen die Mitspieler ab oder durchbrechen die gegnerische Defense. Auf dieser Position benötigt man am meisten Kraft.

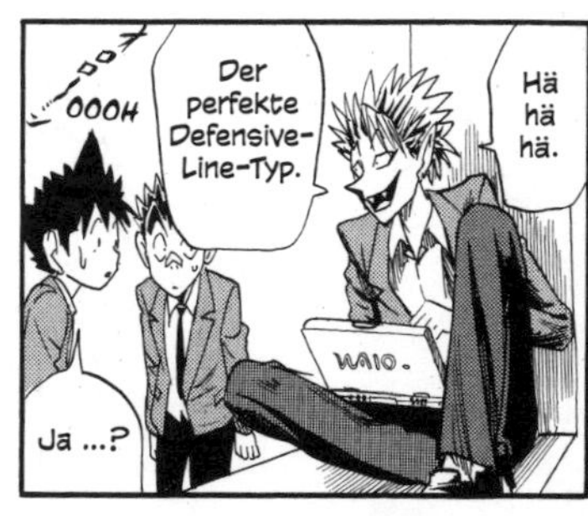
OOOH
Der perfekte Defensive-Line-Typ.
Hä hä hä.
Ja ...?

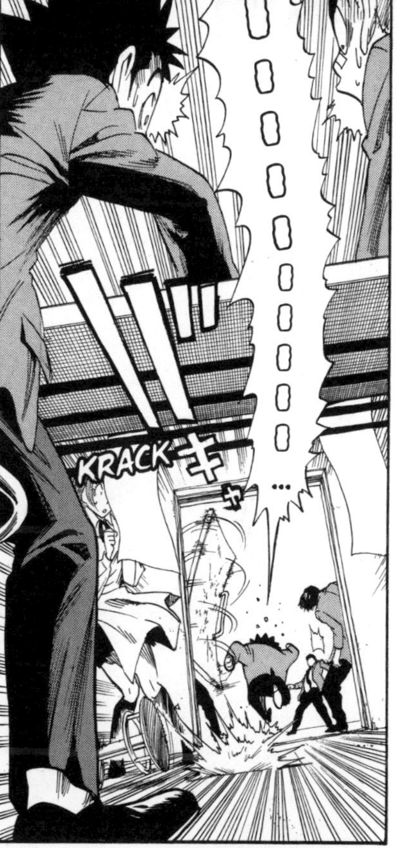
KRACK
...

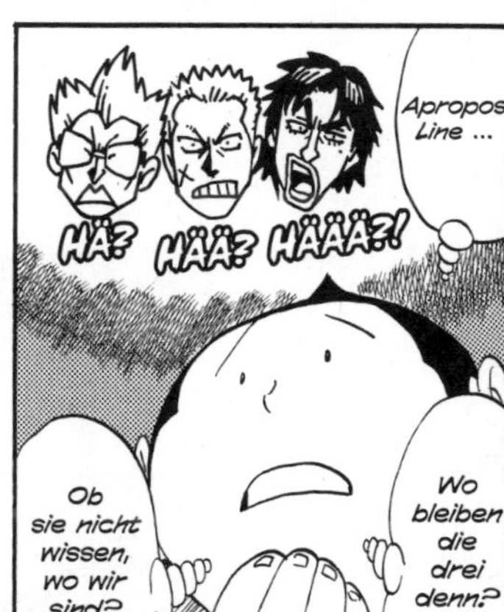
Apropos Line ...
HÄ?
HÄÄ?
HÄÄÄ?!
Wo bleiben die drei denn?
Ob sie nicht wissen, wo wir sind?

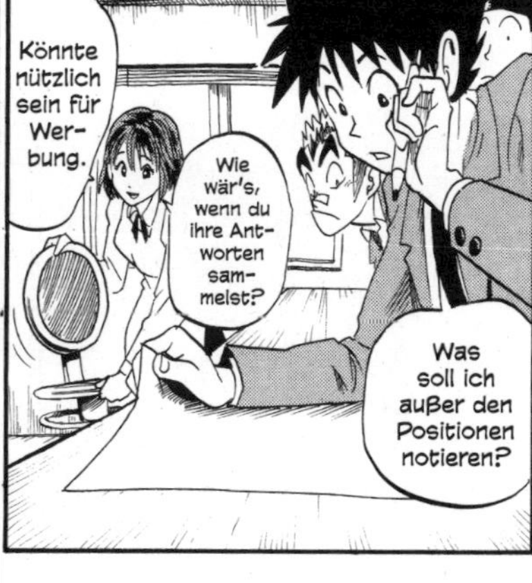
Was soll ich außer den Positionen notieren?
Wie wär's, wenn du ihre Antworten sammelst?
Könnte nützlich sein für Werbung.

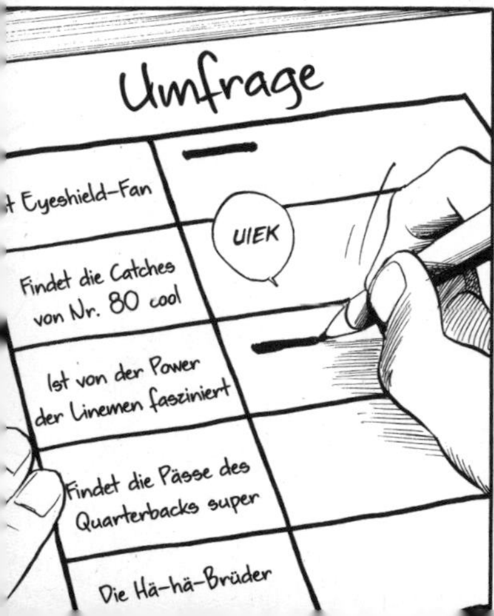
Umfrage
Eyeshield-Fan
Findet die Catches von Nr. 80 cool
Ist von der Power der Linemen fasziniert
Findet die Pässe des Quarterbacks super
Die Hä-hä-Brüder
UIEK

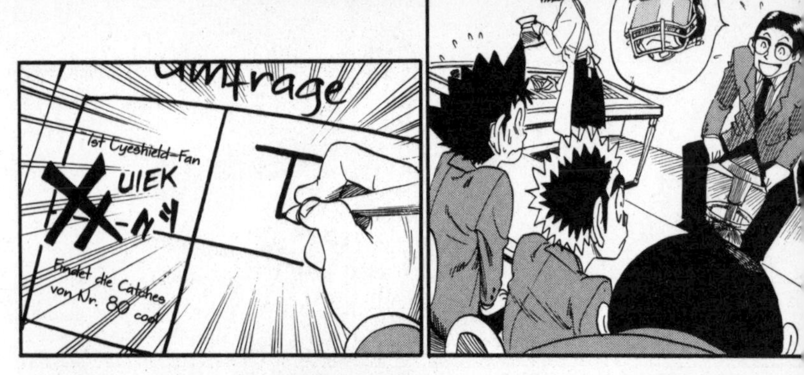

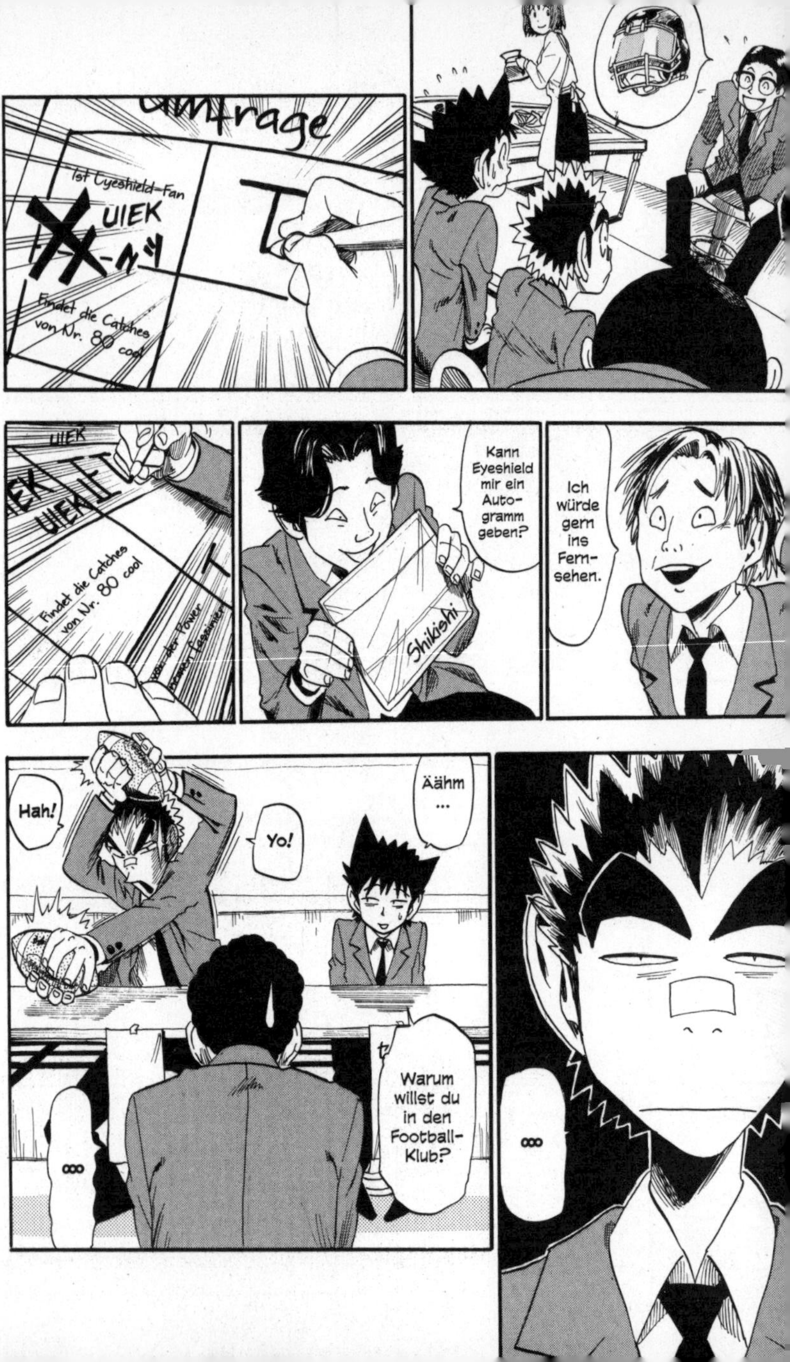

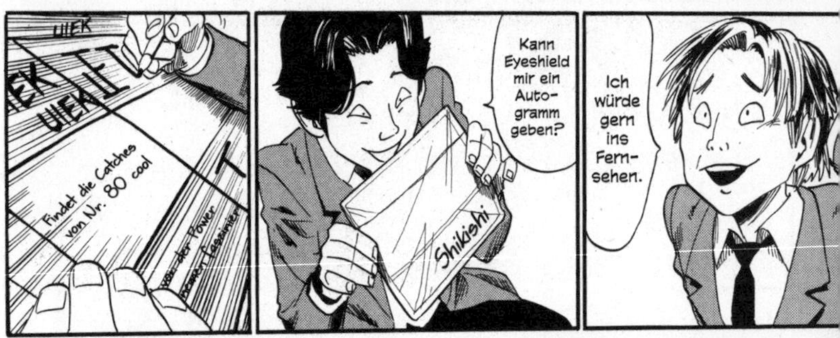

...

Äähm ...

Yo!

Hah!

Warum willst du in den Football-Klub?

...

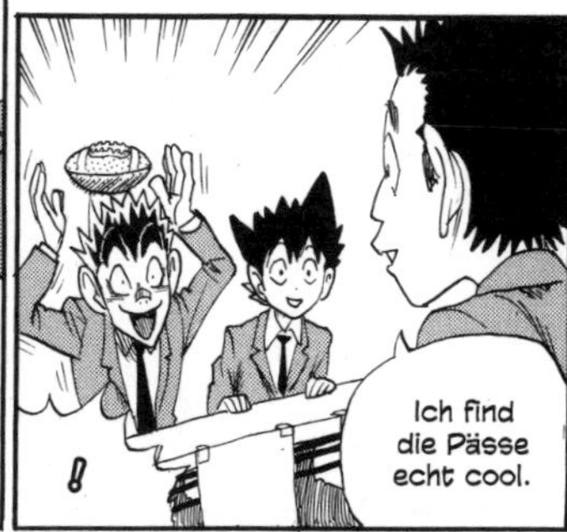
!
Ich find die Pässe echt cool.

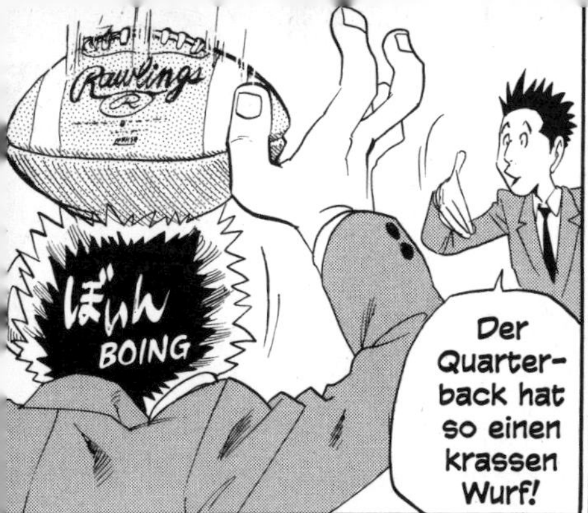
Rawlings
Der Quarterback hat so einen krassen Wurf!
ぼぃん BOING

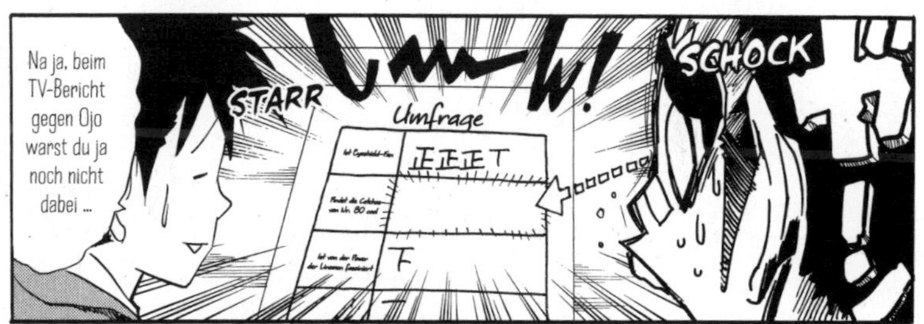
SCHOCK
STARR
Umfrage
Na ja, beim TV-Bericht gegen Ojo warst du ja noch nicht dabei ...

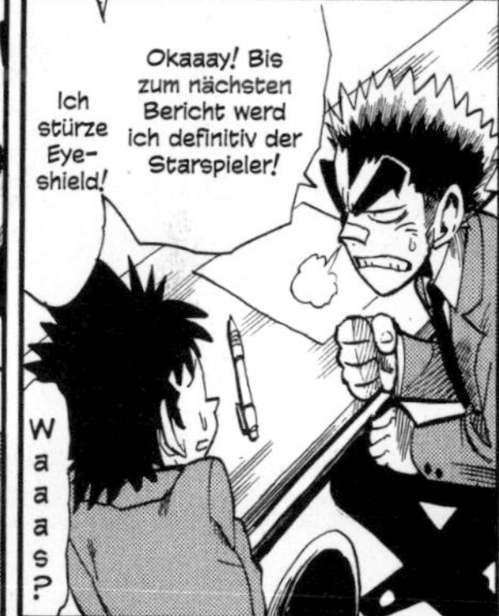
Okaaay! Bis zum nächsten Bericht werd ich definitiv der Starspieler!
Ich stürze Eyeshield!
Waaas?

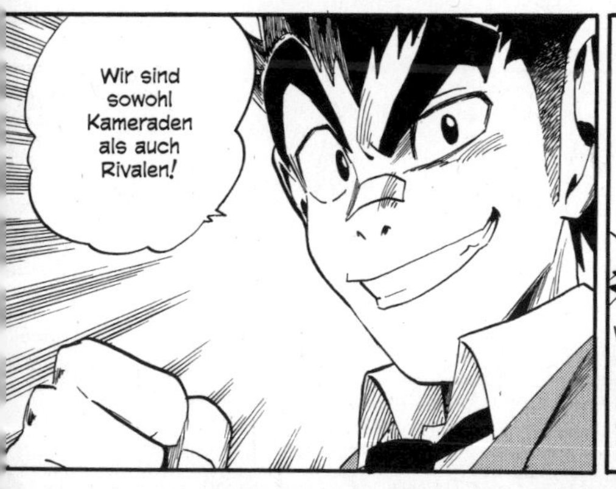
Wir sind sowohl Kameraden als auch Rivalen!

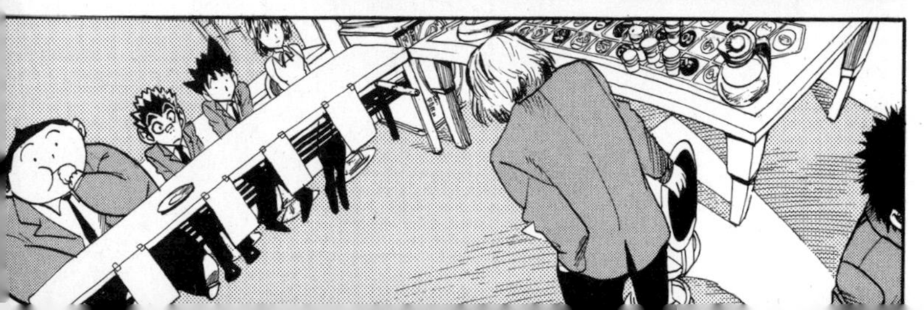

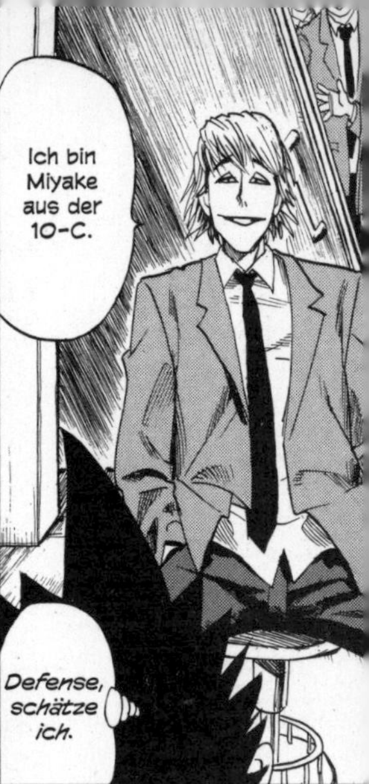
Ich bin Miyake aus der 10-C.
Defense, schätze ich.

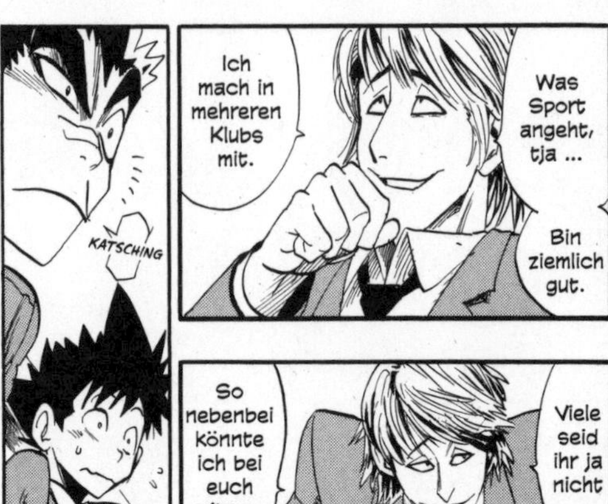
Was Sport angeht, tja ...
Bin ziemlich gut.
Ich mach in mehreren Klubs mit.
KATSCHING
Viele seid ihr ja nicht ....
So nebenbei könnte ich bei euch mitmachen.

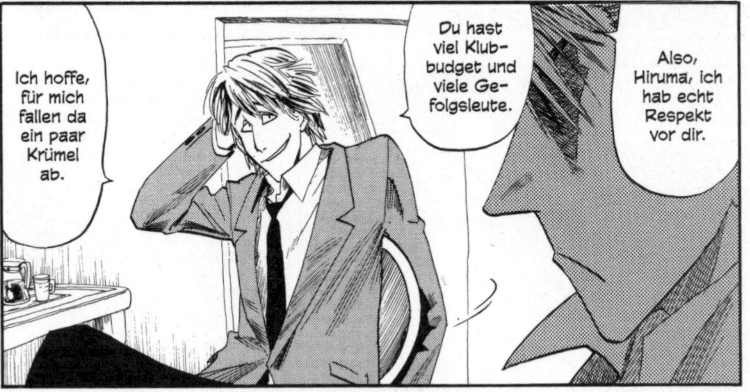
Also, Hiruma, ich hab echt Respekt vor dir.
Du hast viel Klubbudget und viele Gefolgsleute.
Ich hoffe, für mich fallen da ein paar Krümel ab.

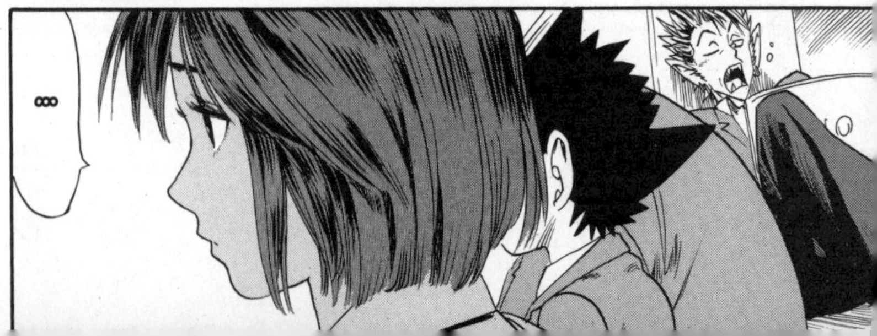
...

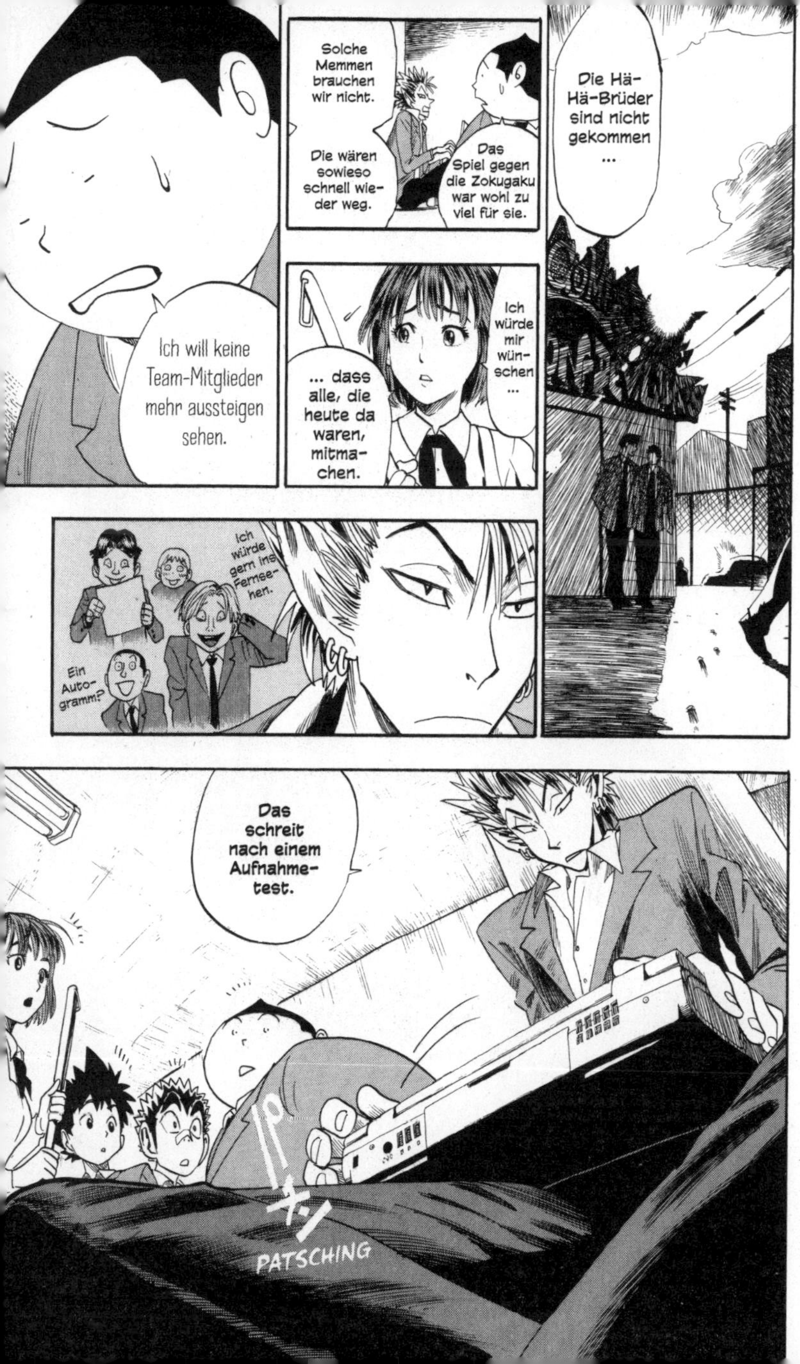

Die Hä-Hä-Brüder sind nicht gekommen ...

Solche Memmen brauchen wir nicht.

Das Spiel gegen die Zokugaku war wohl zu viel für sie.

Die wären sowieso schnell wieder weg.

Ich würde mir wünschen ...

... dass alle, die heute da waren, mitmachen.

Ich will keine Team-Mitglieder mehr aussteigen sehen.

Ich würde gern ins Fernsehen.

Ein Autogramm?

Das schreit nach einem Aufnahmetest.

PATSCHING

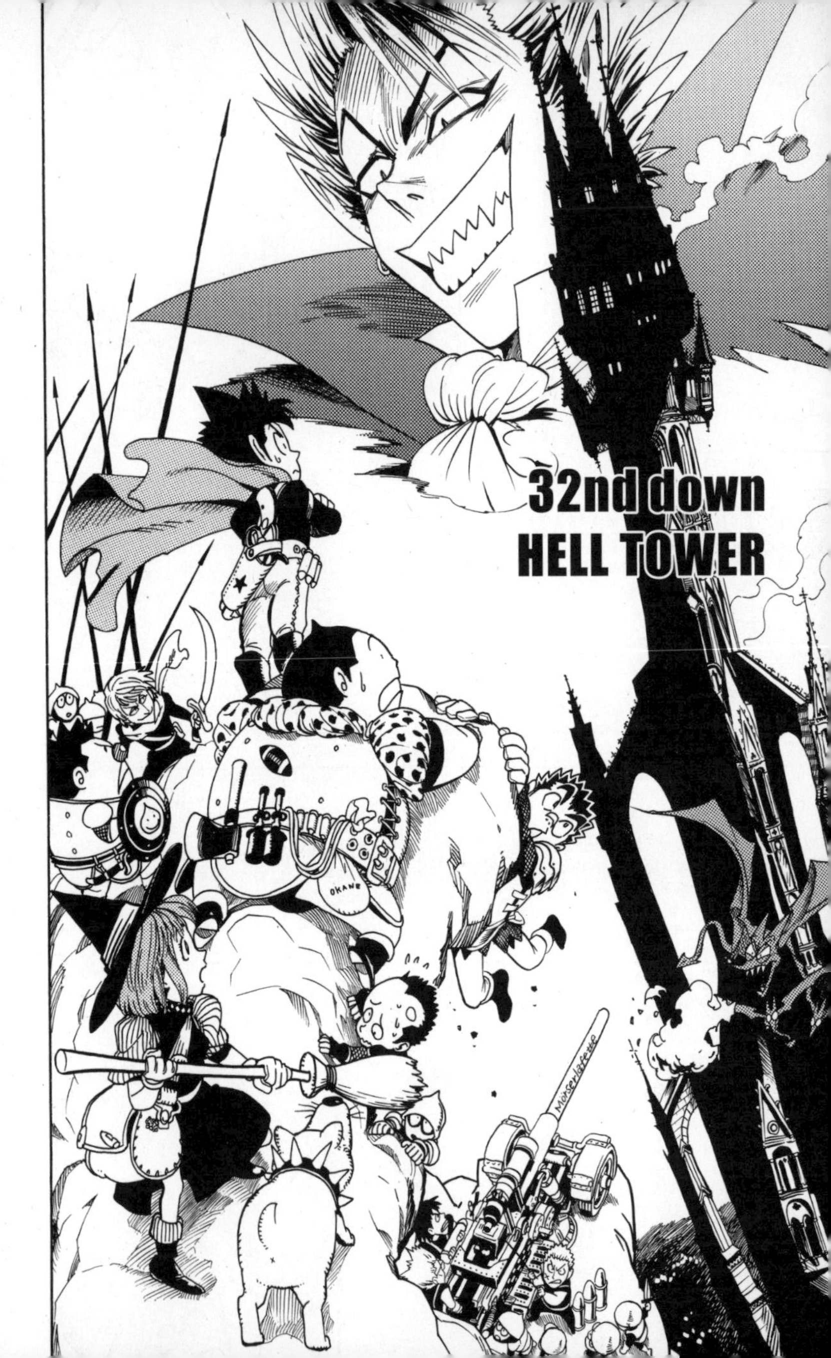
32nd down
HELL TOWER
OKANE
Mörserlafette

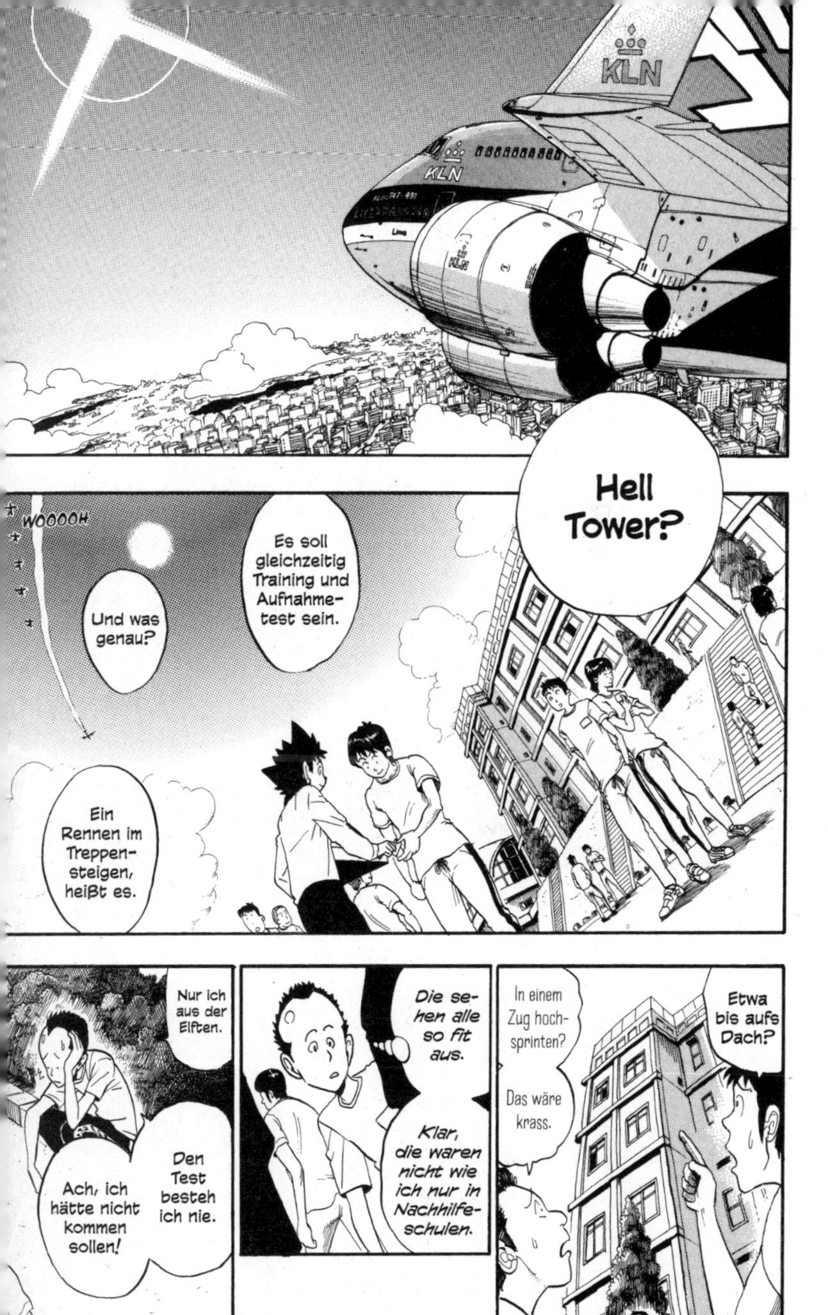
KLN
KLN
KLN
Hell Tower?
WOOOOH
Es soll gleichzeitig Training und Aufnahmetest sein.
Und was genau?
Ein Rennen im Treppensteigen, heißt es.
Etwa bis aufs Dach?
In einem Zug hochsprinten?
Das wäre krass.
Die sehen alle so fit aus.
Klar, die waren nicht wie ich nur in Nachhilfeschulen.
Nur ich aus der Elften.
Den Test besteh ich nie.
Ach, ich hätte nicht kommen sollen!

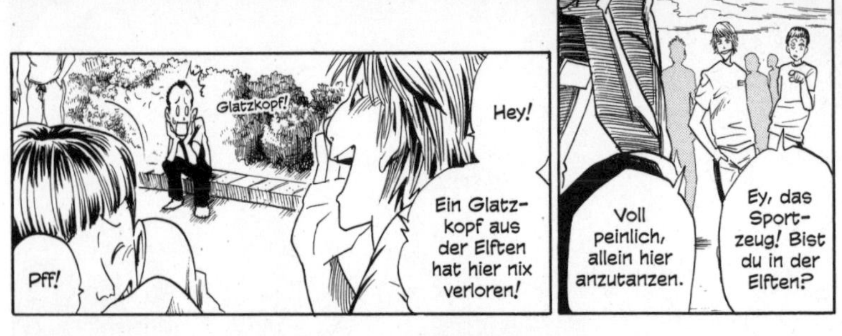
Ey, das Sportzeug! Bist du in der Elften?
Voll peinlich, allein hier anzutanzen.
Hey!
Ein Glatzkopf aus der Elften hat hier nix verloren!
Glatzkopf!
Pff!

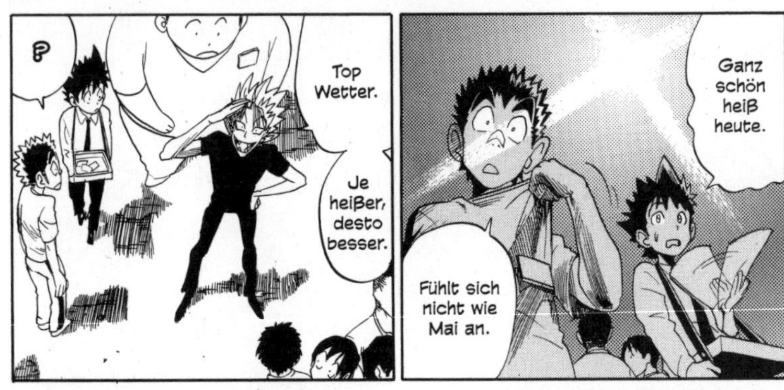
Ganz schön heiß heute.
Fühlt sich nicht wie Mai an.
Top Wetter.
Je heißer, desto besser.
?

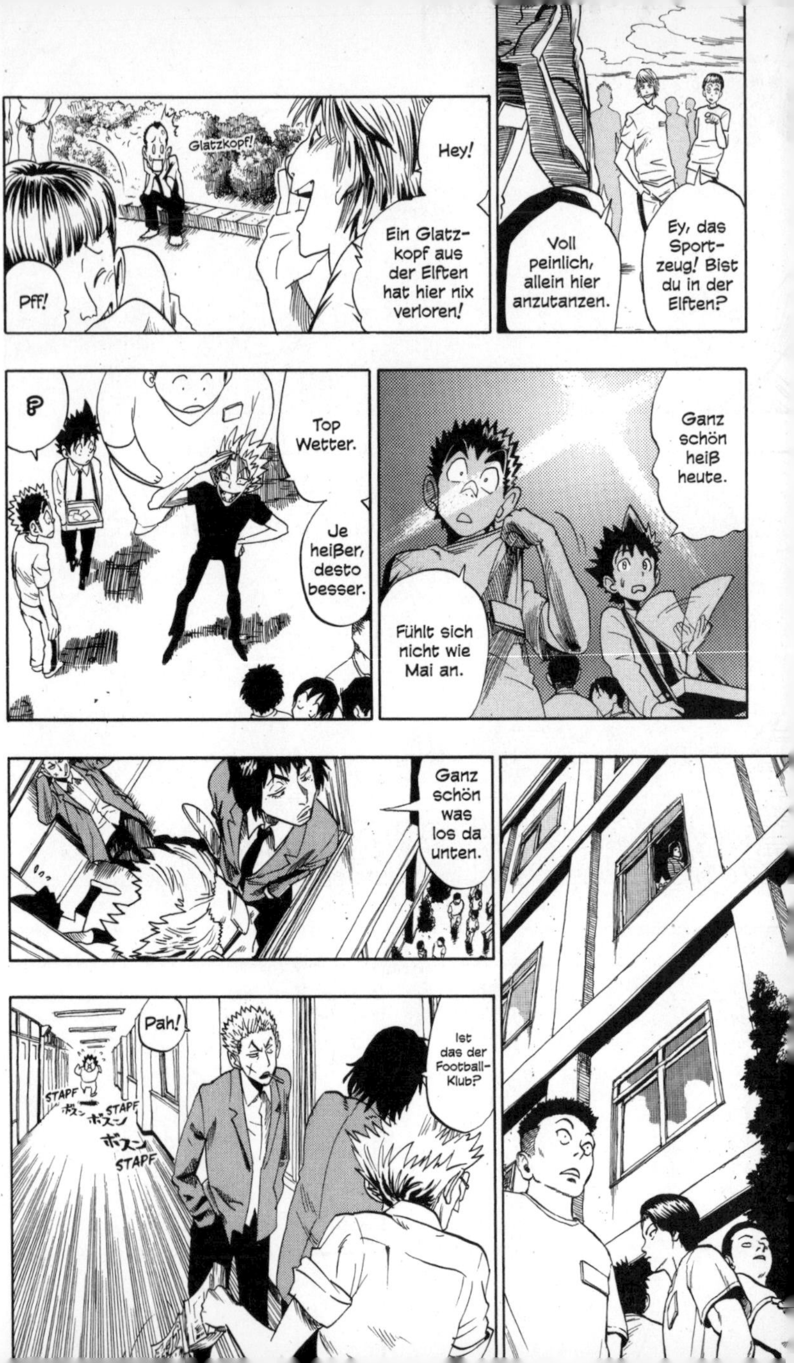

Ganz schön was los da unten.
Ist das der Football-Klub?
Pah!
STAPF
ボスン
STAPF
ボスン
ボスン
STAPF

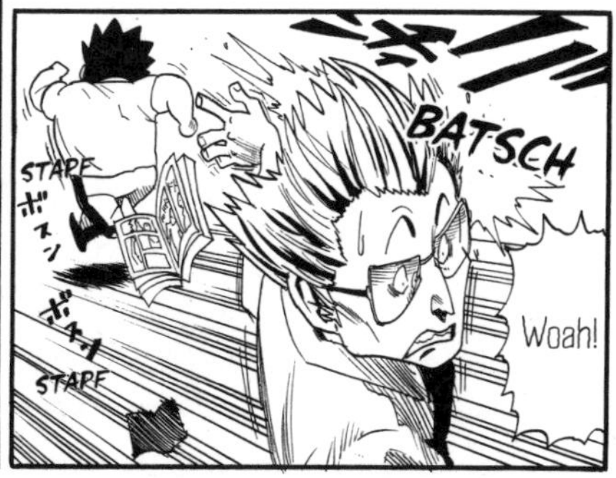
BATSCH
STAPF
ボスン
STAPF
Woah!

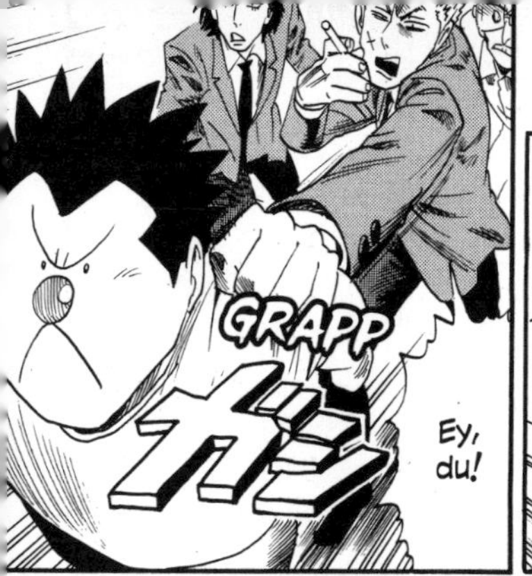
GRAPP
Ey, du!

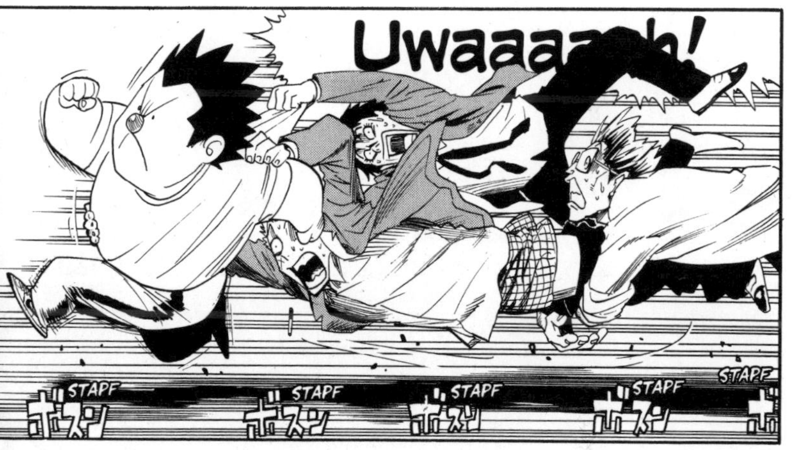
Uwaaaaaah!
STAPF
ボスン
STAPF
ボスン
STAPF
ボスン
STAPF
ボスン
STAPF

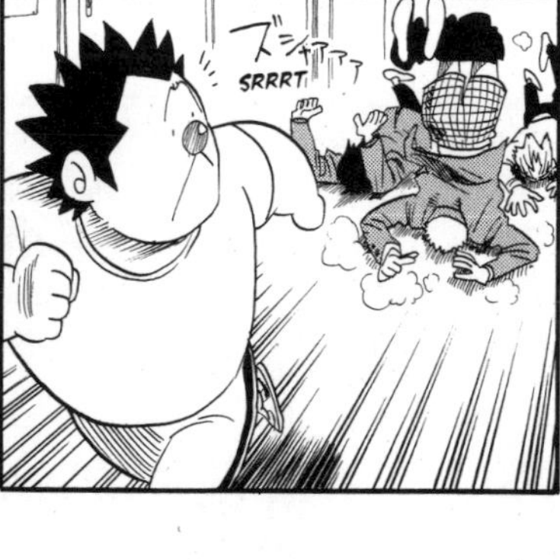
SRRRT

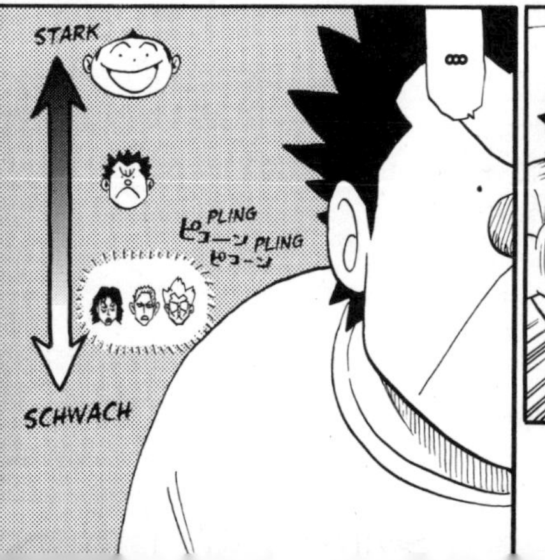
STARK
PLING
PLING
SCHWACH

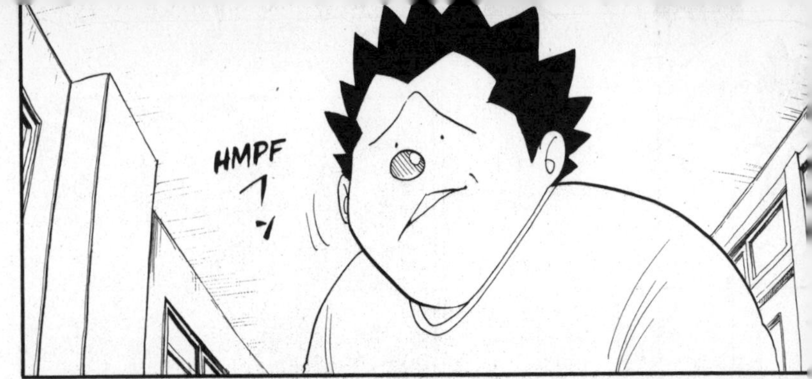
HMPF

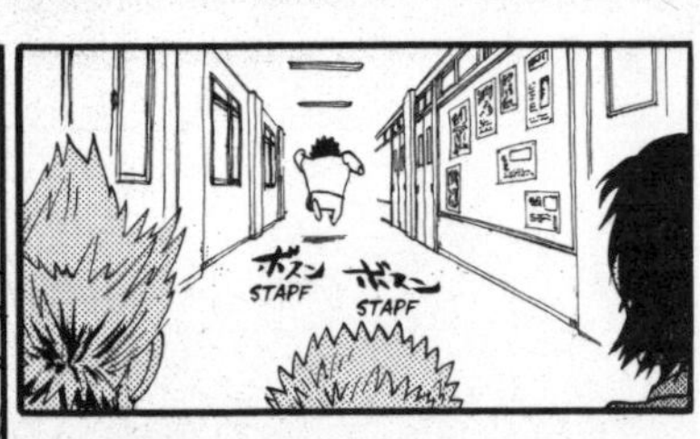
STAPF
STAPF

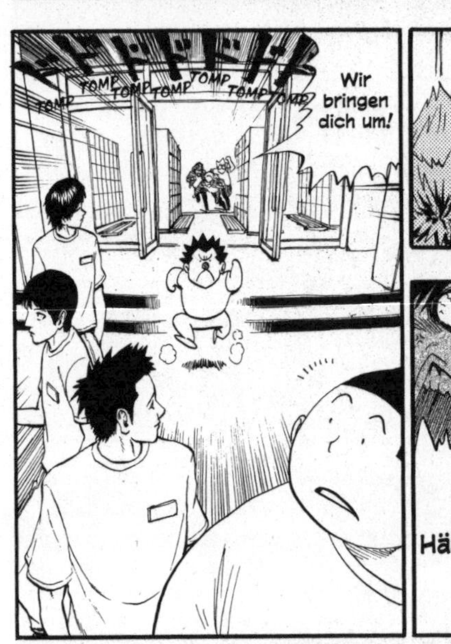
TOMP
TOMP
TOMP
TOMP
TOMP
TOMP
TOMP
Wir bringen dich um!

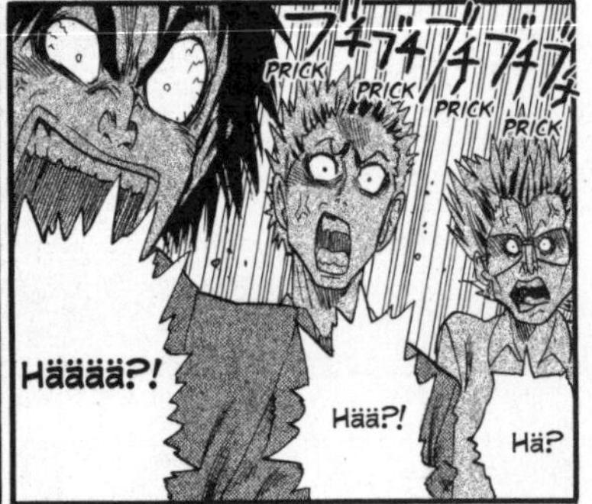
PRICK
PRICK
PRICK
PRICK
Hä?
Hää?!
Häääää?!

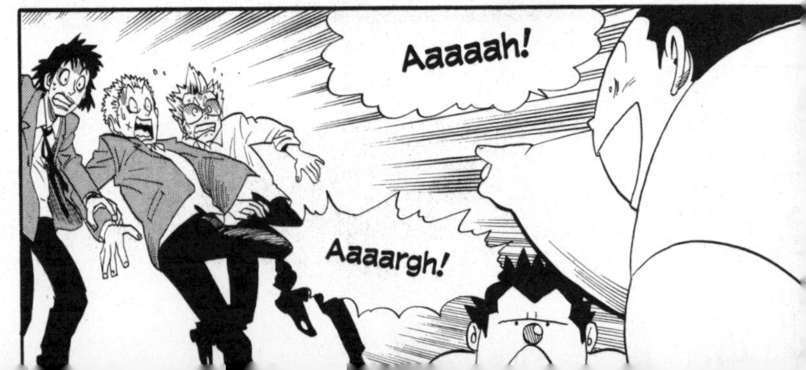
Aaaaah!
Aaaargh!

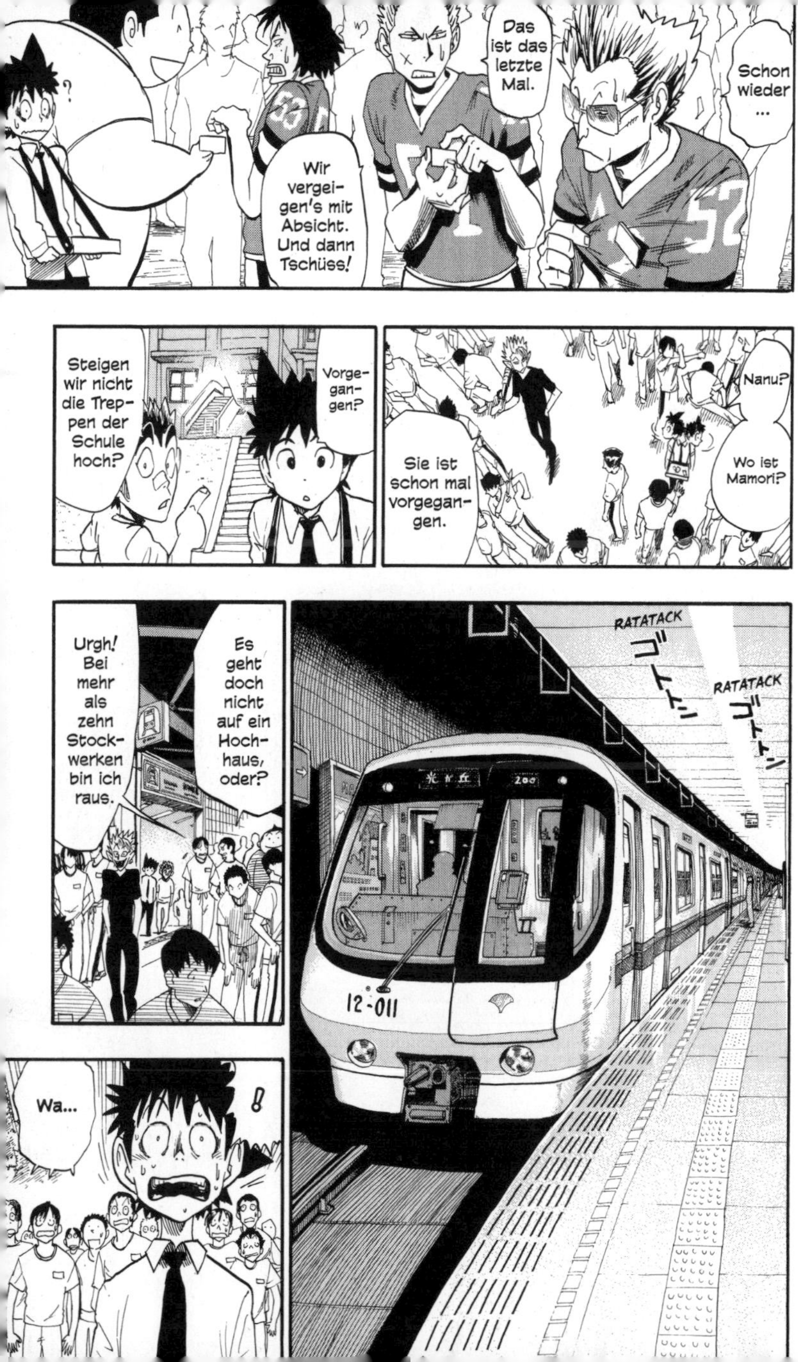

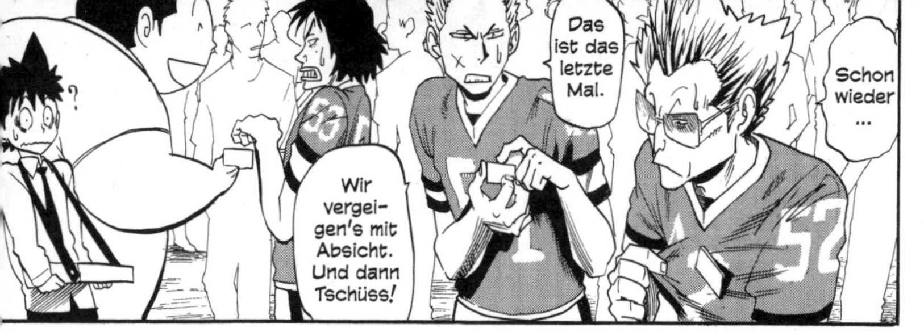
Schon wieder ...
Das ist das letzte Mal.
Wir vergeigen's mit Absicht. Und dann Tschüss!
53
52

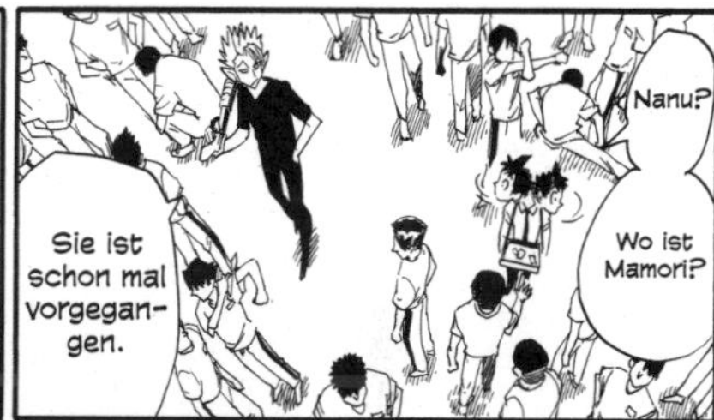
Nanu?
Wo ist Mamori?
Sie ist schon mal vorgegangen.

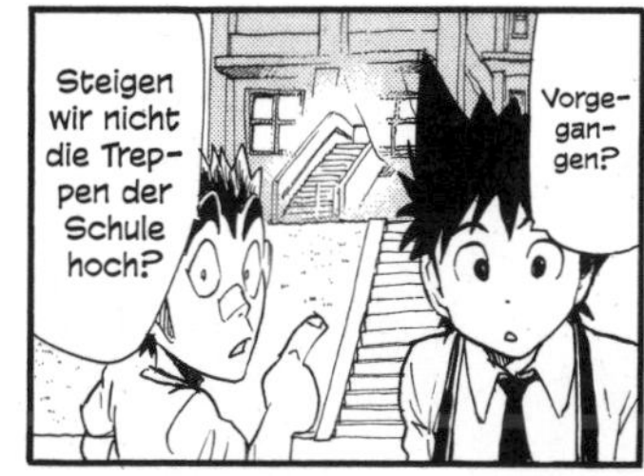
Vorgegangen?
Steigen wir nicht die Treppen der Schule hoch?

RATATACK
ゴトトン
RATATACK
ゴトトン
光が丘
200
12-011
Es geht doch nicht auf ein Hochhaus, oder?
Urgh! Bei mehr als zehn Stockwerken bin ich raus.
!
Wa...

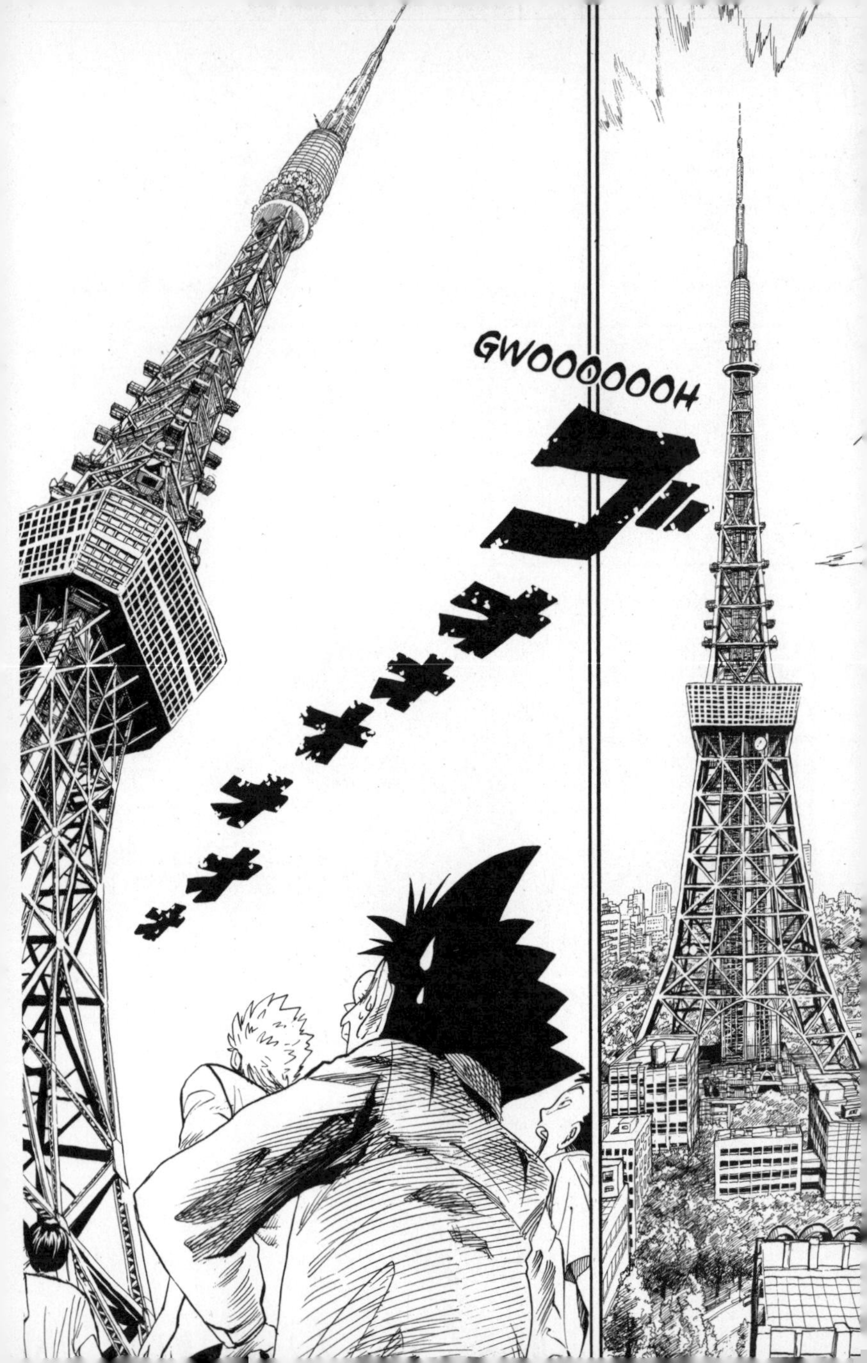
GWOOOOOH
ブォォォォォォ

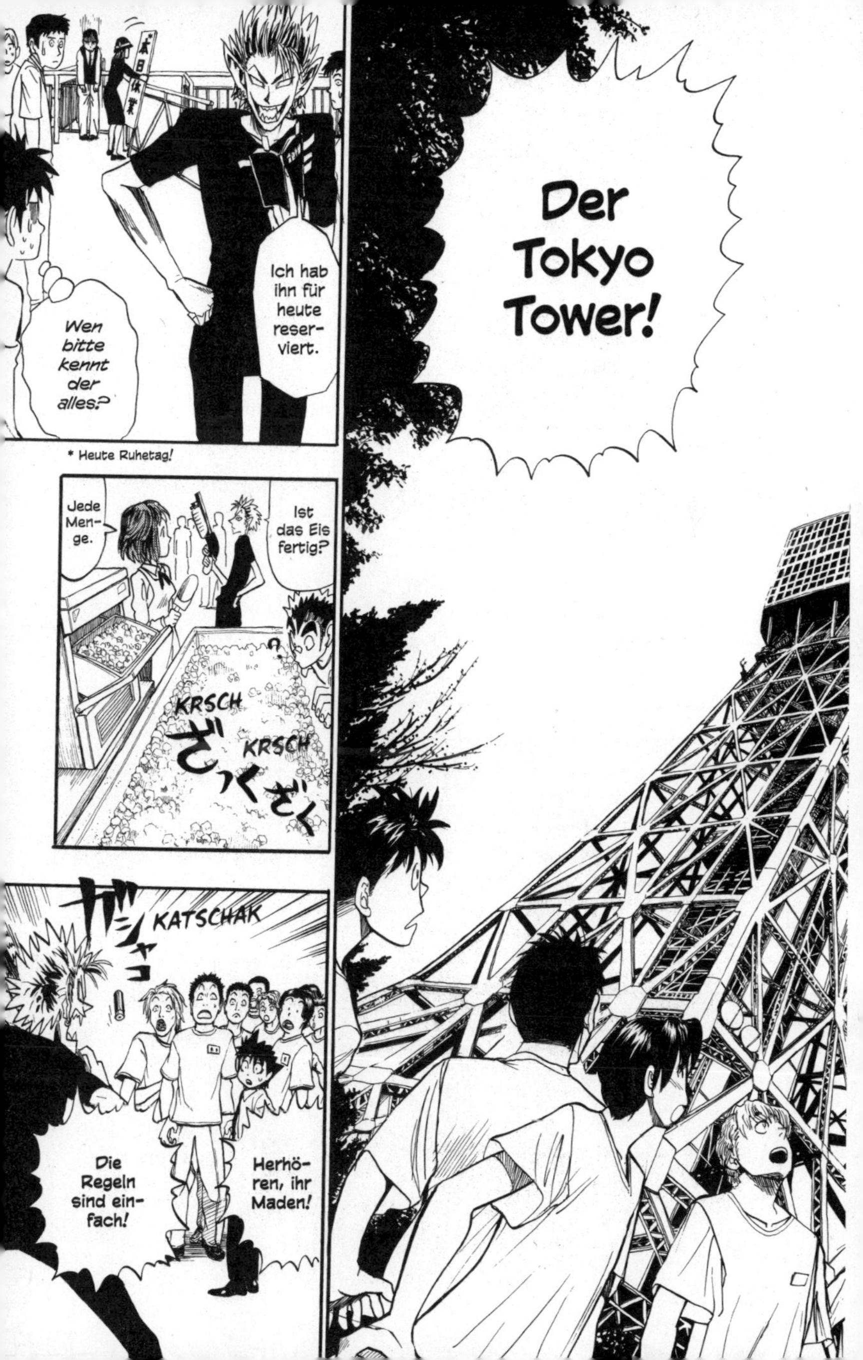
Der Tokyo Tower!
Ich hab ihn für heute reserviert.
Wen bitte kennt der alles?
* Heute Ruhetag!
Ist das Eis fertig?
Jede Menge.
KRSCH
KRSCH
ざくざく
KATSCHAK
ガシャコ
Herhören, ihr Maden!
Die Regeln sind einfach!

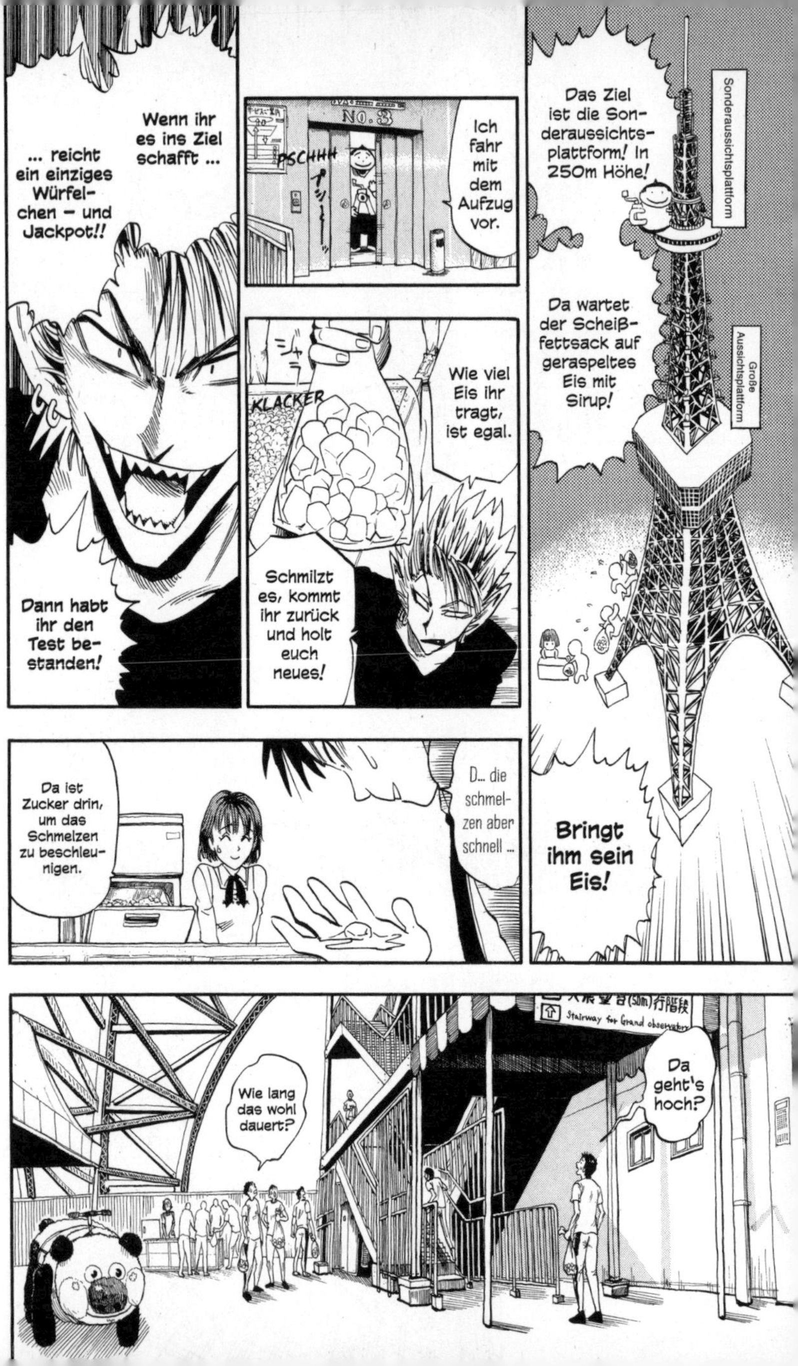

Das Ziel ist die Sonderaussichtsplattform! In 250m Höhe!

Sonderaussichtsplattform

Da wartet der Scheißfettsack auf geraspeltes Eis mit Sirup!

Große Aussichtsplattform

Bringt ihm sein Eis!

Ich fahr mit dem Aufzug vor.

PSCHHH

Wie viel Eis ihr tragt, ist egal.

KLACKER

Schmilzt es, kommt ihr zurück und holt euch neues!

Wenn ihr es ins Ziel schafft ...

... reicht ein einziges Würfelchen – und Jackpot!!

Dann habt ihr den Test bestanden!

D... die schmelzen aber schnell ...

Da ist Zucker drin, um das Schmelzen zu beschleunigen.

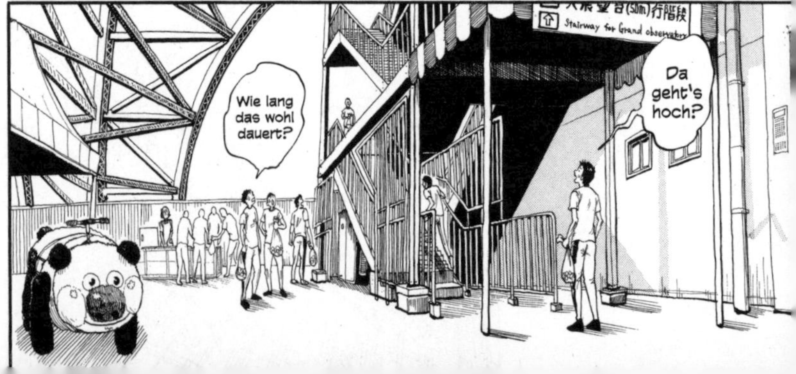

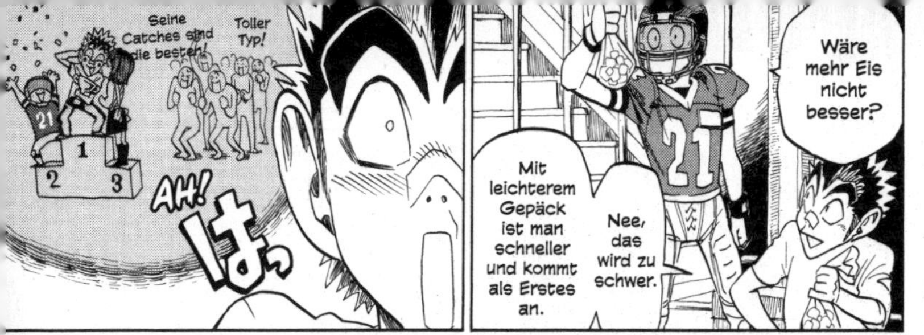
Wäre mehr Eis nicht besser?
Nee, das wird zu schwer.
Mit leichterem Gepäck ist man schneller und kommt als Erstes an.
AH!
はっ
Seine Catches sind die besten!
Toller Typ!

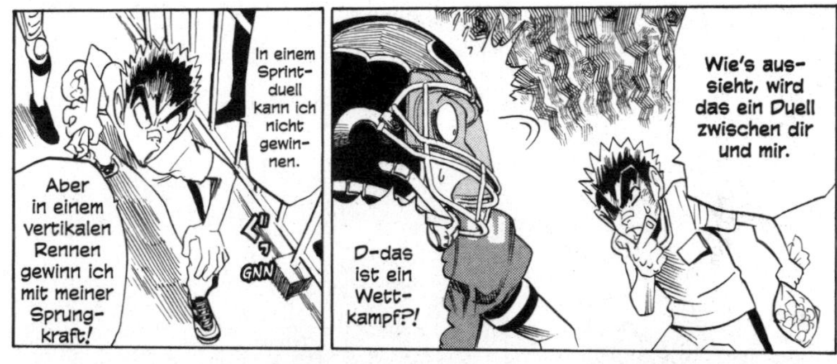
Wie's aus-sieht, wird das ein Duell zwischen dir und mir.
D-das ist ein Wett-kampf?!
In einem Sprint-duell kann ich nicht gewin-nen.
Aber in einem vertikalen Rennen gewinn ich mit meiner Sprung-kraft!
ぐっ GNN

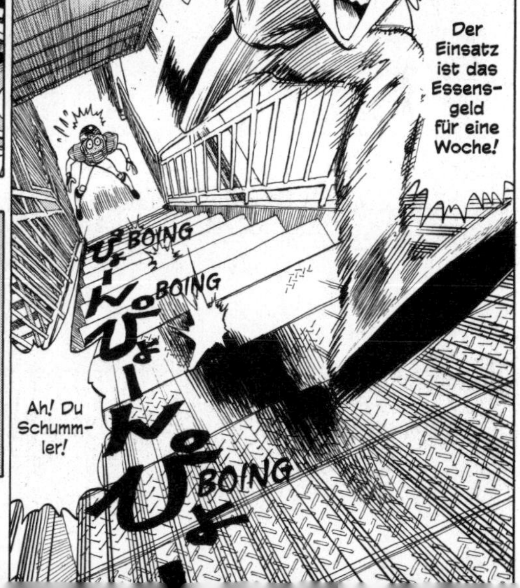
Der Einsatz ist das Essens-geld für eine Woche!
ぴょーん BOING
ぴょーん BOING
ぴょーん BOING
Ah! Du Schumm-ler!

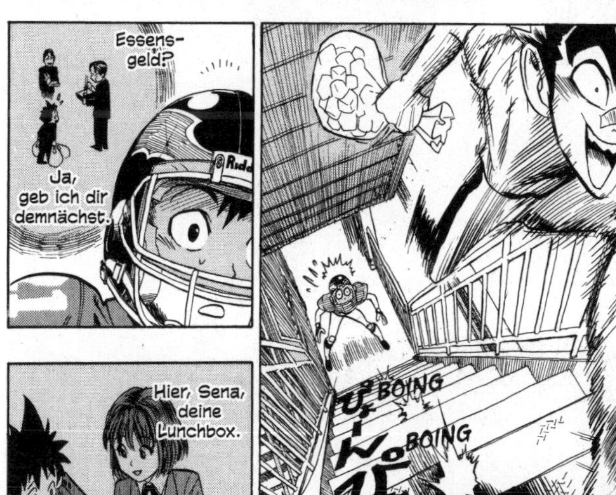
Essens-geld?
Ja, geb ich dir demnächst.

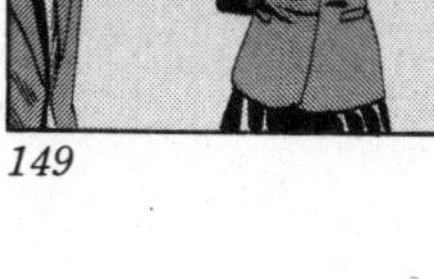
Hier, Sena, deine Lunchbox.

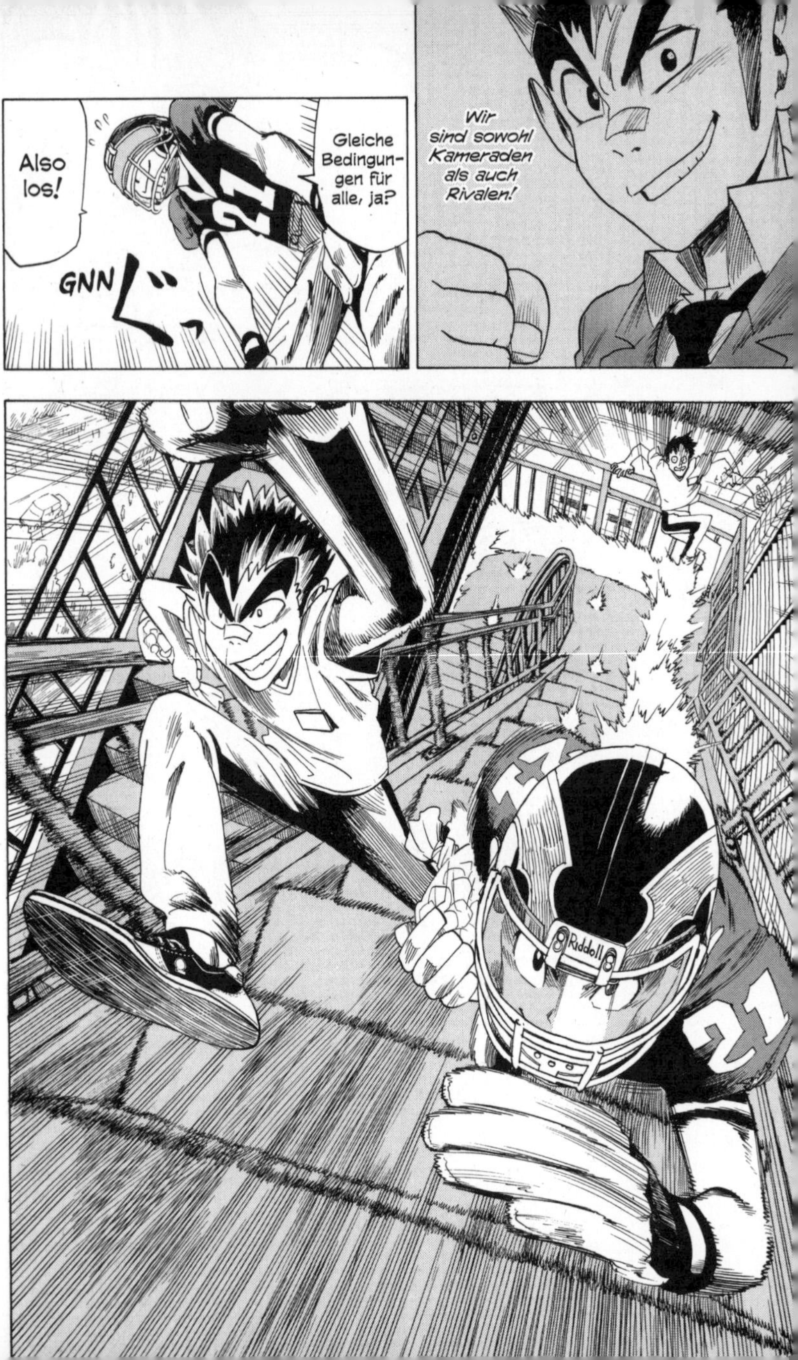

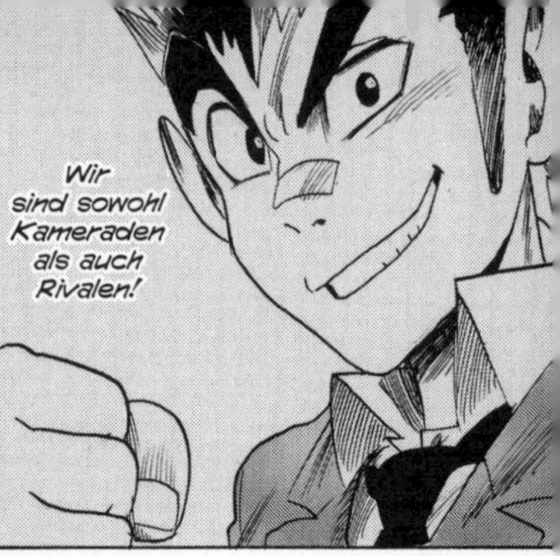
Wir sind sowohl Kameraden als auch Rivalen!

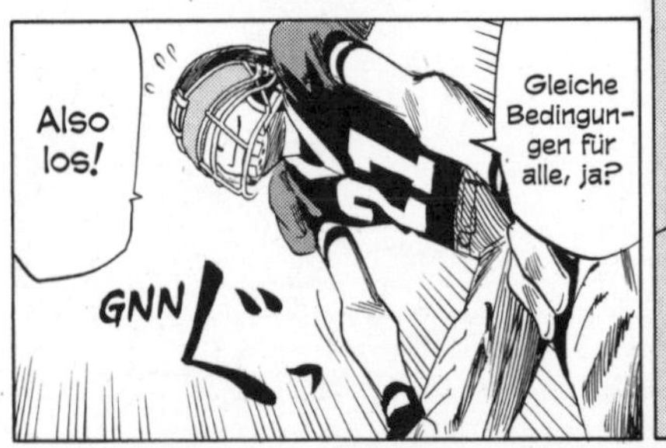
Gleiche Bedingungen für alle, ja?
Also los!
GNN

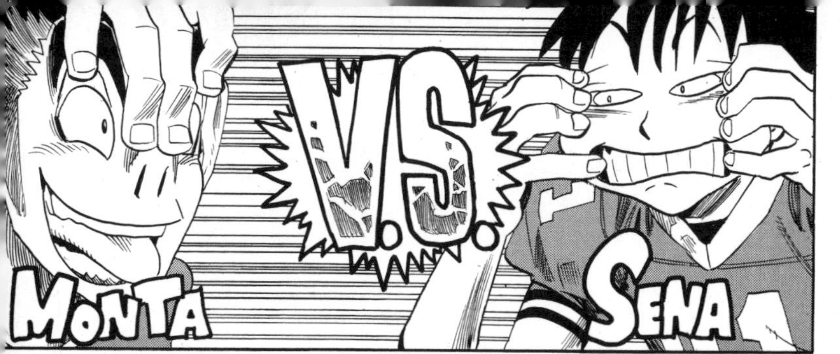

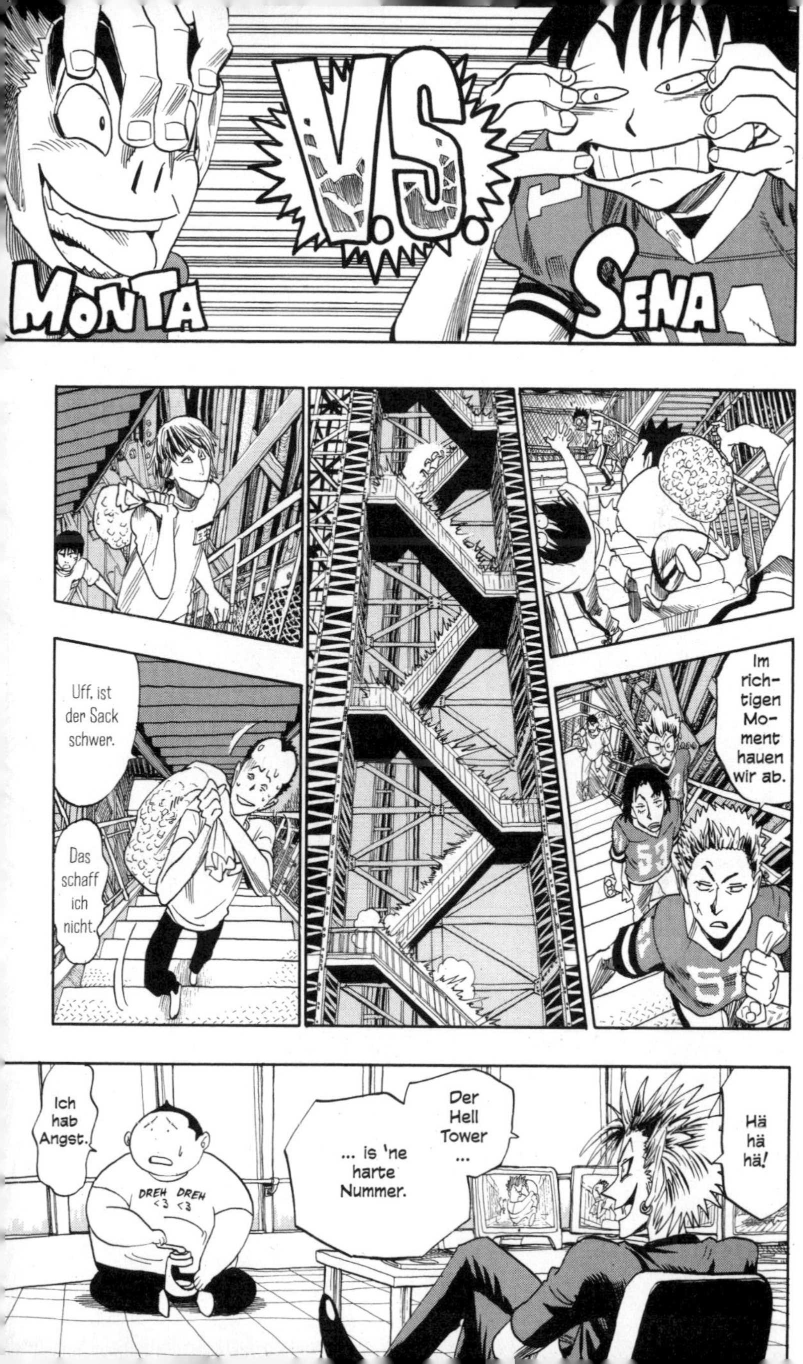

Im richtigen Moment hauen wir ab.

Uff, ist der Sack schwer.

Das schaff ich nicht.

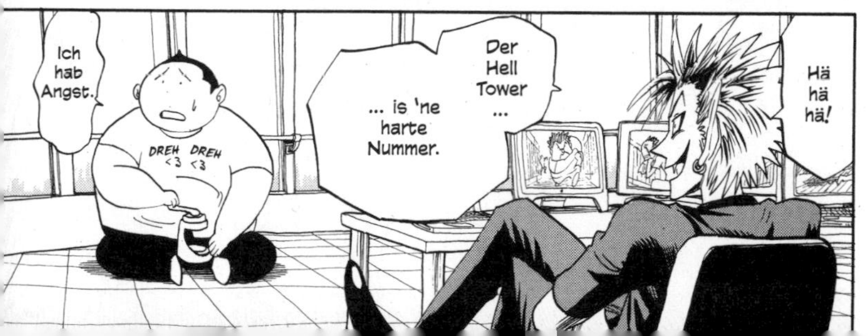

Betreuerin Mamori Anezakis 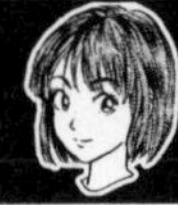 **DEVIL-BATS-TAGEBUCH**

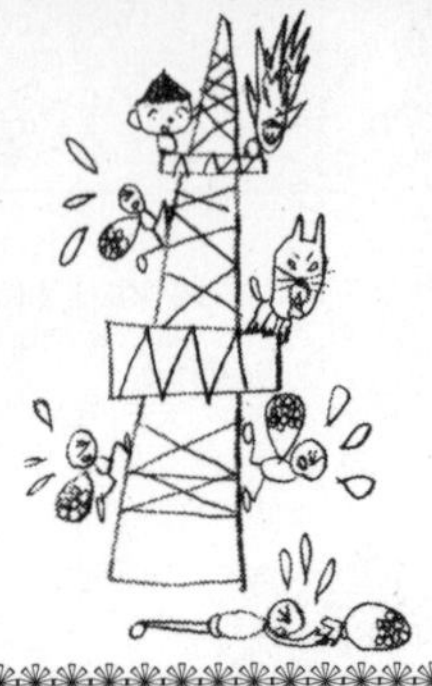

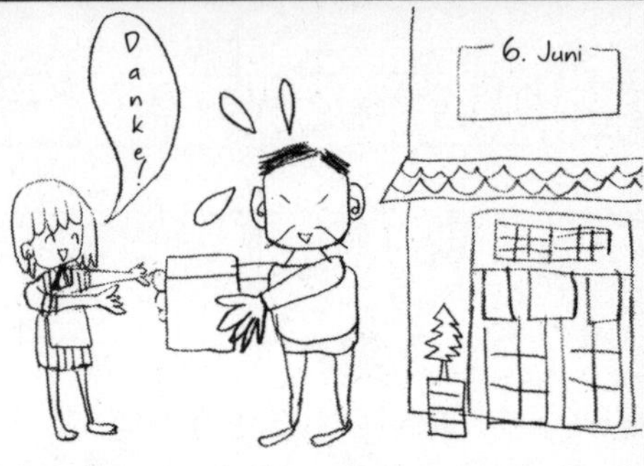

Heute ist der Aufnahmetest am Tokyo Tower. Ich drücke allen die Daumen! Ein Barkeeper in der Nähe hat uns ganz viele Eismaschinen geliehen. Danke dafür!

Wow, es gibt wirklich nette Menschen.

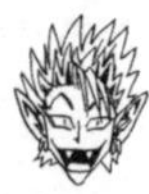

Total nett! „Woher weißt du, dass ich keinen Pass hab? Bitte ruf nicht die Polizei!", hat er gebettelt. Und dann haben wir alles bekommen, was wir wollten!

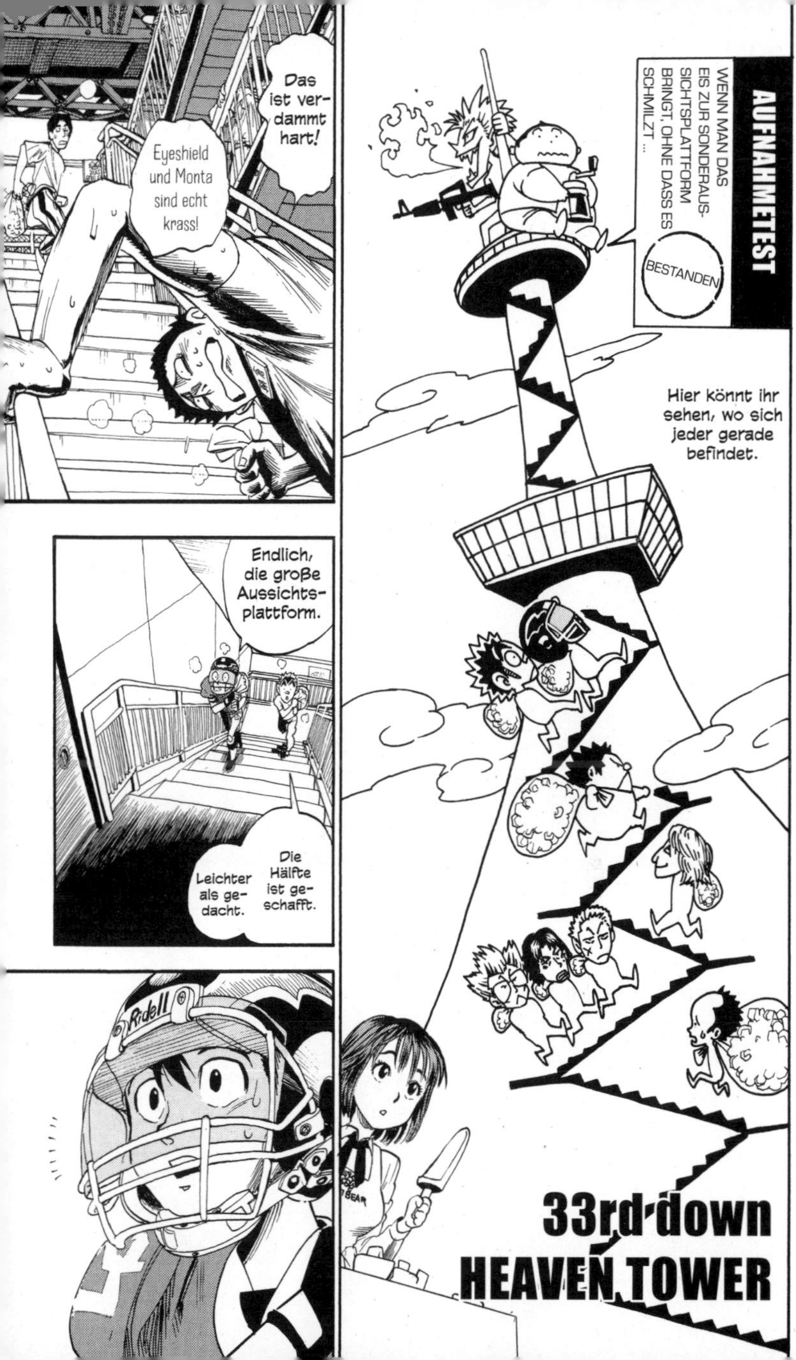

33rd down
HEAVEN TOWER

AUFNAHMETEST

WENN MAN DAS EIS ZUR SONDERAUS-SICHTSPLATTFORM BRINGT, OHNE DASS ES SCHMILZT ...

BESTANDEN

Hier könnt ihr sehen, wo sich jeder gerade befindet.

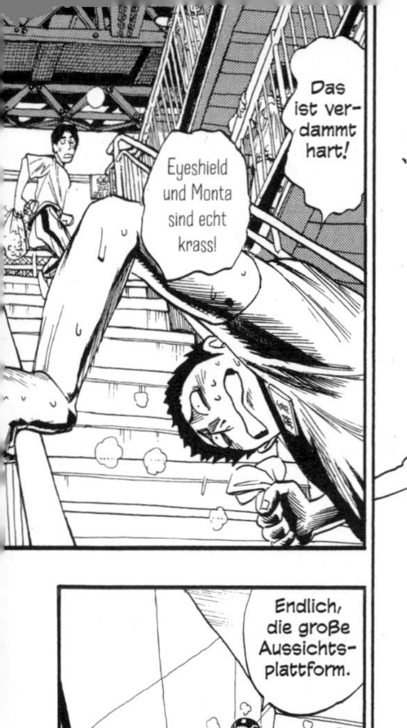

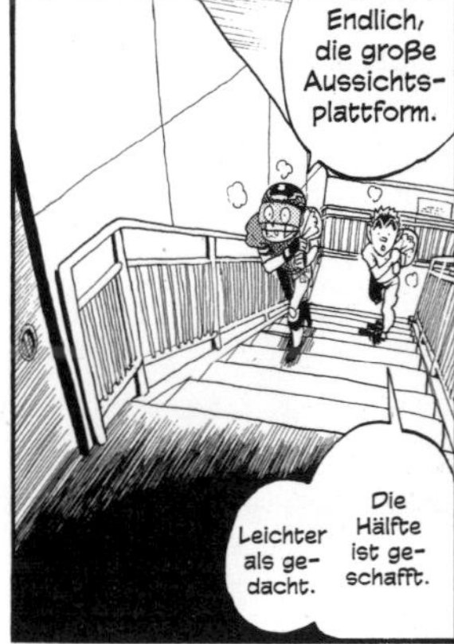

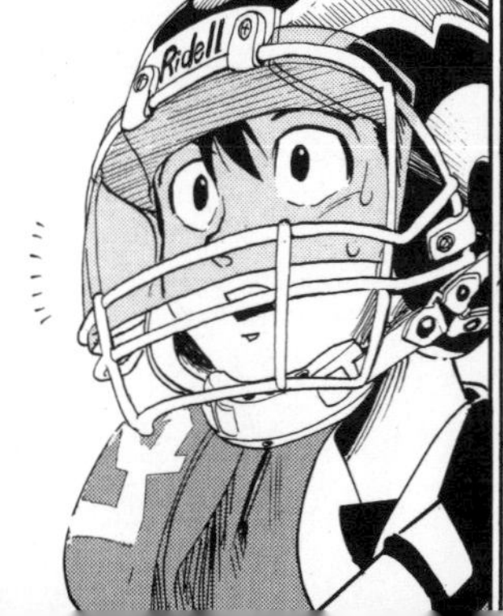

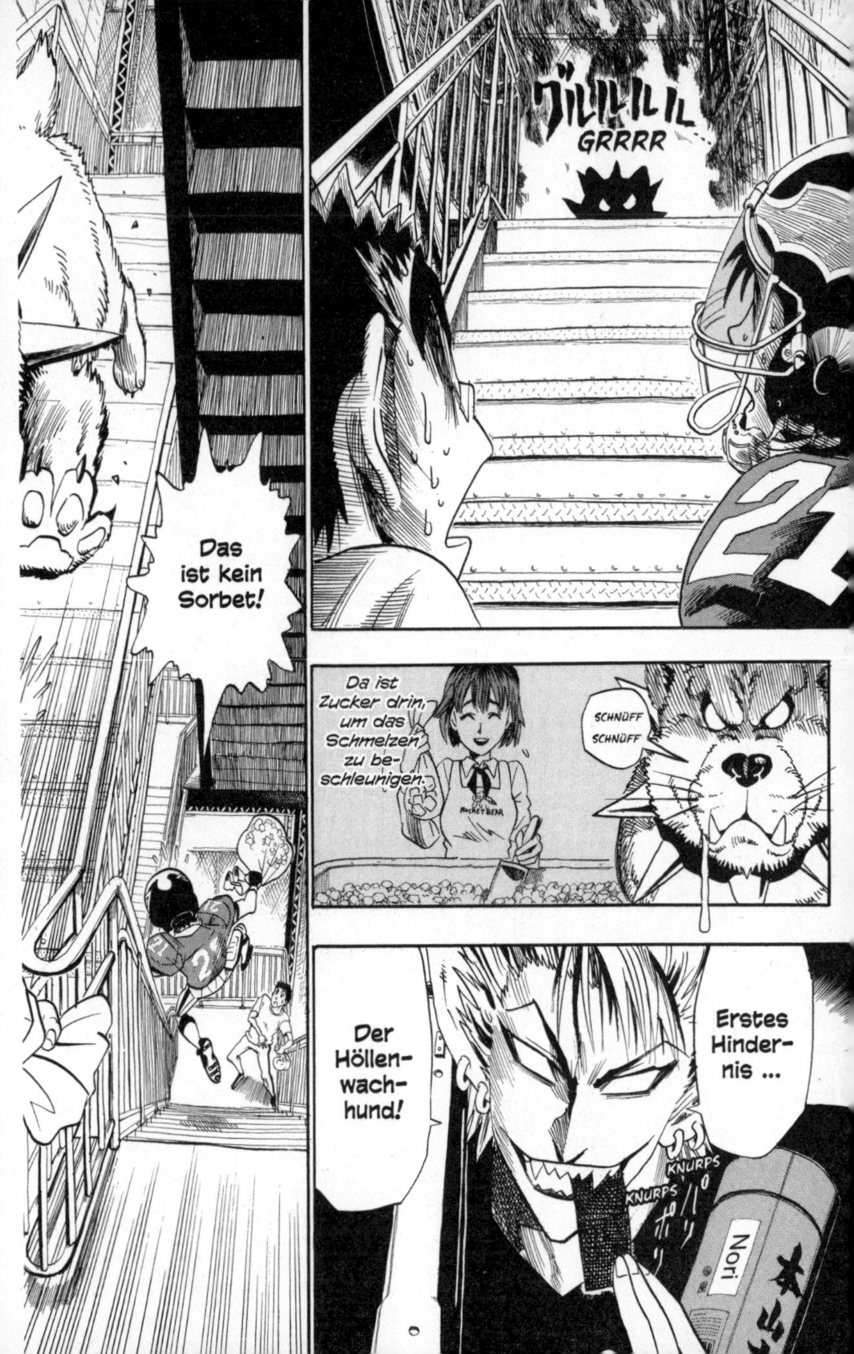

ヴルルルル
GRRRR
SCHNÜFF SCHNÜFF
Da ist Zucker drin, um das Schmelzen zu beschleunigen.
ROCKETBEAR
Erstes Hindernis ...
Der Höllenwachhund!
KNURPS KNURPS
Nori
Das ist kein Sorbet!

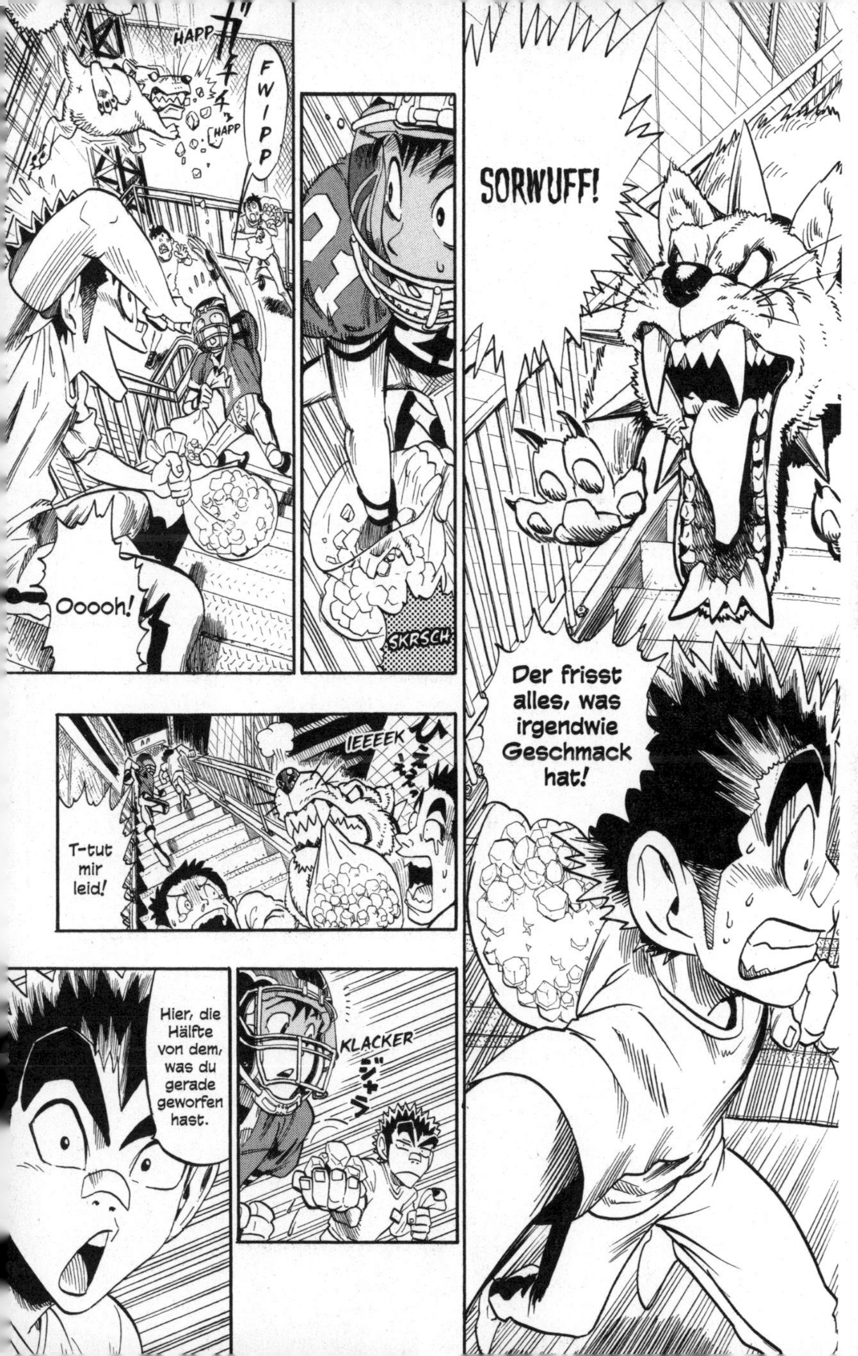

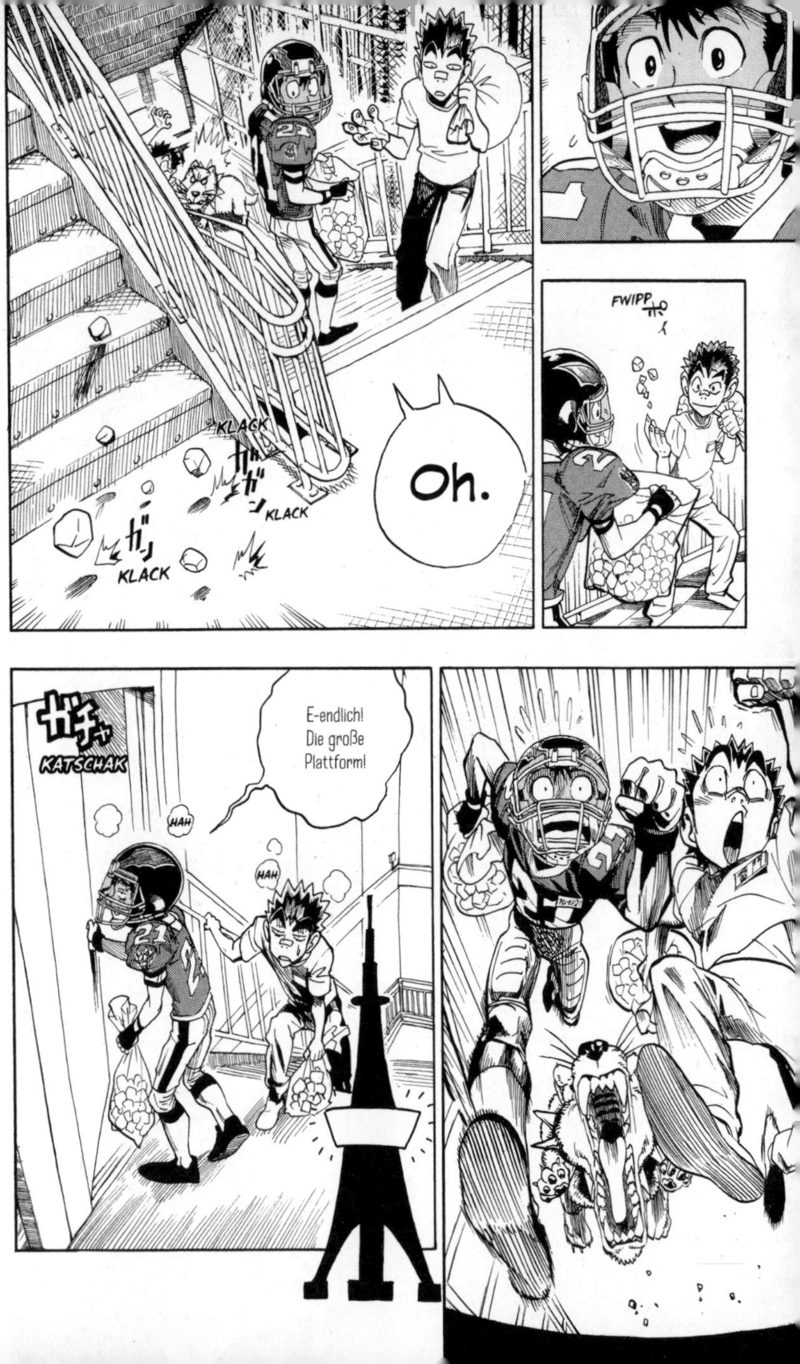

FWIPP ポイ

KLACK
KLACK
KLACK

Oh.

ガチャ
KATSCHAK

HAH
HAH

E-endlich!
Die große
Plattform!

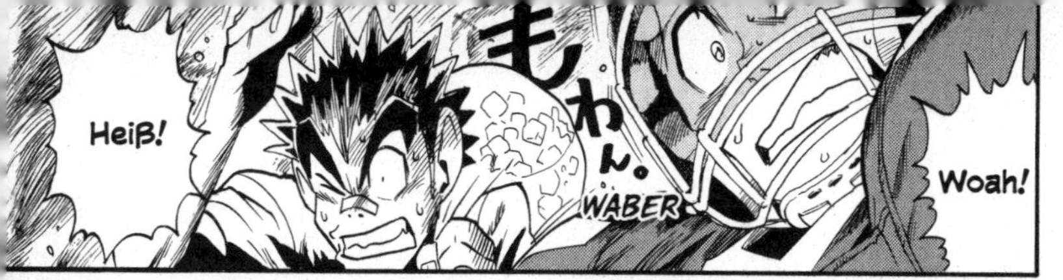
Woah!
もわん。
WABER
Heiß!

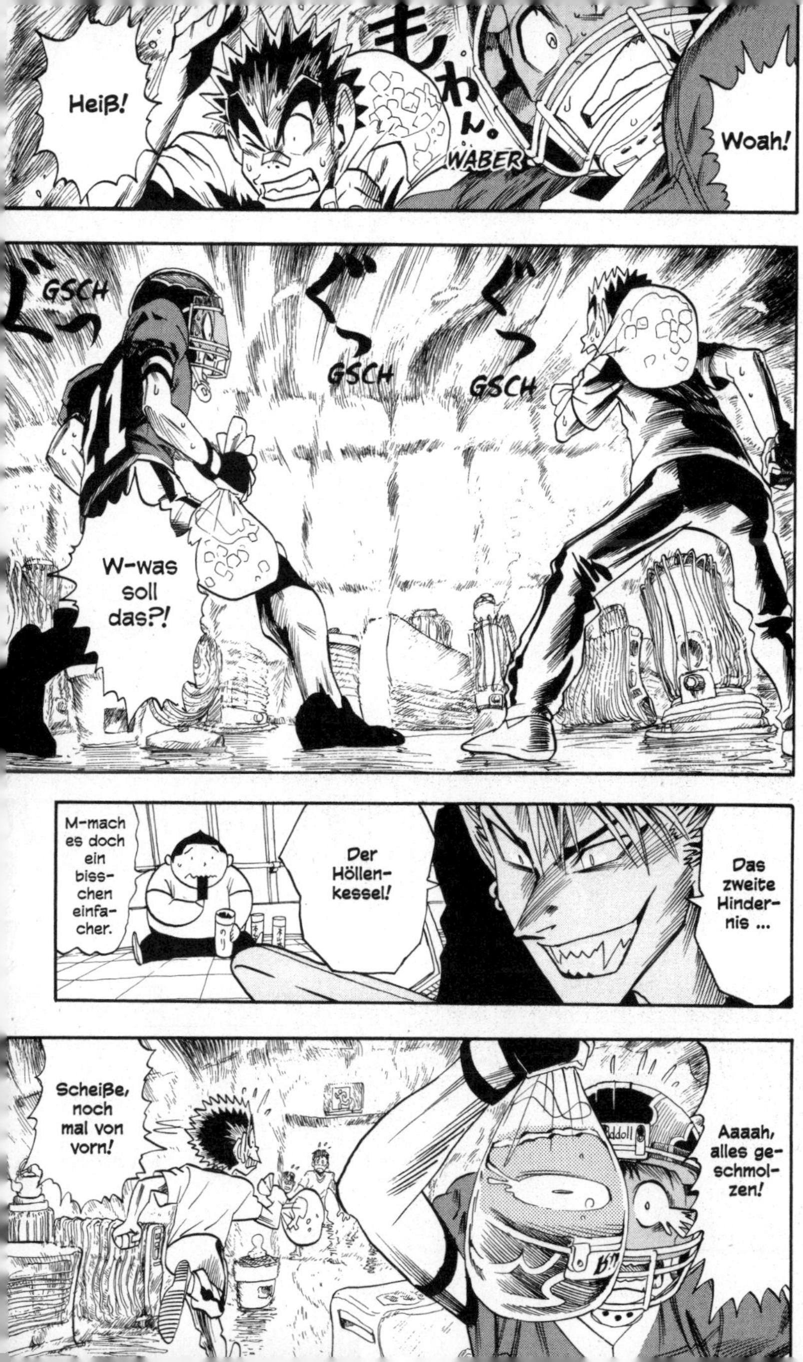

GSCH
GSCH
GSCH
W-was soll das?!

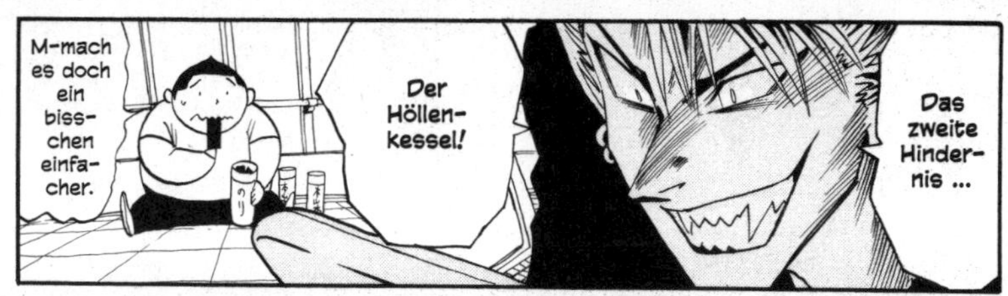
Das zweite Hindernis ...
Der Höllenkessel!
M-mach es doch ein bisschen einfacher.

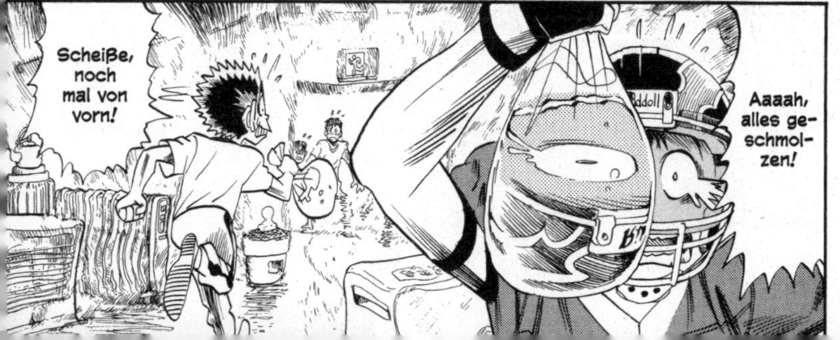
Aaaah, alles geschmolzen!
Scheiße, noch mal von vorn!

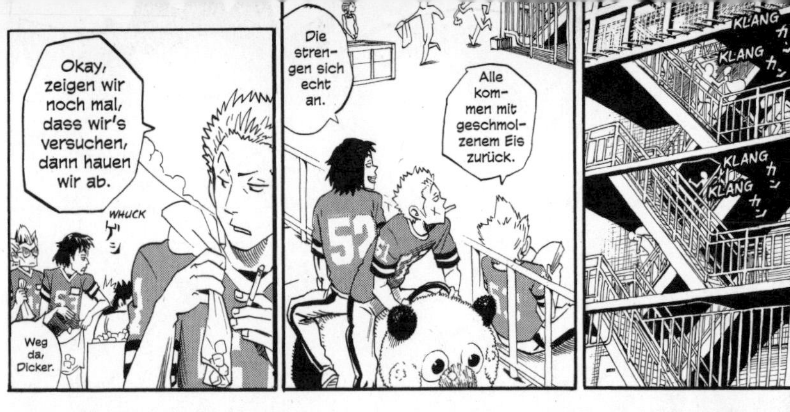
KLANG
KLANG
KLANG
KLANG
Alle kommen mit geschmolzenem Eis zurück.
Die strengen sich echt an.
Okay, zeigen wir noch mal, dass wir's versuchen, dann hauen wir ab.
WHUCK
Weg da, Dicker.

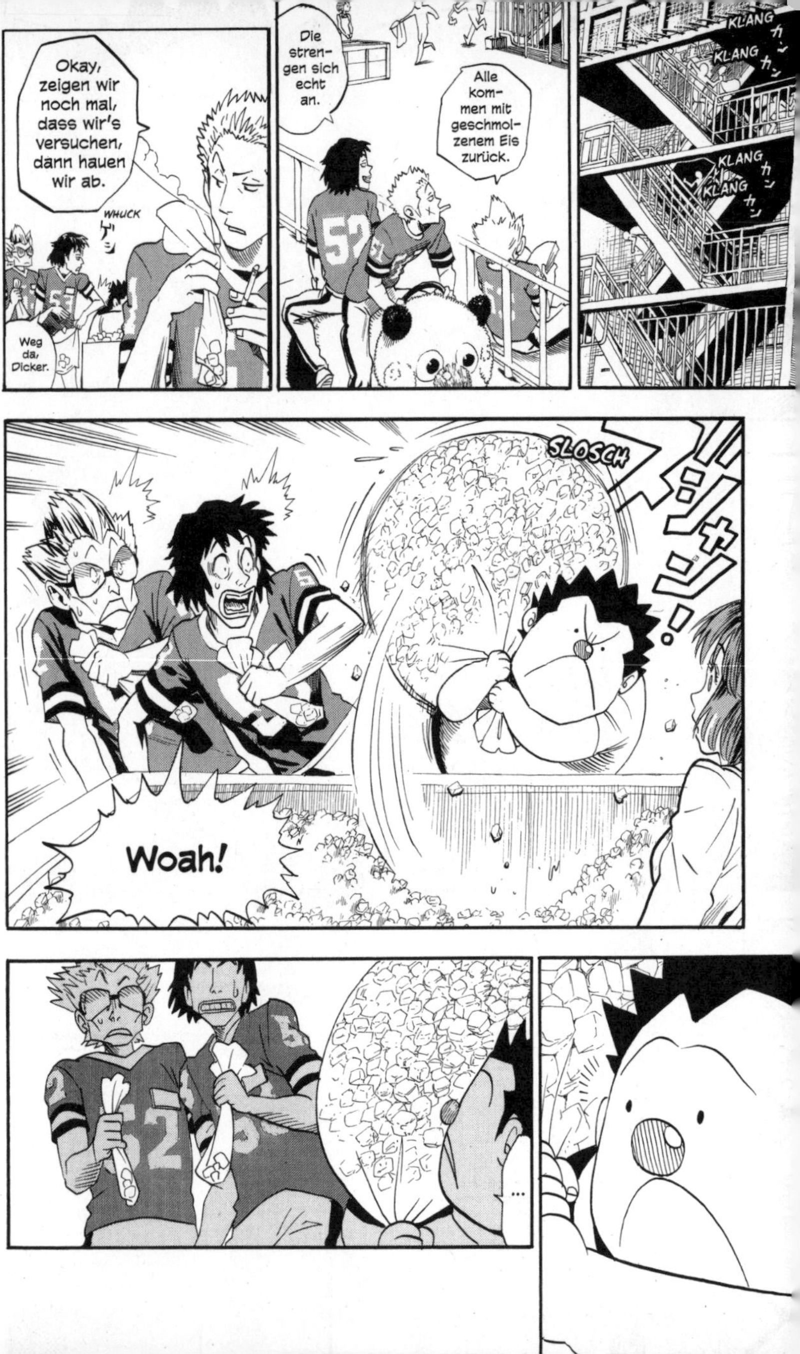

SLOSCH

Woah!

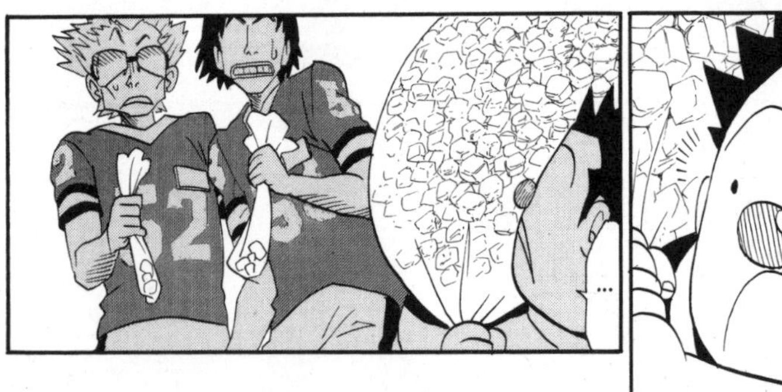
...

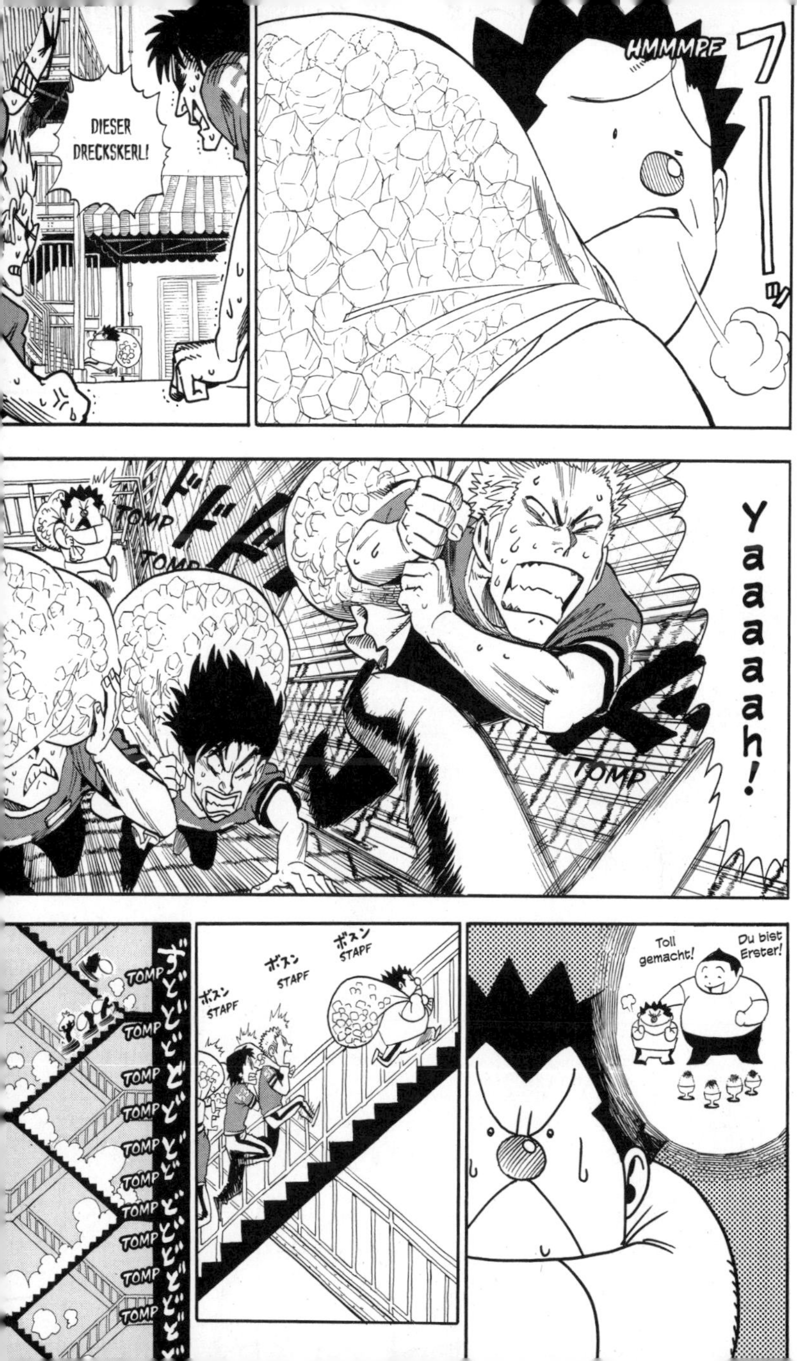

DIESER DRECKSKERL!

HMMMPF

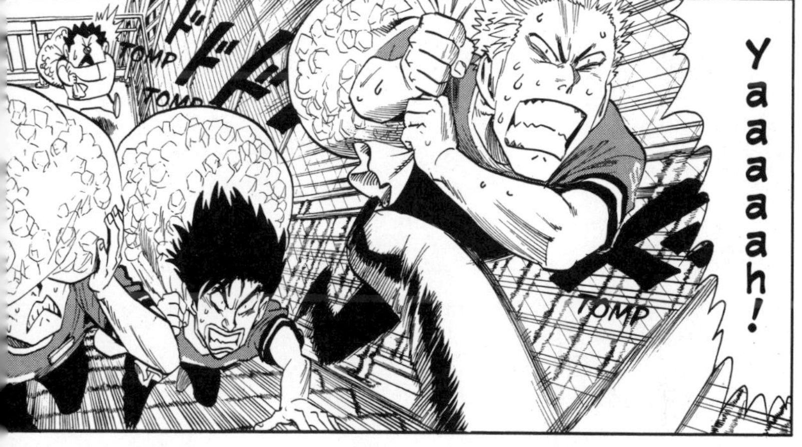

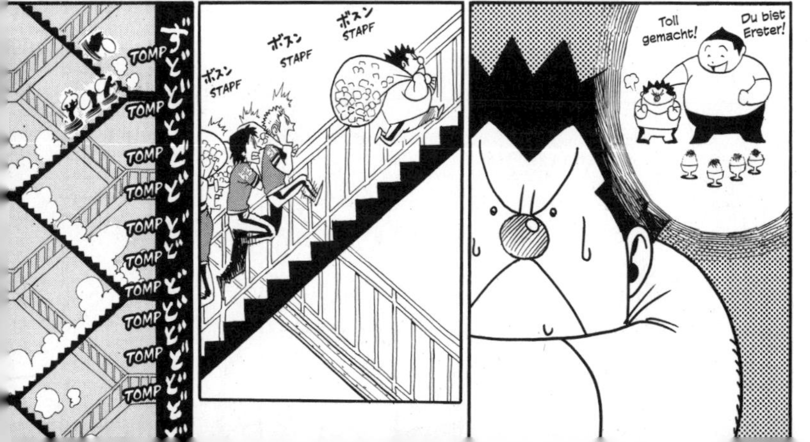

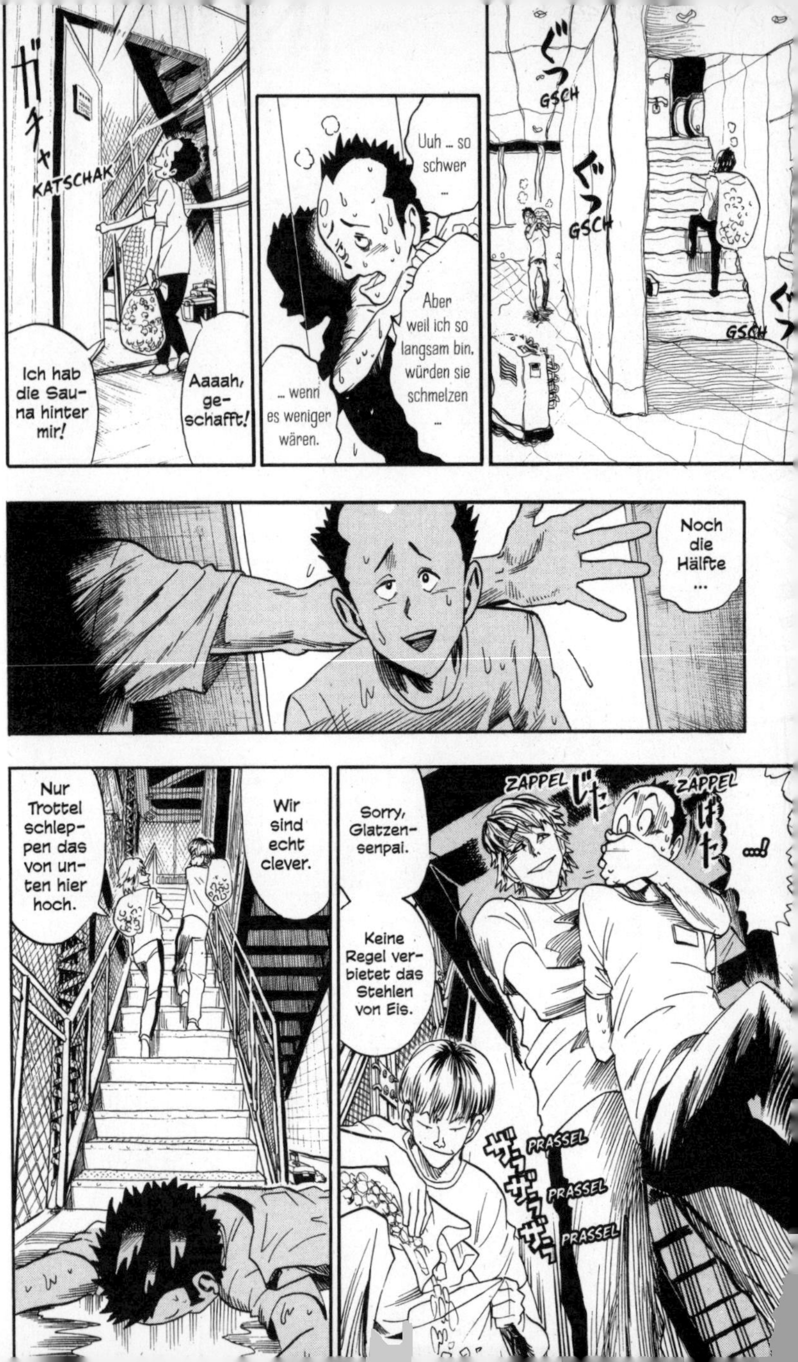

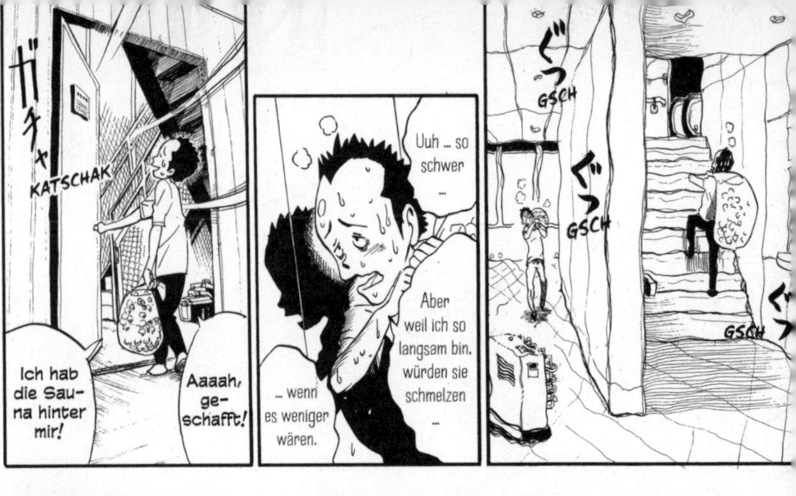

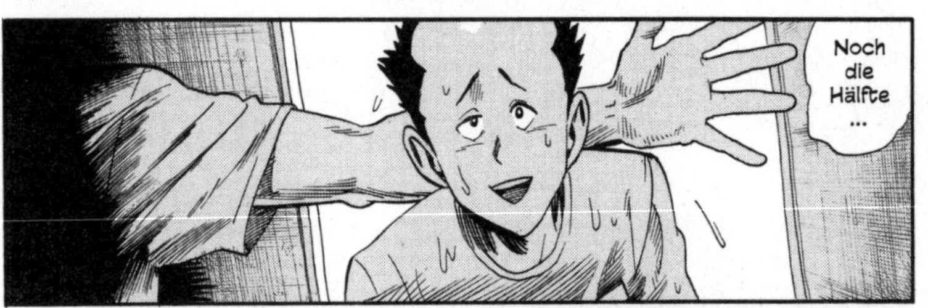

ZAPPEL
ZAPPEL
...!
Sorry, Glatzen-senpai.
Keine Regel verbietet das Stehlen von Eis.
PRASSEL
PRASSEL
PRASSEL
Wir sind echt clever.
Nur Trottel schleppen das von unten hier hoch.

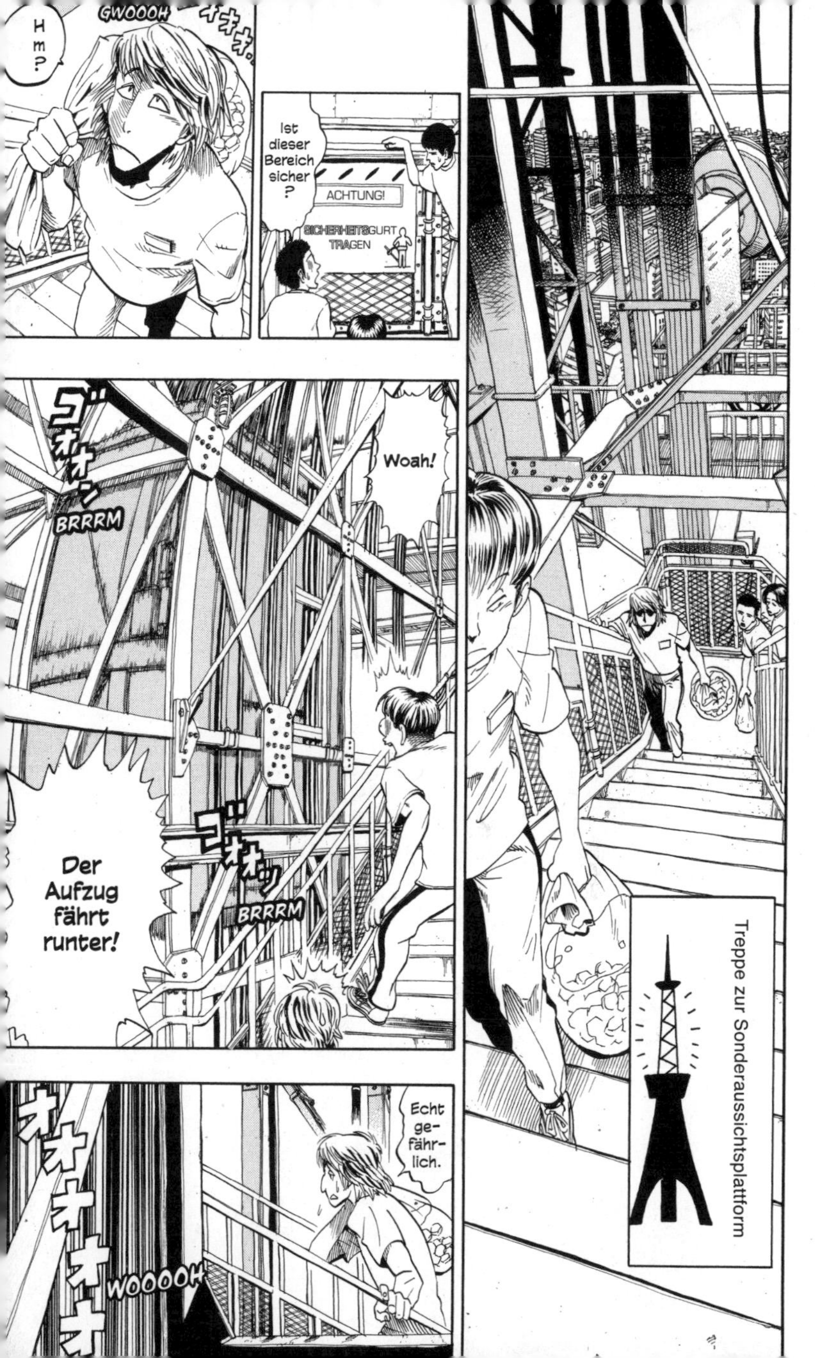
Treppe zur Sonderaussichtsplattform
Ist dieser Bereich sicher?
ACHTUNG!
SICHERHEITSGURT TRAGEN
GWOOOH
Hm?
Woah!
BRRRM
BRRRM
Der Aufzug fährt runter!
Echt gefährlich.
WOOOOH

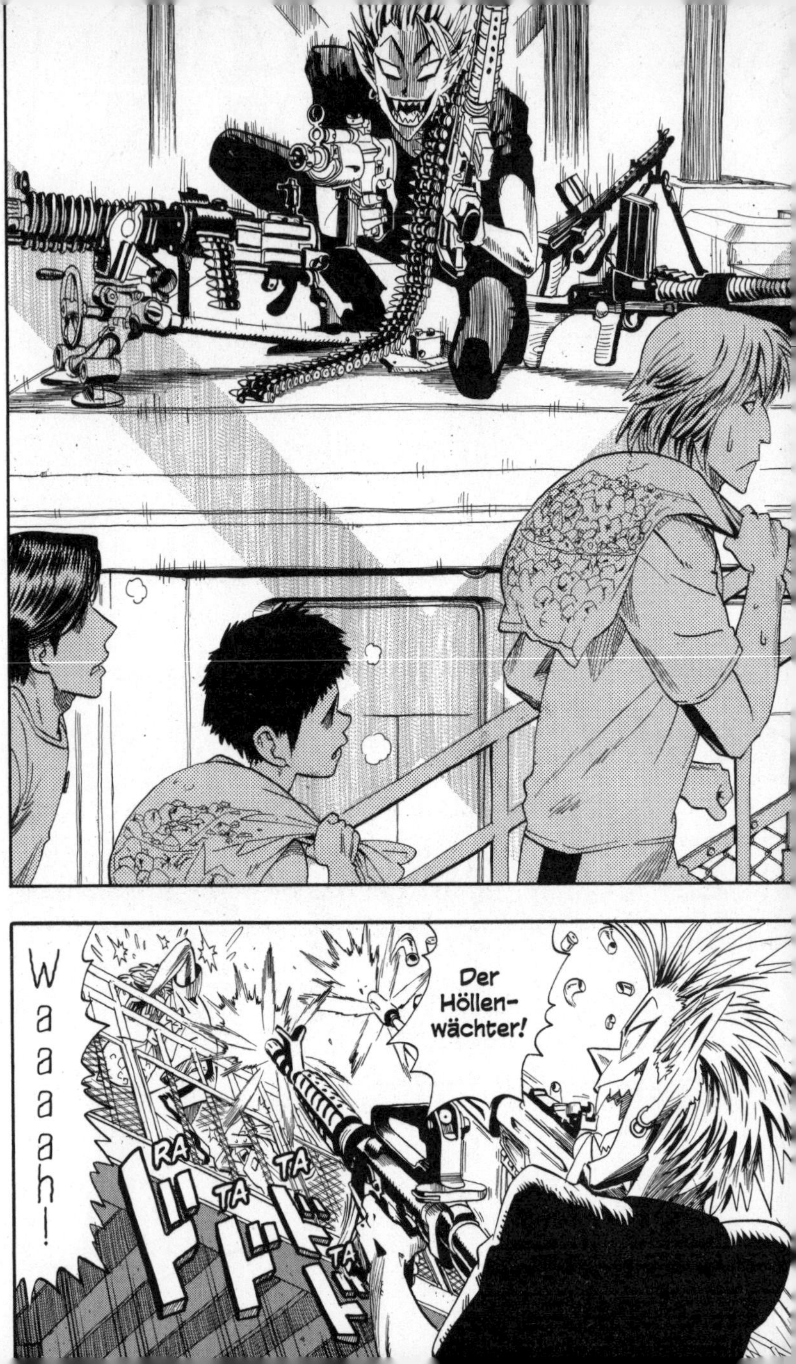

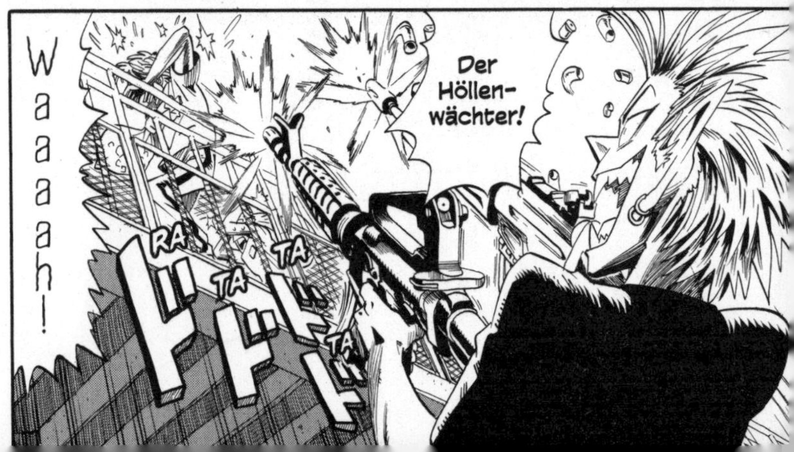
Der Höllen-
wächter!
RA
TA
TA
TA
Waaaaah!

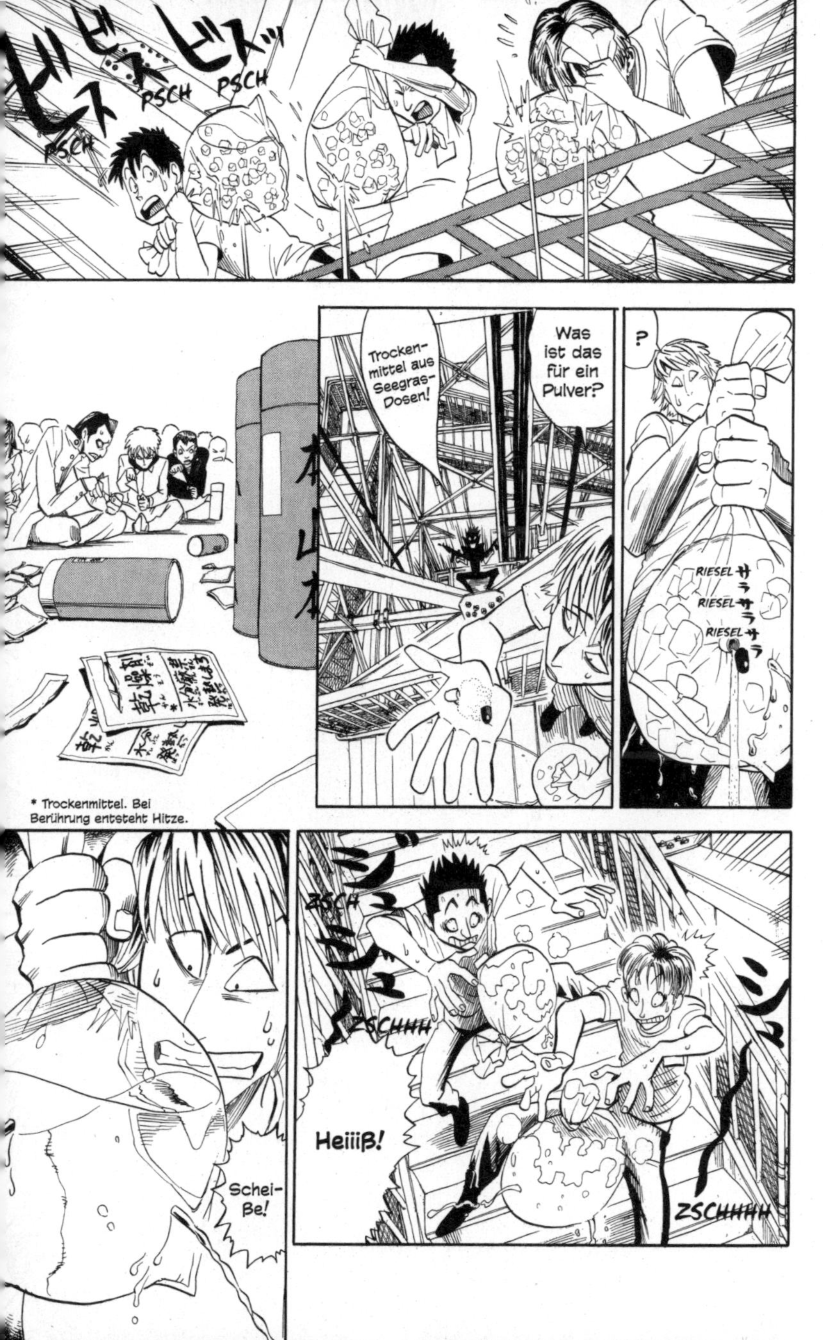

* Trockenmittel. Bei Berührung entsteht Hitze.

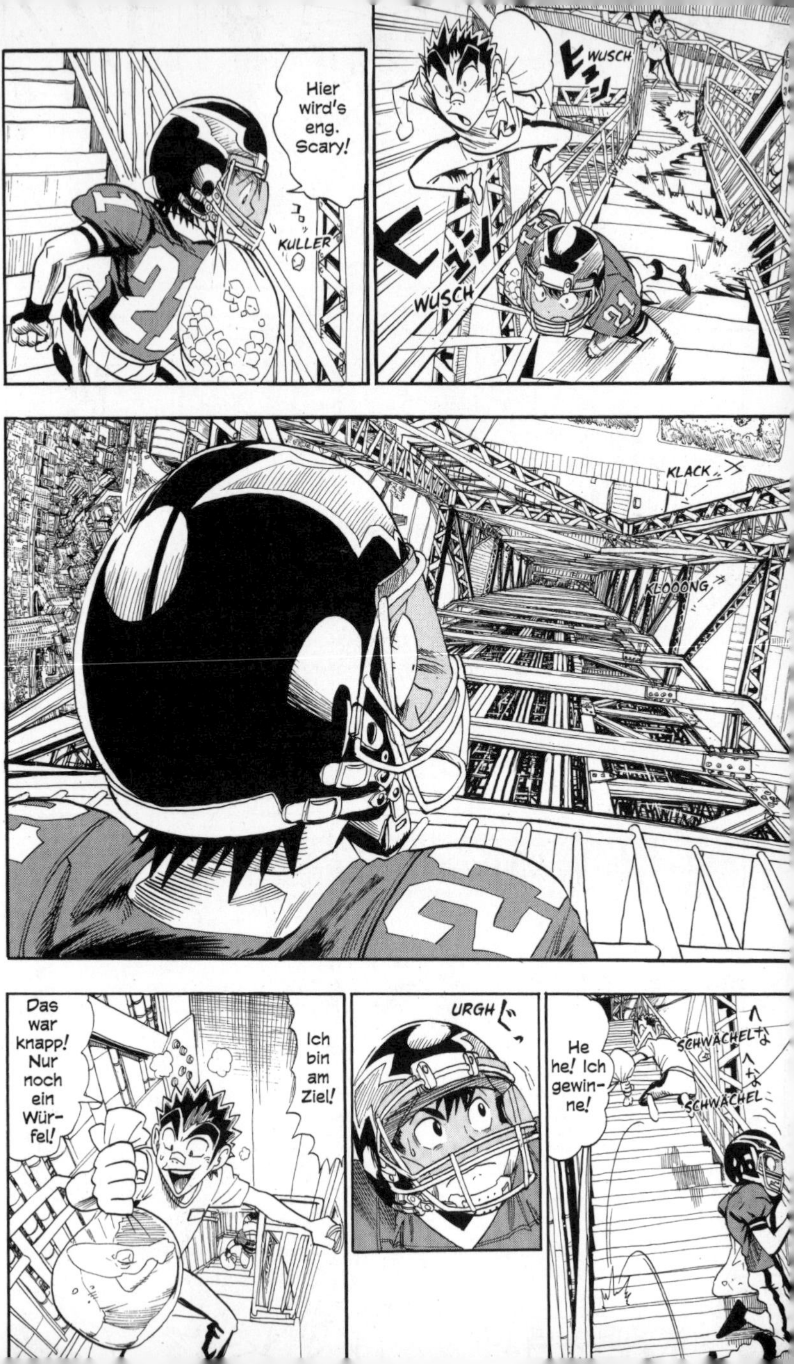

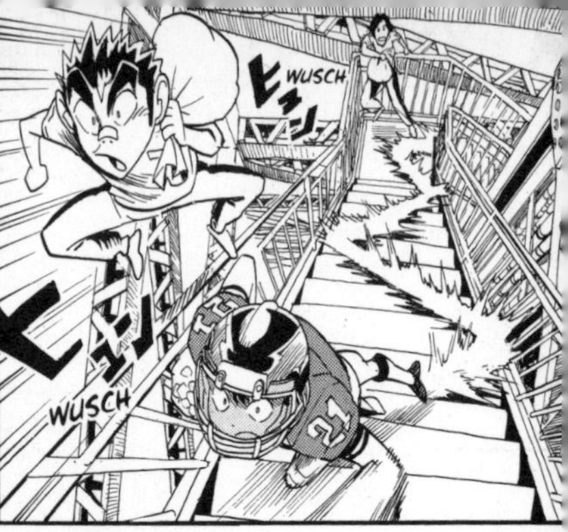

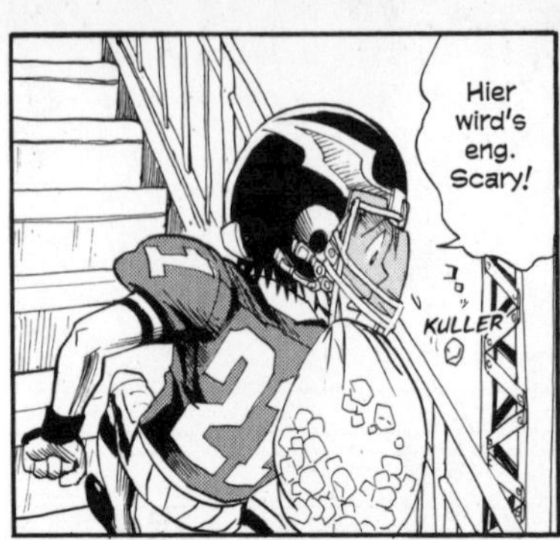

KLACK
KLOOONG

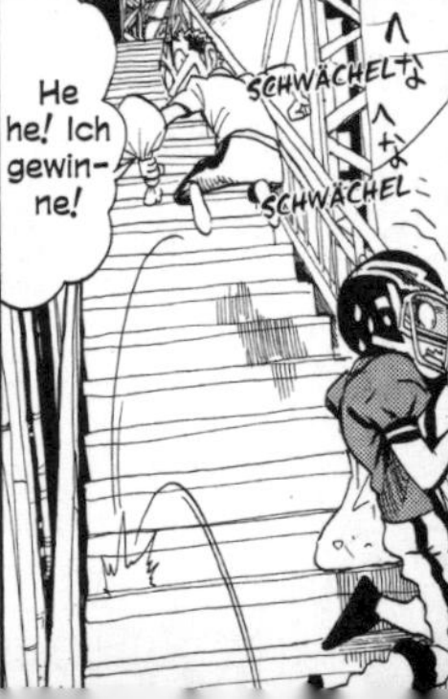

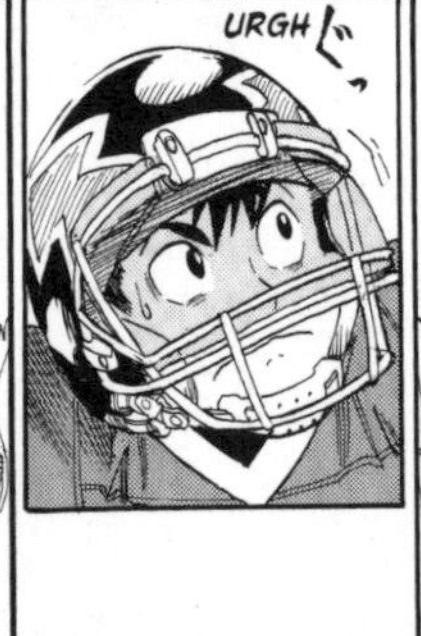

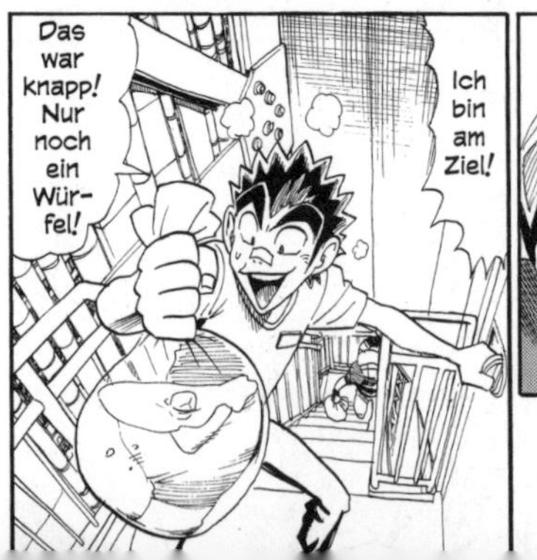

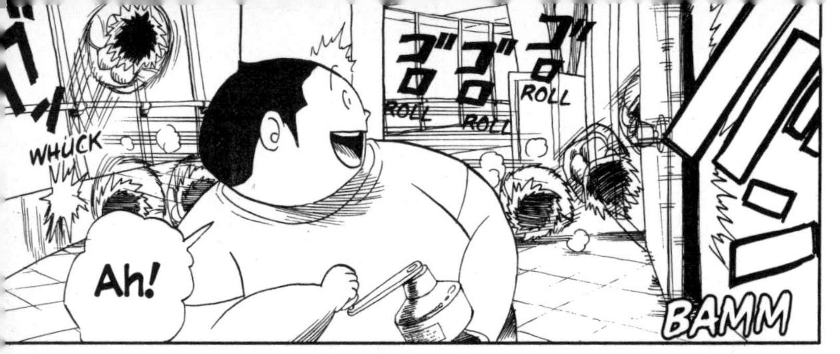
BAMM
ROLL
ROLL
ROLL
WHUCK
Ah!

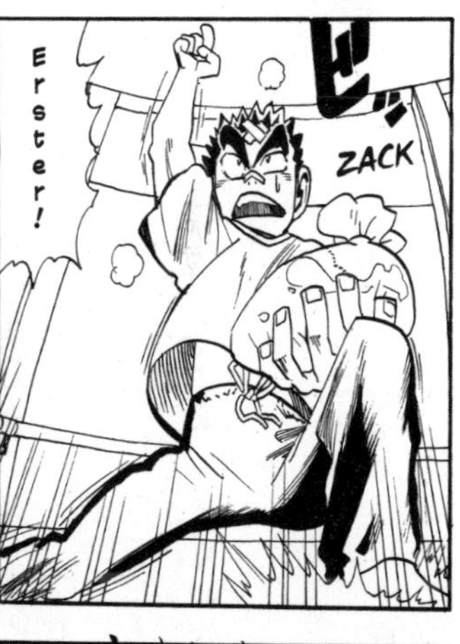
ZACK
Erster!

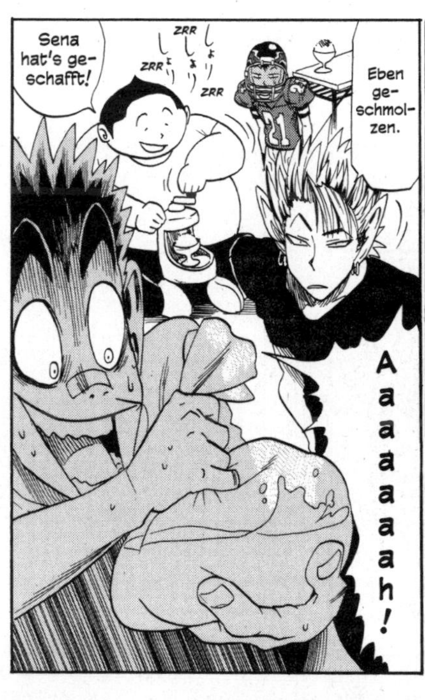
Eben geschmolzen.
ZRR
ZRR
ZRR
Sena hat's geschafft!
Aaaaaaah!

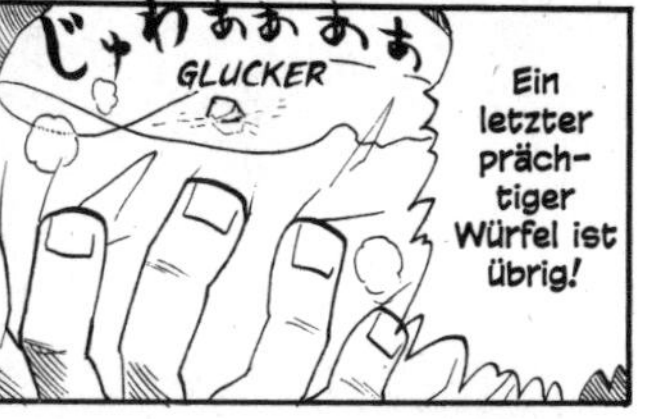
Ein letzter prächtiger Würfel ist übrig!
GLUCKER

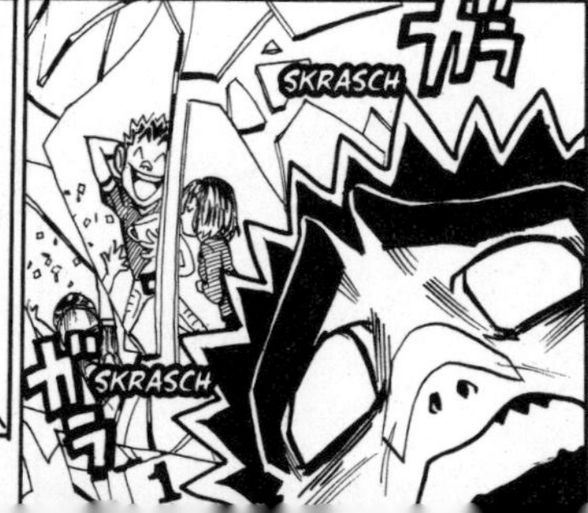
SKRASCH
SKRASCH

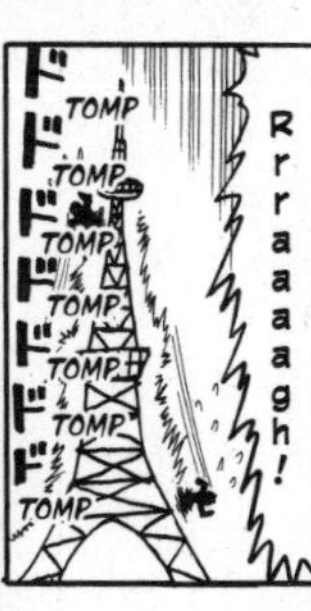
Rrraaaagh!
TOMP
TOMP
TOMP
TOMP
TOMP
TOMP
TOMP

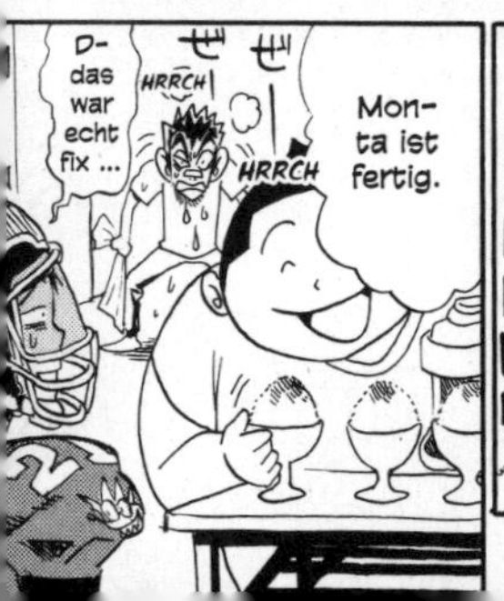
Monta ist fertig.
HRRCH
HRRCH
D-das war echt fix ...

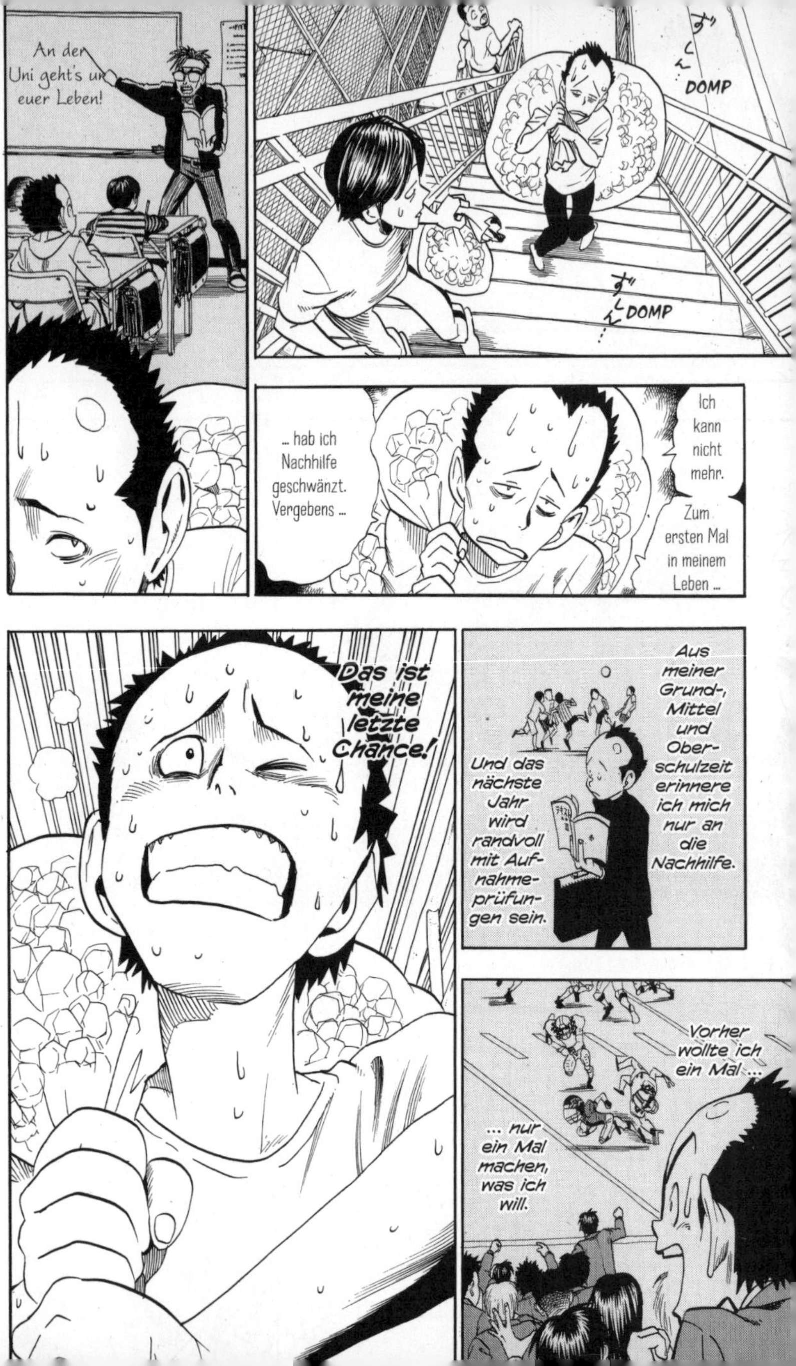

ずしん DOMP
ずしん… DOMP
An der Uni geht's um euer Leben!
Ich kann nicht mehr.
Zum ersten Mal in meinem Leben ...
... hab ich Nachhilfe geschwänzt. Vergebens ...
Aus meiner Grund-, Mittel und Oberschulzeit erinnere ich mich nur an die Nachhilfe.
Und das nächste Jahr wird randvoll mit Aufnahmeprüfungen sein.
Vorher wollte ich ein Mal ...
... nur ein Mal machen, was ich will.
Das ist meine letzte Chance!

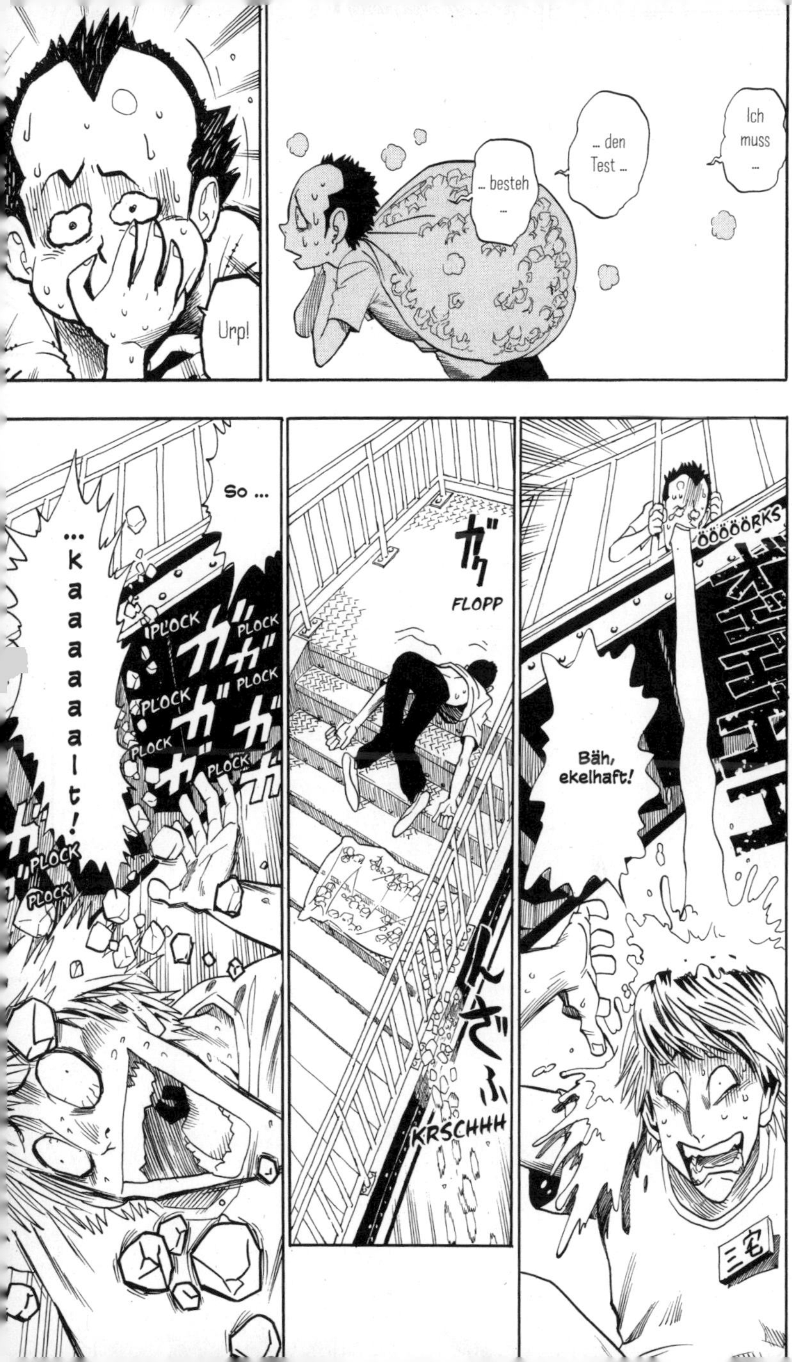

Ich muss ...
... den Test ...
... besteh ...
Urp!
ÖÖÖÖÖRKS
Bäh, ekelhaft!
FLOPP
KRSCHHH
So ...
... kaaaaaalt!
PLOCK
PLOCK
PLOCK
PLOCK
PLOCK
PLOCK
PLOCK
PLOCK

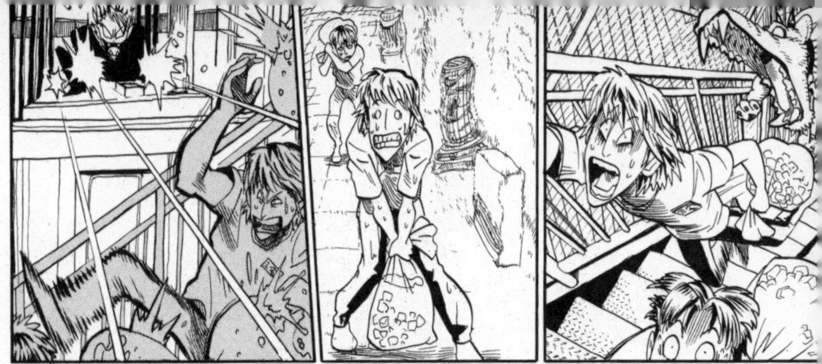

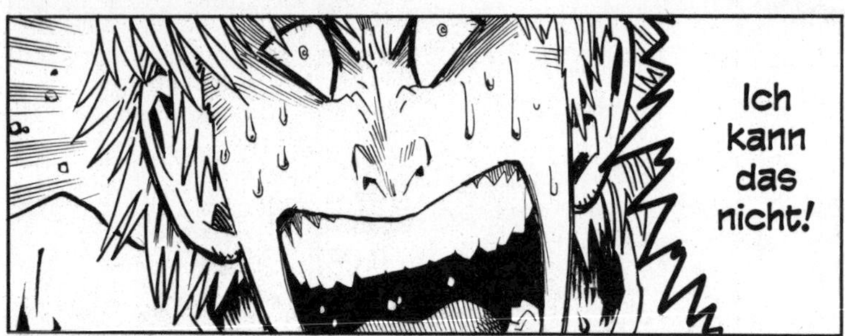

Ich kann das nicht!

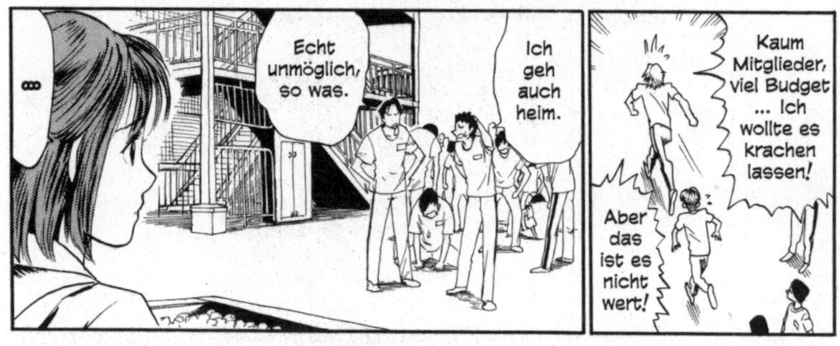

Kaum Mitglieder, viel Budget ... Ich wollte es krachen lassen!
Aber das ist es nicht wert!
Ich geh auch heim.
Echt unmöglich, so was.
...

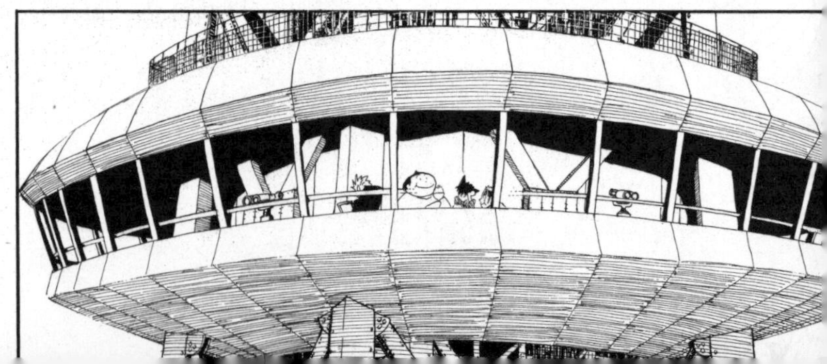

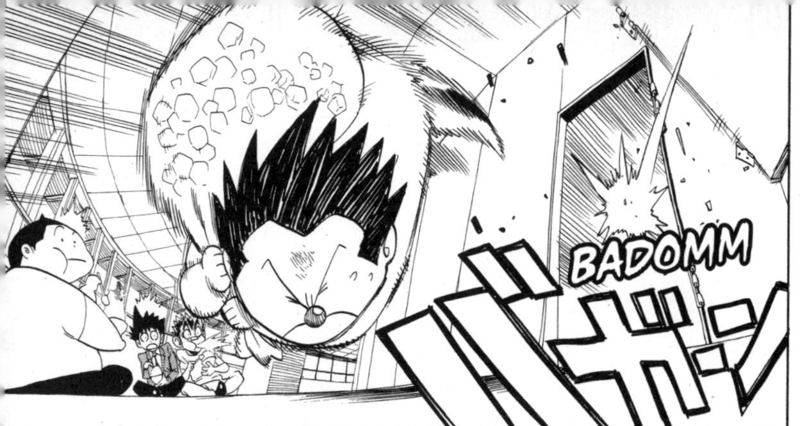
BADOMM

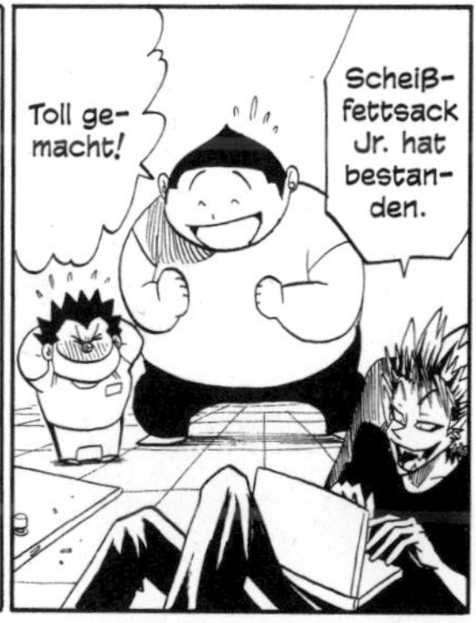
Scheißfettsack Jr. hat bestanden.
Toll gemacht!

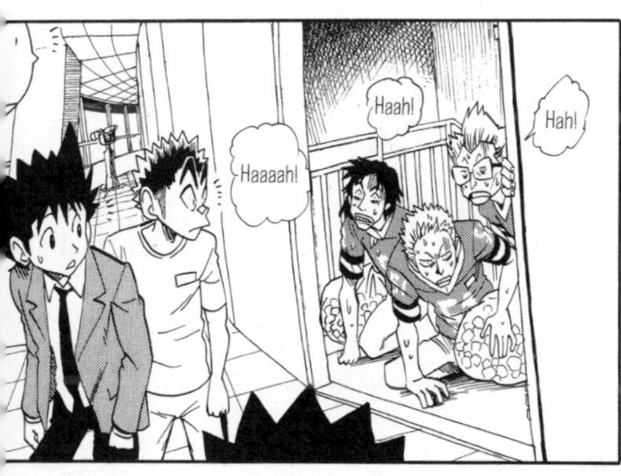
Hah!
Haah!
Haaaah!

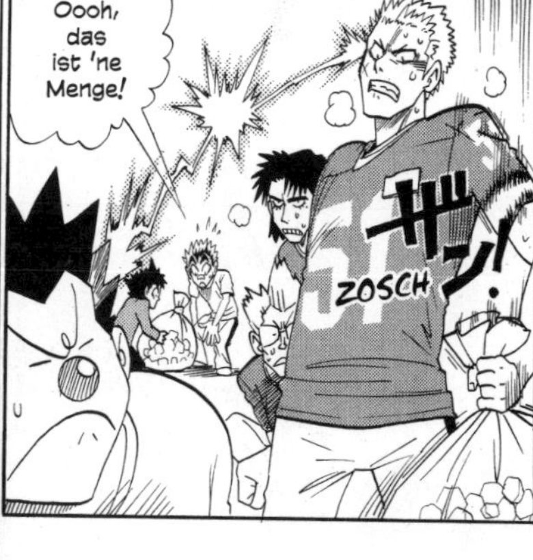
Oooh, das ist 'ne Menge!
ZOSCH

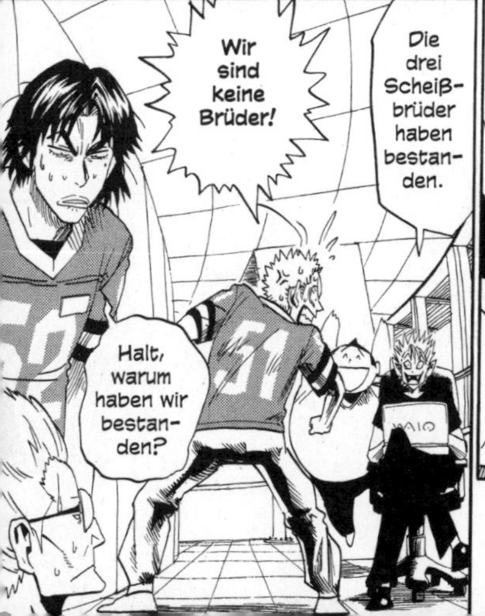
Die drei Scheißbrüder haben bestanden.
Wir sind keine Brüder!
Halt, warum haben wir bestanden?

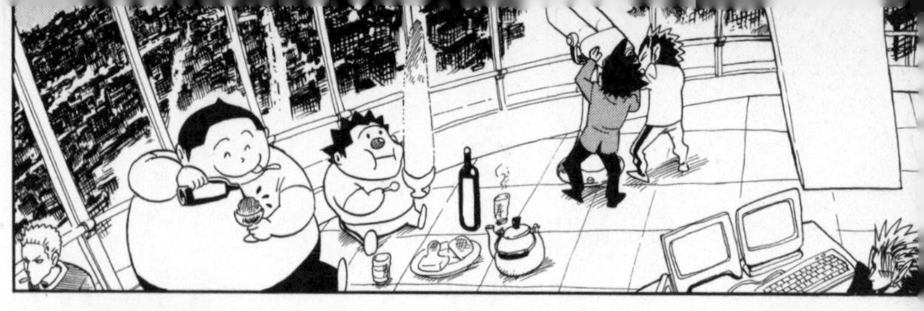

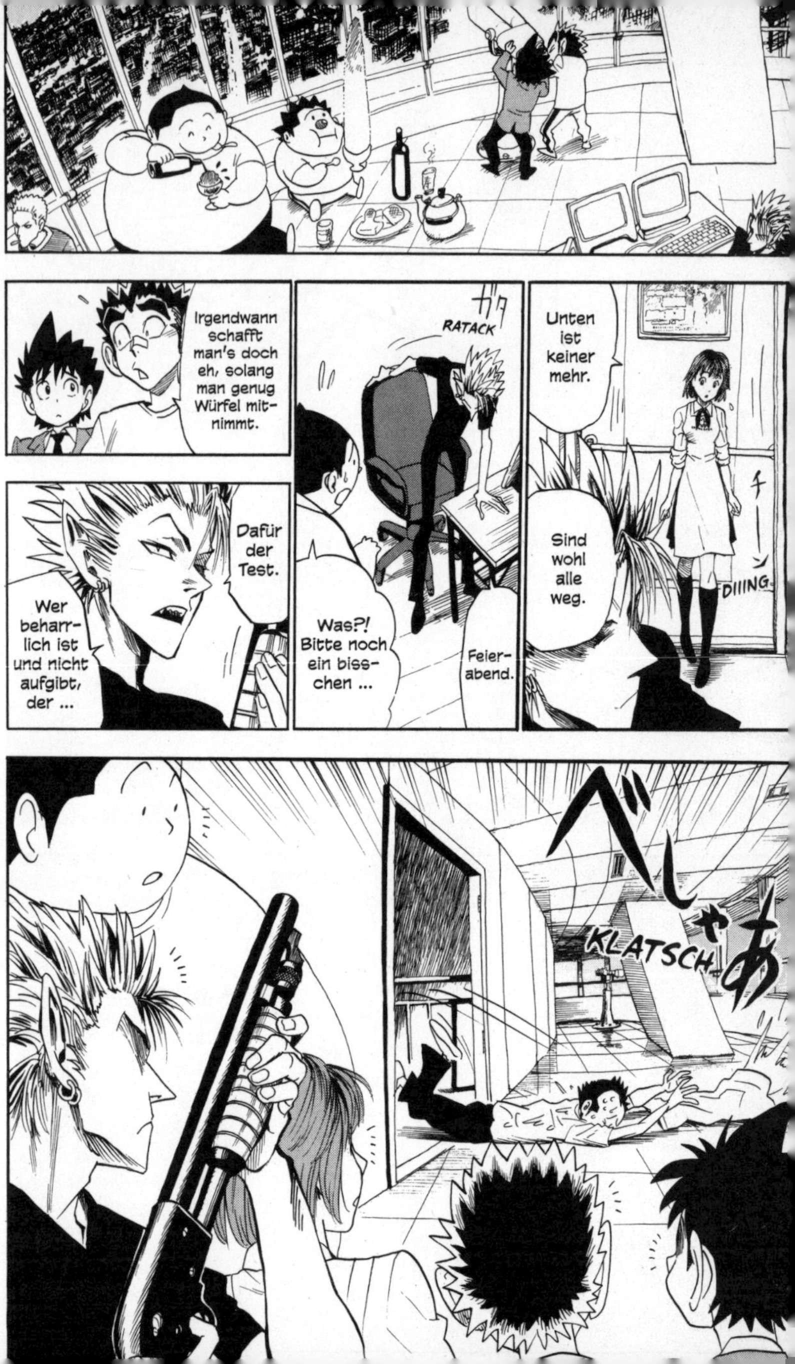

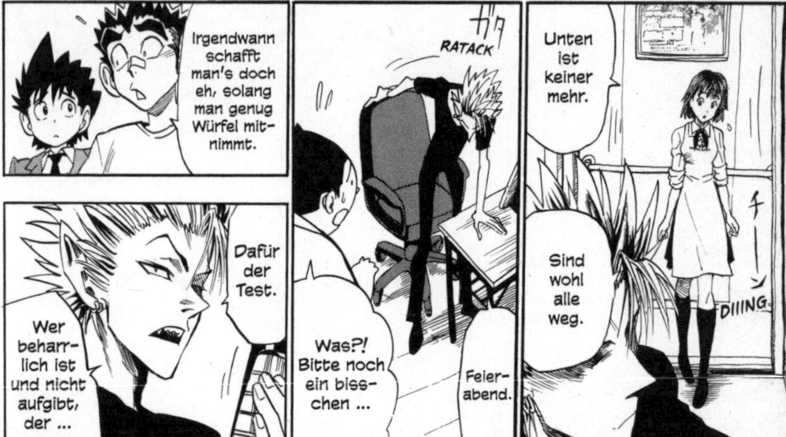
Unten ist keiner mehr.
Sind wohl alle weg.
チーン
DIIING
ガタ
RATACK
Feierabend.
Was?! Bitte noch ein bisschen ...
Irgendwann schafft man's doch eh, solang man genug Würfel mitnimmt.
Dafür der Test.
Wer beharrlich ist und nicht aufgibt, der ...

べしゃあ
KLATSCH

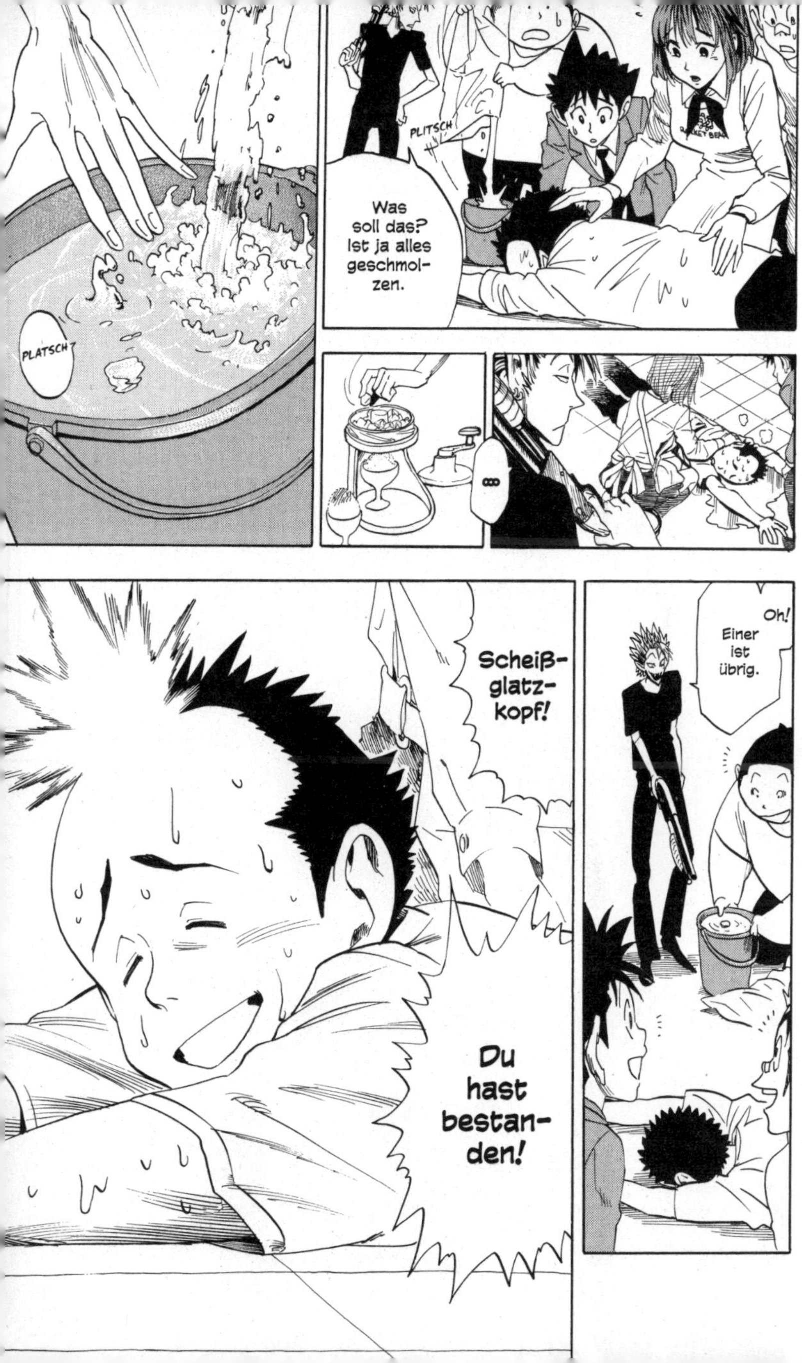

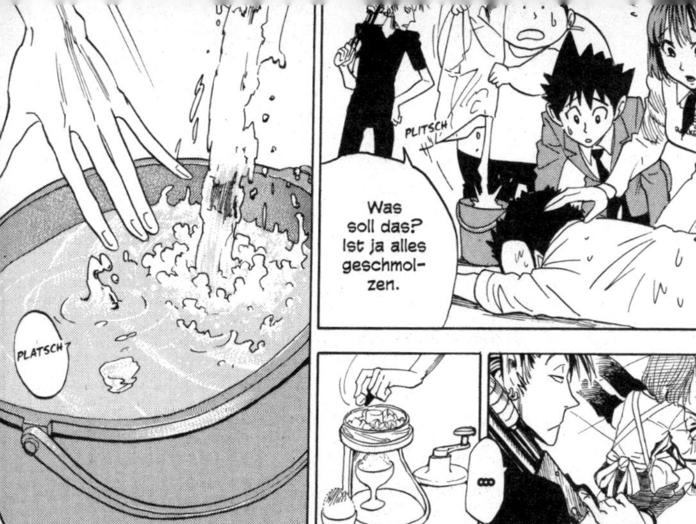

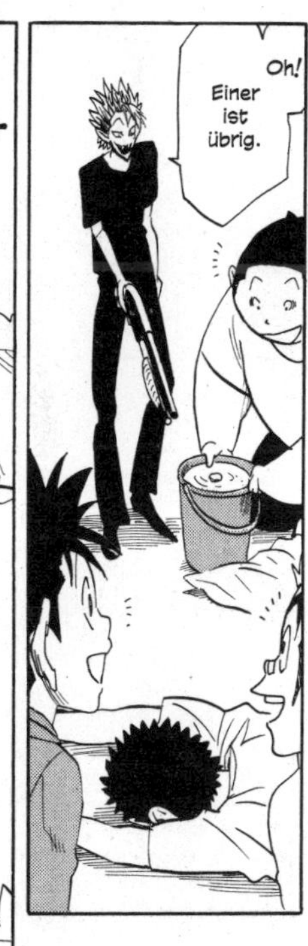

Scheiß-glatz-kopf!

Du hast bestanden!

DIE NEUEN MITGLIEDER DER DEIMON DEVIL BATS

DAIKICHI KOMUSUBI

KRAFT	☆☆☆☆
GESCHWINDIGKEIT	☆☆
WILLENSSTÄRKE	☆☆☆☆

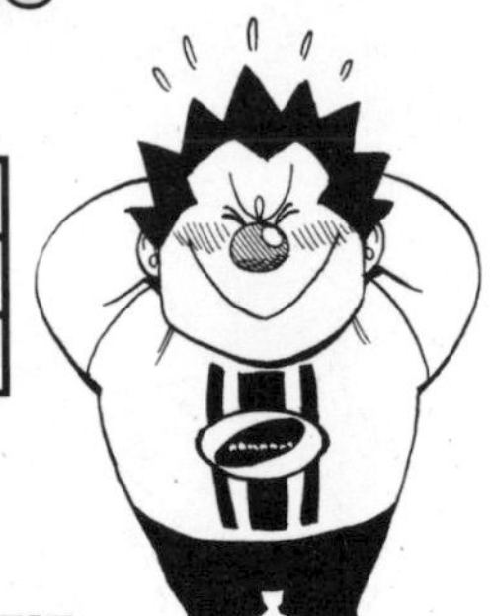

MANABU YUKIMITSU

KRAFT	☆
GESCHWINDIGKEIT	☆
WILLENSSTÄRKE	☆☆☆☆☆

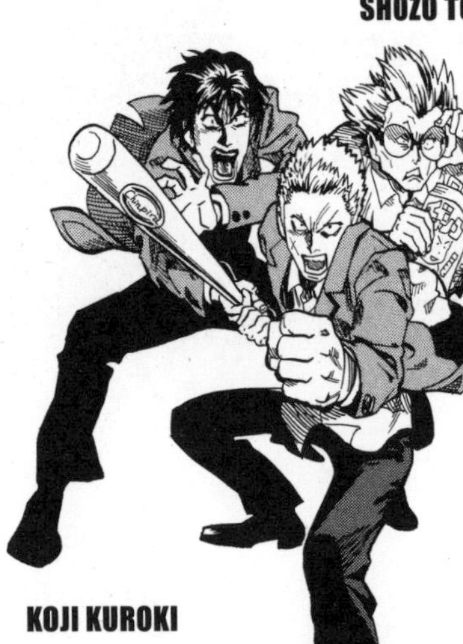

DIE HÄ-HÄ-BRÜDER

KRAFT	☆☆
GESCHWINDIGKEIT	☆☆
WILLENSSTÄRKE	☆

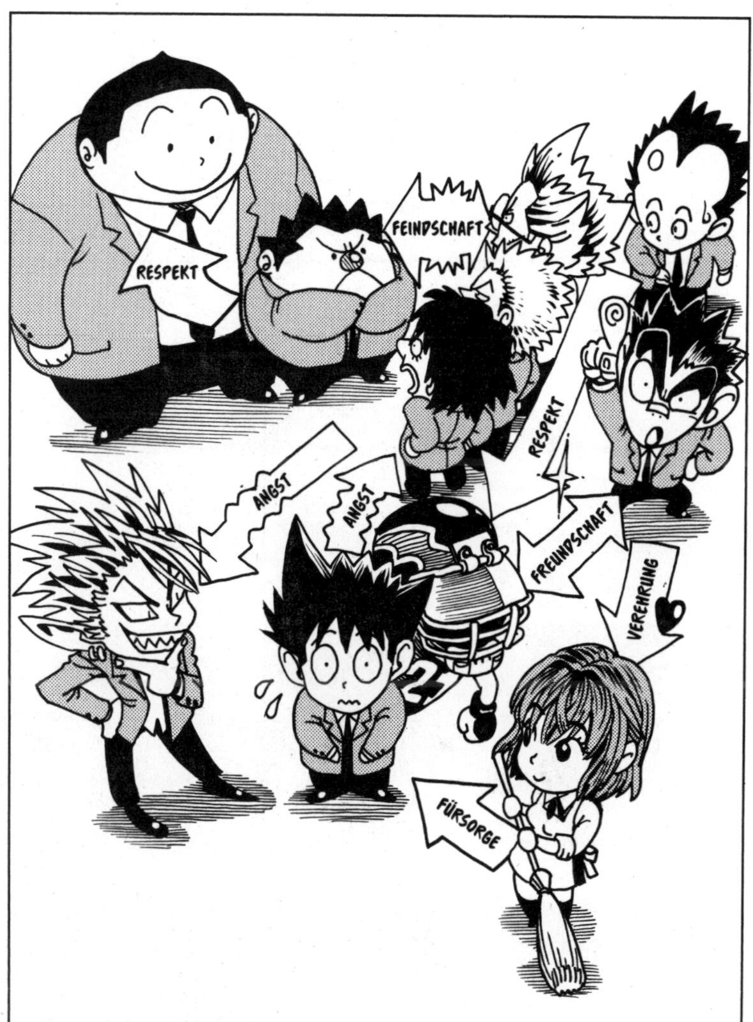

34th down
FAMILIE, FAMILIE

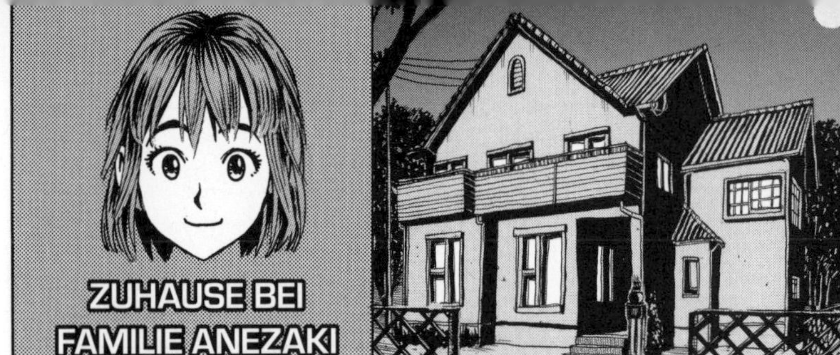

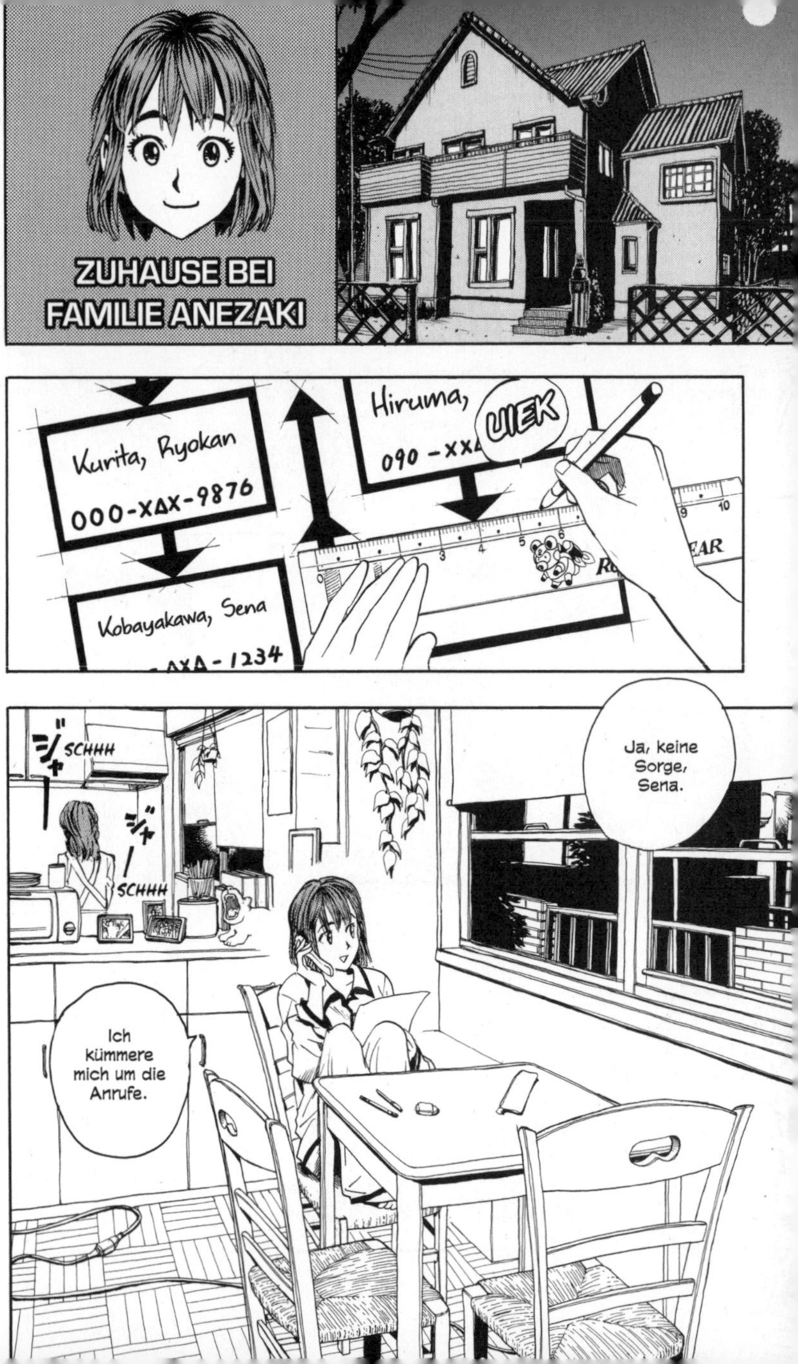

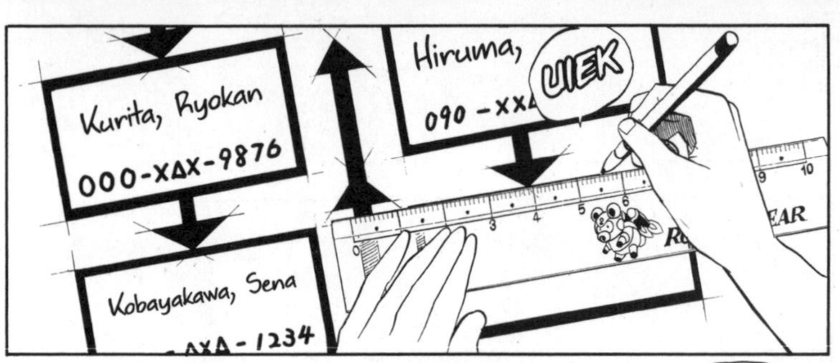

SCHHH

SCHHH

Ja, keine Sorge, Sena.

Ich kümmere mich um die Anrufe.

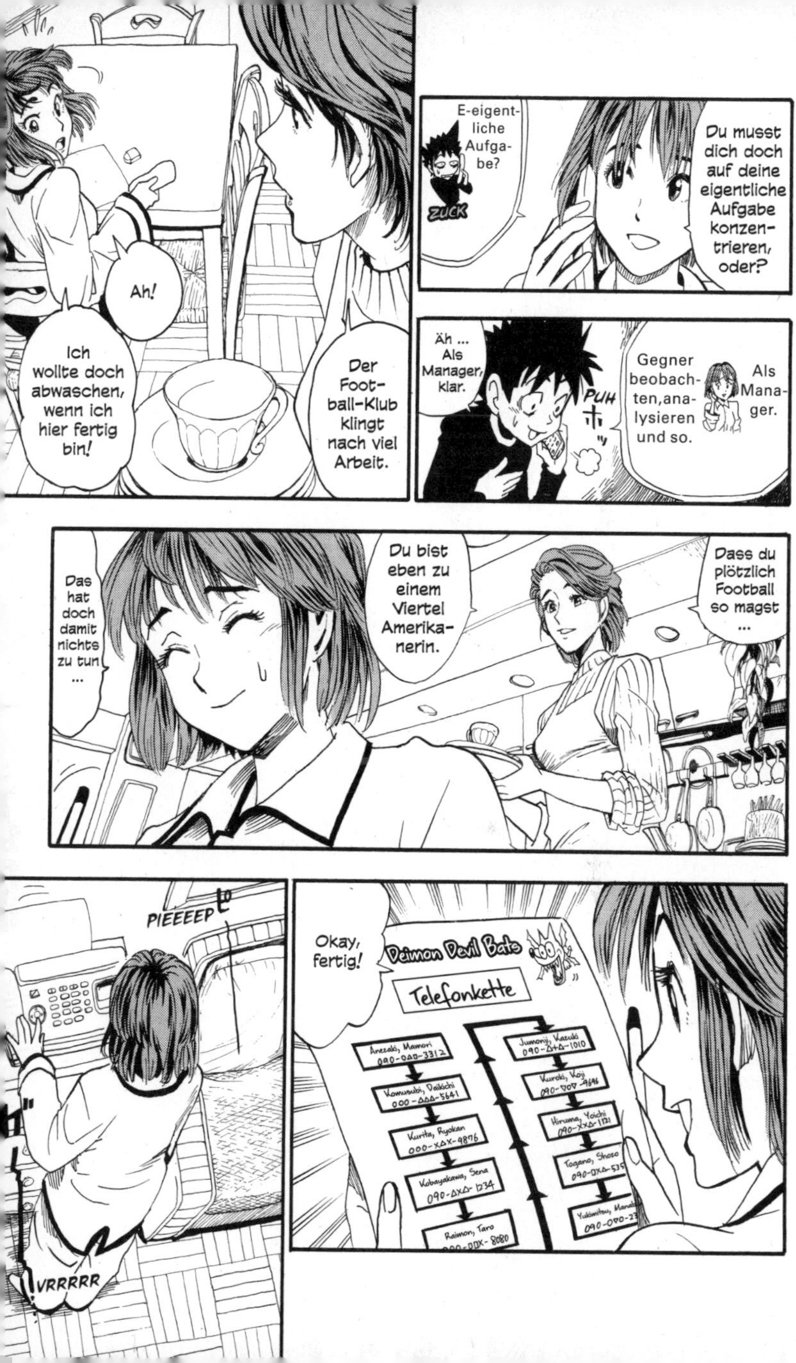

Du musst dich doch auf deine eigentliche Aufgabe konzentrieren, oder?
E-eigentliche Aufgabe?
ZUCK
Als Manager.
Gegner beobachten, analysieren und so.
Äh ... Als Manager, klar.
PUH
Der Football-Klub klingt nach viel Arbeit.
Ah!
Ich wollte doch abwaschen, wenn ich hier fertig bin!

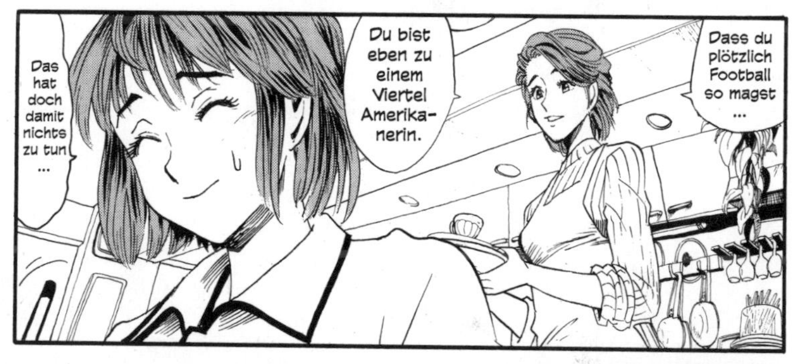

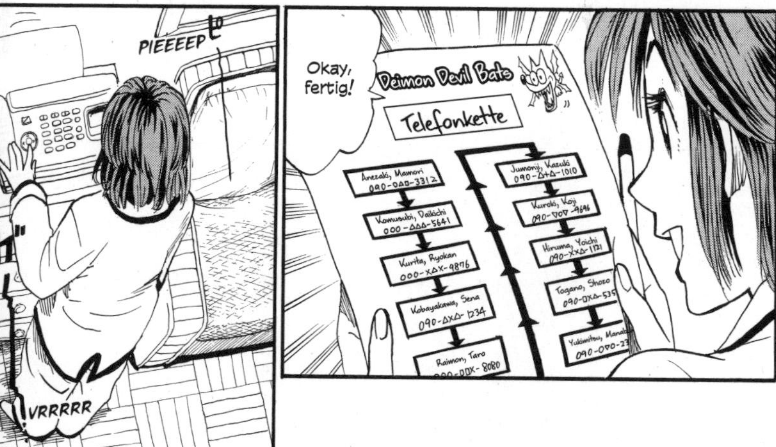

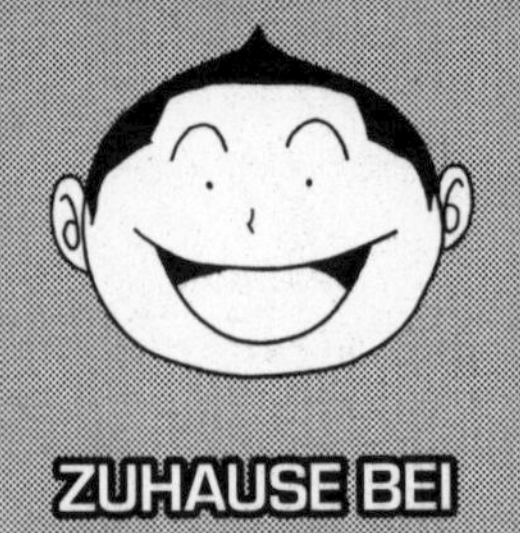
ZUHAUSE BEI
FAMILIE KURITA

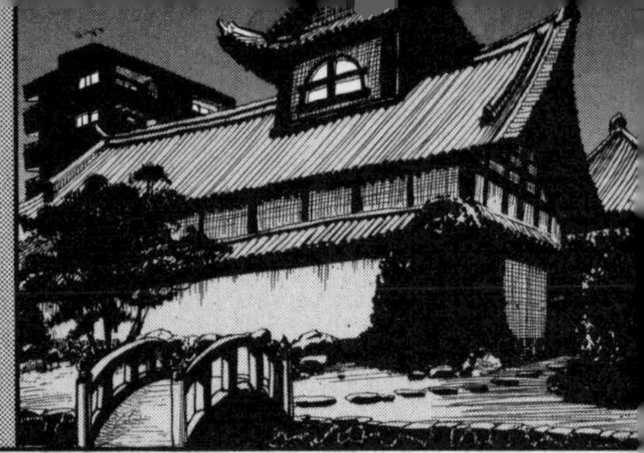

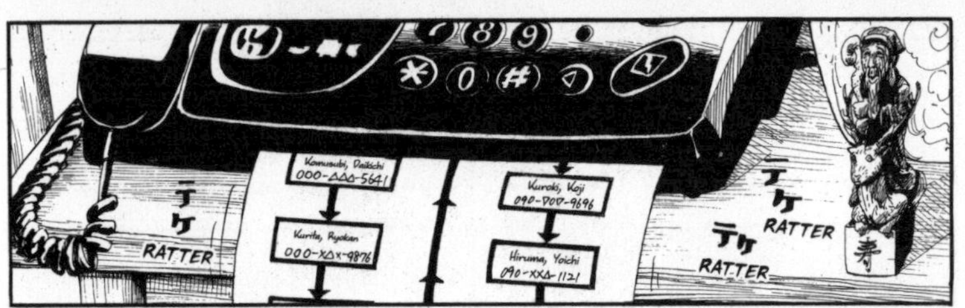
Komusubi, Daikichi
Kurita, Ryokan
Kuroki, Koji
Hiruma, Yoichi
テケ RATTER
テケ RATTER
テケ RATTER

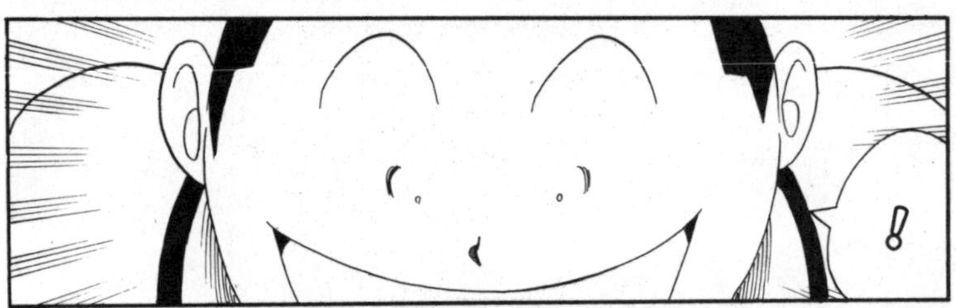
!

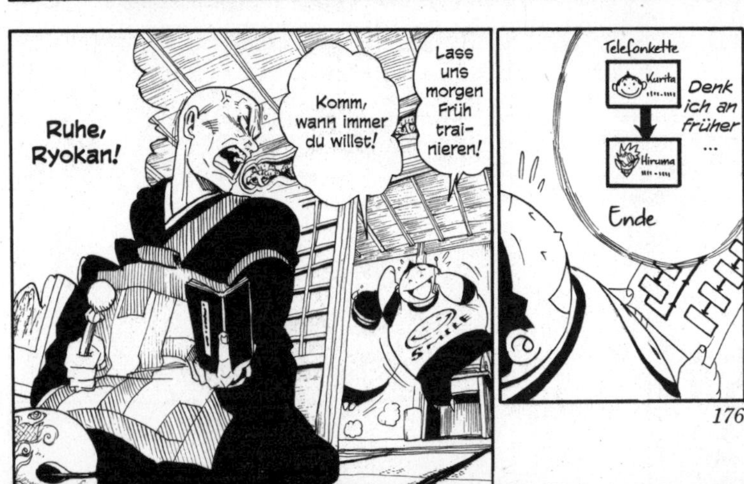
Lass uns morgen Früh trai-nieren!
Komm, wann immer du willst!
Ruhe, Ryokan!
Telefonkette
Kurita
Hiruma
Ende
Denk ich an früher ...

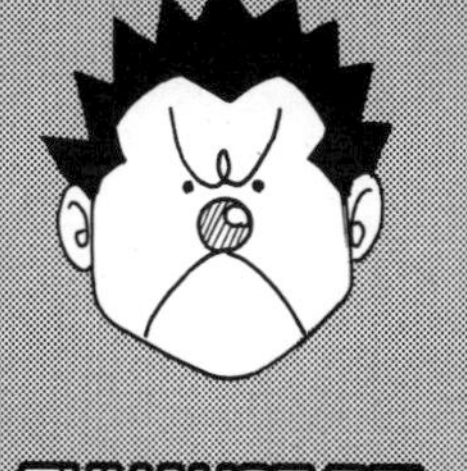

ZUHAUSE BEI FAMILIE KOMUSUBI

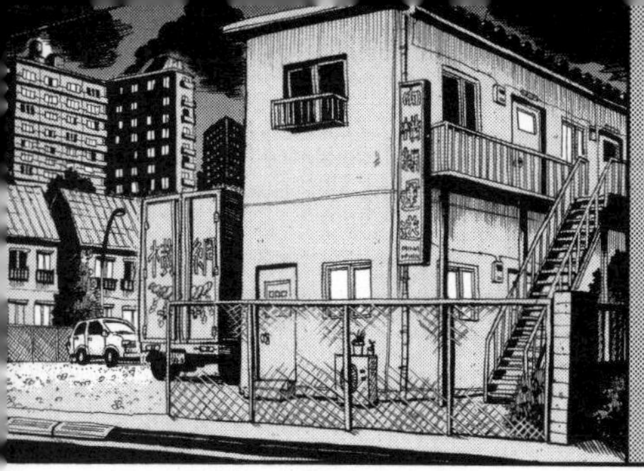

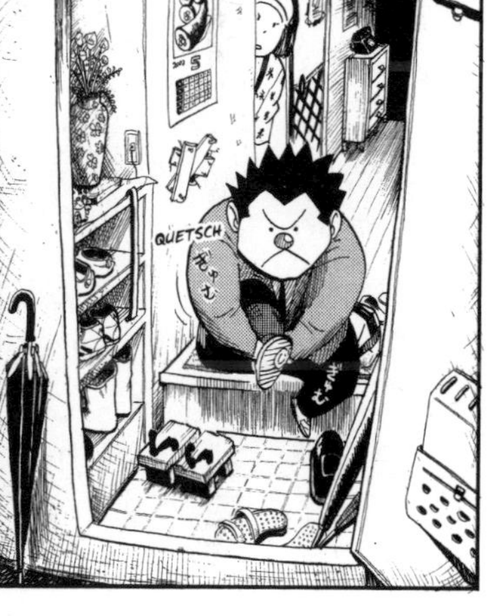

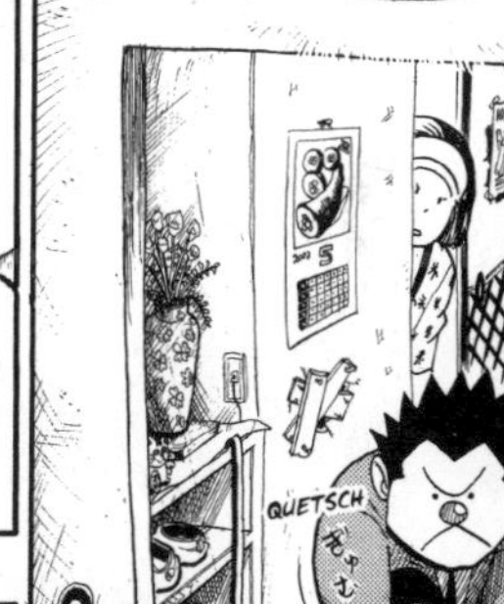

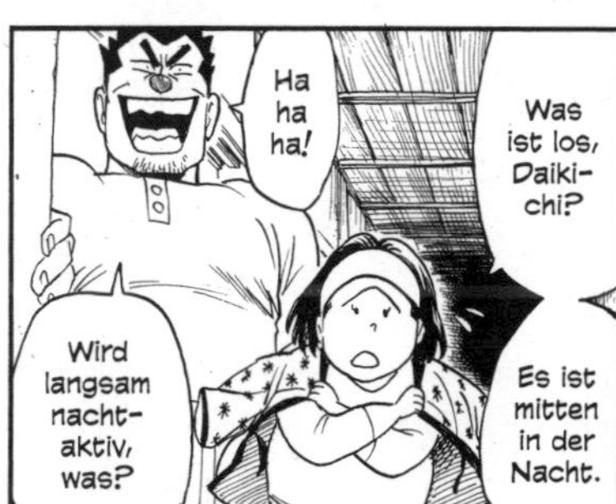

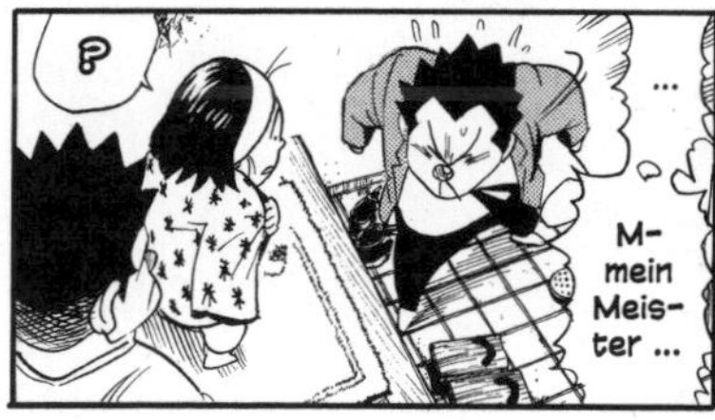

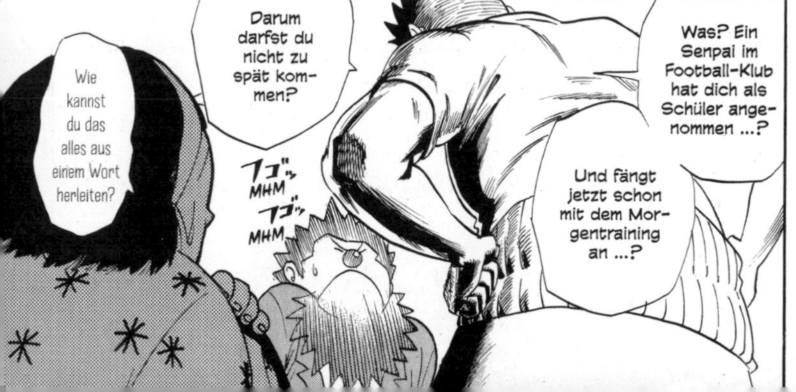

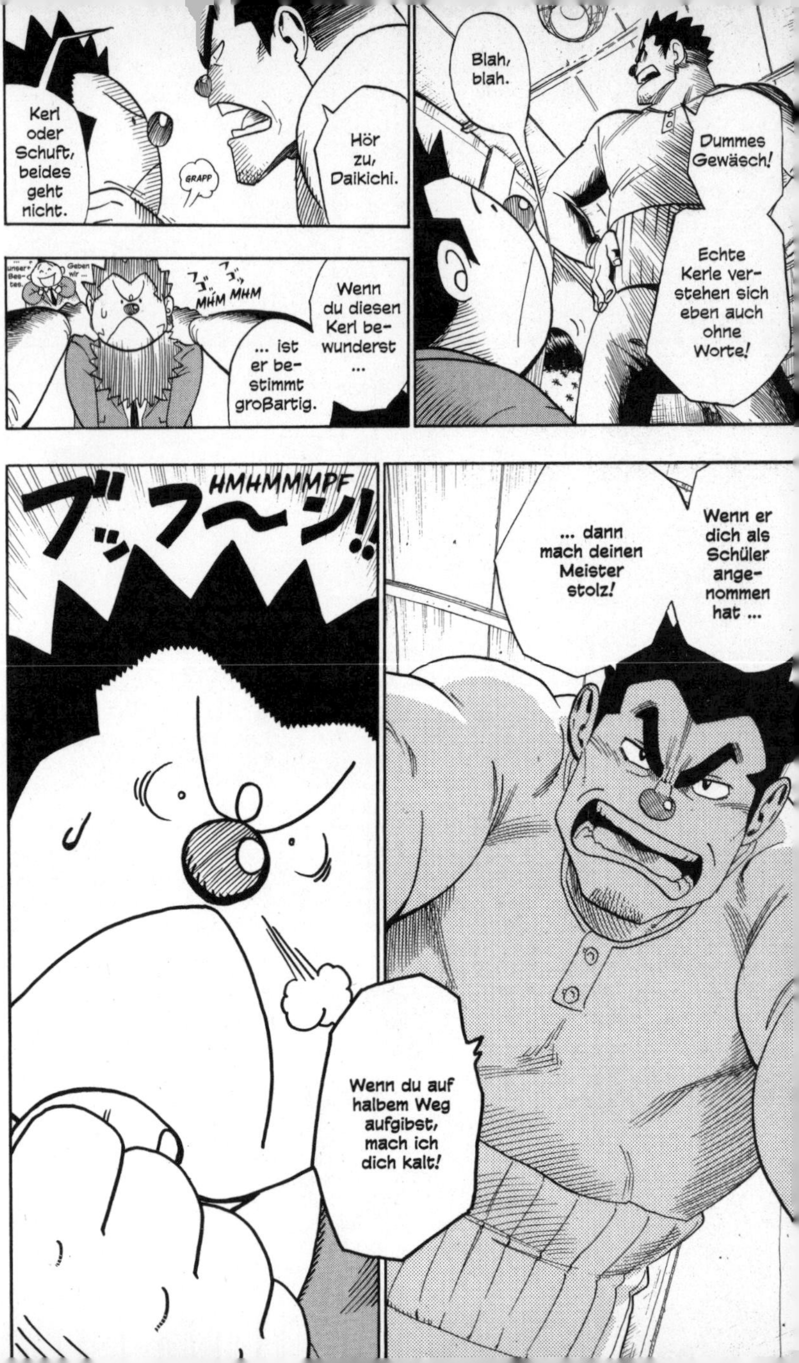

Blah, blah.

Dummes Gewäsch!

Echte Kerle verstehen sich eben auch ohne Worte!

Hör zu, Daikichi.

GRAPP

Kerl oder Schuft, beides geht nicht.

Wenn du diesen Kerl bewunderst ...

... ist er bestimmt großartig.

Geben wir ...

... unser Bestes.

MHM MHM

Wenn er dich als Schüler angenommen hat ...

... dann mach deinen Meister stolz!

HMHMMMPF

ブッフ〜ン!!

Wenn du auf halbem Weg aufgibst, mach ich dich kalt!

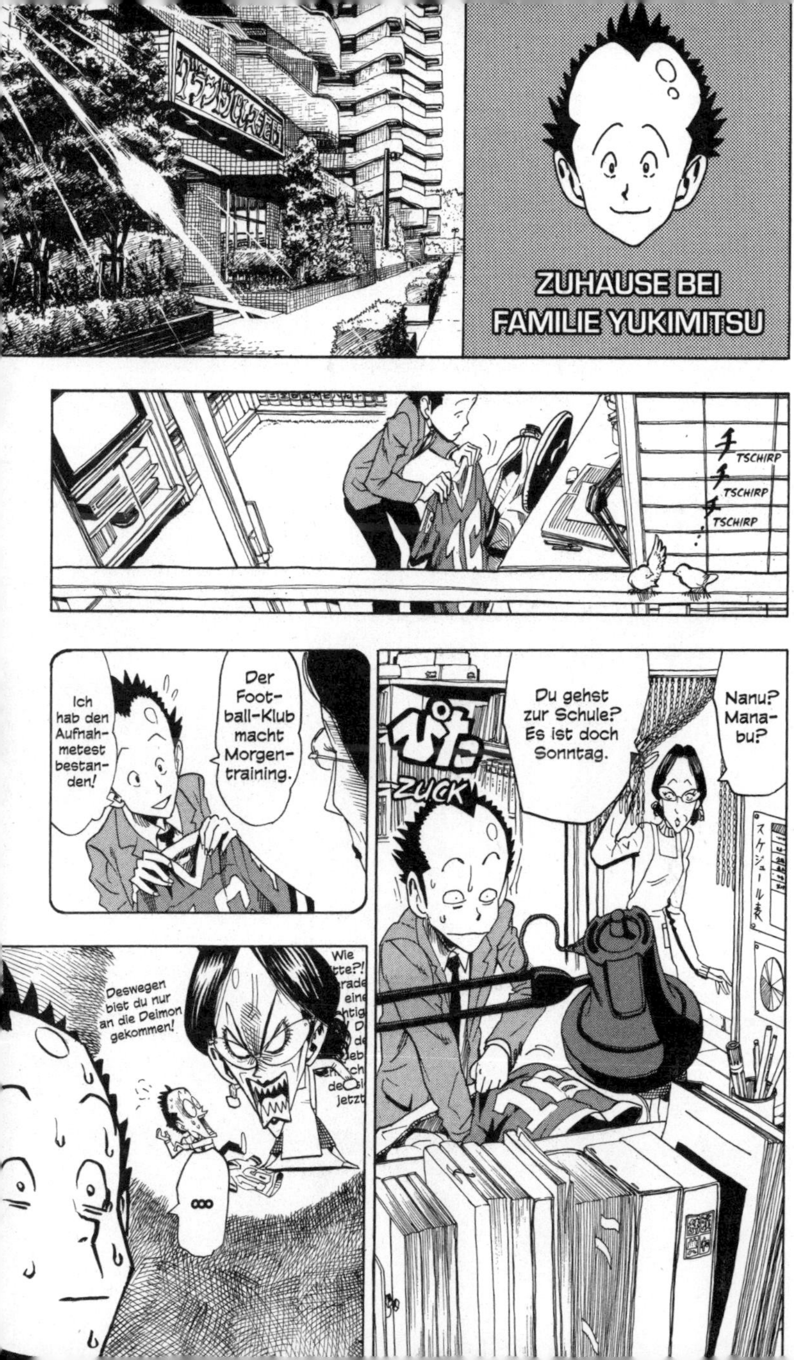

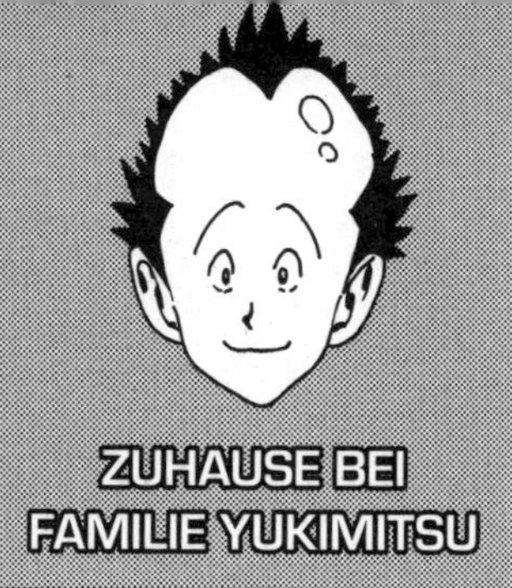

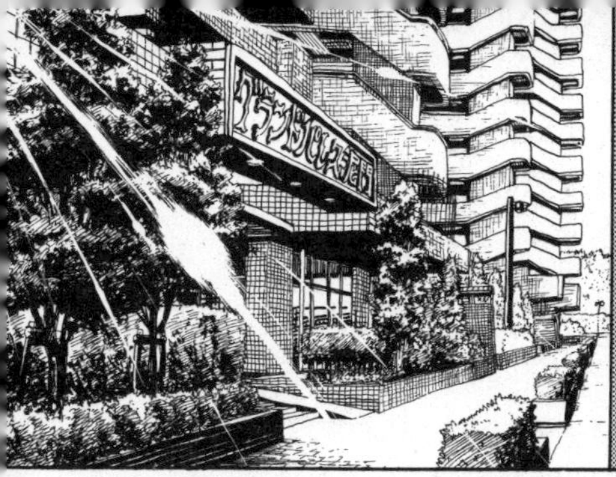

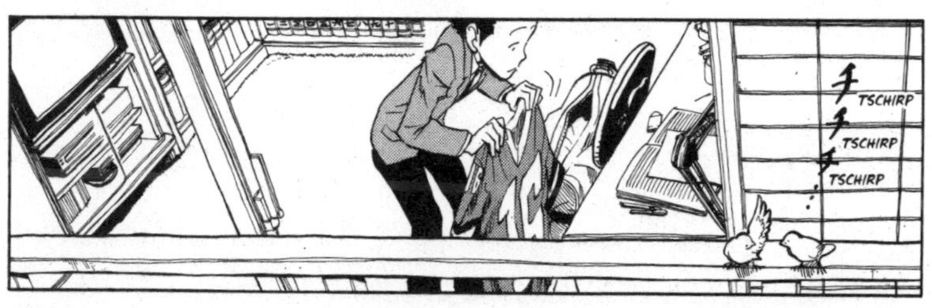

Nanu? Manabu?

Du gehst zur Schule? Es ist doch Sonntag.

ZUCK

Der Football-Klub macht Morgentraining.

Ich hab den Aufnahmetest bestanden!

Deswegen bist du nur an die Deimon gekommen!

...

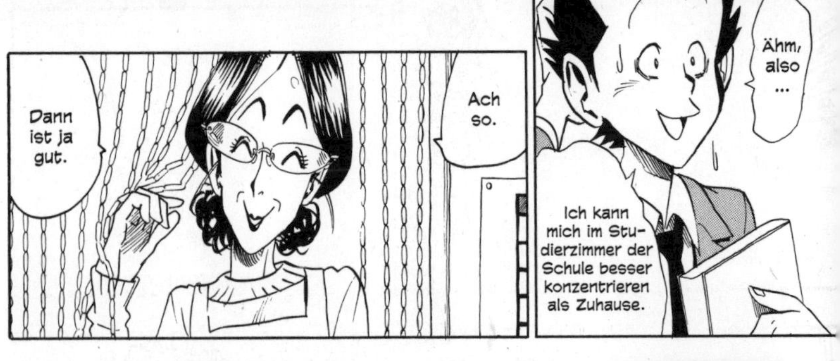

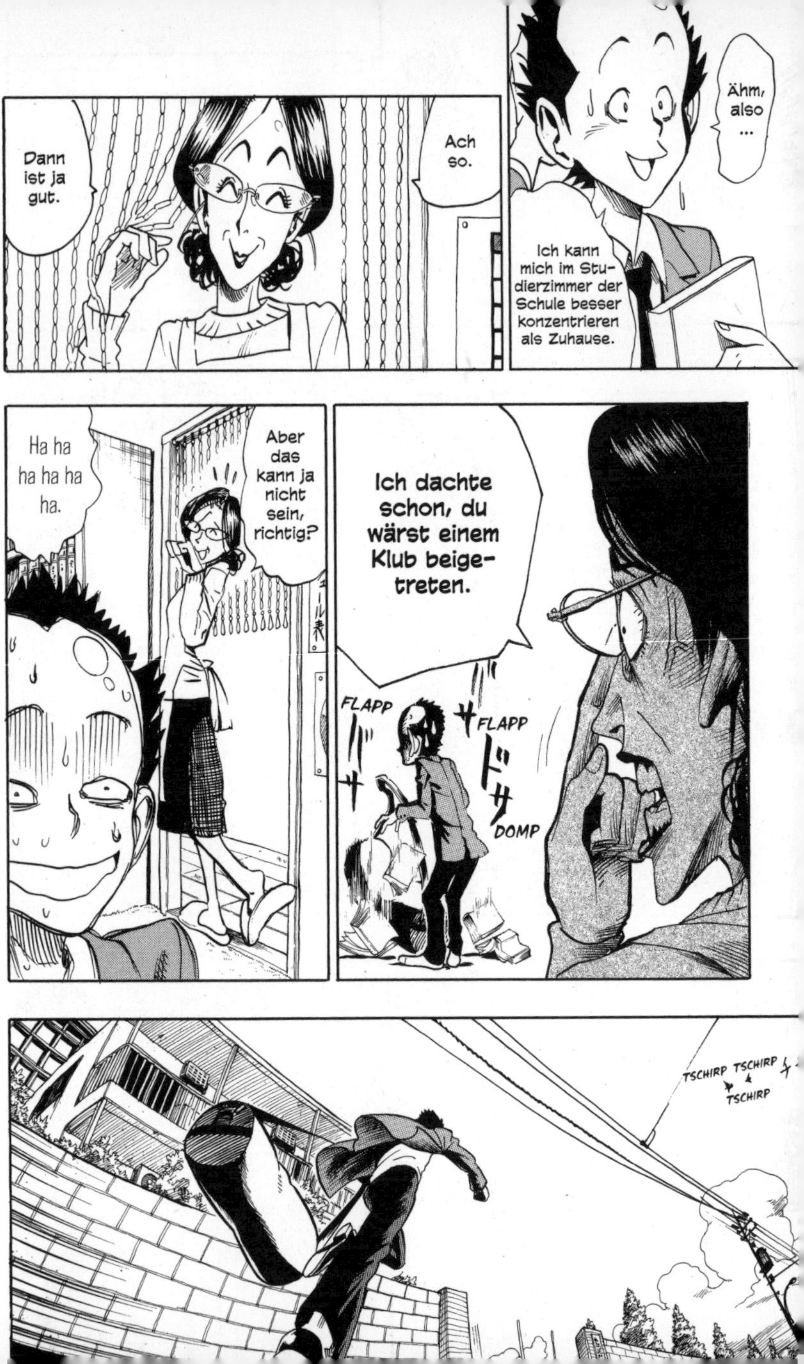

Ich dachte schon, du wärst einem Klub beigetreten.

FLAPP

FLAPP

DOMP

Aber das kann ja nicht sein, richtig?

Ha ha ha ha ha ha.

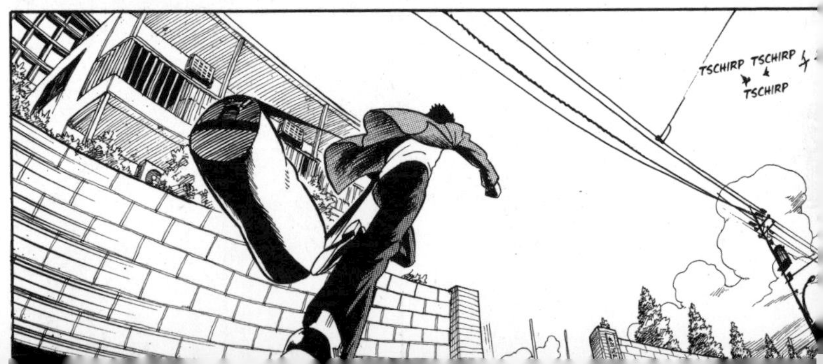

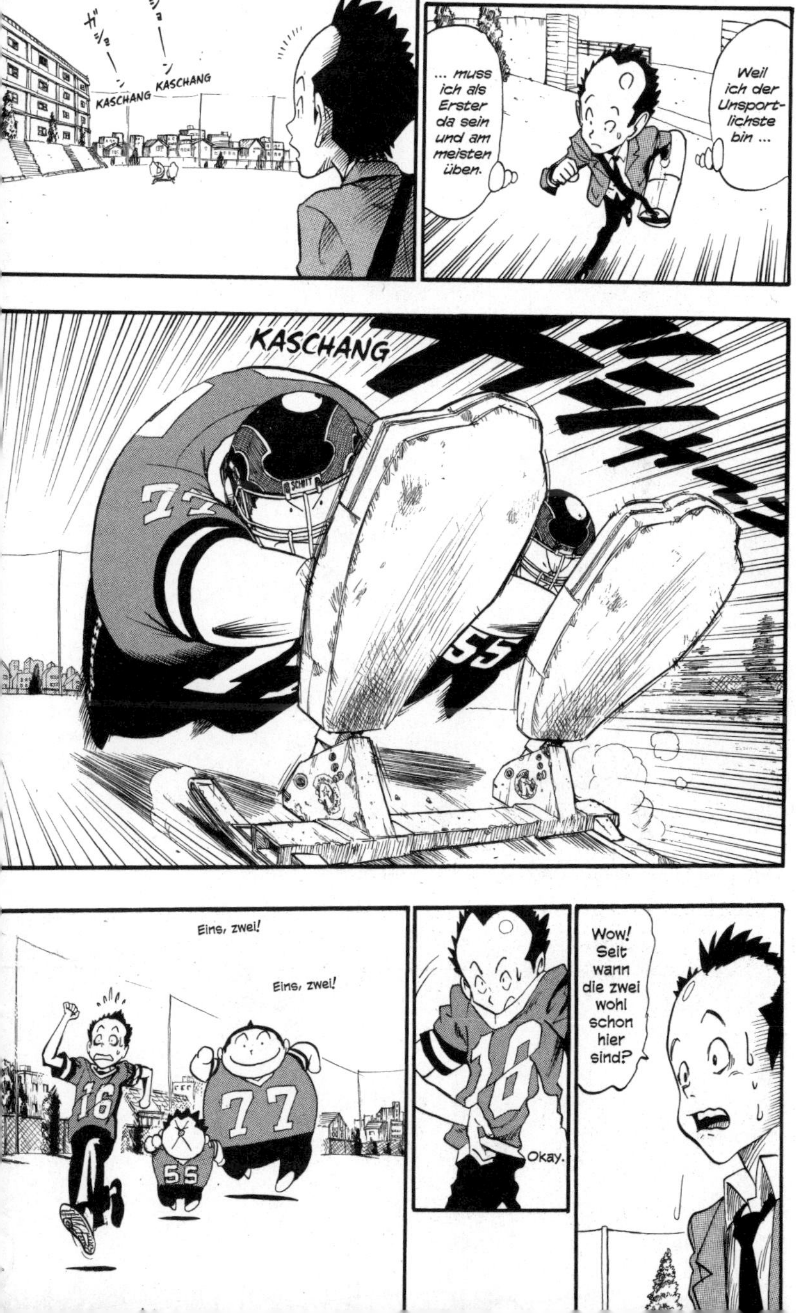

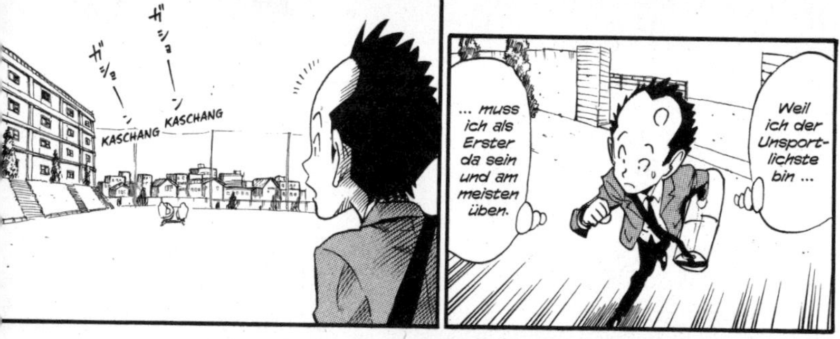
Weil ich der Unsport-lichste bin ...
... muss ich als Erster da sein und am meisten üben.
KASCHANG
KASCHANG

KASCHANG

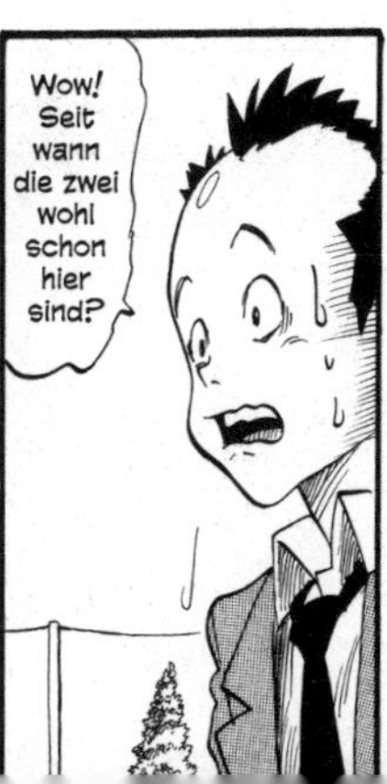
Wow! Seit wann die zwei wohl schon hier sind?

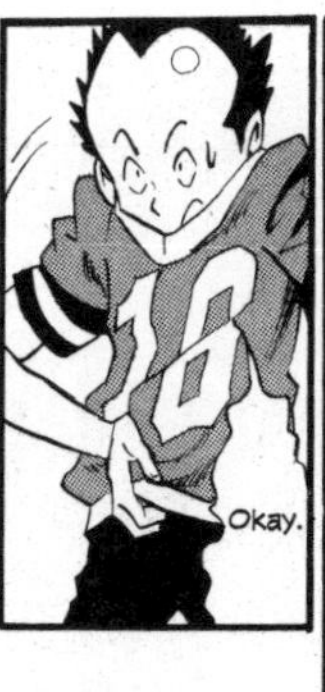
Okay.

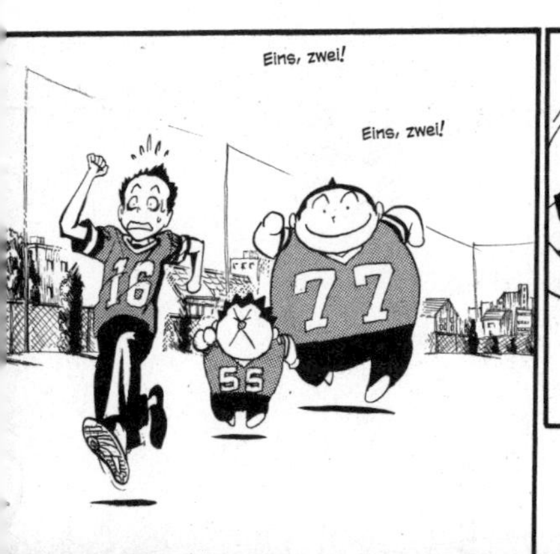
Eins, zwei!
Eins, zwei!

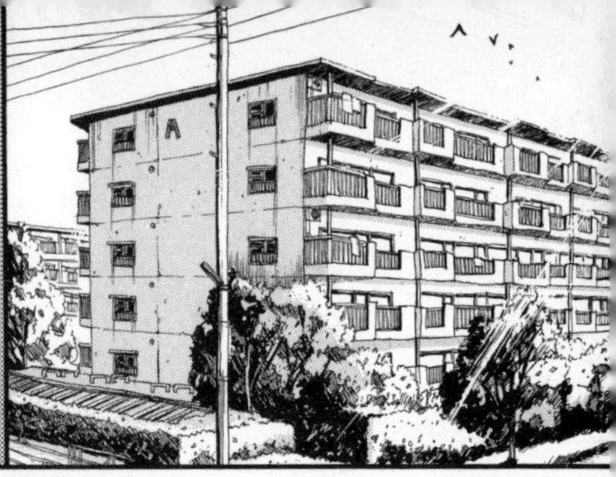

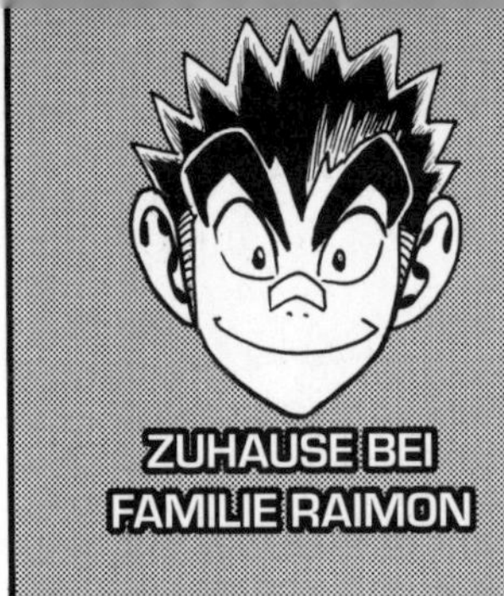
ZUHAUSE BEI
FAMILIE RAIMON

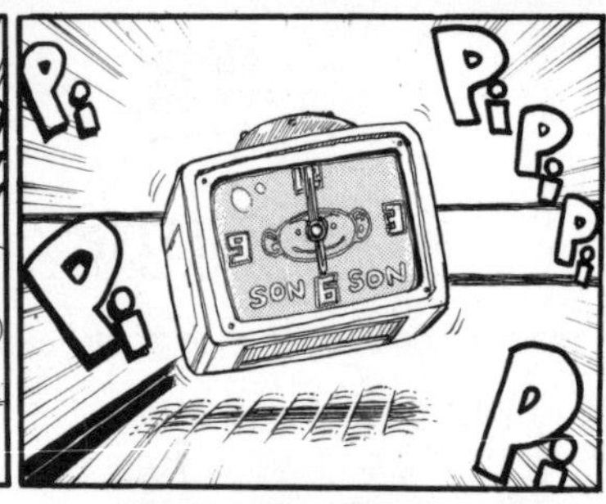
Pi
Pi
Pi
Pi
Pi
Pi
SON SON

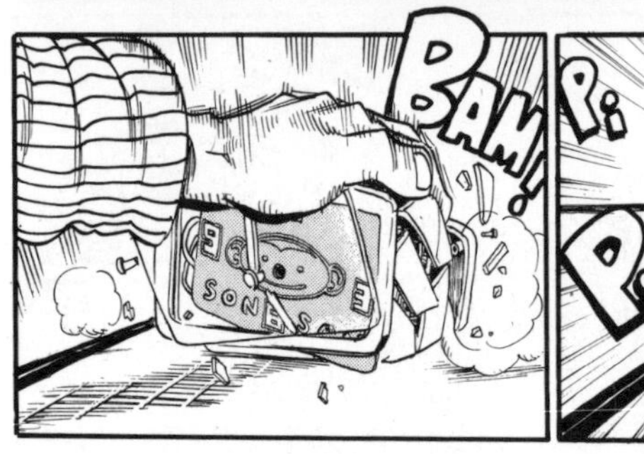
BAM!
SON

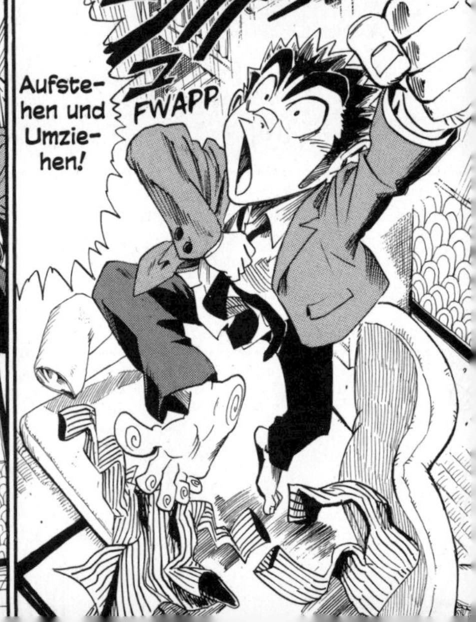
Aufstehen und Umziehen!
FWAPP

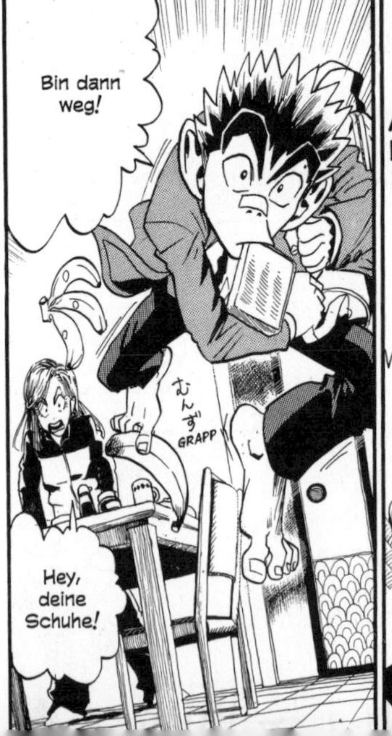
Bin dann weg!
むんず
GRAPP
Hey, deine Schuhe!

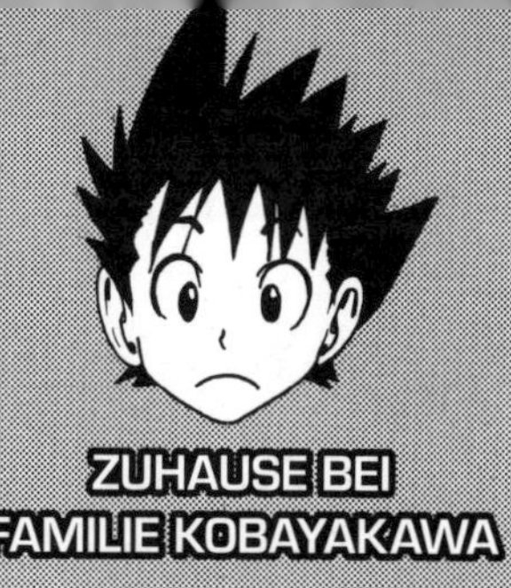
ZUHAUSE BEI
FAMILIE KOBAYAKAWA

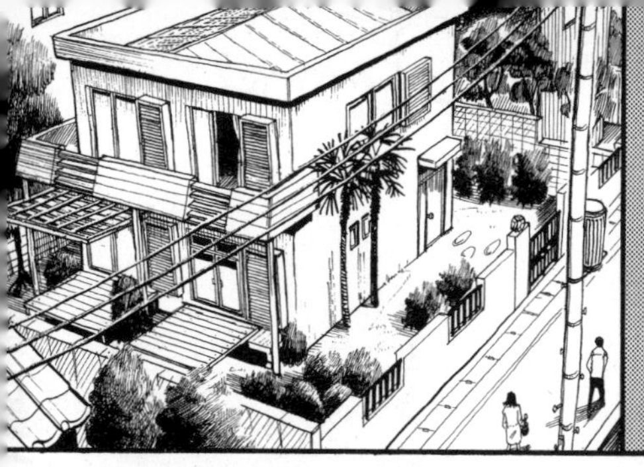

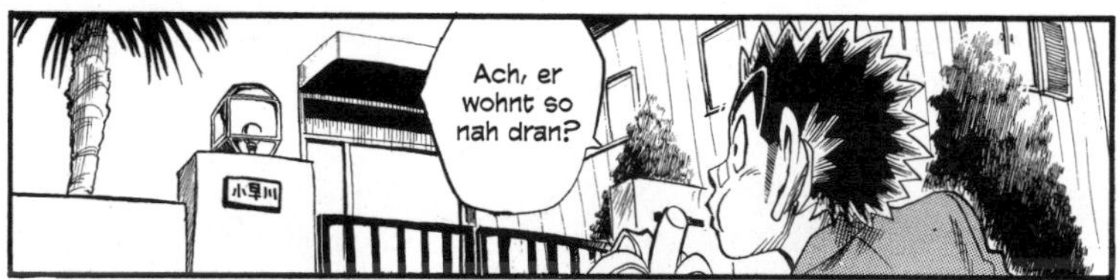
Ach, er wohnt so nah dran?
小早川

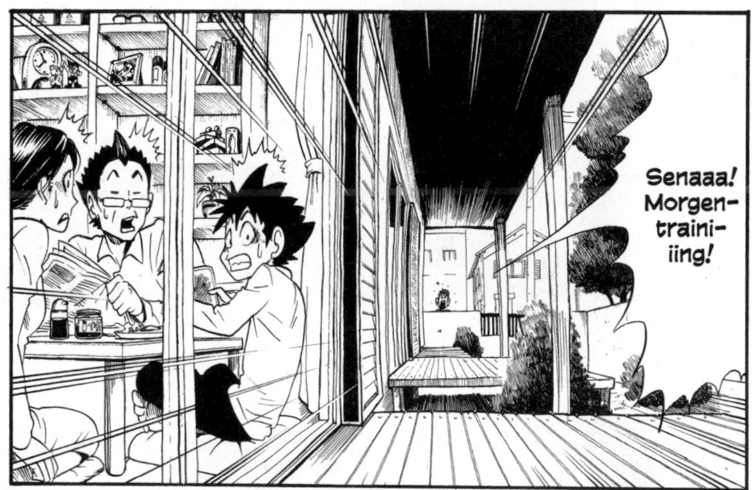
Senaaa! Morgen-traini-iing!

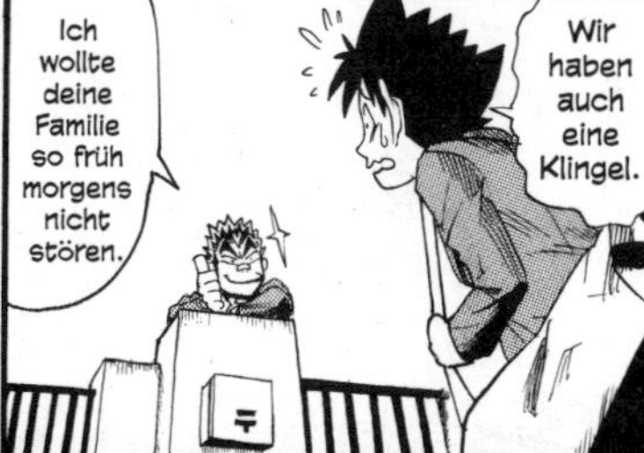
Wir haben auch eine Klingel.
Ich wollte deine Familie so früh morgens nicht stören.

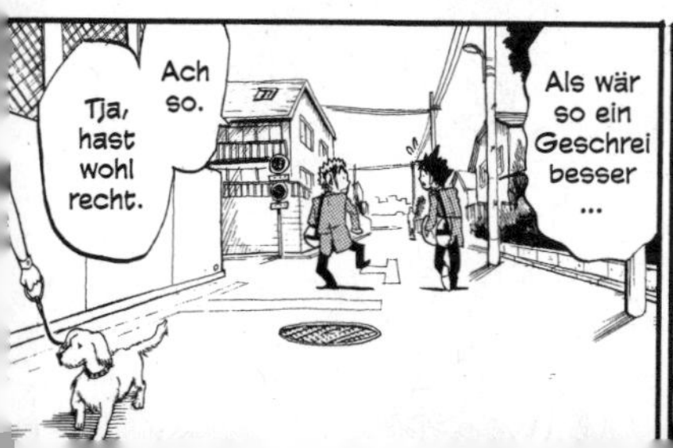
Als wär so ein Geschrei besser ...
Ach so.
Tja, hast wohl recht.

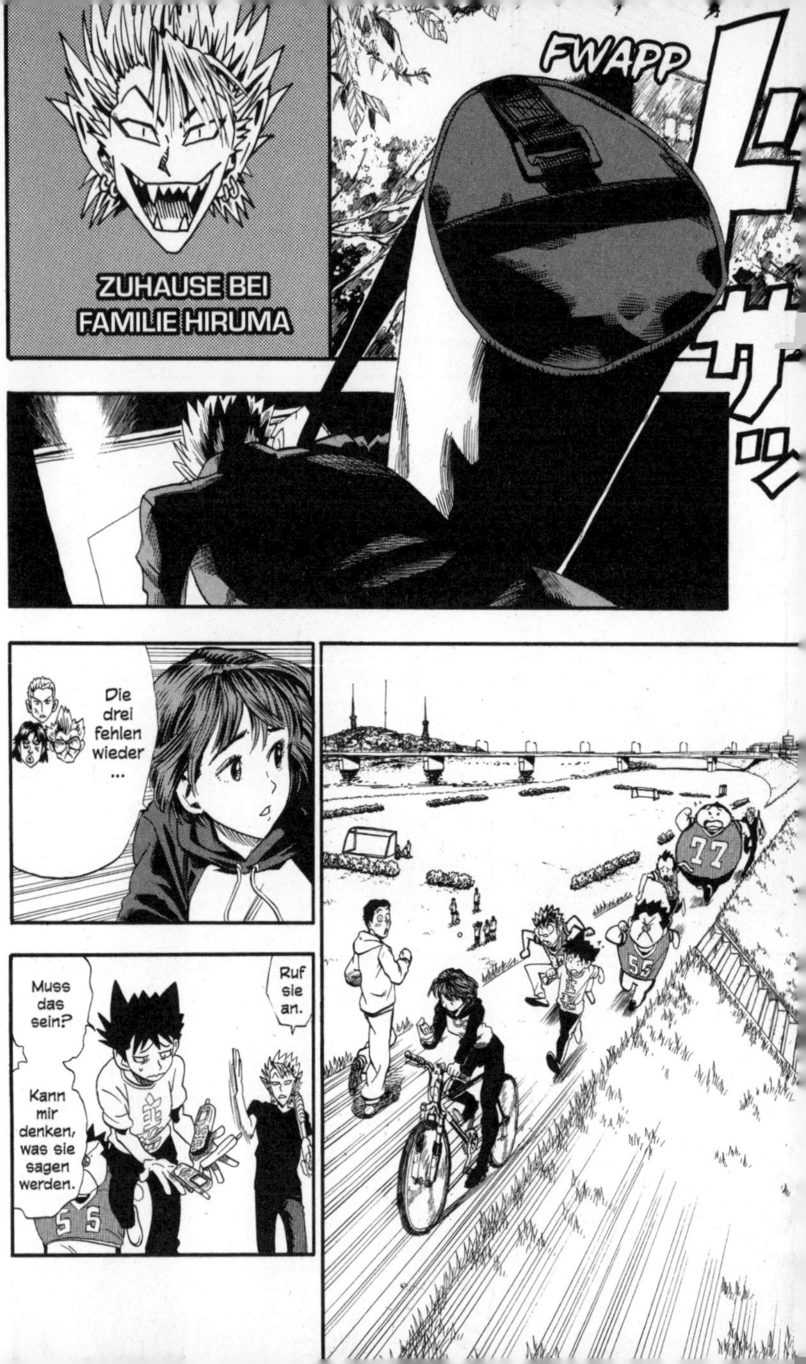

FWAPP

ZUHAUSE BEI FAMILIE HIRUMA

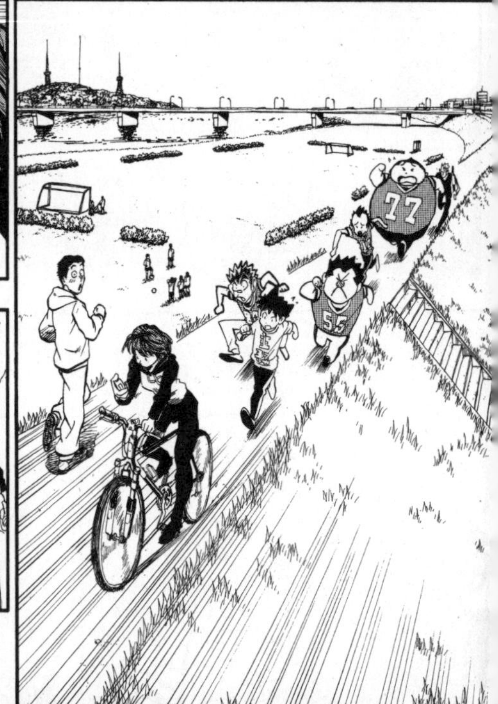

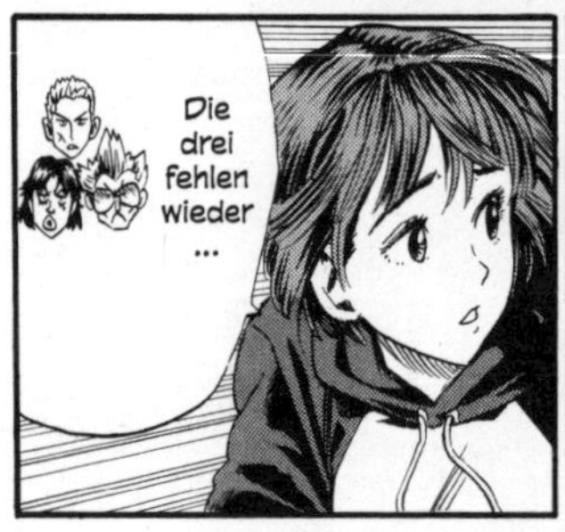

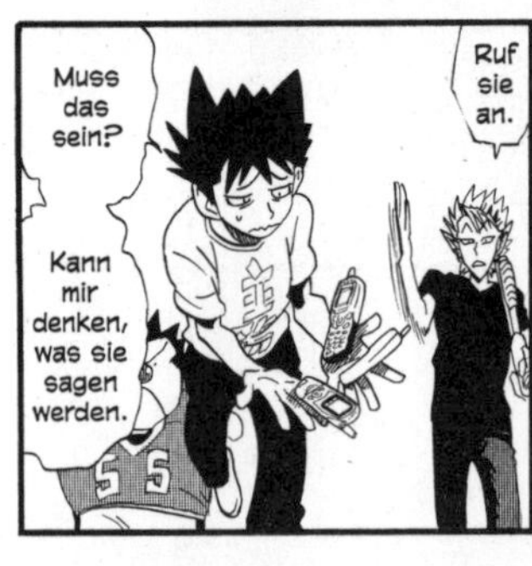

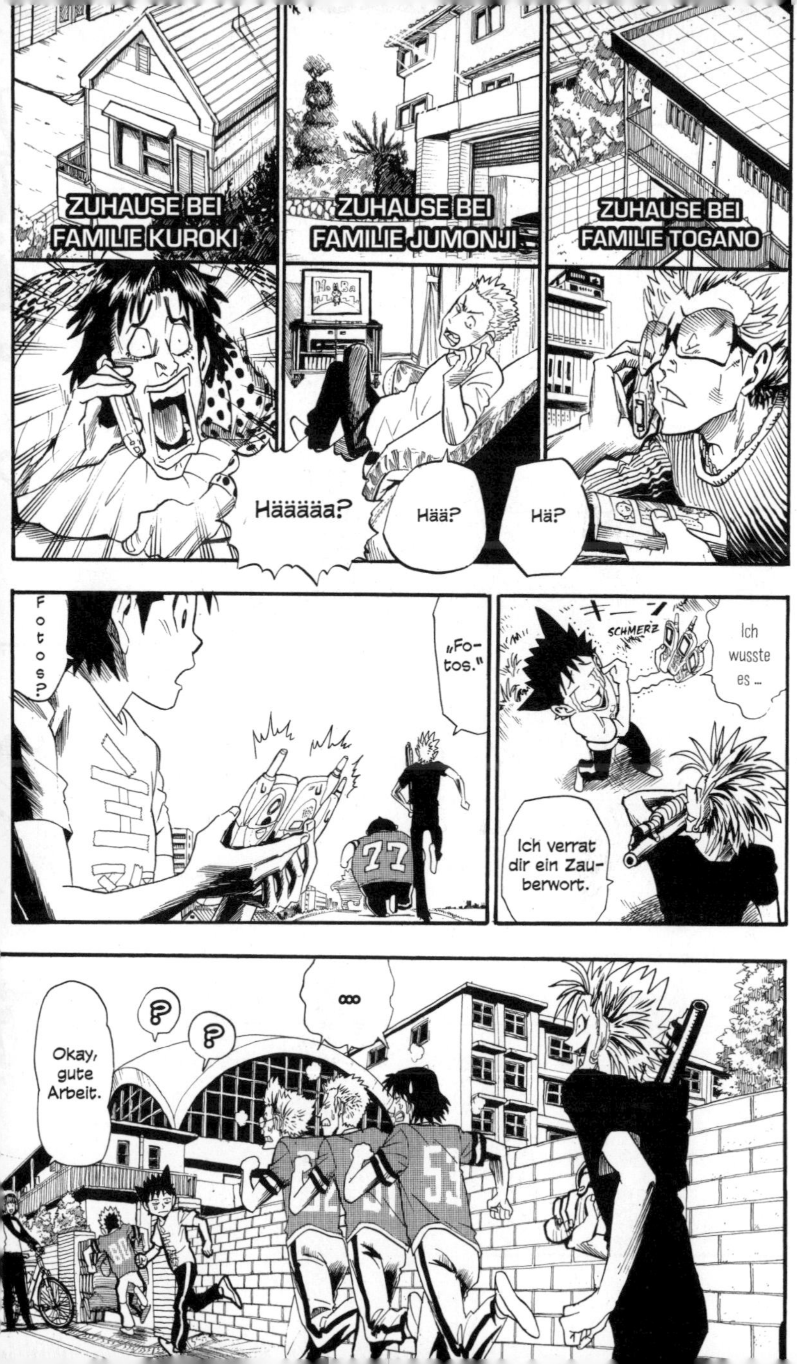

ZUHAUSE BEI FAMILIE TOGANO

ZUHAUSE BEI FAMILIE JUMONJI

ZUHAUSE BEI FAMILIE KUROKI

Hä?

Hää?

Häääää?

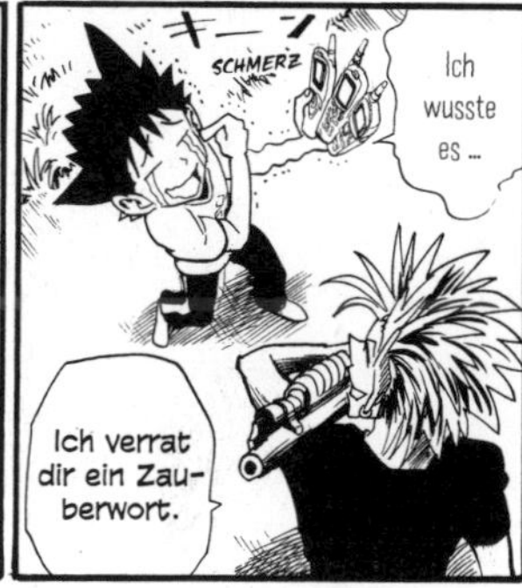

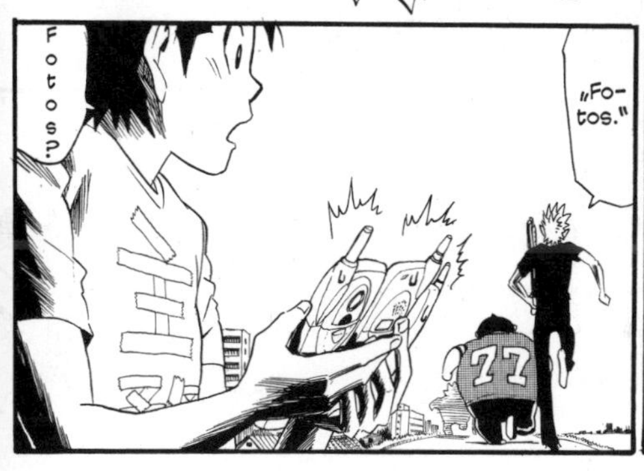

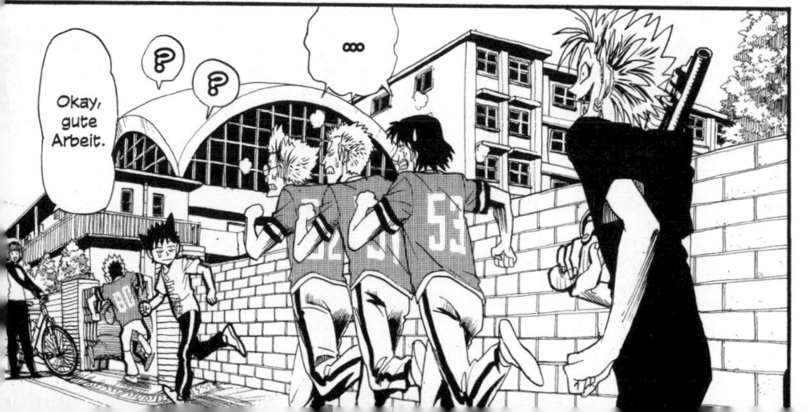

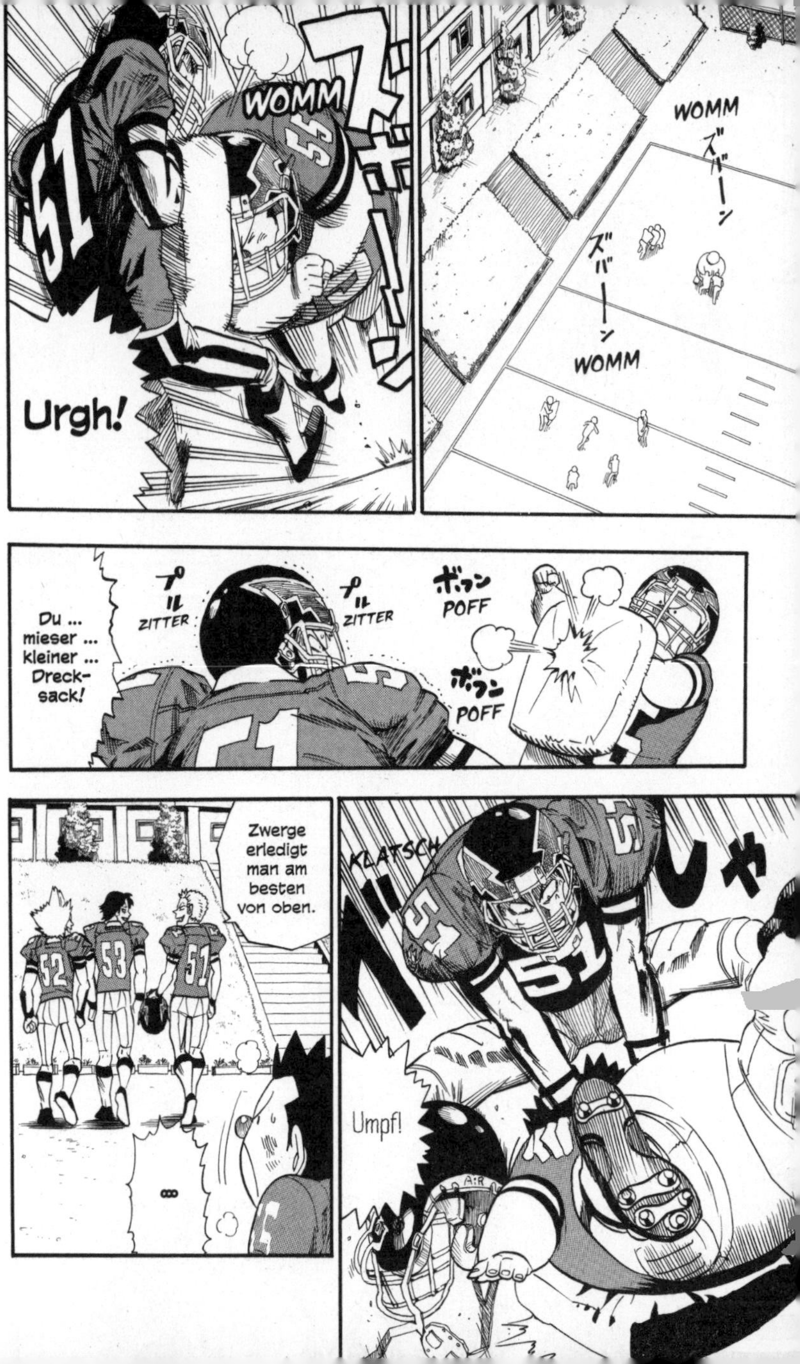

WOMM
ズバーン
ズバーン
WOMM

WOMM
Urgh!

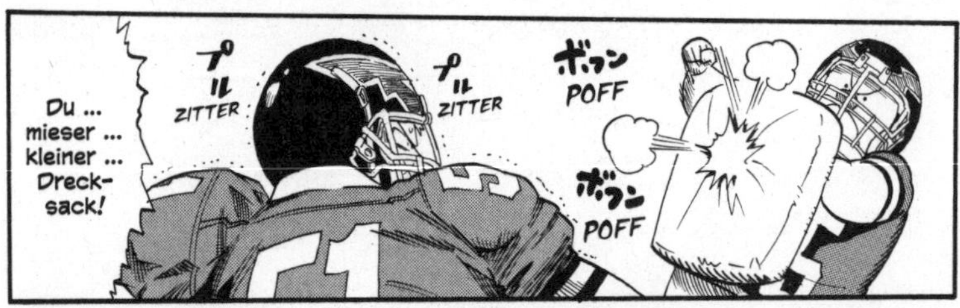

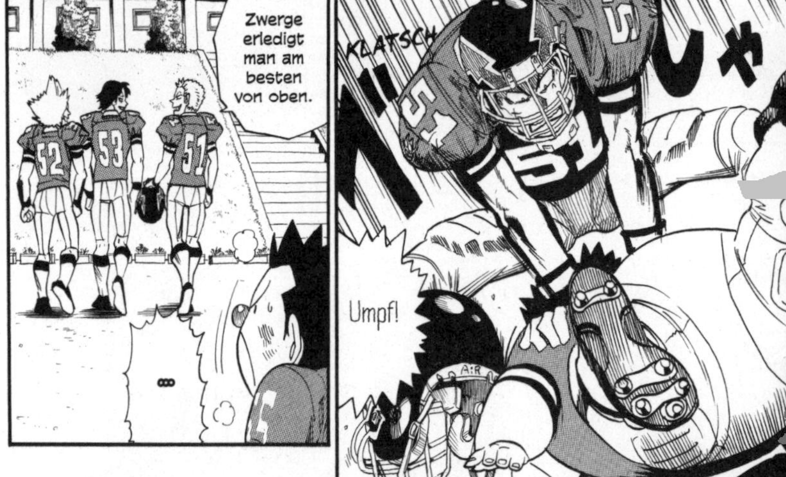

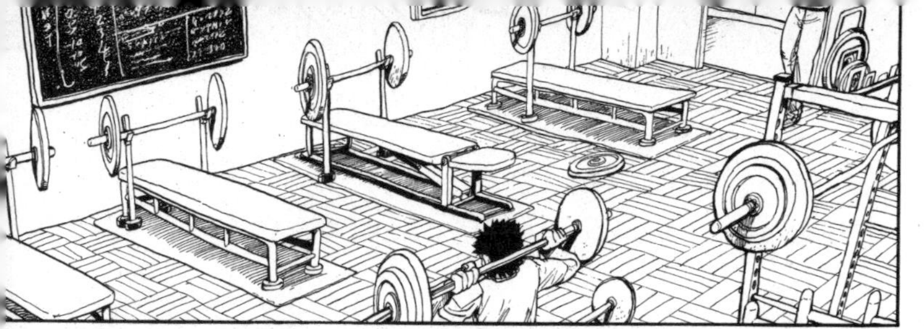

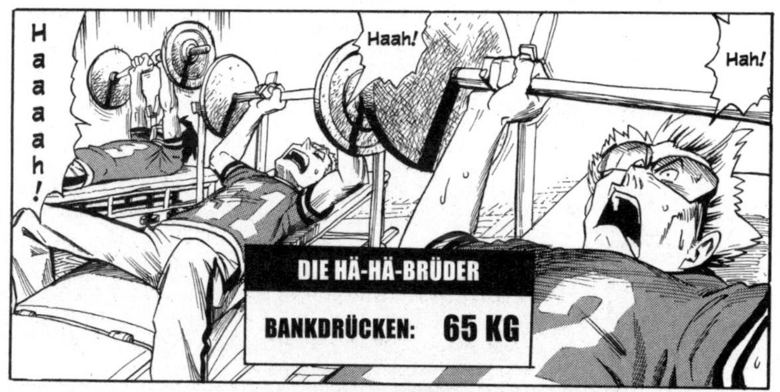

Hah!
Haah!
Haaaaah!
DIE HÄ-HÄ-BRÜDER
BANKDRÜCKEN: 65 KG

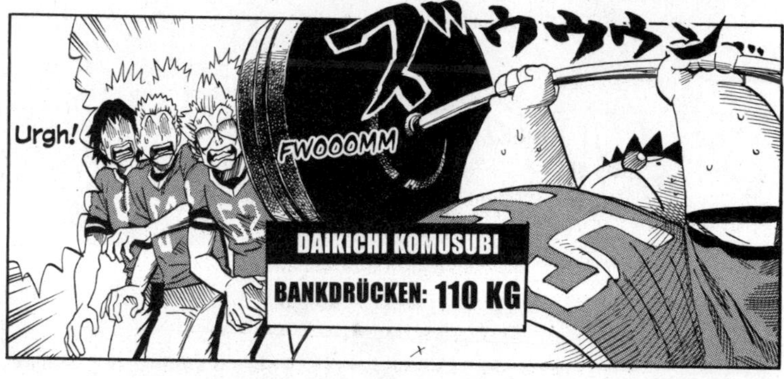

FWOOOMM
Urgh!
DAIKICHI KOMUSUBI
BANKDRÜCKEN: 110 KG

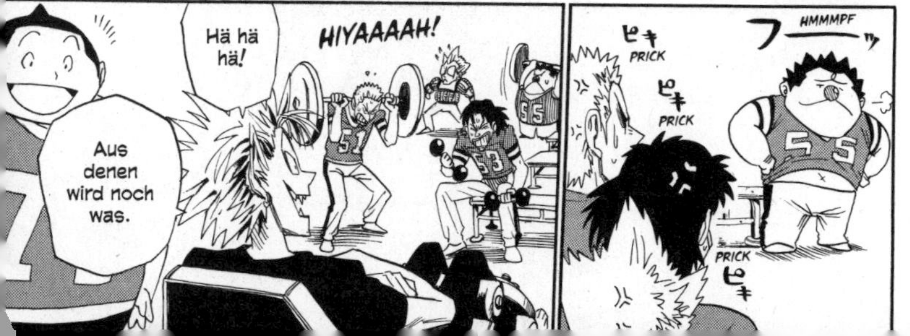

HMMMPF
PRICK
PRICK
PRICK
HIYAAAAH!
Hä hä hä!
Aus denen wird noch was.

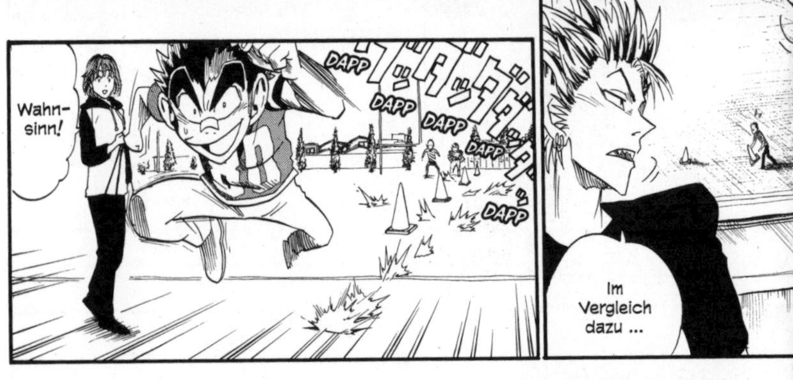
Im Vergleich dazu ...
DAPP
DAPP
DAPP
DAPP
DAPP
Wahn-sinn!

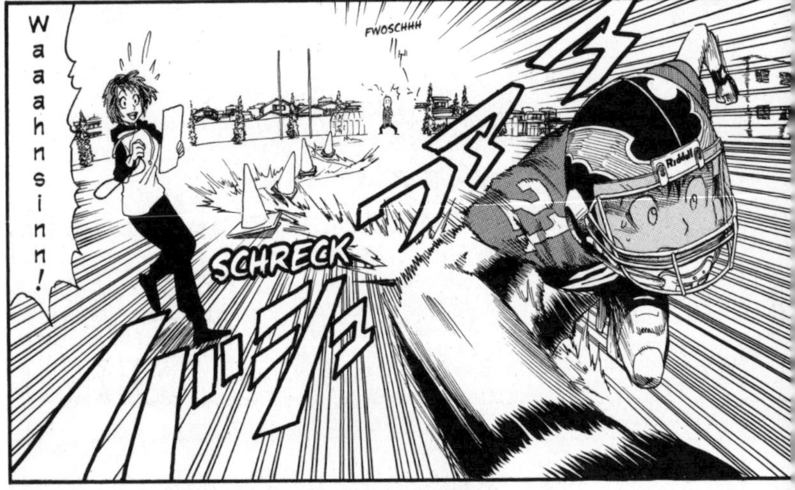
FWOSCHHH
SCHRECK
Waaahnsinn!

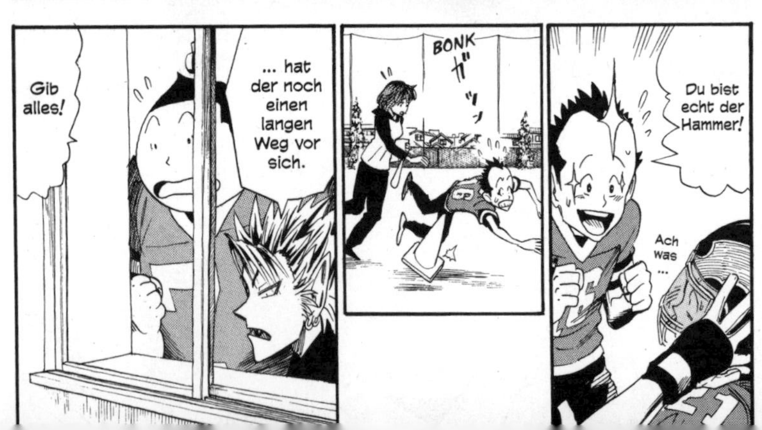
Du bist echt der Hammer!
Ach was ...
BONK
... hat der noch einen langen Weg vor sich.
Gib alles!

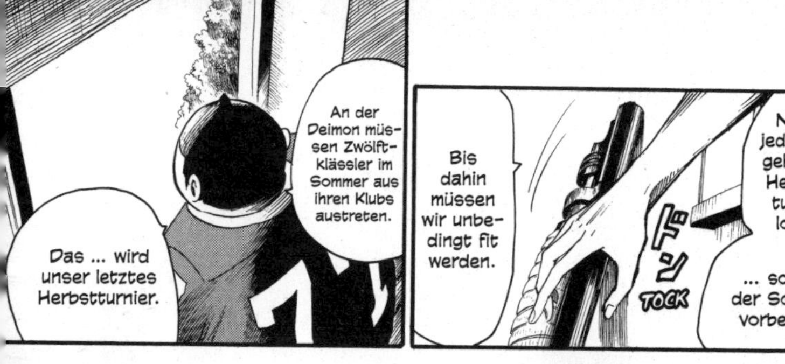
Na ja, jedenfalls geht das Herbstturnier los ...
... sobald der Sommer vorbei ist.
TOCK
Bis dahin müssen wir unbedingt fit werden.
An der Deimon müssen Zwölftklässler im Sommer aus ihren Klubs austreten.
Das ... wird unser letztes Herbstturnier.

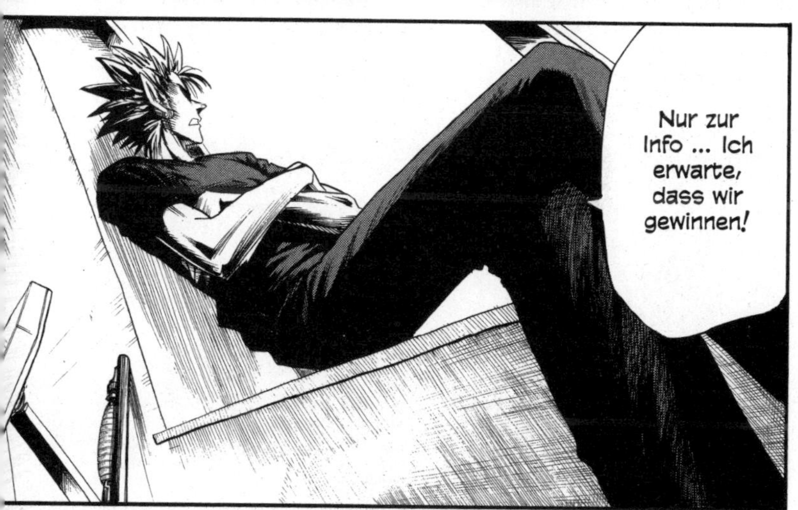
Nur zur Info ... Ich erwarte, dass wir gewinnen!

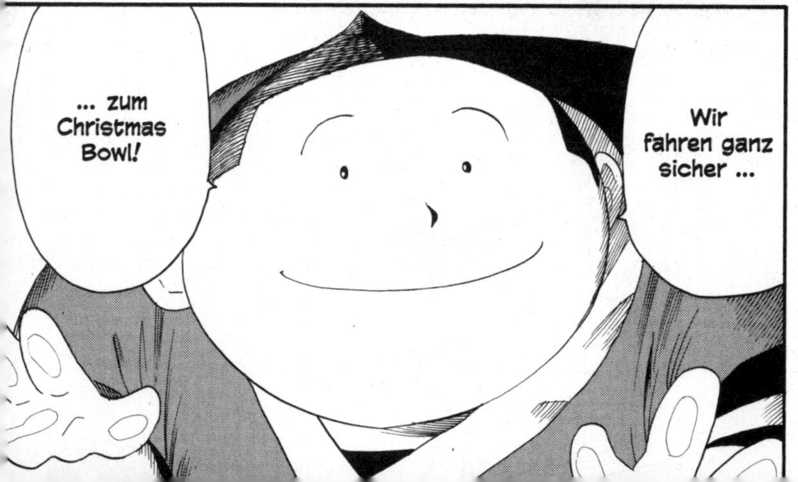
Wir fahren ganz sicher ...
... zum Christmas Bowl!

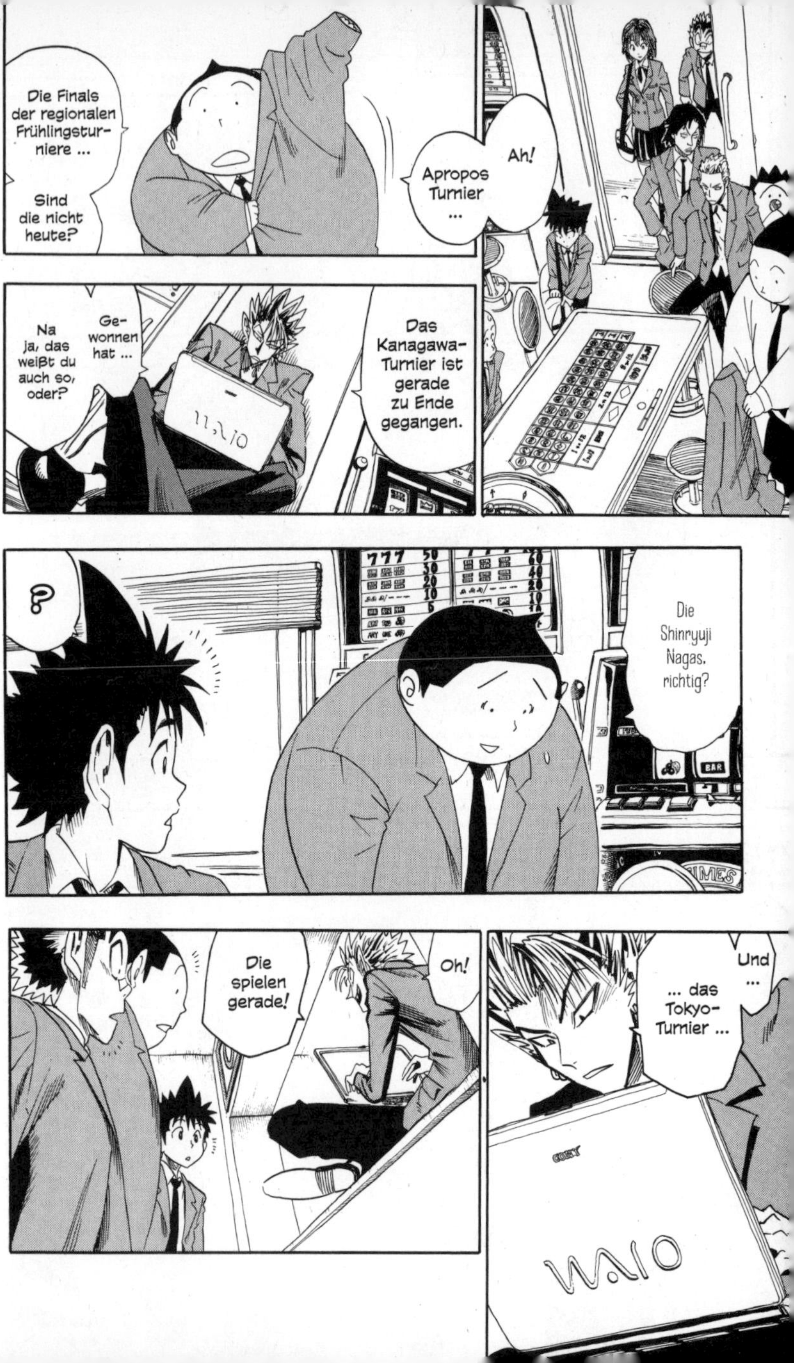

Ah!
Apropos Turnier ...

Die Finals der regionalen Frühlingsturniere ...
Sind die nicht heute?

Das Kanagawa-Turnier ist gerade zu Ende gegangen.
Gewonnen hat ...
Na ja, das weißt du auch so, oder?

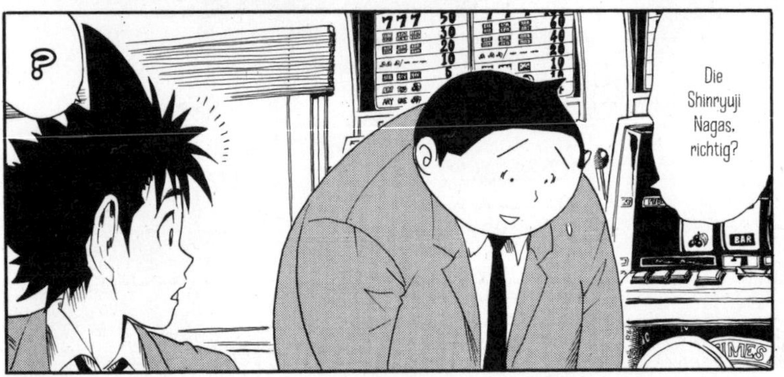

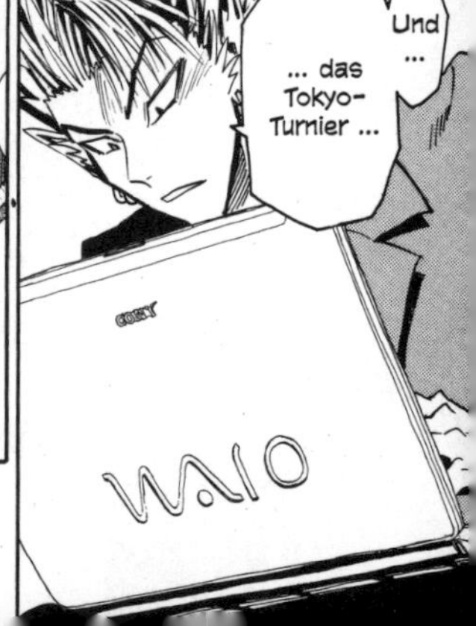

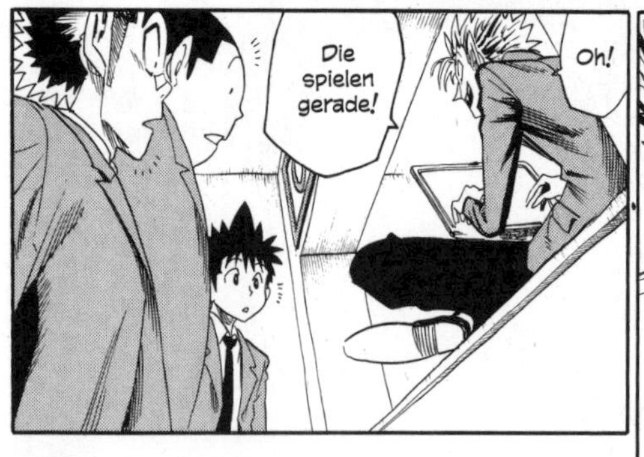

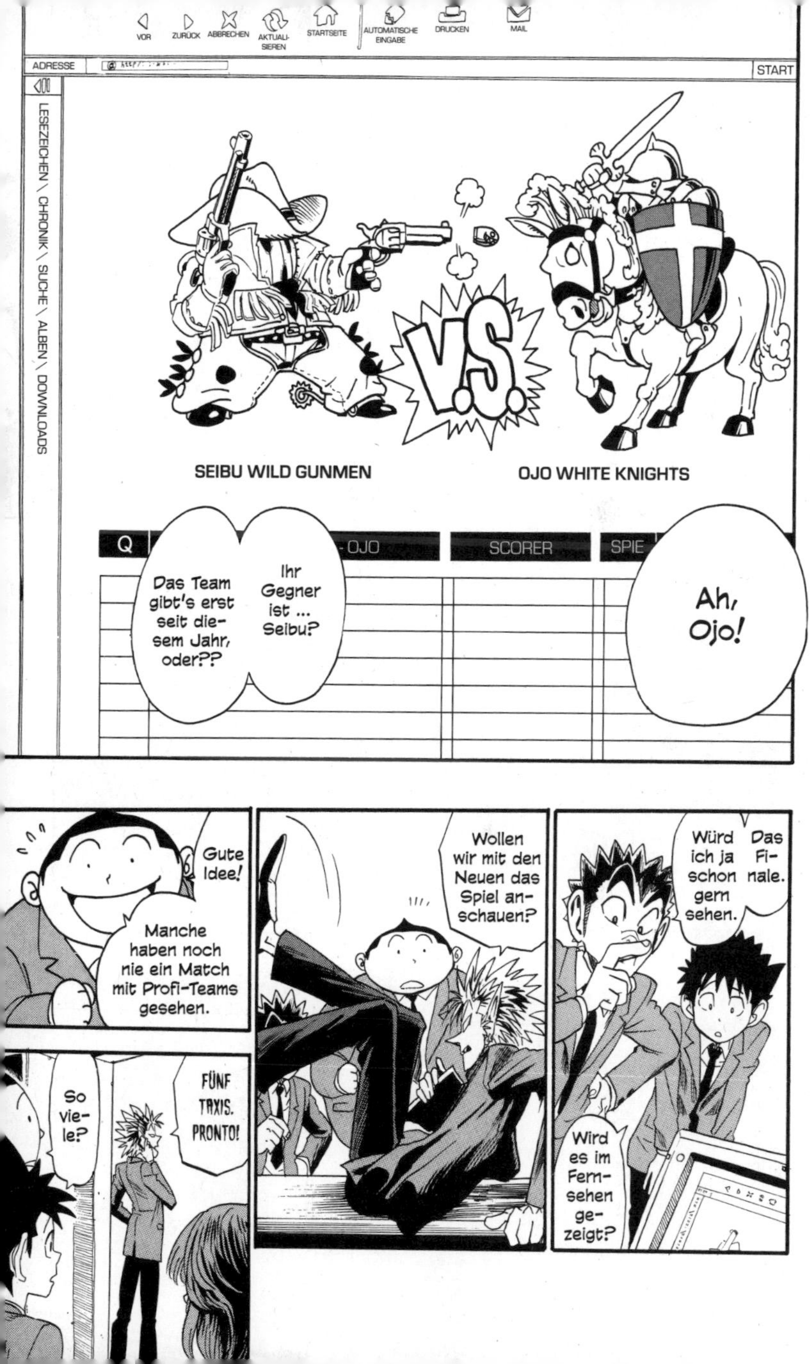

VOR ZURÜCK ABBRECHEN AKTUALISIEREN STARTSEITE AUTOMATISCHE EINGABE DRUCKEN MAIL

ADRESSE

START

LESEZEICHEN \ CHRONIK \ SUCHE \ ALBEN \ DOWNLOADS

V.S.

SEIBU WILD GUNMEN

OJO WHITE KNIGHTS

Q — OJO — SCORER — SPIE

Ah, Ojo!

Ihr Gegner ist ... Seibu?

Das Team gibt's erst seit diesem Jahr, oder??

Das Finale.

Würd ich ja schon gern sehen.

Wird es im Fernsehen gezeigt?

Wollen wir mit den Neuen das Spiel anschauen?

Gute Idee!

Manche haben noch nie ein Match mit Profi-Teams gesehen.

FÜNF TAXIS. PRONTO!

So viele?

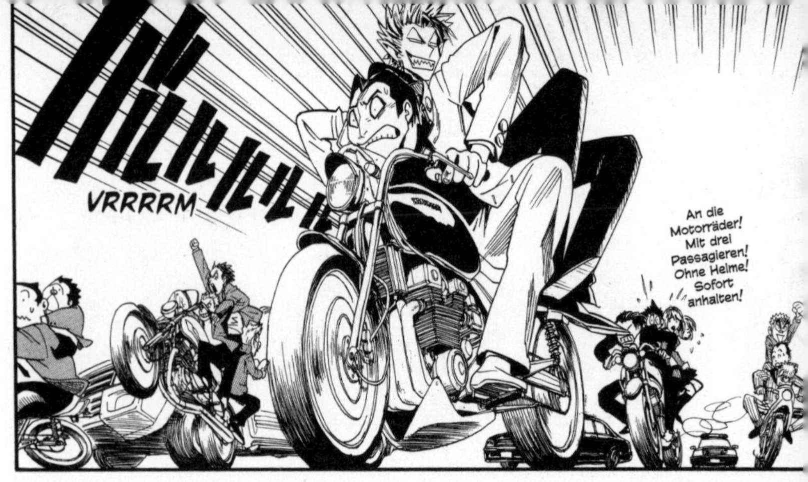
VRRRRM
An die Motorräder! Mit drei Passagieren! Ohne Helme! Sofort anhalten!

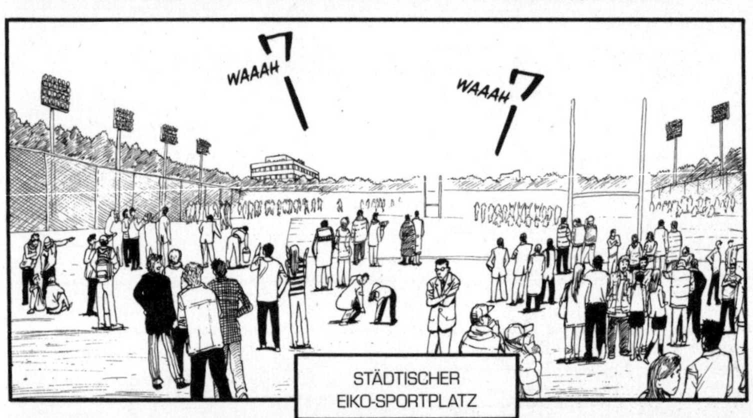
WAAAH
WAAAH
STÄDTISCHER EIKO-SPORTPLATZ

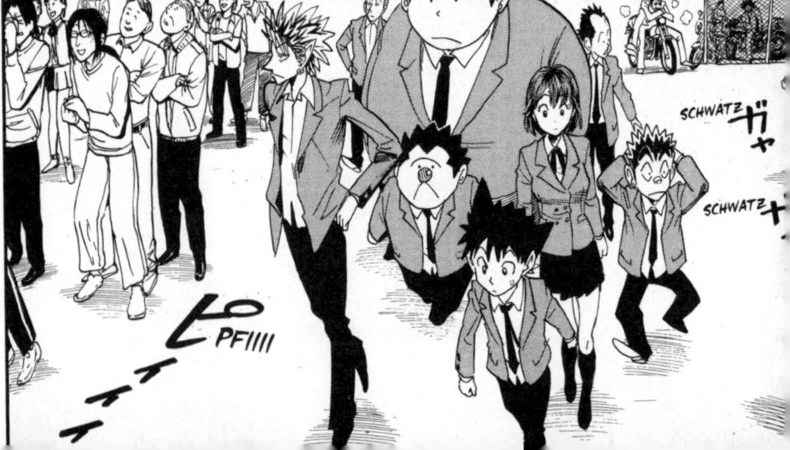
SCHWATZ
SCHWATZ
PFIIII

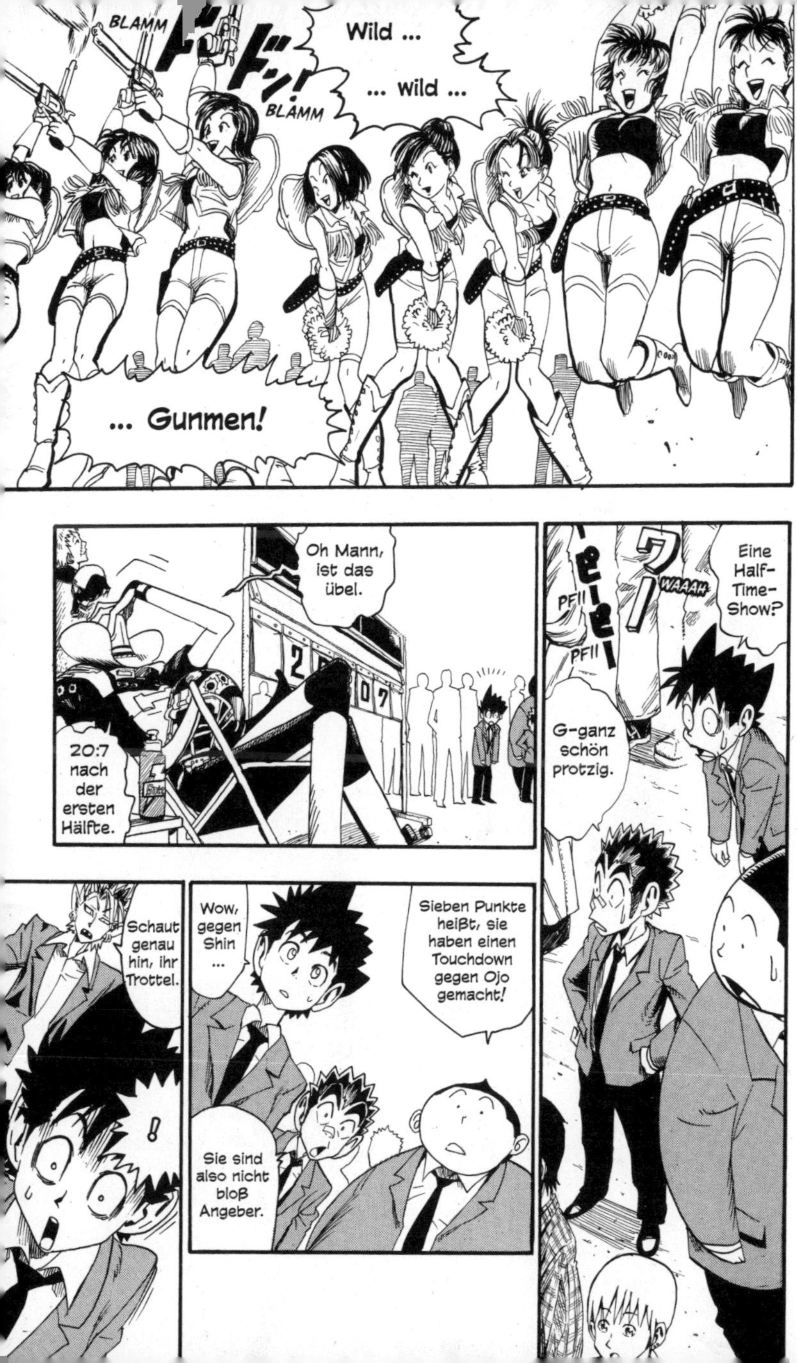

BLAMM
ドドン!
BLAMM
Wild ...
... wild ...
... Gunmen!

Eine Half-Time-Show?
WAAAH
PFII
PFII
G-ganz schön protzig.

Oh Mann, ist das übel.
20:7 nach der ersten Hälfte.

Sieben Punkte heißt, sie haben einen Touchdown gegen Ojo gemacht!
Wow, gegen Shin ...
Sie sind also nicht bloß Angeber.

Schaut genau hin, ihr Trottel.
!

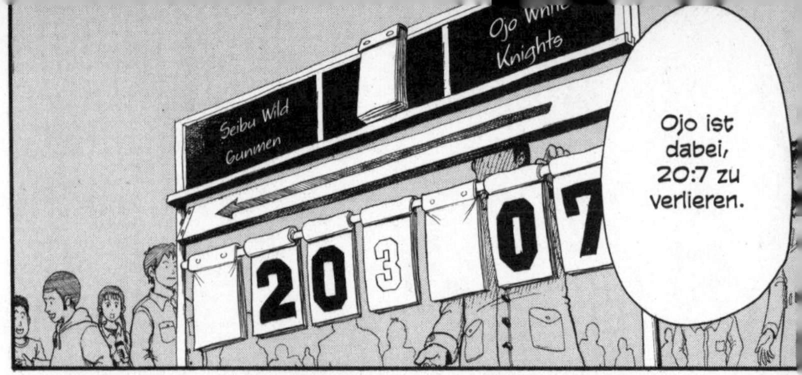

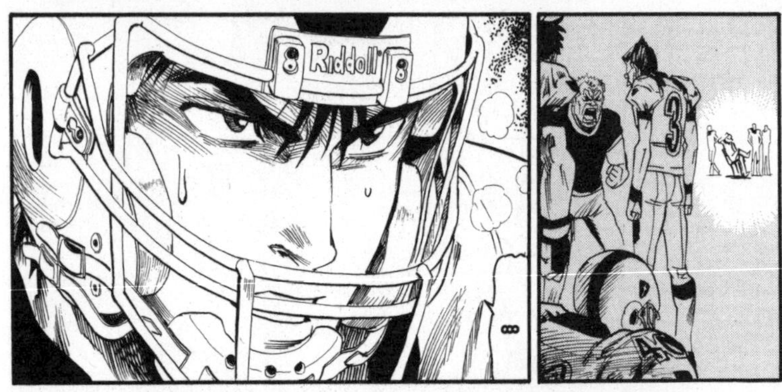

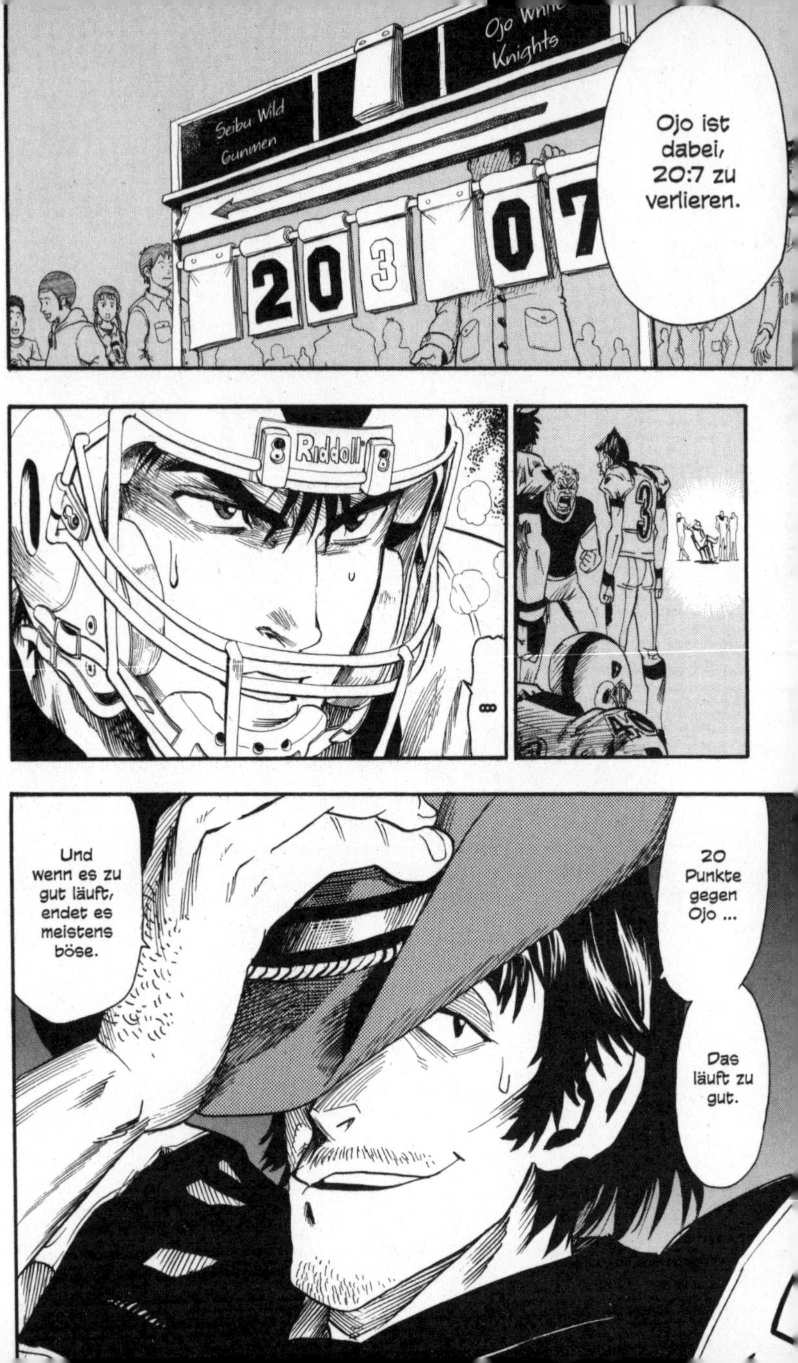

20 Punkte gegen Ojo ...

Das läuft zu gut.

Und wenn es zu gut läuft, endet es meistens böse.

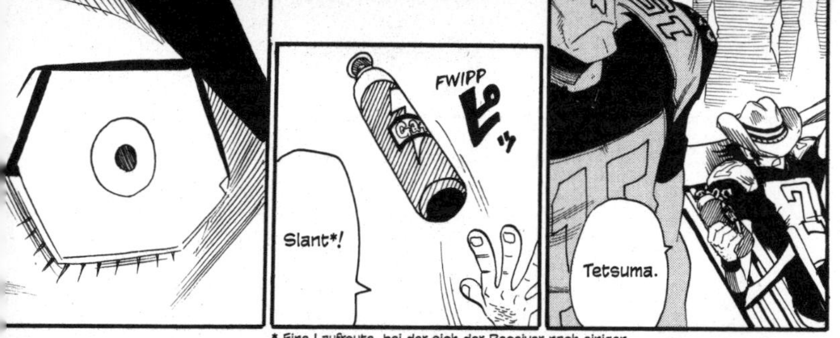

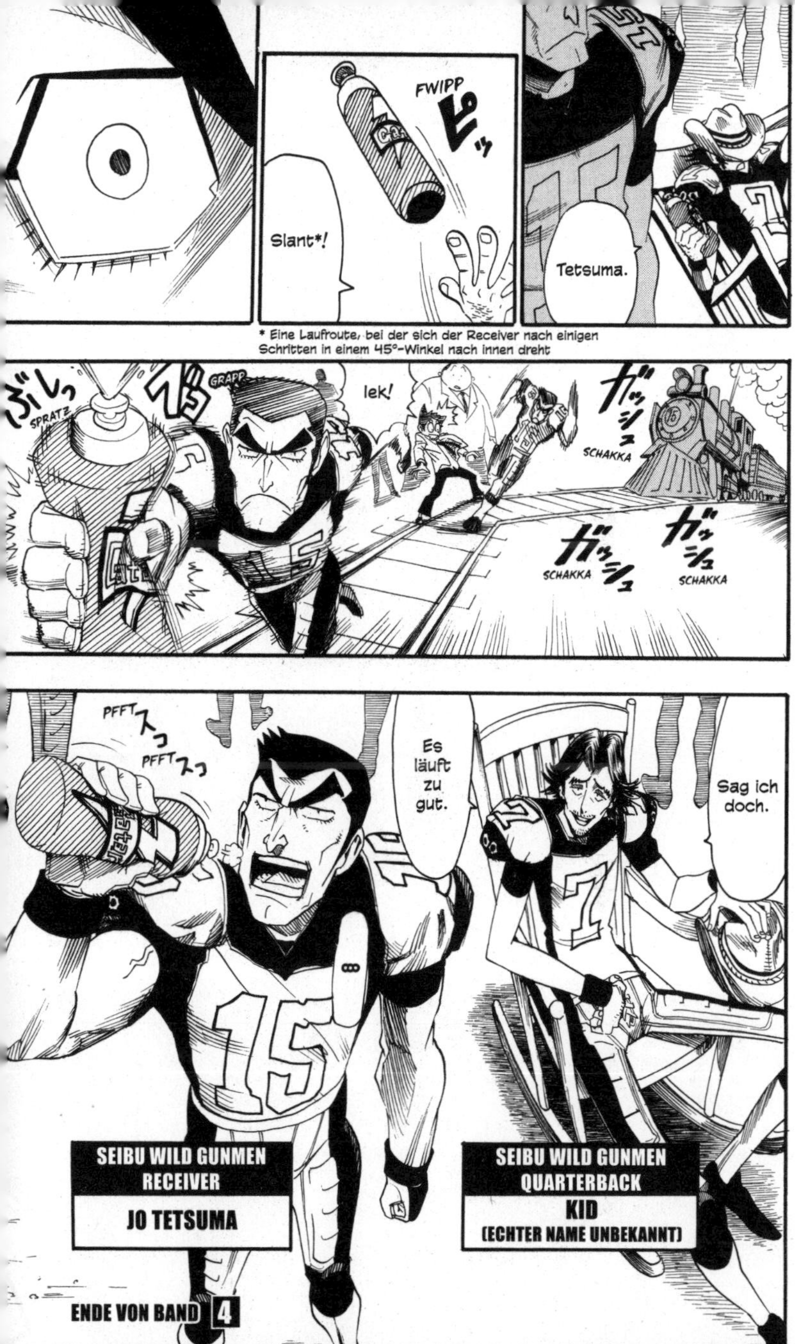

* Eine Laufroute, bei der sich der Receiver nach einigen Schritten in einem 45°-Winkel nach innen dreht

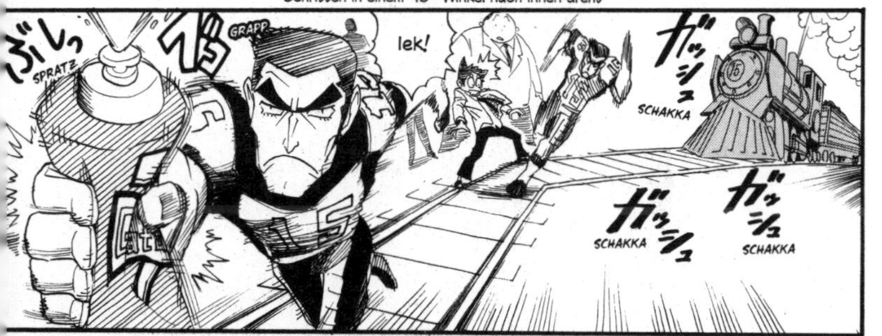

Sag ich doch.

Es läuft zu gut.

PFFT

PFFT

SEIBU WILD GUNMEN
QUARTERBACK
KID
(ECHTER NAME UNBEKANNT)

SEIBU WILD GUNMEN
RECEIVER
JO TETSUMA

ENDE VON BAND 4

DER APFEL FÄLLT NICHT WEIT VOM STAMM?

DER ULTIMATIVE ELTERNINDEX

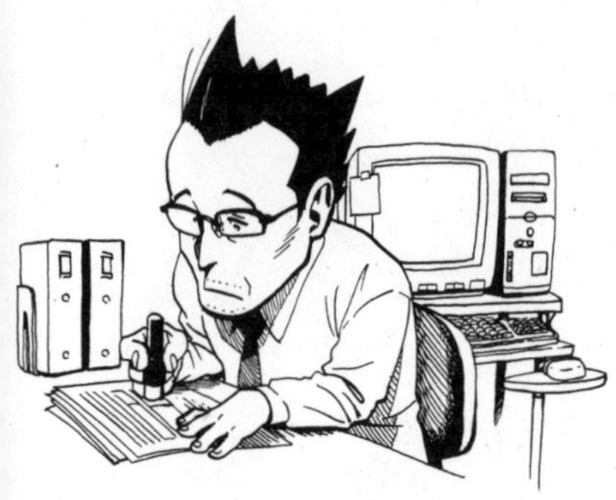

■ SENAS PAPA

Arbeitet als Jurist für eine zweitklassige Herstellerfirma. Ist mit 42 in einem kritischen Jahr. (Dieses Alter gilt für jap. Männer als unglücksverheißend.) Seine Frau hat er durch eine Heiratsvermittlung kennengelernt. Ein langweiliger, unauffälliger Mann, wie er im Buche steht. Setzt man ihn hinter einen Schreibtisch, arbeitet er hart.

Der Ursprung von Senas seltsamer Vorstellung eines „coolen Managers" ist vermutlich sein Vater.

■ MONTAS MAMA

Eine junge Mutter, die gern raucht, trinkt und Pachinko liebt. Sie bekam Monta mit 19 und hat mit ihrem Mann geschuftet, um ihren Sohn großziehen zu können.

Jetzt, da ihr Sohn endlich auf eigenen Beinen steht, schaut sie ständig fern.

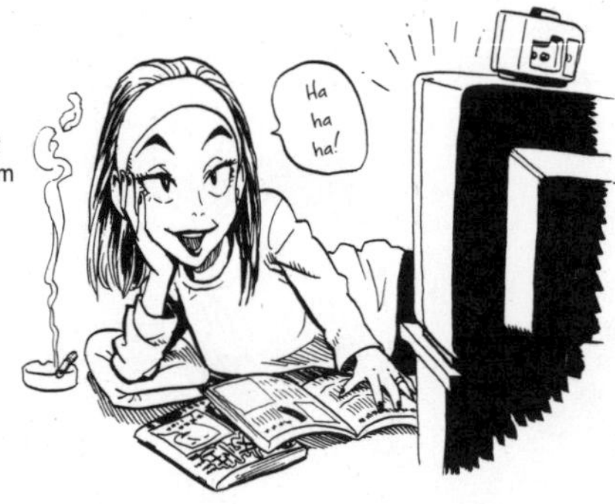

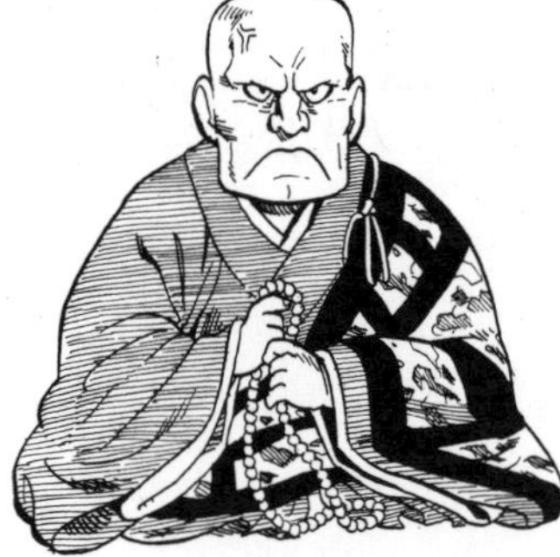

■ KURITAS PAPA

Das Oberhaupt (d.h. der angesehenste Mönch) einer buddhistischen Sekte namens Moren.

Seiner Ansicht nach müssen zukünftige Mönche stark werden, daher hat er seinen Sohn zu einem guten Esser erzogen. Dabei hat er es allerdings ein wenig übertrieben.

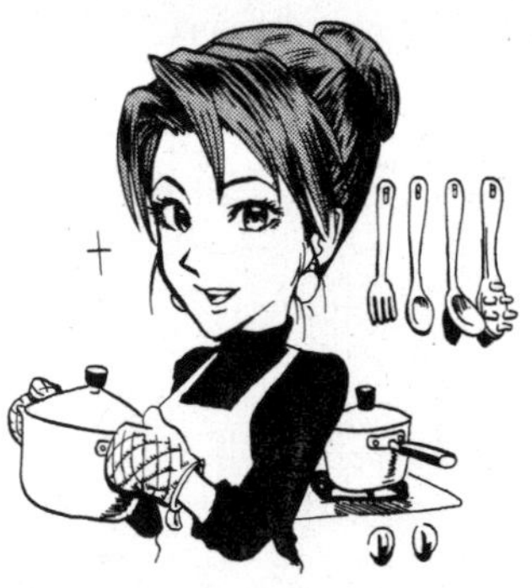

MAMORIS MAMA

Halb Japanerin, halb Amerikanerin. Sie ist Absolventin einer erstklassigen Uni, schön, liebenswürdig und eine gute Köchin – eine Superfrau.

Bei einem ehrenamtlichen Kochkurs lernte sie die Mutter von Sena kennen, die eine Menge Fehler machte. Aus irgendeinem Grund verstanden sie sich gut. So wurden Sena und Mamori, die damals noch klein waren, ebenfalls gute Freunde.

KOMUSUBIS PAPA

Ein Truckfahrer, der im Wohnheim seiner Firma lebt. In der Spedition Yokozuna sind alle Mitarbeiter Muskelmänner, vom Chef bis zum Anfänger. (Der Chef stellt ausschließlich Muskelmänner ein.)

In dieser Umgebung hat Komusubi sich wohl „eine Sprache, die nur echte Kerle verstehen" angeeignet.

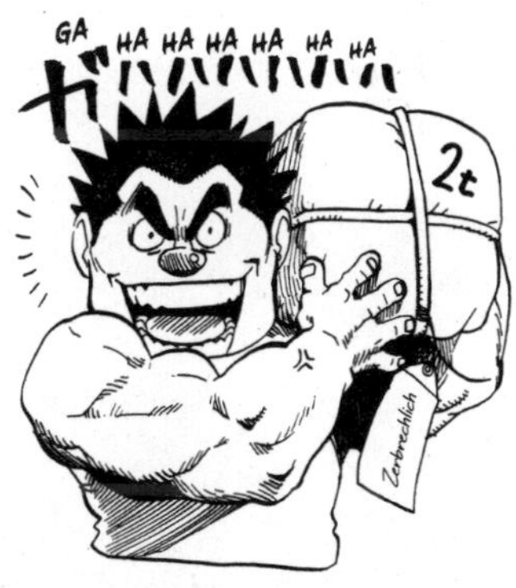

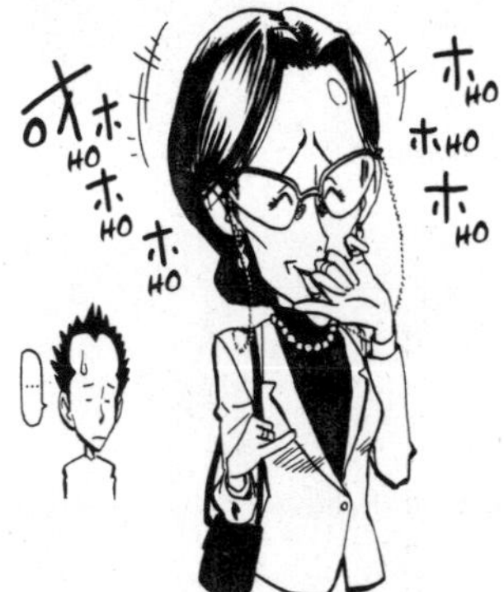

YUKIMITSUS MAMA

Yukimitsu befürchtet, dass sie eines Tages wie jede Frau reden wird, die sich für was Besseres hält.

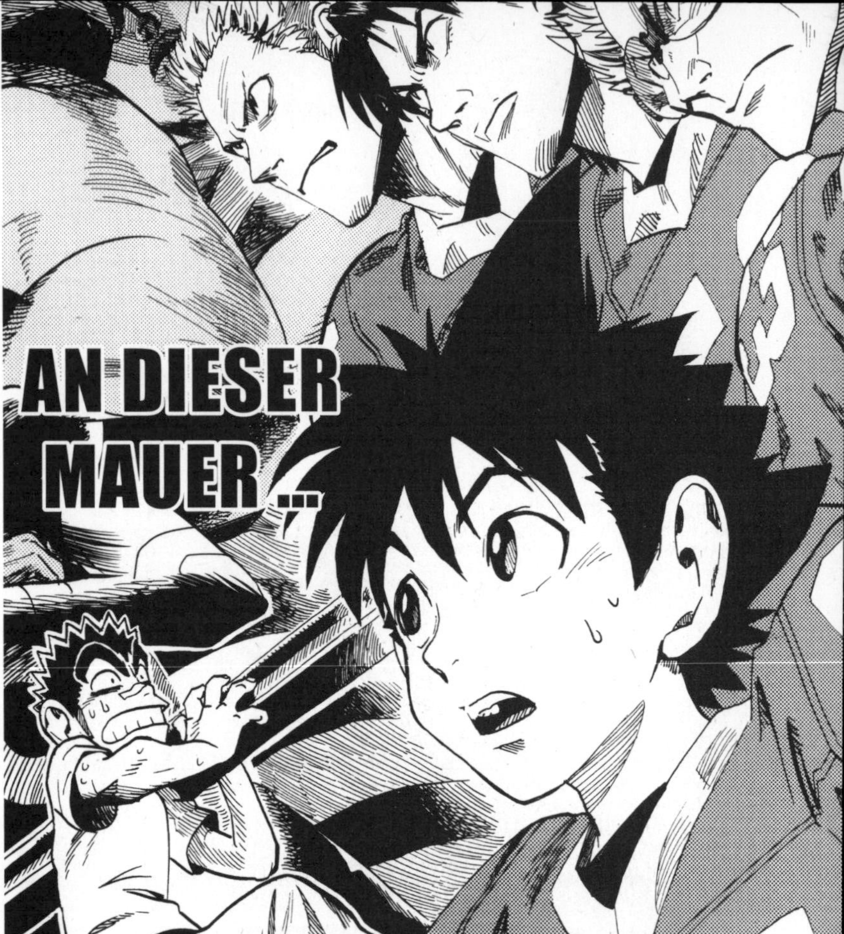

AN DIESER MAUER ...

DIESES MATCH ENTSCHEIDET ALLES! ES GEHT UM NICHTS WENIGER ALS DIE REPRÄSENTATION JAPANS!

... KOMMT NIEMAND VORBEI.

IN DER LINE ZÄHLT NICHTS AUßER KRAFT. HABEN DIE KÖRPERLICH UNTERLEGENEN DEVIL BATS EINE CHANCE ZU GEWINNEN?

SPECIAL THANKS: KENTARO KURIMOTO, KINICHI YAMADA
MITARBEITER: KENJI MUTO, TAKAHIRO HIRAISHI
CHIEF: AKIRA TANAKA
ZEICHNUNGEN: YUSUKE MURATA
STORY: RIICHIRO INAGAKI

Keiichi Arawi
NICHIJOU

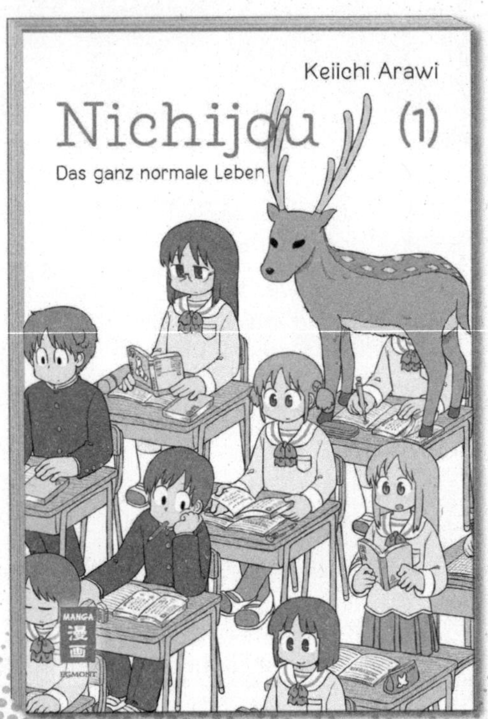

Als sich Yuko und Mio an einem sonnigen Morgen auf den Weg zur Schule machen, sind sie verwundert. Schließlich hatte der Wetterbericht Regen angekündigt. Ihr Gespräch über das schöne Wetter wird jedoch prompt von einem Schauer aus Spielzeug und Sushi unterbrochen – und ausgerechnet Lachs landet auf Yukos Kopf! Ein ganz normaler Schultag nimmt seinen Lauf ...

Nichijou

Band 1 ISBN 978-3-7555-0197-8
€ 8,00 [D]

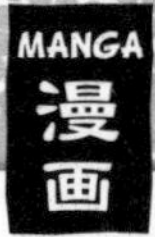

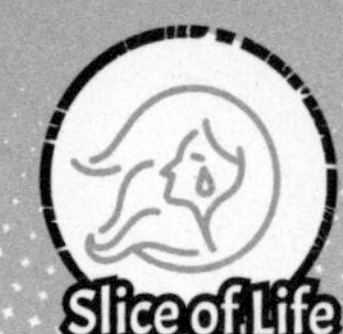
Slice of Life

Horror

Shotaro Ishinomori

HIMITSU SENTAI GORENGER

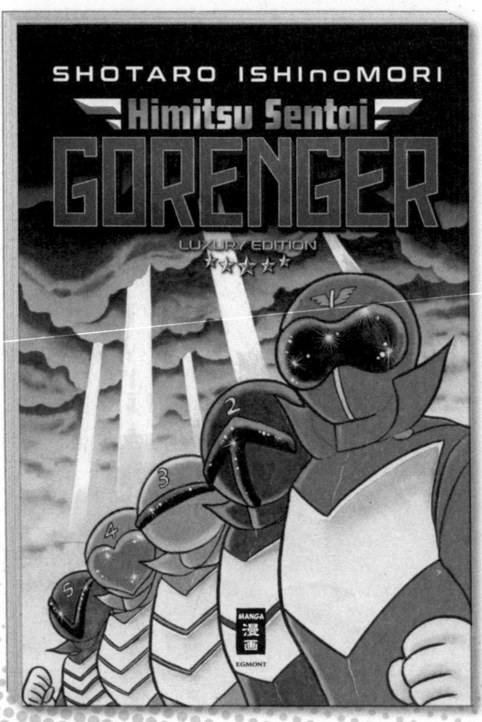

Der Weltfrieden ist in Gefahr, denn die böse Geheimgesellschaft Black Cross Army hat das Hauptquartier der Elite-Einheit Earth Guard League (EAGLE) zerstört! Wie durch ein Wunder überleben fünf junge Rekruten, an denen nun das Schicksal der ganzen Erde hängt. Mithilfe von innovativen Kampfanzügen und einem unzerstörbaren Teamgeist wird aus den unscheinbaren Jugendlichen die geheime Kampfgruppe „Gorenger"!

Himitsu Sentai Gorenger - Luxury Edition

Einzelband ISBN 978-3-7555-0087-2

€24,00 [D]

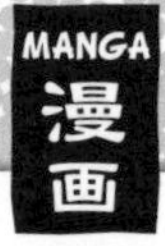

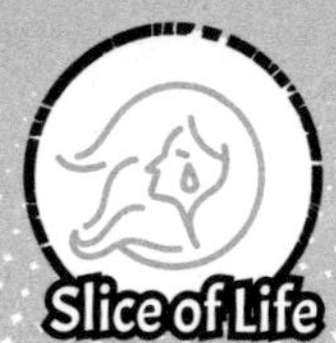
Slice of Life

Action

Tatsuki Fujimoto

CHAINSAW MAN

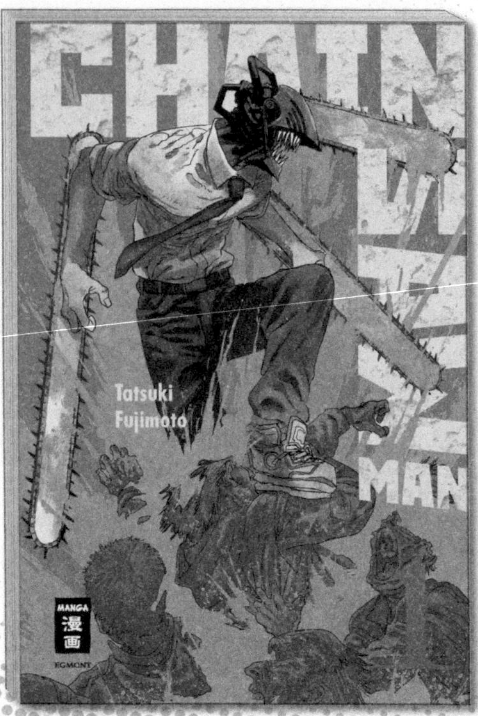

Denjis größter Wunsch ist es, ein ganz normales Leben zu führen. Doch er hat von seinem Vater nichts als Schulden bei der Mafia geerbt. Als Denji dem kleinen Teufel Pochita das Leben rettet, schenkt dieser ihm die Fähigkeit, sich in den Chainsaw Man zu verwandeln. Es dauert nicht lange, bis die Regierung auf den Jungen mit der Kettensäge als Kopf aufmerksam wird...

Chainsaw Man

Band 1 ISBN 978-3-7704-2847-2
€ 7,00 [D]

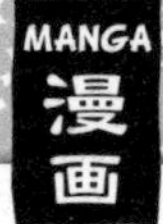

„Eyeshield 21“ 04 von Riichiro Inagaki und Yusuke Murata
Aus dem Japanischen von Markus Lange

verlegt durch Egmont Verlagsgesellschaften mbH,
Ritterstr. 26, 10969 Berlin

1.Auflage 2024

Verantwortlicher Redakteur: Marco Walz
Gestaltung: Laura Bartels
Koordination: Angelika Schönhuber
Printed in the EU
ISBN 978-3-7555-0210-4

SUTOPPU!

Koko wa kono manga no owari dayo.
Hantaigawa kara yomihajimete ne!
Dewa omatase shimashita!
Tanoshii hitotoki wo dozo!

Egmont-Manga-Chiimu

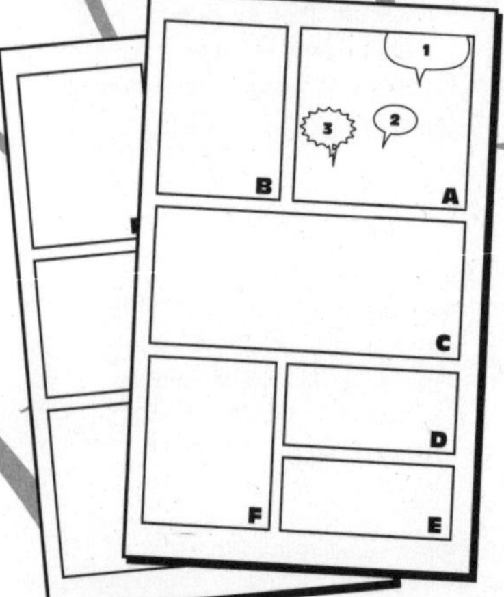

STOPP!

Das ist der Schluss des Mangas.
Fangt bitte am anderen Ende an!
Und nun genug der Vorrede,
viel Spaß beim Lesen!

Euer Egmont-Manga-Team